KB123526

조선시대의 양명학

조선시대의 양명학

宋錫準

陽明學

보고사

서문

양명은 일찍이 자신의 학문에 대해 이렇게 말한 적이 있다. "나는 하늘의 보살핌으로 뜻하지 않게 '良知의 學'을 깨닫게 되었고, 이로써 천하를 다스릴 수 있다고 확신했다. 그 때문에 백성이 고통과 죄악에 빠짐을 생각할 때마다 마음이 심히 아팠다. 그래서 나 자신의 어리석음도 잊어버리고 양지의 학으로 백성을 구하고자 했다. …… 아아, 사람들이 나를 미친 사람이니, 혹은 얼빠진 사람이니 하는 것도 당연하다. 세상 사람들의 마음은 모두가 나의 마음일 뿐이다. 세상 사람들이 미쳐 있는데, 어떻게 내가 미치지 않을 수 있겠는가? 또 세상에 넋을 잃은 사람들이 있는데, 어떻게 내가 넋을 잃지 않을 수 있겠는가?" 이 말은 양명학의 핵심이 어디 있는지를 잘 보여주고 있다. 이웃의 아픔을 외면하지 않고 그들의 아픔을 내 아픔으로 함께 하려는 것이 양명학이다. 양명학은 앎과 삶을 둘로 나누지 않고 언제나 세상과 소통하여 세상과 하나가 되기를 바라는 철학이다. 이처럼 양명학은 정감적인 학문이며, 다정다감한 학문이다.

그러나 중국과는 달리 우리나라에서의 양명학은 가시밭길을 걸어왔다. 전래 초기부터 사문난적으로 몰린 양명학은 부모의 보호를 받지 못하는 어린아이처럼 갖은 박대를 받으며 긴 세월을 견뎌왔다. 그것은 두 가지 이유에서였다. 그 하나는 전래된 시기의 문제점이다. 당시 정치적 상황은 조선 건국 이후 권력과 유착한 훈구 세력들의 부패와 세조의 왕위 찬탈 사건을 위시하여 무오사화, 갑자사화, 기묘사화, 을사사화 등 사대 사화를 거치면서 거듭되는 정치적 혼란을 겪고 있었다. 이러한 혼란 속에서 퇴계와 율곡 등 주자학자들은 치자의 도덕성을 바탕으로 하는 정치제도론을 완성하였고, 이를 계기로 조선조는 정치적 안정을 찾을 수 있었다. 우리나라에 양명학이 전래된 것은 이처럼 주자학의 학문적 성과가 극대화되고 있던 시점이었고, 주자학을 비판하는 양명학은 당연히 부정될 수밖에 없었다. 그리고 다른 하나는 학계의 편협성이다. 당시 학계는 '유식무식을 막론하고 책을 끼고 글을 읽는 사람은 모두 정주를 외울 뿐 다른 학문이 있음을 알지 못했고, 정주학만을 귀중하게 여길 뿐 생각이 옹졸하여 도무지 志氣가 없었다.'고 한 장유의 말처럼 주자학만을 금과옥조로 여겨 양명학이 이 땅에 정착하지 못하도록 박해를 가하였다.

그럼에도 양명학은 끈질긴 잡초처럼 양주음왕의 형태로 이 땅에 뿌리를 내렸다. 임병 양란을 겪으면서 점차 자리를 잡기 시작한 양명학은 영조 대에 이르러 조선 최고의 양명학자 하곡 정제두를 낳기에 이르렀다. 이후 양명학은 조선 후기의 실학사조와 경향을 함께 하기도 하였고, 천주교와 유교의 매개 역할을 하기도 하였으며, 한말의 위기를 극복하고자 노력하기도 하였다.

이 책은 조선시대의 양명학을 역사적 흐름에 초점을 맞추어 정리하고자 하였다. 현실적으로 양명학을 학문적으로 발전시키기 어려웠던 조선 시대의 양명학은 중국과는 달리 학문적 업적을 축적하는 대신 현실에 적응하여 시대적 요구에 부응하는 방향으로 발전하였다. 그 흐름은 다름 아닌 실학과 함께한 양명학이요, 천주교 전래에 기여한 양명학이요, 한말 국난의 위기에 대처한 양명학이다. 특히 한말 위기 속에서는 척사위정과 개화사상의 입장으로 나누어진 당시 학계의 흐름과는 달리 양명학은 시간적 흐름을 따라 척사위정의 입장에서 개화사상의 입장으로 자연스럽게 현실에 적응해가는 방향으로 전개되고 있다. 이러한 사실은 양명학이 인간 주체의 판단을 중시하는 만큼 현실에 민감하게 적응할 수 있는 수시응변의 학문이기에 가능한 일이었다. 이 점이야말로 중국의 양명학과는 다른 한국 양명학만이 지니고 있는 특징이라 생각되는 부분이다.

이 책의 구성에 대해 두 가지 점을 미리 밝혀 두고자 한다. 그 하나는 양명학자들에 대한 분류에 異論이 있을 수 있다는 점이다. 조선의 양명학은 양주음왕의 형태로 진행되어 왔기 때문에 정인보의 말처럼 '뚜렷한 저서가 있거나 증거가 있어 분명한 양명학자로 인정할 수 있는 학자들과 양명학을 비난하는 말이 있는데도 전후를 종합하면 양명학을 주장하고 있는 학자들, 그리고 양명학을 일언반구 언급하고 있지 않지만 두뇌되는 정신이 양명학인 학자들'로 구성되어 있으므로 진정한 양명학자들을 찾아내기가 쉽지 않다. 실제 조선조에 있어 양명학자라고 분명하게 말할 수 있는 인물은 하곡 정제두 한 사람뿐이라고 해도 과언이 아니다. 다른 학자들은 대개 주자학 속에 양명학을 감추거나 주자학자이면서 양명학에 관심을 가진 학자들이었다. 따라서 양명학자로 분류되고 있는 많은 학자들은 실제로 주자학 전공자들이다. 이러한 점에서 본 저서에서는 주자학자이면서도 양명학에 관심을 가지거나 양명학적 견해를 가진 학자들을 포함시켜 전체를 구성하였다. 그리고 다른 하나는 이 책이 그동안 발표하였던 논문들을 모아 정리한 까닭에 각 장마다 문체의 차이나 중복되는 부분이 다소 나올 수 있다는 점이다. 이 점 양해를 바란다.

2015년 2월
又新齋에서 송석준 씀

차례

陽明學

조선시대의 양명학

I
양명학의 전래와 수용

1. 전래

양명학이 이 땅에 전래된 시기는 언제쯤일까? 지금까지 양명학의 전래 시기에 대한 연구 결과는 다음과 같다. 1900년대 이후 張志淵(1864~1921)이 처음으로 『朝鮮儒教淵源』(1922)에서 양명학의 전래 시기를 退溪 李滉(1501~1570) 당시로 보았다.

> 退溪의 시절에 王陽明의 학문이 처음으로 조선에 들어왔다.[1]

이로부터 10여 년 뒤 鄭寅普(1892~?)는 일제 치하인 1933년경부터 동아일보에 『陽明學演論』을 연재함으로써 죽어가는 민족혼을 일깨우려 하였다. 그가 양명학을 통해 민족혼을 일깨울 수 있다고 믿었던 것은 양명학이 지닌바 실심의 논리가 허위와 가식으로 가득 찬 과거의 역사를 청산하고 민족정신을 함양하는데 기여할 수 있다고 판단하였

---

1 張志淵, 『朝鮮儒教淵源』 卷2. "退溪之時, 王陽明之學, 始入朝鮮."

기 때문이었다. 그는 이 글을 통하여 처음으로 '朝鮮의 陽明學派'에 관심을 기울였으나 전래 시기에 대해서는 구체적으로 언급하지 않았다. 이후 李能和(1869~1945)는 중국 明 嘉靖(1521) 이후를 전래 시기로 보았다.

> 嘉靖 이후에 象山系統의 陳白沙 및 王陽明의 학설이 처음으로 우리나라에 들어왔다.[2]

또한 李丙燾는 「陽明書之東來與退溪之辨斥」(1955)에서 중국의 『傳習錄』 간행 시기[3]를 근거로 하여 조선조 명종년간(1546~1566)을 전래 시기로 보고 있다.[4]

일본의 高橋亨은 「朝鮮の陽明學派」(1953)에서 柳成龍(1542~1607)의 『西涯集』 속에서 서애가 17세 때인 明宗 13년(1558) '謝恩使 沈通源이 돌아오는 길에 검색을 피하기 위해 버린 행랑 속에서 양명의 글을 발견하였다'[5]는 구절을 인용하여 전래 시기를 명종 13년(1558)으로 보고 있다.[6] 그러나 金能根은 高橋亨의 '명종 13년설'에 대해 양명의 『전습록』이 초간된 明 武宗 13년(1518)으로부터 조선 명종 13년(1558)까지는 40년간의 차이가 있고 당시 우리나라 사신들이 빈번히 왕래한 사실에 비추어 근 반세기 동안 양명학이 전래되지 않은 것은 의심스러운

---

2 李能和, 「朝鮮儒界之陽明學派」, 『青丘學叢』 25호, 1937, 107쪽.

3 중국에서 『傳習錄』 상권은 1518년, 중권은 1524년, 하권은 1556년, 『陽明全書』는 1572년에 간행되었다.

4 李丙燾, 「陽明書之東來與退溪之辨斥」, 白樂濬博士華甲記念 『國學論叢』, 서울 思想界, 1957.

5 柳成龍, 『西涯集』 卷18, 「書陽明集後」.

6 高橋亨, 「朝鮮の陽明學派」, 『朝鮮學報』 4집, 1953.

사실이라고 반론을 제기하였다.[7]

그 후 尹南漢은 『恥齋遺稿』와 『退溪集』을 인용하여 退溪 李滉(1501~1570)과 恥齋 洪仁祐(1515~1544)가 명종 8년(1553)에 이미 『전습록』을 읽고 이에 대해 토론을 하였던 사실을 고증함으로써 그 전래 시기를 앞당겼으며,[8] 吳鍾逸은 중종 16년(1521)에 訥齋 朴祥(1474~1519)과 十淸軒 金世弼(1473~1553)이 양명의 『전습록』을 詩로서 화답하며 辨斥하였던 사실을 논증[9]함으로써 『전습록』의 전래 시기가 중국의 『전습록』 상권의 초간시기인 明 武宗 13년(1518)과 불과 3년의 차이밖에 보이지 않고 있음을 보여 주었다.[10]

그런데 최근에 와서 吳性鍾은 김세필이 1519년 중국에 다녀온 것에 주목하여 '『傳習錄』의 初傳者는 김세필이고 初傳 時期는 중종 15년(1520) 김세필이 명에서 귀국하던 때로 소급해 볼 수 있다.'[11]고 하였고, 신향림 또한 '김세필은 1519년 겨울 謝恩使로 明에 갔다가 이듬해인 1520년에 돌아오면서 당시 명나라에서 막 간행되었던 『전습록』 초간본을 들여왔다'[12]고 하여 오성종의 설을 지지하고 있다. 그런데 이

---

7 金能根, 「陽明學의 傳來와 韓國儒家의 動向」, 『崇實大學論文集』 제1집, 崇實大, 1967.

8 尹南漢, 「李朝 陽明學의 傳來와 受容의 問題」, 『中央史論』 1집, 中大, 1972.

9 吳鍾逸, 「陽明 傳習錄 東來考」, 『哲學硏究』 5집, 高大, 1978.

10 오종일의 중종 21년설은 『눌재집』의 「연보」에 근거(吳鍾逸 「陽明 傳習錄 東來考」)하고 있는데, 신향림은 『십청헌집』에 근거하여 '김세필은 1522년 유배에서 풀려났고 박상과 김세필이 『전습록』을 논한 시를 주고받았던 시기는 김세필이 工堂에서 후진을 양성하고 있을 무렵이기 때문에 위의 시는 1522년 이후에 창작된 것임을 알 수 있다. 또한 박상은 1526년 봄에 임기를 마치고 충주를 떠났기 때문에 위의 시는 1522년에서 1526년 사이에 지어진 것임을 알 수 있다.'라 하여 1522년 이후의 작품으로 이해하고 있다.(신향림, 「16C 전반 陽明學의 전래와 수용에 관한 고찰」)

11 吳性鍾, 「朝鮮中期 陽明學의 辨斥과 受容」, 『역사교육』 46집, 1989.

12 신향림, 「16C 전반 陽明學의 전래와 수용에 관한 고찰」, 『퇴계학보』 통권118호, 2005.

설에서 두 가지 의문점이 제기된다. 한 가지는 1518년 중국의 江西 虔州에서 처음으로 간행된 『전습록』 초간본을 그 이듬해에 조선 사신이 구할 수 있을 정도로 널리 유포되었는지 하는 것이요,[13] 다른 한 가지는 십청헌이 사은사로 중국을 다녀올 당시 『전습록』 초간본을 들여왔다는 구체적인 근거가 있는가 하는 것이다. 이 점에 대해서는 좀 더 학계의 연구가 진행되어야 할 것으로 생각된다.

요컨대, 양명학의 전래 시기는 적어도 중종 16년(1521) 이전으로 추정되며, 이 시기는 양명학을 창시한 王守仁(1472~1528)이 활동을 하고 있던 시기였다. 이처럼 양명학의 전래가 중국에 있어서 주자학의 말폐적 현상을 극복하기 위해 대두된 양명학의 발생 시점과 거의 같은 시기에 이루어졌다고 하는 사실은 우리나라와 중국의 사회적 상황이 차이가 있음을 고려할 때 우리나라에서의 양명학이 겪어야 할 어려움과도 무관하지 않은 것이다.

2. 수용

1) 초기 수용 형태

양명학의 전래 시기를 중종 16년(1521) 전후로 보았을 때, 이 시기를 전후로 퇴계가 「傳習錄論辯」을 지어 육왕학을 배척한 명종 22년(1566)까지 45년간은 퇴계의 변척 이후와는 전혀 다른 자유스러운 분위기에

13 『전습록』 초간본은 1518년(양명 47세) 문인 薛侃이 徐愛, 陸澄 및 본인의 기록을 함께 모아 江西 虔州에서 처음으로 판각하였다.(陳榮捷, 『王陽明전습록詳註集評』, 臺灣 學生書局, 1983.)

서 그 학문적 내용이 논해지고 있었다.

양명학은 象山 陸九淵(1139~1192)의 학문과 더불어 육왕학이라고 일컬어지거니와 조선에는 왕양명의 『전습록』보다 『상산집』이 먼저 전래하였고, 象山의 심학적 학문태도가 학자들 간에 긍정적인 반응을 보여주고 있었다. 中宗 12년(1517) 梧溪 韓效元(1468~1534)은 육상산의 말을 인용하여 元子를 교양하였으며,[14] 이듬해인 중종 13년(1518)에는 慕齋 金安國(1478~1543)이 謝恩使로 明에 다녀올 때 『상산집』을 가져와 이를 간행하였는데, 이때 그는 상산학을 긍정적으로 이해하여 다음과 같이 말하고 있다.

> 이 책은 宋朝 陸九淵의 저술이다. 선생은 朱子와 동시대인으로 尊德性에 전심하여 주자와 더불어 왕복논변을 하였는데, 비록 주자와는 취향을 달리하지만 心性之學을 우회적으로 강명할 수 있으니 학자들이 程朱의 가르침을 숭상하면서 이 책을 참고한다면 유익함이 없지 않을 것이다.[15]

이후 1518년 중국에서 『전습록』 상권이 간행된 뒤 불과 3년 뒤인 중종 16년(1521)에 訥齋 朴祥(1474~1530)과 十淸軒 金世弼(1473~1533)이 양명의 『전습록』에 대해 詩로서 和答하고 있다.[16]

---

14 『中宗實錄』 12年條.

15 『慕齋集』 卷9, 「赴京使臣收買書冊印頒議」, 象山集6冊. "右冊宋朝陸九淵所著. 先生與朱子一時, 專心於尊德性, 與朱子往復辯論. 雖與朱子異趣, 心性之學, 回得以講明. 學者崇尙程朱之敎, 參考此集, 則不無有益."

16 吳鍾逸, 앞의 글, 參照. 그런데 오종일이 눌재집에 근거하여 이 시가 눌재 48세시인 1521년에 작성되었다고 하였으나 신향림은 오히려 『십청헌집』에 근거하여 '김세필은 1522년 유배에서 풀려났고 박상과 김세필이 『전습록』을 논한 시를 주고받았던 시기는

양명학이 이처럼 빨리 전래된 것은 무엇보다 당시 명나라와의 빈번한 사신 왕래가 중요한 요인으로 작용하였을 것[17]으로 추정되지만 주자학에 대한 공부만 있었을 뿐 양명학에 대한 이해가 전혀 없던 당시로서는 주자학과는 다른 입장을 가지고 있는 양명학에 대해 많은 학자들이 관심을 가졌던 것으로 생각된다. 이러한 당시의 상황을 『눌재집』에는 다음과 같이 전하고 있다.

> 양명의 글이 우리나라로 전래되자 우리나라의 학자들이 어떤 것인지를 알지 못했는데, 선생이 『전습록』을 보고 배척하여 禪學이라고 하였다. 金十淸과 더불어 酬唱한 三絕詩가 있는데 '도리어 사람들이 놀랄까 두려우니 말한바가 다르기 때문이네'고 한 구절 외에는 모두 잃어버렸다. 십청이 이에 화답하기를 '紫陽人이 가고 난 후 斯文을 잃어버렸네. 누가 위험하고 은미한 마음을 붙잡아 옛 글을 다시 살필까? 배움이 象山을 따라 병통처가 많은데, 그대의 평하는 말을 들으니 다시 이와 같구나'라고 하였다.[18]

여기서 '양명의 글이 우리나라로 전래되자 우리나라 학자들이 어떤 것인지 알지 못했다'고 한 사실에서 두 가지 의미를 살펴볼 수 있다. 그 하나는 두 사람이 양명학에 대해 논의할 당시 우리나라에는 양명학이 전래된 지가 오래지 않았다는 것이며,[19] 다른 하나는 당시 주자학

김세필이 工堂에서 후진을 양성하고 있을 무렵이기 때문에 위의 시는 1522년 이후에 창작된 것임을 알 수 있다.'고 말하고 있다.

17 尹南漢, 『朝鮮時代의 陽明學硏究』, 63~71쪽 참고.

18 朴祥, 『訥齋集』 年譜 先生 四十八歲條. "陽明文字東來, 東儒莫知其爲何等語, 先生見其傳習錄, 斥謂禪學. 與金十淸, 有酬唱三絕, 詩曰却恐人驚異所云, 餘皆逸. 十淸詩曰紫陽人去斯文喪, 誰把危微考舊聞, 學到象山多病處, 要君評話復云云."

만을 공부한 학자들의 입장에서 주자의 학문을 정면으로 비판하고 있는 양명학을 어떻게 받아들여야 할지에 대한 분명한 입장을 정리하지 못했다는 것이다. 이러한 양명학에 대한 불분명한 입장은 『십청헌집』의 다음과 같은 글 속에서도 함께 발견된다.

> 선생의 문집 중에 눌재와 함께 삼절구로 酬唱하여 양명의 학술을 평론한 것이 있다. 양명의 글이 전래된 이후 우리나라 학자들은 (양명의 글이) 어떠한 것인지를 살피지 못했는데, 선생이 단번에 전습록을 보고 스스로 禪學임을 깨닫고 눌재와 시로서 酬唱하여 심히 통척함이 이와 같았으니, 문인과 더불어 강론할 때에 엄히 배척하였음을 가히 알 수 있다. 퇴계 선생이 만년에 가서야 처음으로 양명학을 배척하였고, 퇴계 선생 이전에 양명학이 치우치고 넘치는 것을 깨달은 자는 오직 선생 한 분뿐이었다.[20]

이 글에서 보면 십청헌도 눌재와 마찬가지로 양명학을 선학으로 비판하고 있다. 그런데 양명학을 선학이라 비판한 이 구절을 위에서 인용한 『눌재집』 연보의 글과 비교해 보면 문체뿐만 아니라 내용도 거의 대동소이함을 알 수가 있다. 또한 『십청헌집』의 글에는 십청헌만이 퇴계 이전에 양명학을 禪學으로 배척하였다고 하였으나 『눌재집』에

19 이러한 사실은 눌재와 시를 酬唱한 십청헌이 '왕양명의 문자가 우리나라에 들어온지 오래지 않았다.'(『十淸軒集』 卷4 附錄, 「十淸金先生諡狀」. "王陽明文字, 東來未久")라고 한 말에서도 입증된다.

20 金世弼, 『十淸軒集』 卷4 附錄, 「附家先記文」. "先生文集中, 有與訥齋, 酬唱三絕句, 評論陽明學術者. 陽明文字出來之後, 東儒不省其爲何等語, 先生一見其전습록, 已覺其爲禪學, 寄詩訥齋, 深斥如此, 則其與門人講論之際, 排斥之嚴, 可知也. 退陶以後進晩年, 始斥陽明之學, 退陶以前, 覺陽明詖淫者, 牘先生一人而已."

도 『십청헌집』과 거의 유사한 문장으로 눌재가 양명학을 선학으로 배척하였다고 말하고 있다. 두 글을 보면 마치 양명학을 선학으로 배척한 것을 경쟁적으로 자랑하는 듯한 인상을 주고 있다. 그런데 이 두 글 모두가 눌재나 십청헌이 직접 기술한 것이 아니라 퇴계가 양명학을 선학으로 배척한 이후 후학들에 의해 기술되고 있다[21]는 사실에 미루어 본다면 눌재나 십청헌이 직접 양명학을 선학으로 단정하였는지에 대해서는 이론의 여지가 있다. 오히려 십청헌의 시에서 나타나는 양명학에 대한 호의적인 태도와 이를 걱정하는 눌재의 시구는 상산학이나 양명학에 대해 자유스럽게 토론할 수 있는 당시 학계의 분위기를 알 수 있게 해준다.[22]

이후 1553년 東岡 南彦經(1528~1594)은 恥齋 洪仁祐(1515~1554)와 함께 양명학에 대해 토론하였다.[23] 동강은 그의 제자인 慶安令 李瑤와 함께 이미 양명학에 심취한 학자로 알려져 있으며[24] 치재 또한 양명학에 깊은 관심을 가졌다. 그는 처음에는 양명학에 대한 비판적 입장을 취하였으나[25] 이후 양명학을 수용하였고, 穌齋 盧守愼(1515~1590) 또

21 『국역눌재집』에 수록된 「年譜」는 박상의 후손인 박정휴가 고종 1년(1864)에 편성한 것이다.(신향림, 위의 글 참조)

22 눌재와 십청헌의 양명학에 대한 견해는 두 사람의 싯구에 대한 해석의 차이에서 눌재와 십청헌의 양명학지지 여부에 대한 견해가 다르다.(오종일, 「陽明 傳習錄 傳來考」, 『철학연구』4, 고대철학연구소, 1978.; 吳性鍾, 「朝鮮中期 陽明學의 辨斥과 受容」, 『역사교육』46집, 1989.) 및 신향림, 「16C 전반 陽明學의 전래와 수용에 관한 고찰」, 『퇴계학보』 통권118호, 2005 참고.)

23 洪仁祐, 『耻齋遺稿』 卷2, 「日錄抄」, 55쪽. "三十日, 時甫曰, 陽明以曾子一唯, 在三省前, 是見差. 余曰, 朱子亦嘗云不見得, 然忠信徹頭徹尾底 則是不曾分先後. 雲峯胡氏, 以一唯在三省前, 新安陳氏爲一唯在三省後, 諸說不同如是. 然朱子曰, 曾子於用處, 已精察力行, 但未知體之一, 一卽性命源頭也. 夫子於門人, 性與天道, 不容易說導, 必有意也. 時甫曰, 然."

24 『宣祖實錄』 宣祖 27년 7월. "今人學於彦經者, 亦多尙陽明矣."

한 치재를 만난 이후 양명학에 경도되어 갔다.[26] 이러한 사실들은 당시 양명학에 대한 자유로운 토론 분위기가 형성되었음을 알려 주는 것으로, 이들과 학문적으로 교류가 빈번하였던 퇴계가 "陽明의 학설이 세상에 성행하게 되어 程朱의 相傳之統이 날로 없어질 것을 깊이 근심'[27]하게 된 것도 이러한 일련의 과정에서 나타난 양명학의 학문적 분위기에 기인하는 것이었다.

2) 퇴계의 배척

양명학이 전래된 시기를 중국에서 『전습록』 초간본이 간행(1518)된 직후로 보았을 때, 거의 반세기 동안 양명학에 대한 학자들의 호의적인 태도는 퇴계의 근심을 불러일으켰으며, 1566년 마침내 퇴계는 「傳習錄論辯」을 지어[28] 양명학을 조목조목 비판하여 禪學으로 배척[29]하

---

25 洪仁祐, 『耻齋遺稿』 卷2, 「日錄抄」, 54쪽. "初十日前宵, 因景浩公聞王陽明傳習錄, 求見, 則其爲學, 大槩務爲好異, 專以一心爲內, 天地萬物爲外, 以格致爲非, 徑約爲是, 故羅欽順著困知記, 以攻其失."

26 신향림, 「16C 전반 陽明學의 전래와 수용에 관한 고찰」, 『퇴계학보』 통권118호, 2005 참조.

27 李滉, 『退溪集』下, 「年譜」 卷2. "先生, 又嘗患中國學術之差, 白沙陽明諸說, 虛行於世, 程朱相傳之統, 日就煙晦, 未嘗不深憂隱嘆."

28 금장태는 퇴계 년보 66세시의 '嘗患中國學術之差, 白沙陽明諸說, 虛行於世, 程朱相傳之統, 日就煙晦, 未嘗不深憂隱嘆. 乃於白沙詩敎, 陽明傳習錄等書,'에서 '嘗'(일찍이)이란 말이 있으므로 「傳習錄論辯」을 지은 것은 그 이전으로 추정된다(琴章泰, 「退溪門下의 陽明學 이해와 비판」, 양명학 2집)고 하였는데, 여기서 '嘗'의 의미를 '백사 양명의 학설이 헛되이 세상에 행해지는 때'로 이해한다면 「傳習錄論辯」을 지은 것은 퇴계가 66세인 1566년으로 보는 것이 옳을 것으로 생각된다.

29 퇴계가 1553년경을 전후로 이미 동강 및 치재와 함께 양명학에 대해 논변하고 있는 점으로 미루어 보아 퇴계의 양명학에 대한 비판은 그 이전부터 있어 왔다고 할 수 있다. 그러나 그가 「傳習錄論辯」을 통해 구체적으로 양명학을 비판한 것은 이때로

기에 이르렀다.

> 선생께서 또한 중국과의 학술적 차이점으로 인하여 白沙와 양명의 여러 학설들이 헛되이 세상에 행해져 程子와 朱子가 서로 전한 학문적 전통이 날로 사라질까 걱정하여 일찍이 깊이 근심하고 남몰래 탄식하지 않음이 없었다. 이에 『白沙詩敎』와 양명의 『傳習錄』에 대해 모두 논변을 하여 그 잘못을 바로잡았다.[30]

이 글에서 퇴계가 「전습록논변」을 짓게 된 배경에는 두 가지 측면이 고려되어 있음을 알 수 있다. 그 한 가지는 양명학이 우리나라에 확산될 것을 염려함이요, 다른 한 가지는 이로 인하여 程朱의 전통이 무너질까 염려함이다.

첫 번째 문제와 관련하여 '양명의 학설이 헛되이 세상에 행해진다' 함은 양명학이 우리나라에 전래된 이후 퇴계가 「전습록논변」을 지어 이를 배척할 때까지 우리나라 학계에 양명학이 전파되어 이에 대한 많은 논의가 진행되고 있었음을 의미한다. 이 점은 위에서 언급한 바와 같이 전래 초기 눌재, 십청헌 등이 양명학에 대해 토론하였고, 퇴계 또한 동강, 치재 등 당대의 학자들과 학문을 토론하면서 그들이 양명학에 경도되고 있음을 경계[31]하였던 사실을 통해 잘 알 수 있다.

추정된다.

30 『退溪集』下, 「年譜」 卷2. "先生, 又嘗患中國學術之差, 白沙陽明諸說, 虛行於世, 程朱相傳之統, 日就煙晦, 未嘗不深憂隱嘆. 乃於白沙詩敎, 陽明傳習錄等書, 皆有論辯, 以正其失云." 先生66歲時.

31 1553년을 전후하여 퇴계는 치재, 동강과 함께 학문을 토론하였고, 퇴계는 그들이 양명학에 빠져들 것을 경계하기도 하였다.(『退溪集』上 卷13, 與洪應吉. "近人則輒汚. 陽明, 又以雄辯濟之, 尤易惑人. 諸公, 須戒之.")

이처럼 당대의 학자들이 양명학에 깊은 관심을 표명한 것은 '주자학과 양명학이 治學의 重點에 따라서 尊德性과 道問學의 비중을 달리하였고, 이것이 理學과 心學을 분기시켰지만 이들이 다 같이 인간의 심성이나 도덕적 윤리질서를 천인합일적 관점에 바탕하여 사유하였고, 인욕을 억제하며 천리를 실현하려던 점에서 공통적 지향을 지녔다'[32]는 점도 함께 작용하였을 것으로 생각된다.[33] 이러한 양명학에 대한 제유들의 관심은 결국 퇴계의 근심을 불러일으켰고, 결과적으로 「전습록논변」을 지어 양명학을 禪學으로 규정하기에 이르렀던 것이다.

두 번째 문제와 관련하여 '程朱의 전통이 무너질까 염려함'은 양명학이 주자학과 그 사상적 추이를 달리하는 학문이었기 때문이다. 양명학의 존숭은 곧 주자학의 전통을 부정하는 것이므로 정통 주자학자인 퇴계로서는 이를 경계하지 않을 수 없었던 것이다. 그가 양명학을 부정한 것은 무엇보다 양명학이 본심의 확립에만 치중하여 객관 대상의 定理를 부정하고 있다는 점이었다. 퇴계의 이러한 생각은 양명학의 先河를 이룬 상산학에 대한 입장에서도 그대로 나타난다. 그는 상산의 학문을 선학이라 단정하였는데, 그가 상산의 학문을 선학이라 단정한 것은 상산이 격물궁리 공부를 부정하고 있다는 점이 크게 작용하고 있었다.

32 尹南漢, 『朝鮮時代의 陽明學 硏究』, 집문당, 1982, 15쪽 참조. 윤남한은 양명학의 전래를 한편으로 주자학의 심학화 과정에서 일어나는 일련의 현상으로 이해하였다.

33 이 점은 '비록 주자와는 취향이 달리하지만 心性之學을 우회적으로 강명할 수 있으니 학자들이 程朱을 가르침을 숭상하면서 이 책을 참고한다면 유익함이 없지 않을 것이다.'고 한 모재의 말 속에도 이를 확인할 수 있다.(『慕齋集』 卷9, 「赴京使臣收買書册印頒議」 象山集 6册. "先生與朱子一時, 專心於尊德性, 與朱子往復辯論. 雖與朱子異趣, 心性之學, 回得以講明. 學者崇尙程朱之敎, 參考此集, 則不無有益.")

다만 한 번에 뛰어넘어 깨닫는 학문으로, 궁리를 정신을 피로하게 하는 것으로 여겨 問學의 공부로 삼지 않으니, 불교의 不立文字, 見性成佛하는 것과 무엇이 다른가? 이것이 상산의 학문이 우리의 학문과 다른 점이다.[34]

상산과 마찬가지로 양명 또한 주자학의 격물궁리 공부를 부정하고 있다. 양명이 주자의 격물궁리 공부를 부정한 것은 주자학의 격물궁리 공부가 心을 理로부터 소외시켜 禮樂刑政과 같은 외적이고 형식적인 원칙에만 치중하게 됨으로써 도덕실천의 주체인 心의 역동성과 능동성을 잃어버리게 된다고 판단하였기 때문이다.[35] 이에 양명은 心卽理의 명제를 통해 心과 理를 일원화하여 구체적 현실에 작용하는 心의 역동성과 능동성을 확보하여 이를 인간과 사회에 발휘하려고 하였던 것이다. 그런데 이러한 양명의 입장을 퇴계는 인간의 도덕적 행위준칙인 五倫을 부정하는 것으로 간주하여 이를 선학으로 배척하였던 것이다.

이에 心卽理說을 지어내서 '천하의 이치가 내 마음속에만 있고 사물이 있지 않으니 학자들은 다만 이 마음을 보존하는 데 힘을 쓰고 조금이라도 마음 밖의 사물에서 이치를 구해서는 안 된다'고 말하고 있다. 그렇다면 이른바 사물이라는 것 속에 비록 五倫과 같은 중요한 것이 있어도 괜찮고 없어도 괜찮으며 제거해 버려도 또한 괜찮다고 하는 것

34 李瀷, 『李子粹語』 卷4, 「異端」. "只爲一超頓悟之學, 以窮理爲疲精神, 不做聞學工夫, 正如釋氏不立文字, 見性成佛, 何異. 此常山所以爲異於吾道也."

35 王守仁, 『傳習錄』中, 「答顧東橋書」. "朱子所謂格物云者, 在卽物而窮其理也. 卽物窮理, 是就事事物物上, 求其所謂定理者也. 是以吾心而求理於事事物物之中, 析心與理而爲二矣."

과 같으니, 이것이 어찌 불교의 가르침과 다름이 있겠는가?[36]

그런데 퇴계가 양명학을 선학으로 배척하는 「전습록논변」의 내용을 살펴보면 '심즉리' '지행합일'에 대한 언급은 있으나 양명학의 핵심사상이라고 할 수 있는 '致良知'에 관한 내용이 빠져 있다.

치양지는 양명학의 핵심사상으로,[37] 양명학은 '심즉리'에서 출발하여 '치양지'에서 완성되었다고 할 수 있다. 양명학의 치양지는 크게 두 가지 내용으로 요약되는데, 하나는 吾心에서의 良知本體를 확보하는 것이며, 다른 하나는 본심의 良知를 확충하여 萬物一體의 세계를 이룩하는 것이다. 심의 본체로서의 양지는 至善의 존재로, 현실적 세계의 상대적 선악을 초월해 있다.[38] 그러나 마음의 자각적 의지가 인욕에 의해 양지가 지닌바 영명한 본체를 가리면 악이 발생할 수 있다.[39] 양명에 의하면 악은 心의 본체가 意를 통해 발현될 때 過·不及 의해 나타난다.[40] 심의 본체는 至善의 양지이지만 인욕에 의해 지선의 양지가 가려지게 되면 그 본체는 과·불급의 모습으로 현현되고 이는 곧 악이 된다. 그러므로 인간 행위에 있어서 선의 구현은 양지의 본체를 어떻게 확보하느냐에 달려 있다. 본체 상에서 양지가 은폐됨이 없다면 현실 속에서의 발현은 곧 선의 모습이요, 양지가 인욕에 의해 가려지면 그의 발현은 과불급의 모습으로 드러나 곧 악이 된다. 양지

36 『退溪集』 卷41, 「白沙詩教傳習錄抄傳因書其後」. "於是創爲心卽理也之說, 謂天下之理只在於吾內, 而不在於事物, 學者但當務存此心, 而不當一毫求理於外之事物, 然則所謂事物者, 雖如五倫之重, 有亦可無亦可, 剗而去之, 亦可也 是庸有異於釋氏之教乎."

37 『傳習錄』中, 「答歐陽崇一」. "故致良知, 是學問大頭腦, 是聖人教人第一義."

38 『傳習錄』下, 黃以方錄. "無善無惡, 心之體."

39 『傳習錄』下, 黃以方錄. "有善有惡, 意之動."

40 『傳習錄』下, 黃直錄. "謂之惡者, 本非惡, 但於本性上過與不及之間耳."

의 영명한 본체만 인욕에 가리어지지 않으면 그 자체가 천리요, 천리인 양지가 발휘되면 객관 定理의 궁구 없이도 언제나 주어진 상황에 가장 적절한 가치 규범을 창출해 낼 수 있는 것이다.[41] 여기서 '存天理去人欲' 공부의 필요성이 제기된다.[42] 그런데 악의 근원이 되는 인욕이 발생하는 '意'는 또한 物의 소재처로서[43] 사사물물과 연계되어 있기 때문에, 결국 인욕이 발생하게 되는 意에 대한 '존천리거인욕'의 공부는 사사물물과의 관계 속에서 이루어지게 된다. 이처럼 사사물물과의 관계 속에서 '존천리거인욕'하여 양지 본체를 확립하는 공부를 양명은 '致知'로 이해하였다. 동시에 사사물물 속에서의 '존천리거인욕' 공부는 대상에 있어서는 사물의 도리를 얻게 하는 功效를 지니고 있다. 사사물물 속에서의 '존천리거인욕' 공부를 통한 양지 본체의 확립은 사물의 본체이기도 한 양지의 확충을 전제로 한 것이기 때문에 양지 본체의 확립은 곧 사물의 본체를 실현하는 모습으로 나타난다. 이처럼 사사물물상에서 '존천리거인욕'의 공부를 통해 사물의 본체를 실현해 가는 것을 양명은 '格物'로 이해하였다. 양명에 있어서 치양지란 이러한 양자의 공부가 합일된 모습을 지칭한다.[44] 결국 치양지는 대상과의 관계 속에서 良知本體를 확립해 가는 事上磨鍊의 공부인 동시에

41 『傳習錄』上, 徐愛錄. "此心無私欲之蔽, 卽是天理. 不須外面添一分. 以此純乎天理之心, 發之事父便是孝, 發之事君便是忠, 發之交友治民, 便是信與仁. 只在此心去人欲存天理上用功, 便是."

42 양명은 '存天理去人欲'의 공부로 靜坐와 事上磨鍊을 말하고 있는데, 이것은 有事時와 無事時를 막론하고 間斷없이 천리인 양지를 보존하려는 存養과 省察의 공부이다.

43 『傳習錄』上, 徐愛錄. "意之所在, 便是物."

44 『傳習錄』中, 「答顧東橋書」. "若鄙人所謂致知格物者, 致吾心之良知於事事物物也. 吾心之良知, 卽所謂天理也. 致吾心良知之天理於事事物物, 則事事物物, 皆得其理矣. 致吾心之良知者, 致知也. 事事物物, 皆得其理者, 格物也. 是合心與理而爲一者也."

보편자인 양지를 통해 인간과 세계를 하나의 정합체로 이끌어가는 만물일체의 실현으로, 양명학의 핵심이라 할 수 있다.

이처럼 치양지가 양명학의 핵심임에도 불구하고 퇴계는 양명학을 비판하면서 이에 대해 전혀 언급을 하고 있지 않다. 퇴계가 양명학의 핵심인 치양지에 대해 언급하지 않은 것은 「전습록논변」에서의 인용자료가 『전습록』 상권(초간본)에만 국한되어 있었기 때문이었다.[45] 여기서 퇴계는 '치양지'의 개념이 나타나 있는 『전습록』 중권과 하권을 과연 보지 못한 것일까 하는 의문이 생긴다. 『전습록』의 전래가 『전습록』 초간본이 판각된 것과 거의 같은 시기에 들어올 만큼 중국과의 교류가 활발하였다면 『전습록』 중권(1524년 간행)과 하권(1556년 간행) 또한 간행됨과 동시에 전래할 수 있는 환경이 조성되어 있었으리라 생각된다. 따라서 퇴계가 양명학을 배척한 1566년은 이미 『전습록』 중권이 간행된 지 40여 년이 지난 후였기 때문에 초간본의 전래 상황과 비추어 볼 때 『전습록』 중, 하권 또한 충분히 전래될 수 있는 시간적 여유가 있었다고 할 수 있다. 그리고 또 한편으로 양명학에 대한 제유들의 관심이 고조되어 있었고, 이러한 양명학이 정주학의 전통을 무너뜨릴 것에 대해 깊이 걱정하였던 퇴계의 입장에서 『전습록』 중, 하권이 그 이전에 수입되었다면 또한 이를 구해보는 것은 퇴계의 입장에서 그리 어려운 일은 아니었으리라고 생각된다. 따라서 양명의 학문이 『전습록』 초간본이 간행된 47세 이후에 오히려 더 깊은 진전을 이루어 양명학의 완성된 경지에 들어가게 된 점을 고려한다면 퇴계는 양명학의 핵심을 정확히 이해하지 못한 채 양명학을 이단으로 배척했

---

45 '良知'라는 말은 『전습록』 상권에도 나와 있다. 그러나 '치양지'라는 말은 『전습록』 중권 이후부터 나타난다.

다는 결론에 도달한다. 그러므로 퇴계의 「전습록논변」은 실제 객관적 입장에서 양명학을 학문적으로 분석하여 그 문제점을 정리하는 데 초점이 있기보다는 오히려 양명학을 이단으로 배척하여 주자학의 학문적 정통성을 확보하기 위한 하나의 방편으로 저술된 것으로 판단된다. 이러한 사실은 퇴계가 '程子와 朱子가 서로 전한 학문적 전통이 날로 사라질까 걱정하여 논변을 짓게 되었다.'고 한 「전습록논변」의 저술 동기에 잘 나타나 있다.

이러한 퇴계의 양명학 배척 의도는 퇴계를 존숭하는 문하들에 의해 받아들여짐으로,[46] 주자학의 정통성을 확보하기 위한 퇴계의 의도는 성공할 수 있게 되었고, 이후 양명학이 조선조 전반을 통해 이 땅에 뿌리내릴 수 없는 학문적 풍토가 조성되었다.

> 吾國儒林의 思想으로 言하면 諸老先生이 모두 朱學을 崇尙하고 篤信하여 唯一無二한 法門이 됨에 감히 一言一字라도 朱學과 異同이 되면 斯文亂賊의 律을 加하고 王學에 至하여는 異端邪說로 排斥하여 學界의 容跡을 許치 아니하였다.[47]

3) 배척의 원인과 경과

위에서 살펴본 바와 같이 양명학은 전래 초기에 어느 정도 학자들에 의해 관심을 받았으나 곧 퇴계를 비롯한 학자들에 의해 이단으로

---

46 퇴계 문하의 李楨(1512~1571), 趙穆(1571~1563), 李德弘(1541~1596), 柳成龍(1542~1607) 등에 의해 양명학은 비판되는데, 그 중 유성룡은 양명학의 학문적 장점도 함께 거론하고 있다.(琴章泰, 「退溪門下의 陽明學 이해와 비판」, 『陽明學』2집 참조)

47 『朴殷植全書』下, 「學의 眞理는 疑로 좇아 求하라」, 단국대 동양학연구소, 1975.

배척을 받게 됨으로써 새로운 학문으로 이 땅에 정착할 수 없게 되었다. 그렇다면 양명학은 왜 주자학자들에 의해 배척을 받을 수밖에 없었던가? 이 점에 대한 해명은 우리나라 양명학의 역사를 이해하는 시발점이 될 것이다.

우리나라에 있어서 양명학의 배척 원인은 여러 가지가 있을 수 있겠지만 무엇보다 양명학과 주자학의 학문 체계가 다르고, 또한 양명학이 주자학을 비판하고 있다는 점을 들 수 있다. 주지하는 바와 같이 양명학은 윤리적 당위법칙의 근거를 객관 定理에서 찾고자 하는 주자학적 논리체계에 반대하고[48] 인간의 本心을 도덕주체의 근원으로 파악하여 도덕주체로서의 인간본심의 확립에 주력한 논리체계라 할 수 있다. 따라서 양명학이 한편으로 理學으로서의 주자학을 계승하고, 주자학이 지닌바 도덕적 측면을 보다 폭넓게 수용하고 있음에도 불구하고 주자학의 학문체계에 반대하고 있으므로 주자학의 입장에서 양명학을 반대하는 것은 너무나 당연한 일인 것이다.

또한 다양한 학문을 수용하지 못한 학계의 편협성도 한 이유로 작용하였을 것이다. 谿谷 張維(1587~1638)는 일찍이 정주학만을 정통으로 인정하는 우리나라 학계의 편협성과 당시 학자들의 형식적 학문태도를 비판한 적이 있거니와 당시 학계는 양명학이 우리나라에 뿌리내리지 못한 학문 풍토가 조성되고 있었다.

> 중국에는 학술의 갈래가 많아 正學과 禪學, 丹學이 있다. 程朱를 배우는 자가 있고, 陸氏를 배우는 자도 있어서 길이 하나가 아니다. 그런데

48 『傳習錄』中, 「答顧東橋書」. "朱子所謂格物云者, 在卽物而窮其理也. 卽物窮理, 是就事事物物上, 求其所謂定理者也. 是以吾心而求理於事事物物之中, 析心與理而爲二矣."

> 우리는 유식자와 무식자 할 것 없이 책을 끼고 글을 읽는 사람은 모두 程朱를 욀 뿐, 다른 학문이 있음을 듣지 못했다. 어찌 우리 선비들의 학풍이 중국보다 훌륭해서 그런 것인가? 그런 것이 아니다. 중국에는 학자가 있으나, 우리나라는 학자가 없다. 대개 중국은 인재들의 뜻과 생각이 녹록하지 아니하므로 때때로 뜻 있는 선비가 實心으로 학문을 닦는다. 그런 까닭에 각기 좋아하는 바에 따라서 학문하는 것이 동일하지 아니하였으나 가끔 진실된 얻음이 있었다. 우리나라는 그렇지 못하여 생각이 옹졸하고 도무지 志氣라곤 없다. 단지 程朱學만 세상에서 귀중히 여긴다는 것만을 듣고 입으로 말하고 겉으로 존중할 뿐이다.[49]

또한 당시의 정치적 상황이 양명학을 이단으로 배척하는데 작용하였을 것으로 파악하는 입장도 있다. 유명종은 이 점에 대해 '조선조가 고려 말의 불교 폐해와 관련하여 건국 이후 抑佛崇儒政策을 국론으로 정하였음에도 불구하고 태조의 崇佛, 세종 말년의 好佛, 세조의 숭불 정책이 지속되었다. 특히 퇴계가 활동하였던 명종 연간에는 문정왕후의 호불과 僧 普雨의 恣肆로 불교의 중흥운동이 일어났고, 이에 대응하여 성균관 제생들은 불교배척 시위를 하기에 이르렀다. 또한 당시 조선의 정치 상황은 정치와 종교가 분화되어 있지 않았으며, 이러한 정치 체제에서 군주의 영향력이 지대한 만큼 군주의 불교에 대한 관심은 정치에 관심을 가진 신진사류들로 하여금 陽朱陰佛하는 상황까지 이르렀다. 이러한 당시 사회상과 관련하여 불교를 배척하고 주자학의

---

49 『谿谷漫筆』卷1. "中國學術多岐, 有正學焉, 有禪學焉, 有丹學焉. 有學程朱者, 學陸氏者, 門往不一, 而我國則無論有識無識, 挾讀書者, 皆稱誦程朱, 未聞有他學焉. 豈我國士習, 果賢於中國耶. 曰非然也. 中國有學者, 我國無學者. 盖中國人材志趣, 頗不碌碌, 時有有志之士, 以實心向學, 故隨其所好而所學不同, 然往往各有實得. 我國則不然. 齷齪拘束, 都無志氣, 但聞程朱之學, 世所貴重, 口道而貌尊之而已."

정통성을 확립하고자 하는 움직임이 일어나게 되었으며, 양명학을 禪佛과 동류의 이단으로 인식하는 퇴계의 양명학 배척이 일어나게 되었다'[50]고 말하고 있다.

그러나 무엇보다 양명학의 배척 원인을 역사적 관점에서 고찰할 필요가 있다. 사상이라고 하는 것은 역사적 산물이며, 하나의 사상은 그 사상이 배태된 그 시대의 역사적, 사회적 상황과 밀접한 관련이 있기 때문이다. 선진 유학에 이어 훈고학·주자학·양명학·실학으로 전개된 유학사상도 결국은 그 시대의 사회적 조건에 따라 나타난 역사적 산물에 다름이 아니다. 따라서 하나의 사상을 이해하기 위해서는 그 시대의 역사적·사회적 상황을 살펴보아야 한다. 우리나라에 있어서 주자학의 수입도 이러한 시대적 요청에 의해 이루어진 것이며, 양명학의 배척 또한 이러한 역사적 상황과 관련되어 있다.

우리나라의 주자학은 고려 말 忠烈王 15년(1289), 忠宣王을 元京으로 수행한 晦軒 安珦(1243~1306)이 그 이듬해(1289) 돌아올 때에 『朱子全書』를 베껴옴으로써 전래되었다.[51] 그러나 시기적으로 볼 때 중국에서 주자학이 대두된 것은 고려 중기였음에도 불구하고 그동안 관심을 끌지 못하다가 고려 후기에 와서 그 가치를 인정받게 된 것은 그 때가 되어서야 비로소 당시의 사회가 주자학의 학문적 성과를 필요로 하였기 때문이었다. 중국에 있어서 주자학은 정치적으로 六朝 이래 門閥中心의 귀족적 지배체제가 끝나고, 宋의 성립과 함께 황제를 위계질서의 정점으로 하는 관료제적 중앙집권체제가 구축되어 이를 뒷받침하기 위해 사회나 정치의 존재방식을 지시할 이념 창출의 필요성

50 劉明鍾, 「退溪의 異學觀과 그 影響」, 高秉幹博士 頌壽紀念 論叢.

51 『高麗史』 列傳 卷18, 「安珦傳」.

과 함께 대두된 학문이다.[52] 따라서 주자학은 唐末 이래 새로운 역사의 담당자로 대두한 중소지주 출신의 학자들에 의해 주창된 만큼 정치적으로 소수 대귀족에 의해 독점된 권력체계에 극히 비판적인 특징을 지니고 있었다. 고려 또한 귀족 중심적 성향이 강한 사회로서 고려 중엽 이래 주자학은 대귀족들에 의해 외면당하다가, 말엽에 와서 사회적 모순의 대두와 함께 새로운 역사의 담당자로 부상하기 시작한 新興儒臣들에 의해 수용되었던 것이다.[53]

주자학이 수용될 당시 고려사회는 정치 사회적으로 혼란한 시기였다. 12세기 중엽부터 고려의 경제체제의 기반인 '田柴科'가 붕괴됨에 따라 고려조의 통치체제가 동요하게 되었고, 권문세가들의 토지겸병과 농장의 확대와 더불어 사원을 중심으로 한 寺領의 확장이 진행되어 국가의 재정이 점점 피폐해졌다. 이에 安珦은 국가의 재정과 학교사업을 확보하기 위하여 贍學錢의 설치를 건의하는 등 14세기 말경에는 신흥유신들에 의해 전제개혁운동이 전개되었다. 이에 따라 고려 말의 정치사회는 불교가 사실상 그 국교적인 위치를 상실하고 유교를 중심으로 하는 신흥유신들에 의한 정치체제의 재편성이 시도되었다.[54] 주자학은 이들 신흥유신들에 의해 수용되었는데, 주자학이 지녔던 민족주의적 성향과 척불적인 성격은 元의 지배하에 있었던 고려의 대외적 입장과 불교의 폐해가 심각하였던 당시 상황에 비추어 볼 때, 시의적절한 사상으로 수용될 수 있었다. 이후 주자학은 신흥유신들에 의해 불교를 비판하는 사상적 근거로 채용되어[55] 고려조에 있어서 佛教와

52 戶川芳郎 外 著, 조성을 譯, 『유교사』, 이론과실천, 1990, 240~247쪽.
53 李泰鎭, 『朝鮮儒教社會史論』, 서울 지식산업사, 1990, 131~133쪽.
54 朴忠錫, 『韓國政治思想史』, 三英社, 1982, 17쪽.

儒敎가 처해 있었던 경쟁적 관계를 무너뜨리고[56] 유교 중심의 정치체계를 구성하기에 이르렀다.

조선 건국(1392) 후 주자학은 국가의 체제교학으로 자리 잡아 초기에는 三峰 鄭道傳(1348~1398), 陽村 權近(1352~1409) 등에 의해 불교를 배척하여 유교의 정통성을 확보하는 근거가 되었으며,[57] 경학 중심의 수양과 탐구보다는 새로운 국가를 다지는 데 필요한 문물제도와 유교적 교화를 위하여 이른바 '爲己之學'보다는 '治人之學'으로서 시대적 요청에 부응하였다.[58] 그러나 그 후 훈구세력은 차츰 권력과 유착하여 경제적으로나 정치적으로 부패하게 되었고, 世祖(1417~1468)의 왕위찬탈사건(계유정난 1453)을 위시하여 戊午士禍(1498), 甲子士禍(1504), 己卯士禍(1519), 乙巳士禍(1545) 등 거듭되는 정치적 혼란은 급기야 士林派로 하여금 '통치자의 자기규율=수신'이라는 문제를 제기하게 하였다. 이러한 과정을 거치면서 주자학은 李滉, 栗谷 李珥(1536~1584) 등의 학자들에 의해 治者의 도덕성을 바탕으로 하는 정치제도를 정착시키기에 이르렀다.

양명학의 전래는 이처럼 조선조에 있어서 정치 현실적으로 위정자의 수신을 통한 도학 정치의 확립이라는 주자학적 정치의식이 성숙되

55 특히 당시의 排佛論은 두 파로 구분될 수 있는데, 한 파는 당시 불교교단의 폐해와 승려의 타락을 공격하나 불교 자체는 긍정적으로 이해하려는 경향이었고, 다른 한 파는 불교 교리 자체를 부정하여 윤리를 해치고 사회 국가의 기강을 무너뜨린다고 본 경향이었다. 전자는 대개 崔瀣, 李齊賢, 李穀, 李穡 등이었고 후자는 李仁復, 白文寶, 鄭夢周, 鄭道傳 등이었다.

56 佛敎는 精神的 側面에서, 儒敎는 政治制度的 側面에서 장점을 지녀 서로 경합적 관계에 있었다.

57 金忠烈, 『高麗儒學史』, 高大出版部, 1984, 210~248쪽 參照.

58 姜在彦 著, 鄭昌烈 譯, 『韓國의 開化思想』, 비봉출판사, 1989, 28쪽.

던 시기였다. 따라서 당시 주자학자들이 양명학을 배척한 것은 학계의 편협성에 기인한 부분도 없지는 않겠으나 역사적 관점에서 볼 때 당시 사회가 중국에서처럼 주자학의 말폐적 현상을 극복해야 하는 필요성이 제기된 시기가 아니라 오히려 주자학의 학문적 성과를 필요로 하는 시기였다는 점이 크게 작용하였을 것으로 생각된다. 다시 말하면 양명학이 전래될 당시 조선의 역사적 상황은 주체적 판단을 중시하는 양명학보다는 불안한 정국을 안정시킬 수 있는 객관적이고도 합리적인 규범을 중시하는 주자학이 더욱 필요하였던 시기였다고 생각된다.

그러나 임진왜란(1592~1598)과 병자호란(1636)을 계기로 조선조는 정치·경제·사회 등 여러 분야에 걸쳐 점증되는 사회모순과 함께 급속한 사회변화를 맞이하고 있었다. 정치적으로는 士禍를 거치면서 성숙되어 온 士林政治가 차츰 朋黨政治로 바뀌게 되면서 학파의 정치적 유착과 함께 붕당이 당쟁으로 변모하게 되었고, 경제적으로는 三政의 문란이 심각해져 백성들의 삶이 도탄에 빠지게 되었다. 이에 따라 당시 체제교학이었던 주자학에 대한 비판 의식이 싹트기 시작하였다.[59] 이것은 주자학이 도덕성 함양을 통한 사회 정의의 확립이라는 장점이 있음에도 불구하고 현실 문제의 해결이라고 하는 측면에서 그 한계를 드러내는데 기인한 것이었다. 조선조에 있어서 양명학이 수용될 수 있는 역사적 조건이 이 시기를 기점으로 비로소 성숙되고 있었던 것이다.[60] 그러나 양명학은 이미 주자학의 전성기에 전래하여 퇴계 및 학

---

59 李乙浩, 「反朱子學的 思想의 擡頭」, 『韓國哲學硏究』中, 韓國哲學會, 1978, 440쪽.

60 다시 말하면 임병 양난을 계기로 주자학의 한계가 노정되는 시점을 배경으로 중국에 있어서와 같이 양명학이 주자학의 한계를 실천적으로 극복할 수 있는 사회적 환경이 조성되었음을 뜻한다.

자들에 의해 이단으로 배척을 받고 있었던 상황이므로 주자학의 한계를 극복하는 대안으로 제시되지 못한 채 결과적으로 주자학이 지닌바 도덕적 장점을 계승[61]하면서도 富國裕民을 위한 개혁 논리를 주장하는 實學[62]이 그 자리를 대신하게 되었던 것이다. 이 점이 중국에 있어서 성리학·양명학·실학이 역사적 환경을 따라 차례로 발생하였음에 비해 우리나라에 있어서는 양명학이 사상사 속에서 그 역사적 위치를 확보하지 못한 채 陽朱陰王의 형태로 겨우 명맥을 유지하게 되었던 이유였다.

61 安在淳, 「朝鮮後期 實學派의 思想的 系譜」, 『東洋哲學研究』12集, 동양철학연구회, 1991 참조.

62 實學의 개념과 범위에 대한 學界의 반응은 실로 다양하여 이를 학술적으로 쉽게 규정할 수는 없다. 왜냐하면 實學은 상당한 기간을 두고 형성되었으며, 또한 현실문제를 대상으로 하여 광범위하게 전개되어 왔으므로 實學의 개념을 어떻게 정의하느냐에 따라서 얼마든지 그 적용범위가 확산될 수 있기 때문이다. 그러나 일반적으로 實學의 개념은 '壬辰倭亂 이후에 싹터서 英·正祖 때에 全盛期를 이룬 學術思想의 한 傾向'으로 지칭되고 있다.

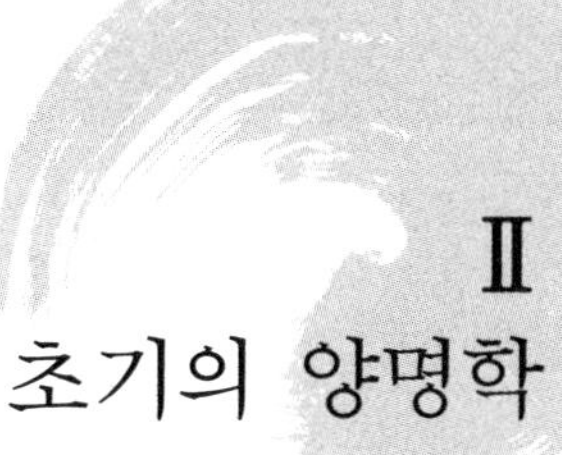

Ⅱ
초기의 양명학

양명학이 전래될 당시 조선의 상황은 주자학의 학문적 성과가 절실하게 요청되었던 시점이었고, 임진왜란과 병자호란을 계기로 점증되는 사회적 모순과 함께 양명학은 비로소 이 땅에 수용될 수 있는 역사적 조건을 마련할 수 있었다. 다시 말하면 사상사적으로 주자학의 전성기에 전래된 양명학이 주자학자들의 비판을 받아 오다가 임병 양난을 계기로 주자학의 한계가 노정되는 시점을 배경으로 중국에 있어서와 같이 주자학의 한계를 실천적으로 극복할 수 있는 사회적 환경이 조성되었음을 뜻한다. 다만 이 시기의 양명학 수용자들은 주자학자들의 배척을 받는 상황 속에서 양명학의 학문적 이론을 성숙시키기보다는 현실 문제 해결이라는 차원에서 양명학의 학문적 성과를 원용하려는 특징을 지니고 있다.

1. 포저 조익

浦渚 趙翼(1579~1655)은 조선 선조 12년에 출생하여 효종 6년에 졸

한 학자이며 정치가다. 그는 어려서 月沙 李廷龜(1564~1635), 月汀 尹根壽(1537~1616) 등을 사사하였다. 일찍이 音律, 卜筮, 禪家, 兵法에 이르기까지 여러 서적을 박람하였으며, 또한 書畵에도 일가를 이루었다. 선조 35년(1602) 문과에 급제한 이후 관직이 正學, 檢閱로부터 좌·우의정에 이르렀다. 광해 3년(1611) 修撰에 재직 중 晦齋 李彦廸(1491~1553)과 退溪 李滉의 문묘종사를 반대한 鄭仁弘(1535~1623) 등을 탄핵하였다가 高山察訪으로 좌천되기도 하였고, 좌의정 재직 시에는 栗谷 李珥와 牛溪 成渾(1535~1598)의 문묘 종사를 주장하였다가 허락되지 않자 사직하기도 하였다.

포저가 살았던 시대는 안으로 광해군의 폭정과 인조반정 등 內憂와 밖으로 임진왜란과 병자호란 등 外患으로 점철된 난세였으나 사상적으로는 퇴·율을 중심으로 한 주자학의 전성기를 맞이하고 있었다. 그러나 한편으로 임병 양난을 계기로 민생이 도탄에 빠지게 되자 당시 주도적인 학문이었던 주자학에 대한 비판 의식이 싹트기 시작하였다. 이 시기 주자학에 대한 비판은 특히 주자의 경전 해석에 있었고, 그 중에서도 『대학』·『중용』의 해석에 대한 논쟁이 활발하였다.[1]

포저가 주자학을 공부하게 된 것은 四書를 처음 읽게 된 20세(1598) 이후였다. 35세(1613)시 광해군의 폭정으로 인한 廢母論이 대두되자 의연히 관직의 뜻을 버리고 낙향하여 45세(1623)까지 10여 년간을 독서와 저술에 몰두함으로써 커다란 학문적 성취를 이룩하였다.

그의 학문적 성격은 그의 저술 과정[2]에서 살펴볼 수 있듯이 敬思想

1 李乙浩, 「反朱子學的 思想의 擡頭」, 『韓國哲學硏究』中, 韓國哲學會, 1978, 440쪽.

2 20세: 「持敬圖」·「誠意說」·「苦說」·「顔子好學論」, 24세: 「中庸說」, 25세: 「心學宗方圖」, 27(8?)세: 「讀栗谷與牛溪論心性情理氣書」, 28세: 「自訟錄」, 29세: 「拙修雜錄」·

을 바탕으로 하는 心學이 주류를 이루고 있다. 그러나 포저가 주자학에 깊이 심취되어 이를 계승한 주자학자임에도 불구하고 그의 학문 속에는 주자학과 다른 심학적 성격이 노정되어 있다. 그 대표적인 예가 『대학』 誠意章 해석이다. 잘 아는 바와 같이 『대학』의 格致・성의장 해석은 주자가 필생의 정력을 기울인 주자학의 정수다. 그런데 포저는 성의장 해석에 있어 주자의 입장을 반대함으로써 世儒들의 비판을 받게 되었고, 이후 이 문제로 인하여 평생을 노심초사하게 된다.[3] 그러나 포저 자신은 주자의 해석에 이의를 제기하는 것이 결코 잘못이 아님을 진리탐구의 정신에 입각하여 당당하게 주장하고 있다.

> 진리는 곧 천하고금을 통하여 다를 바 없는 公物이다. 先聖의 立言垂訓과 後賢의 經義 해석은 바로 이러한 진리를 탐구하는 까닭이다. 만약 혹 의심나는 곳이 있으면 마땅히 거듭 깊이 생각하여 그 귀착처를 궁구하여 극진히 할 뿐이다.[4]

「外物辨」, 31세: 「大學略說」, 33세: 「大學略說」을 「大學困得」으로 개명. 36세: 「大學困得」개정, 38세: 「大學困得」개정, 40세: 「心法12章」, 43세: 「大學困得」誠意章 개정, 44세: 「大學困得」・「中庸困得」・「論語淺說」・「孟子淺說」완성, 59세: 「心法12章」정리, 60세: 「大學困得」後說 上・ 中, 65세: 「心要10章」, 67세: 「持敬圖」後說・「心學宗方圖」後說, 69세: 「持敬圖說」완성, 75세: 「朱子論敬要語」・「大學困得」後說 下, 76세: 「心法要語」.

3 포저 심학의 토대가 되는 「大學困得」은 28세에 시작하여 44세에 완성되며, 그 사이 誠意章 해석이 문제가 되자 그는 이를 변론하기 위하여 60세와 75세에 「大學困得」後說 上・中과 「大學困得」後說 下를 각각 발표하는 등 거의 평생을 이 문제의 해결에 진력하고 있다.

4 『浦渚全書』上, 「年譜」 卷2 墓誌銘, 서울 保景文化社, 1988. "此理, 乃天下古今所同然之公物也. 先聖之立言垂訓, 後賢之解釋經義, 內所以求此理也. 如或有疑, 當反復深思, 究極其所歸而已."

1) 이기론

포저의 문집에서 학문에 관한 내용은 거의 대부분이 심학이며, 주자학에서 중요하게 다루어지고 있는 이기론은 상대적으로 소략하게 다루고 있다. 그의 이기론을 알 수 있는 부분은 27, 8세경에 저술된 「讀栗谷與牛溪論心性情理氣書」가 전부다. 그러나 이 논문에서 다루고 있는 이기론과 심성론은 포저 심학의 학문적 성격을 이해할 수 있다는 점에서 중요한 의미를 지니고 있다.

포저의 이기론은 퇴계의 '理氣互發說'을 부정하고 율곡의 '氣發理乘一途說'을 지지하면서도 율곡과는 또 다른 '理發而氣發'의 독창적인 논리를 제시함으로써 실질적으로는 퇴계의 '理發'의 의미를 함께 수렴하고 있다.

포저의 이기론은 '이발이기발'의 생성론과 '기발이이승'의 현상론으로 나누어진다. 즉 포저는 모든 현상을 '이발이기발'과 '기발이이승'의 중층구조로 이해하고 있는데, '이발이기발'의 '이발'은 리가 만물을 생성하는 과정을 설명한 생성론적인 표현이요, '기발'은 만물이 생성된 이후의 현상을 설명한 현상론적 표현이다. 그리고 '기발이이승'은 '이발이기발'에 있어서 '기발' 즉 만물이 생성된 이후의 현상을 다시 부연하여 詳說한 표현이다. 그런데 그의 생성론은 시간적으로 현상론 이전의 논리이지만 논리적으로는 현상에서부터 추론된 이론이다. 따라서 그의 추론 순서를 따라 현상론으로서의 '氣發而理乘'을 먼저 살펴본 다음 생성론인 '理發而氣發'을 살펴보도록 한다.

(1) 氣發而理乘

포저에 있어서 '기발이이승'은 현상 속에서 이기의 관계를 설명한 것으로, 이 점은 전적으로 율곡의 '기발이승일도설'과 합치한다.

포저는 스스로 '이발'이라는 표현을 쓰고 있으면서도 퇴계의 '이기호발설'에 대해서는 부정적 견해를 가지고 있다. 먼저 퇴계에 대한 포저의 견해를 살펴보자.

> 대개 退翁先生이 四端과 七情을 分對하여 논한 것은 이미 그 명분과 뜻을 잃은 것이지만 '互發之說' 또한 大本에 있어 어두운 것 같다.[5]

여기서 포저는 퇴계의 '이기호발설'이 大本에 어둡다고 말하고 있는데, 이 말은 퇴계의 이기호발설을 이기의 二元化로 파악하여 이를 비판한 율곡의 입장을 지지한 말이다. 율곡은 퇴계의 호발설이 리와 기가 상호 발용하는 것이기 때문에 결국 리와 기가 시간적 선후 관계나 공간적 離合관계에 있게 되어 無始無端의 존재인 음양동정에 있어 始端이 생겨 이기이원화 현상이 생긴다[6]고 하여 이를 부정하고 있다. 포저 또한 이러한 율곡의 입장을 지지하여[7] 현상의 변화는 오직 '기발이이승'의 원리만이 존재하는 것으로 이해한다.

---

5 『浦渚全書』上 卷22 雜著.「讀栗谷牛溪論心性情理氣書」"夫退翁先生, 以四端七情分對而論, 則既失其名義, 而互發之說, 又似昧乎大本."

6 『栗谷全書』卷10,「答成浩原」. "若曰互有發用, 則是理發用時. 其或有所不及. 氣發用時, 理或有所不及也. 如是則理氣有離合, 有先後, 動靜有端, 陰陽有始矣, 其錯不少矣."

7 『浦渚全書』上 卷22 雜著.「讀栗谷牛溪論心性情理氣書」"至於其云, 天地之化, 吾心之動, 皆氣發而理乘之, 無他途也."

"대개 음양오행의 원리를 따라 만물이 생성됨에 리가 있지 않는 곳이 없는 것은 진실로 '기발이이승'이다.[8]

이처럼 포저는 현상 속에서의 이기 관계를 설명하는 점에 있어서 전적으로 율곡의 견해를 따르고 있다.

그러나 포저는 '기발이이승'의 '이승'의 의미에 대하여서는 율곡과 그 견해를 달리한다. 율곡은 작용성이 있는 것은 기요, 리는 다만 有爲作用이 없이 기의 主宰로서만 존재하는 것으로 파악하여 '기발이승'의 논리가 '理無爲 氣有爲'의 입장[9]에 있음을 분명히 하고 있다.

'기발이이승'은 무엇을 말함인가? 陰이 靜하고 陽이 動함에 그 기틀이 스스로 그러한 것[機自爾]이요, 시키는 자가 있어서 그러한 것이 아니다. 양이 동하면 리가 동에 타는 것이지 리가 동하는 것이 아니고 음이 정하면 리가 정에 타는 것이지 리가 정하는 것은 아니다.…… 음이 정하고 양이 동하는 것은 그 기틀이 스스로 그러한 것이지만 음이 정하고 양이 동하는 까닭은 리인 것이다.[10]

그런데 포저는 율곡의 '리무위'의 입장을 부정하고,[11] 오히려 현상에 있어서 '리의 능동성'을 강조하고 있는데, '이발이기발'은 리의 능

8 『浦渚全書』上 卷22 雜著. 「讀栗谷牛溪論心性情理氣書」 "夫陰陽五行萬物生, 而理無所不在, 則是固氣發而理乘也."

9 『栗谷全書』 卷10, 「答成浩原」. "理無爲而氣有爲, 故氣發而理乘."

10 『栗谷全書』 卷10, 「答成浩原」. "氣發而理乘者, 何謂也. 陰靜陽動, 機自爾也. 非有使之者也. 陽之動, 則理乘於動, 非理動也. 陰之動, 則理乘於靜, 非理靜也. …… 陰靜陽動, 其機自爾, 而其所以陰靜陽動者, 理也."

11 『浦渚全書』上 卷22 雜著, 「讀栗谷牛溪論心性情理氣書」. "又云, 理無爲而氣有爲. 故氣發而理乘, 則翼實惑焉."

동성을 강조하기 위해 포저에 의해 독창적으로 개발된 이론이다.

> 이미 발한 후로부터 보면 모두 '기발이이승'이지만 발하는 때로부터 본다면 모두 '이발이기발'이다.[12]

(2) 理發而氣發

포저는 현상의 작용에 있어서 율곡의 '기발이승일도설'을 따른다. 그러나 율곡에 대한 포저의 불만은 '기발이승일도설'이 지니는 리의 역할 즉 현상 작용에 있어서 리는 기의 주재일 뿐 능동성이 없다는 것이다. 다시 말하면 현상의 작용에 관해서는 '기발이승일도설'만을 인정하되 리의 능동성도 함께 긍정해야 한다는 것이 포저의 입장이다.

그런데 현상의 작용에 있어 리의 능동성만을 가지고 논한다면 리의 능동성을 무엇보다 강조한 이론은 퇴계의 이기호발설이다. 그러나 포저의 입장에서 본 퇴계의 이기호발설은 이기의 이원화 현상을 야기하는 논리이므로 포저로서는 이를 긍정할 수가 없었다. 그래서 제시한 이론이 '이발이기발'의 논리이다.

포저가 현상의 작용에 있어서 리의 능동성 강조하는 이유는 '理의 究極性'에 대한 그의 확신에 있다. 포저에 있어서 리는 만물의 생성 이전과 이후를 일관하여 시간적으로 영원불멸한 '無始終'의 구극성[13]을 지님과 동시에 공간적으로 형상에 구애되는 만물과는 달리 모든

---

12 『浦渚全書』上 卷22 雜著, 「讀栗谷牛溪論心性情理氣書」. "自旣發之後觀之, 則皆氣發而理乘也. 自發之時觀之, 則皆理發而氣發也."

13 『浦渚全書』上 卷22 雜著, 「讀栗谷牛溪論心性情理氣書」. "天地萬物未形, 陰陽五行未生之前, 所以爲陰陽五行天地萬物之理, 固已具於沖漠無朕之中. 天地萬物旣消, 陰陽五行旣盡之後, 此理自若也, 此之謂無始終也."

현상의 근원적인 본질로서 '無分別'의 구극성[14]을 지니고 있다. 만물은 이러한 리에 의해서 생성된다. 포저는 이 관계를 '理生氣' 혹은 '理發'로 언표한다.

> 대개 음양오행의 원리를 따라 만물이 생성됨에 理가 있지 않는 곳이 없는 것은 진실로 '기발이이승'이지만, 그 근본을 추리하면 理가 곧 氣를 낳으니[理生氣] 이것은 理가 발한 것[理發]이 아닌가?[15]

이때 포저에 있어서 '이발'의 의미는 생성론적인 측면에서 유추된 논리이므로, 이것은 퇴계의 현상 속에서의 '이발'의 논리와는 다르다. 그러나 리의 본원성과 능동성을 강조하고 있다는 점에서는 퇴계의 '이발'의 의미와 다를 바 없다. 다만 포저가 퇴계와 같이 '이발'을 현상 속의 논리로 보지 않은 것은 이기의 이원화를 원치 않았기 때문이다.

그렇다면 포저는 무엇 때문에 현상 속에서 리의 능동성을 강조하는 것일까? 그것은 인간의 도덕적 본원성과 함께 현실 속에서의 그 역할을 강조하기 위해서다. 다음과 같은 말은 포저가 理發說을 주장하게 된 이유를 단적으로 보여 주고 있다.

> 怵惕惻隱하는 가운데서 仁의 맥락이 관통유행하는 것이 '기발이이승'이라고 한다면 仁이 발현하여 출척측은하게 되는 것은 곧 '이발이기발'이 아닌가?[16]

---

14 『浦渚全書』上 卷22 雜著, 「讀栗谷牛溪論心性情理氣書」. "理乘乎氣, 所乘之氣, 爲陰陽爲五行爲天地爲萬物. 其分萬殊, 而理則一而已, 此之謂無分別也."

15 『浦渚全書』上 卷22 雜著, 「讀栗谷牛溪論心性情理氣書」. "夫陰陽五行, 萬物生而理無所不在, 則是固氣發而理乘也. 然推其本則理卽生氣, 此非理發乎."

이처럼 포저는 현상 속에서의 리의 역할을 강조하면서 리는 작위함이 없다고 하는 율곡의 '리무위'설을 모순이라고 부정한다.

> 대개 리가 기 중에 있어, 리가 動함에 기가 문득 발현하게 되며, 기가 발현함에 리가 문득 타게 된다. 지금 (율곡) 선생께서 '다만 기발이승일 뿐이니 리가 발현하는 것은 아니다'라고 한다면 이것은 음양이 스스로 생기는 것이요, 태극이 음양을 낳는 것이 아니다. …… 이와 같은 즉 리는 불과 하나의 헛된 사물에 지나지 않는 것이니 누가 이것을 신묘하다고 할 것인가? …… 이와 같다면 (율곡) 선생이 말하는바 리가 기의 주재가 된다고 하는 것도 또한 이와 더불어 스스로 모순이 되는 것이다.[17]

요컨대, 포저에 있어서 '이발'은 윤리적 당위 법칙을 현상 이전의 形而上에서부터 그 근원을 유추함으로써 인간의 도덕적 본원성을 한층 강조하려는 의도에서 나온 것으로 이해된다. 따라서 이것은 퇴계의 호발설을 부정적으로 이해하는 입장임에도 불구하고 내용적으로는 인간 주체의 윤리적 당위성을 강조한 퇴계의 입장을 계승하고 있는 것이라고 할 수 있겠다. 이같이 인간의 도덕적 본원성과 그 역할을 강조하는 포저의 입장은 그의 심성론에서도 그대로 이어진다.

---

16 『浦渚全書』上 卷22 雜著, 「讀栗谷牛溪論心性情理氣書」. "夫怵惕惻隱之中, 仁之脈絡貫通流行, 則是所謂氣發而理乘也. 仁之發而爲怵惕惻隱, 則是非理發而氣發乎."

17 『浦渚全書』上 卷22 雜著, 「讀栗谷牛溪論心性情理氣書」. "盖理在氣中, 理動氣便發, 氣發理便乘. 今先生日, 只有氣發理乘而已, 非理發也, 則是陰陽自生爾, 太極生陰陽非也. …… 如是, 則是理不過一虛物爾, 孰謂之妙乎. …… 而先生所謂理者氣之主宰者, 亦與此自相矛盾矣."

2) 심성론

포저는 이기론에서 리의 구극성과 능동성을 강조하였듯이 심성론에서는 성의 본원성을 강조한다.

포저의 사단칠정설과 인심도심설은 대체로 퇴계보다는 율곡의 입장을 지지하고 있다. 그러나 인심도심설에 있어서는 부분적으로 율곡과 다른 견해를 가지고 있는데, 이것은 그의 인간 본심에 대한 신뢰에서 유래된 것이다.

(1) 四端七情論

사단칠정론은 주자학에 있어서 중요한 주제로 인식되고 있다. 왜냐하면 보편적 천리를 인간의 윤리적 당위법칙으로 삼고 있는 주자학에 있어서 사단칠정론은 곧 인간의 성정 속에 내재한 보편적 천리를 확인하는 작업이기 때문이다.

그런데 사단칠정론에 있어서 퇴계와 율곡은 각각 다른 입장을 보이고 있다. 사단이 인간의 본성 속에 내재한 천리에서 발현하는 것이라는 점에서 양인이 모두 동일한 견해를 보이고 있지만 사단과 칠정의 所從來에 있어서는 양인이 입장의 차이를 보이고 있다. 퇴계는 사단을 '理發而氣隨之'로, 칠정을 '氣發而理乘之'로 파악하여 사단과 칠정을 이기호발의 모습으로 分對[18]하여 이해한 반면, 율곡은 퇴계의 사단칠정론을 반대하고 '四端을 七情 중의 善一邊'[19]으로 파악하는 이른바 '七包四'의 논리를 전개하고 있다. 그런데 사단칠정론에 대한 이러한

18 『退溪集』卷16,「答奇明彦」. "滉亦非謂七情不干於理, 外物偶相湊著而感動也. 且四端感物而動, 固不異於七情, 但四則理發而氣隨之, 七則氣發而理乘之耳."

19 『栗谷全書』卷9,「答成浩原」壬申. "四端, 則就七情中, 擇其善一邊而言也."

양인의 견해는 논리적 정당성의 차이라기보다는 오히려 양인의 학문적 입장의 차이에서 나온 것으로 이해된다. 즉 퇴계의 사단칠정론이 인간의 윤리적 당위성에 입각하여 선악이 공존하는 칠정으로부터 어떻게 사단의 순수성을 확립할 것인가 하는 쪽으로 문제를 집약시켜 나간 것[20]이라면, 인간의 감정은 언제나 대상에 대한 느낌을 통해서 발휘되는 것인 만큼 인간의 윤리성도 현실의 논리 속에서 찾아야 한다[21]는 것이 율곡의 입장이다.

이러한 양인의 입장에 대해 포저는 율곡의 '七包四'의 논리를 지지하고 있다.

> 젊은 시절에 어떤 사람이 四端七情說에 대해 묻자 '四端은 七情 중의 善한 것'이라고 답변하였다가 후에 율곡이 논한 바를 본즉 조금도 다름이 없었다.[22]

율곡은 퇴계의 '四七分對說'이 지나치게 윤리적인 입장만을 고려하여 마음의 이원화를 초래하였다[23]고 비판하고 있는데, 포저 또한 퇴계의 사단칠정론이 인성을 이원화한 것이라고 하여 이를 반대하고 있다.

---

20 『退溪集』 卷16, 「與奇明彦」. "四端之發純理, 故無不善. 七情之發兼氣, 故有善惡."

21 『栗谷全書』 卷10, 「答成浩原」. "退溪因此而立論 日四端理發而氣隨之, 七情氣發而理乘之, 所謂氣發而理乘之者可也. 非特七情爲然, 四端亦是氣發而理乘之也. 何則. 見孺子入井, 然後乃發惻隱之心, 見之而惻隱者氣也, 此所謂氣發也. 惻隱之本, 則仁也. 此所謂理乘之也. 非特人心爲然, 天地之化, 無非氣化而理乘之也."

22 『浦渚全書』上, 「年譜」 卷2 墓誌銘. "少時人有問, 四端七情之說, 答以四端是七情中善者, 後見栗谷所論, 則不異焉."

23 『栗谷全書』 卷10, 「答成浩原」 壬申. "退溪先生旣以善歸之四端, 而又日七者之情, 亦無有不善. 若然則四端之外, 亦有善情. …… 善情旣有四端, 而又於四端之外, 有善情則是人心有二本也."

> 대개 退翁 先生이 四端과 七情을 分對하여 논한 것은 이미 그 명분과 뜻을 잃은 것이고 互發의 학설 또한 大本에 어두운 것 같다. 대개 퇴옹 선생의 잘못은 그 병의 원인이 바로 人性을 두 가지 근본에서 유래되는 것으로 보는 것이다.[24]

그가 퇴계의 사단칠정론을 인성의 이원화로 본 것은 퇴계가 사단을 本然之性의 발현으로, 칠정을 氣質之性의 발현으로 설명하는 것을 문제로 삼은 것이다. 퇴계가 사단을 본연지성의 발현으로, 칠정을 기질지성의 발현으로 보는 것은 결국 사단과 칠정의 근원을 본연과 기질의 두 가지 본성으로 인식하는 문제점을 초래한다는 것이 포저의 입장이다.

> 퇴옹 선생의 설명과 같으면 인성에는 본연과 기질의 다름이 있어 본연지성을 따라 발현하면 사단이 되고, 기질지성을 따라 발현하면 칠정이 된다는 것이다. …… 이제 人情에 理를 따라 발현하는 것도 있고, 氣를 따라 발현하는 것도 있다고 말한다면 이것은 마치 만물이 太極으로부터 생겨나는 것도 있고 陰陽으로부터 생겨나는 것도 있다고 하는 것과 같으니 또한 잘못이 아닌가?[25]

24 『浦渚全書』上 卷22 雜著, 「讀栗谷牛溪論心性情理氣書」. "夫退翁先生, 以四端七情分對而論, 則旣失其名義, 而互發之說, 又似昧乎大本. 盖退翁先生之失, 其病根, 正在於以人性爲有二."

25 『浦渚全書』上 卷22 雜著, 「讀栗谷牛溪論心性情理氣書」. "若退翁先生之說, 則以人性爲有本然氣質之異 而從本然之性而發, 則爲四端, 氣質之性而發, 則爲七情. …… 今日, 人情有從理而發者, 從氣而發者, 則是萬物亦有自太極而生者, 陰陽而生者也, 不亦謬乎."

포저의 이러한 주장은 결국 이기론에 있어서 퇴계의 '이기호발설'이 이기의 이원화를 초래한다고 하여 율곡의 '기발이승일도설'을 따르는 입장과 같은 맥락에서 파악될 수 있는데, 율곡과 같이[26] 본연지성을 기질지성에 내재한 리의 모습으로 이해하는 포저의 논리 또한 이러한 그의 입장을 잘 대변해 주고 있다.

> 본연지성은 다만 기질지성 중에 그 理를 가리켜 이름한 것이요, 기질지성은 본연지성이 기질에 섞여 있는 것을 가리켜 이름한 것이다. 그렇다면 성에 어찌 두 가지가 있겠는가?[27]

(2) 人心道心說

인심도심설은 포저가 수양공부를 위해 『心經』을 토대로 하여 정리한 「心法十二章」 중 首章에 위치한 것으로, 포저는 이를 '萬世 심학의 연원이요, 만세 성현의 大法'이라 하여 중요시하고 있는데, 여기에는 인간 본심의 순수성에 대한 확신을 바탕으로 하는 포저 심학의 특성이 잘 나타나 있다.

인심도심설에 있어서 퇴계는 도심을 사단으로, 인심을 칠정으로 分對하여[28] "四端理發而氣隨之 七情氣發而理乘之"라고 하는 이발·기발의 문제와 연계시키고 있다. 이에 대해 율곡은 인심과 도심을 그 발현하는 대상에 따라 名義가 달리지는 근원적 一心[源一流二]으로 인

---

26 『栗谷全書』 卷9, 「答成浩原」 壬申. "四端七情, 正如本然之性氣質之性. 本然之性, 則不兼氣質而爲言也. 氣質之性, 則却兼本然之性. 故四端不能兼七情, 七情則兼四端."

27 『浦渚全書』上 卷22 雜著, 「讀栗谷牛溪論心性情理氣書」. "本然之性, 只就氣質中指其理而名之也. 氣質之性, 以本然之性, 雜乎氣而名之也. 然則性豈有二乎."

28 『退溪集』 卷36, 「答李宏中問目」. "人心, 七情是也. 道心, 四端是也."

식[29]하고, 퇴계의 이기호발에 입각한 인심도심설을 심의 二本說[30]로 파악해 이를 부정하고 있다.

포저 또한 사단칠정론에서와 마찬가지로 퇴계의 인심도심설을 심의 이본설로 보아 이를 반대하고, 인심 도심이 모두 성에서 발현한다는 一本說을 주장[31]한 율곡의 입장을 지지한다.

> 이제 사단이 성에서 발현한다고 하는 것은 (성이) 자연스럽게 발현하는 것이 아닌가? 그렇다면 이목구비와 四肢의 욕망 또한 (성이) 자연스럽게 발현하는 것이 아닌가? 그 자연스럽게 발현하는 것이라면 인심이 성에서 발현하지 않는다는 것이 가하겠는가? 만약 성에서 발현하는 것이 아니라면 무엇을 따라 발현하겠는가? 만약 氣에서 발현한다고 하면 천하에 어찌 理 밖에 氣가 있으랴.[32]

그러나 포저는 인심 도심의 개념 설정에 대해서 율곡의 견해에 이의를 제기한다. 율곡은 인심을 食色을 위하여 발현하는 것으로, 도심을 義理를 위하여 발현하는 것으로 파악하고 있다. 이 점에 대해서는 포저도 이의가 없다. 포저 또한 인심을 이목구비와 四肢의 욕망을 위해 발현하는 것으로, 도심을 의리를 위해 발현하는 것으로 보아[33] 人

---

29 『栗谷全書』 卷10, 「答成浩原」 壬申. "人心道心, 雖二名, 而其原則只是一心. 其發也, 或爲義理, 或爲食色. 故隨其發而異其名."

30 『栗谷全書』 卷10, 「答成浩原」 壬申. "理氣互發, 則是理氣二物, 各爲根柢於方寸之中. 未發之時, 已有人心道心之苗脈, 理發則爲道心, 氣發則爲人心矣."

31 『栗谷全書』 卷9, 「答成浩原」 壬申. "人心道心, 皆發於性."

32 『浦渚全書』上 卷22 雜著, 「讀栗谷牛溪論心性情理氣書」. "今夫以四端爲發於性者, 非以其自然而發耶. 然則耳目口鼻四肢之欲, 亦非自然而發者乎. 其自然而發, 則爲人心不發於性, 可乎. 若不發於性, 則當何從而發乎. 如謂發於氣, 則天下又豈有理外之氣哉."

33 『浦渚全書』上 卷18 雜著, 「心法十二章」 人心道心章. "人指人身而言, 屬乎私, 耳目鼻

心과 道心을 公과 私, 理와 欲의 名目[34]으로 이해하기 때문이다. 그런데 율곡은 다시 그 발현하는 관점에 따라 正理에서 곧장 발현하는 것을 도심, 氣가 이미 작용한 것을 인심[35]으로 규정하고 있으며, 또 기에 엄폐된 것을 인심, 기에 엄폐되지 않은 것을 도심[36]이라고 말하고 있다. 율곡의 이러한 인심 도심의 규정에 대해 포저는 도심에 대해서는 이의를 제기하지 않지만 '기에 엄폐된 것을 인심'으로 보는 점에서는 반대의 의사를 분명히 하고 있다.

포저는 인심과 도심이 모두 성에서 발현한다는 율곡의 一本說을 인심도심설의 핵심으로 파악하고 있다. 그런데 율곡과 같이 '기에 엄폐된 것을 인심'으로 본다면 그것은 인심 도심이 한 근원에서 나온다고 하는 一本說에 어긋난다는 것이다. 포저가 이해한 인심은 육체적 욕구를 위해 발현하는 것이긴 하지만 그 자체가 성에서 발현하는 것이기 때문에 도심뿐만 아니라 인심도 천리이다. 그러므로 인심은 도심과 마찬가지로 천리에서 발현한 것이로되 그 대상이 육체적 욕구를 위해서 발현하는 것일 뿐 기의 엄폐나 작용 여부와 관련하여 인심이 되는 것은 아니라는 것이 포저의 견해다.

> 대개 이미 인심을 성에서 발현한다고 하면 이것은 또한 성의 고유한 것이요, 리의 당연한 바이다. 어찌 기에 엄폐된 후에 인심이 된다고

口四肢之欲, 與凡念慮爲一身而發者是也. 道指義理而言, 屬乎公, 四端之情, 與凡念慮爲義理而發者是也."

34 『浦渚全書』上 卷18 雜著, 「心法十二章」 人心道心章. "蓋人心道心, 乃公私理欲之名目也."

35 『栗谷全書』 卷9, 「答成浩原」 壬申. "其發有出於正理, 而氣不用事者爲道心, 氣已用事者爲人心."

36 『栗谷全書』 卷9, 「答成浩原」 壬申. "爲氣所揜者爲人心, 不爲氣所揜者爲道心."

> 할 수 있겠는가? 또 어찌 본연의 리에 변함이 있어서 그렇다고 하겠는가? (본연의 리의 변함을 따라 본연의 기가 변하여 인심이 되기 때문에) 하필 지나치고 모자람이 있다고 하겠는가? 만약 반드시 기에 엄폐되어 본연의 리에 변화가 생겨 문득 지나치고 모자람이 있다고 한다면 이것은 성의 고유한 것도, 리의 당연한 바도 아니다. 대개 굶주릴 때 음식을 먹고 목마를 때 물을 마시며, 더울 때 시원한 옷을 입고 추울 때 따뜻한 옷을 입는 것과 남녀가 함께 지내는 것이 어찌 리의 당연한 바가 아니겠는가?[37]

여기서 우리는 포저 심학의 특성을 이해할 수 있다. 도심뿐만 아니라 인심도 함께 본원적 천리로 인식해야 한다는 포저의 주장은 결국 인간 본심의 순수성을 긍정하는 것으로 이해할 수 있는데, 이러한 인간 본심의 순수성에 대한 신뢰는 곧 포저 심학의 학문적 바탕이다. 포저의 심학은 철저하게 인간 본심의 순수성을 긍정하는 바탕 위에 전개되고 있으며, 나아가 그의 삶에 대한 태도와 행동 또한 이러한 심학적 학문 체계에 근거하여 전개되고 있다.

3) 수양론으로서의 심학

포저에 있어서 심학의 요지는 私欲을 제거하고 天理를 보존하는 것이다. 포저에 있어서 인심은 도심과 마찬가지로 천리다. 굶주릴 때 음식을 먹고 목마를 때 물을 마시며, 더울 때 시원한 옷을 입고

---

37 『浦渚全書』上 卷22 雜著, 「讀栗谷牛溪論心性情理氣書」. “夫旣以人心爲發於性, 則是亦性之所固有, 而理之所當然也. 豈可謂揜於氣而後爲人心也. 又豈可謂變乎本然之理也. 何必便有過不及也. 如必揜於氣, 變乎本然之理, 便有過不及, 則是非性之固有而理之所當然也. 夫飢食而渴飮, 暑葛而寒裘, 男女居室, 豈非理之所當然哉.”

추울 때 따뜻한 옷을 입는 것 자체가 어찌 악이 될 수 있겠는가? 그러나 이러한 인심은 천리이긴 하지만 또한 개인의 육체적 욕구를 추구하는 것이다. 따라서 이것이 후천적인 기질의 가리움이 있게 되면 개인적인 욕심 즉 私欲으로 변하게 된다.[38] 이것을 포저는 '기에 가려져 리에 변함이 있게 되는 것[揜乎氣而有變乎理]'이라고 하였거니와 포저의 심학은 '私欲의 蔽'를 없애고 '天理의 公'을 확보하는 것이 그 요지이다.

> 학문의 도는 자기의 사사로운 욕심을 제거하여 의리의 공변됨을 따르는 것일 뿐이다. 성현의 수많은 말씀들은 그 요지가 이와 같을 따름이다. …… 사람이 진실로 私欲을 제거하고 의리의 공변됨을 따르는 것으로 마음을 삼는다면 이는 곧 仁에 뜻을 둔 것이다. 이로 말미암아 힘써 진실로 그 사사로움을 제거하고 공변됨을 따른다면 그 노력하는 결과에 따라 현인도 되고 성인도 될 수 있을 것이다. 성현의 이른바 학문은 그 요지가 이와 같을 따름이다.[39]

(1) 심학의 특성

일반적으로 심학이라고 하면 주자학과 비교하여 양명학의 특성으

---

38 『浦渚全書』上 卷22 雜著, 「讀栗谷牛溪論心性情理氣書」. "但氣稟有淸濁, 氣稟淸明, 則義理昭著, 無所掩蔽, 雖人心之發, 亦自循途轍, 自無過不及也. 氣稟混濁, 則義理不得而著, 鮮不爲氣所揜而有變乎理, 於是有過不及焉. 故有聖人, 稟氣至淸. 故不假於修爲, 自賢人以下, 氣稟未免少有査滓, 則必裁制其氣 事不爲所揜而後, 無過不及焉. 此性之反之之分, 然則揜乎氣, 而有變乎理, 非人心固然也, 氣稟有然也."

39 『浦渚全書』上 卷2, 「進大學困得」. "學問之道, 只是去其私己之欲, 而循乎義理之公而已. 聖賢千言萬語, 其要歸不過如是. …… 人苟以去其私欲, 循乎義理爲心, 則便是志於仁者也. 由是而用力焉, 實去其私, 實循乎公, 則隨其功力之至, 可以爲賢爲聖矣. 聖賢所謂學問, 其要不過如是而已."

로 지칭되는데, 그것은 주자학이 理의 究極性을 중시하는 데 비해 양명학은 인간 본심을 학문의 바탕으로 삼았기 때문이다.

그러나 실제로 심학은 양명학에서뿐만 아니라 주자학에서도 중요하게 다루어지는 학문 분야다. 주지하는 바와 같이 주자는 『書經』「大禹謨」의 “人心惟危 道心惟微 惟精惟一 允執厥中”에 나타난 인심과 도심을 심학의 종지로 삼았고,[40] 程子의 ‘涵養須用敬 進學則在致知’[41]의 학설에 따라 居敬과 窮理를 학문의 두 핵심으로 삼았다. 이후 주자학은 심 속에 내재한 천리의 體認[居敬]과 객관 사물의 이치 탐구를 통한 외적 합리성[窮理]이 함께 조화를 이루는 이른바 內外合一의 경지를 학문의 목표로 삼기에 이르렀다.

그러나 조선에 있어서 주자학은 중국과 달리 심학화 현상이 두드러지는데, 그 대표적인 인물이 퇴계다. 퇴계의 주된 사상은 敬에 있으며,[42] 그 특징은 인간 주체의 윤리성을 강조하는데 있다. 포저 또한 퇴계에 못지않게 경을 중요시하여 이를 학문의 필수불가결한 요소로 삼고 있다.[43]

> 대개 敬 한 글자는 堯舜 이래로 여러 聖人들이 이것을 우선으로 삼았

---

40 『中庸』序文. “以爲有人心道心之異者, 則以其或生於形氣之事, 或原於性命之正, 而所以爲知覺自不同, 是以或危殆而不安, 或微妙而難見耳.”

41 『二程全書』卷19, 「遺書」.

42 퇴계의 사상 형성에 커다란 비중을 차지한 것은 젊은 시절에 읽은 『心經附註』(宋의 眞德秀(1178~1235)가 찬한 『心經』을 明의 程敏政이 주석을 붙인 주석서)였다. 그는 이 책을 평생 곁에 두고 존신할 정도로 퇴계의 학문에 깊은 영향을 미쳤다.

43 심법십이장의 내용으로 보아 포저의 심학은 宋의 眞德秀가 찬한 『心經』뿐만 아니라 퇴계의 영향도 있었으리라 짐작된다.(安在淳, 「趙翼의 心學思想」, 『韓國思想家의 새로운 發見(2)』, 한국정신문화연구원, 1994, 184쪽)

> 고, 三代의 학자와 洙泗의 가르침이 모두 이것으로 모범을 삼지 않음이 없었으니 경전을 상고해 보면 알 수 있다. 그런즉 이것은 성학의 지극히 요긴한 법이다. 반드시 이것이 있어야 학문을 할 수가 있고, 이것이 없으면 학문을 할 수 없다. …… 敬 공부는 內外와 動靜을 관통하니, 경을 간직하는 공부는 반드시 때와 장소를 따라 힘써 조금이라도 쉬거나 긴장을 풀지 않아야 그 경이 완전해진다. 안으로 경을 보존하기 위해서는 '戒身恐懼'와 '謹獨'의 공부를 잠시라도 늦추어서는 안 되며, 밖으로 경을 간직하기 위해서는 단정한 용모와 예절바른 태도를 잠시라도 떠나서는 안 된다.[44]

경사상으로 집약되는 포저의 심학은 다음과 같은 두 가지 점에서 그 특성이 드러난다. 그 하나는 인간 본심을 학문과 삶의 기초로 하고 있는 점이다. 잘 아는 바와 같이 주자학의 이론 체계는 보편적 천리를 인간의 윤리적 당위법칙으로 삼아 이를 도덕적으로 체현하려는 데 있다. 따라서 주자학에서는 사욕에 엄폐될 가능성이 상존하는 심에 바탕을 둔 인간의 주관적 판단보다는 보편적 천리가 중시된다. 따라서 현실의 문제를 해결함에 있어서도 인간의 주관적 판단보다는 언제나 현실적 상황이 지니고 있는 객관적 합리성을 판단의 기준으로 삼는다. 이러한 점에서 주자학은 합리적인 특성을 지니고 있다. 이에 비하여 포저는 외재적 합리성보다는 인간 본심에 입각한 주체적 판단을 중시한다. 그에 있어서 인간 본심은 객관 상황을 정당하게 판단할 수

---

44 『浦渚全書』上 卷20, 「開惑淺語」. "蓋敬之一字, 自堯舜以來, 群聖人莫不以此爲先, 而三代學者及洙泗之敎, 皆以此爲法, 考於經傳, 皆可見也. 然則此乃聖學至要之法, 必有此, 方成爲學, 無此則不可爲學者也. …… 敬字工夫, 貫通內外動靜, 持敬之功, 必須隨時隨處而用力, 方無間斷滲漏而其敬全矣. 存乎內則戒懼謹獨之功, 不可須臾息, 而持乎外則容貌威儀之則, 不可須臾離也."

있는 純善의 존재이며, 인간의 지각 또한 이러한 본심을 따라 선하게 작용하는 능력을 지니고 있다. 그러므로 포저에 있어서 현실적 상황을 재량하고 판단하는 주체는 언제나 본심이다. 포저의 삶에 대한 태도와 행동은 모두 이러한 인간 본심의 순수성에 바탕을 두고 전개되고 있다.

> 천하 국가의 근본은 人主의 一身에 있으며, 일신의 근본은 또한 마음에 있습니다. 그러므로 인주는 이 마음을 반드시 항상 맑게 보존하여 물욕의 가리움이 없게 한 연후라야 그 행동과 정책의 결정이 정당함을 얻어 만사가 이를 따라 순조로워지지 않음이 없을 것입니다.[45]

다른 하나는 거경을 중시하고 있다는 점이다. 주자학에 있어서 居敬과 窮理는 학문의 두 축이다. 마음속의 사욕을 제거하여 천리를 체현하는 거경과 객관 세계의 합리성을 탐구하는 궁리는 어느 한 쪽도 소홀히 할 수 없는 부분이다.[46] 그러나 포저의 심학은 오히려 거경에 치중하고 있다. 물론 포저 또한 궁리를 인정하고 있다.[47] 그러나 거경을 궁리에 우선[48]할 뿐만 아니라 그의 문집 전편을 통해 거경의 공부

45 『浦渚全書』上 卷10, 「論金趙女子入宮陳戒箚」. "天下國家之本, 在於人主之一身, 而一身之本, 又在於心. 故人主此心, 必常湛然清明, 無物欲之蔽, 然後其發於擧措, 施於政令者, 無不得其正, 而萬事從而理."

46 『性理大全』 卷49 學6, 「知行」. "致知力行, 用功不可偏, 偏過一邊, 則一邊受病. 如程子云, 涵養須用敬, 進學則在致知, 分明自作兩脚說."

47 『浦渚全書』上 卷2, 「論大同不宜革罷疏」 乙丑. "夫知其察理未定之爲害, 則窮格之學, 不可不勉."

48 『浦渚全書』上 卷20, 「拙修雜錄」. "若初無涵養之功, 而欲隨事致力, 則大本未立, 心爲事物所勝, 自然與之俱化. 故爲學之始, 必先用力於敬, 專於靜處養之, 致歲月之功, 使其工夫純熟, 操存堅固而後, 以之讀書, 以之處事, 無所爲而不可矣."

가 거의 전부를 차지하고 있을 정도로 거경은 포저에 있어서 학문의 핵심이다.

> 성현의 학문은 그 마음에 근본을 둘 따름이다. 대개 사람은 같은데, 대인도 있고 소인도 있다. 마음은 하나인데, 인욕도 있고 천리도 있다. 천리와 인욕은 서로 消長한다. 인욕이 없어지고 천리가 길러진 자는 대인이 되고 인욕이 길러지고 천리가 없어진 자는 소인이 된다. …… 성현의 학문 요점은 그 마음을 다스려서 私欲之蔽를 제거하고 天理之公을 온전히 하는 데 있을 뿐이다.[49]

그렇다면 포저가 이처럼 거경을 중시하는 이유는 무엇인가? 그가 거경을 중시하는 것은 단순히 궁리와 거경의 두 공부 중 거경에 치중하고 있다는 의미로서만 이해해서는 안 된다. 포저의 거경 중시의 학문 경향을 이해하기 위해서는 위에서 살펴본 바와 같이 그의 학문이 인간 본심의 순수성에 기초하고 있다는 사실을 알아야 한다. 주자가 거경과 궁리를 학문의 요체로 삼아 이를 상호 보완적으로 이해[50]하면서도 거경보다 궁리에 우선을 둔 것[51]은 객관 사물의 이치 탐구를 통한 외적 합리성을 중시하기 때문이다. 그러나 포저의 학문 바탕

---

49 『浦渚全書』上 卷26, 「心經增減節註附說序」. "聖賢之學, 其本心而已. 夫人均也, 有大人焉, 有小人焉, 心一耳. 有天理焉, 有人欲焉. 天理人欲相爲消長, 人欲消而天理長者爲大人, 人欲長而天理消者爲小人. …… 聖賢之學要在治其心, 去私欲之蔽, 全天理之公而已."

50 『朱子語類』 卷9. "學者工夫, 惟在居敬窮理二事, 此二事互相發, 能窮理, 則居敬工夫, 日益進, 能居敬, 則窮理公夫, 日益密."

51 『朱子語類』 卷9. "致知力行, 用功不可偏, 偏過一邊, 則一邊受病. 如程子云, 涵養須用敬, 進學則在致知, 分明自作兩脚說. 但只要分先後輕重, 論先後, 當以致知爲先, 論輕重, 當以力行爲重."

은 외적 합리성이 아니라 오히려 인간 본심의 순수성이다. 포저가 거경에 치중한 것은 바로 이러한 인간 본심의 순수성에 대한 확신과 신뢰에서 비롯된 것이다.[52] 포저의 학문 경향이 외적 합리성을 추구하기보다는 '존천리거인욕'의 存心 공부에 치중하는 이유가 바로 여기에 있다.

> 학자가 학문을 하는 대의는 다만 사욕을 모두 제거하여 천리가 순전해지는 사람이 되고자 하는 것이다. 다만 밝고 깨끗하여 공평 정직한 사람이 되고자 하는 것이다. 다만 인간의 도리를 다하여 천지와 귀신에 부끄러움이 없는 사람이 되고자 하는 것이다. 다만 천하의 일을 담당하고, 천지에 참여하여 만물의 화육을 도모하는 사람이 되고자 하는 것이다. 그 근본은 다만 마음의 보존[心存]에 있다.[53]

(2) 未發과 已發의 敬 공부

포저의 문집 속에 나타난 敬에 관련된 글은 「心法十二章」·「持敬圖說」·「四勿章註解」·「誠意正心章註解」·「拙修雜錄」·「心學宗方」·「開惑淺語」·「朱子論敬要語」·「心法要語」등을 들 수 있는데, 그 중 「心學宗方」은 경 공부의 내용을 일목요연하게 도표까지 그려 상술하고 있다.

---

52 포저가 격물치지보다는 성의를 더욱 중시하고 있는 점도 같은 맥락에서 이해된다.

53 『浦渚全書』上 卷20, 「拙修雜錄」 爲學大意. "學者爲學其大意, 只要做私欲盡去, 天理純全底人, 只要做光明灑落, 公平正直底人, 只要做盡得人理, 不傀天地鬼神底人, 只要做擔當天下事, 參天地贊化育底人, 其本只在心存."

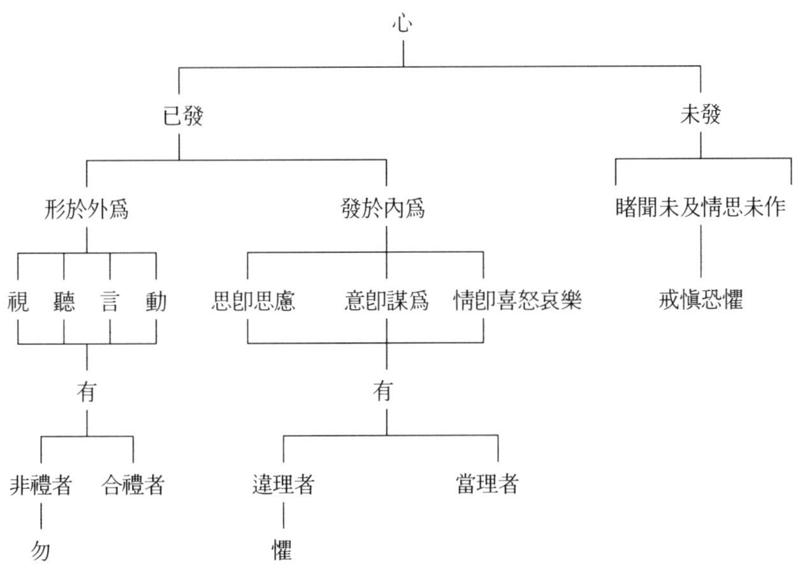

[心學宗方圖]

이 도표에서 보면 포저는 경 공부의 내용을 크게 미발의 공부와 이발의 공부로 나누고 있는데, 미발의 공부란 靜時의 경 공부로, 천리의 본체를 보존하는 存養 공부요, 이발의 공부는 動時의 경 공부로, 인욕의 발생을 막는 省察 공부다.[54]

미발의 공부는 인간의 마음속에 일체의 의식과 지각 활동이 일어나지 않은 때의 공부로, 마음의 평형을 유지하여 본체인 천리를 보존하여 놓치지 않는 것을 그 내용으로 하고 있다.

> 마음 공부의 요점은 다만 붙들어서 놓치지 않는 것이다. 마음이 분주

54 『浦渚全書』上 卷20, 「開惑淺語」. "存養者, 所以存天理之本然, 靜而敬也. 省察者, 所以遏人欲於將萌, 動而敬也."

> 하고 혼란한 것은 모두 이 마음을 놓쳐 버리는 데서 말미암는다. 붙들면 이러한 근심이 없게 된다. 마음을 붙드는 요점은 다만 '戒謹恐懼'에 있다. '계근공구'는 모름지기 남이 보지 못하고 나 자신도 보지도 듣지도 못하는 때에 나아가 부지런히 힘써서 끊어짐이 없게 해야 한다. 심법의 요점은 많은 말 속에 있는 것이 아니라 다만 『대학』과 『중용』의 몇 마디 말 속에 요약되어 남김이 없다.[55]

이발의 공부는 인간의 의식이 외물에 대한 느낌을 가져 외적인 행동으로 드러나는 때의 공부로, 포저는 그 내용을 내적 공부와 외적 공부로 나누어 이해하고 있다.

내적 공부는 인간의 의식이 내적으로 외물을 느끼고 인식할 때의 공부로, 公과 私, 善과 惡이 갈라지는 기미를 잘 살펴서 사욕을 물리치고 덕성을 온전히 하는 것을 목표로 한다.

> 그 느낄 때에 지각이 밖으로 발현하여 공사선악이 이에 구별된다. 희로애락의 감정과 사려 작용과 일을 계획할 때에 이치에 합당하기도 하고 어그러지기도 한다. …… 그 지각의 발현을 따라 스스로 그 법칙을 넘지 않게 해야 한다.[56]

외적 공부는 인간의 의식이 구체적 행동으로 드러날 때의 공부로, 모든 언어 동작 행위가 禮에 합당한 것인가를 살펴 반드시 공공의 합

---

55 『浦渚全書』上 卷20, 「心要精擇」. "心術切要工夫, 只在操而不舍, 走作昏沈, 皆由於舍, 操則無此患矣. 操心之要, 只在戒謹恐懼. 戒謹恐懼, 須就人所不見, 己所不睹不聞之時勤緊用力, 勿令間斷. 心法之要, 不在多言, 只此中庸孟子, 數語約而盡."

56 『浦渚全書』上 卷19, 「心學宗方圖贊」. "及其感也, 知覺外發, 公私善惡, 於是焉別, 喜怒哀樂, 思慮謀爲, 數者於理, 有當有違. …… 隨其所發, 自不踰則."

리성에 합치하도록 행동하는 것을 목표로 한다.

> 한번 움직이고 한번 고요하며 한번 보고 한번 듣는 가운데 반드시 禮로서 헤아려 한결같이 바른 것으로 돌아가야 한다. 조금이라도 예가 아닌 것이 끼어들면 문득 이를 극복하여, 자로 사각형을 그리듯 컴퍼스로 원을 그리듯 법도에 맞도록 해야 한다.[57]

이처럼 미발 이발의 경 공부는 인간의 의식활동이 일어나기 전에서 시작하여 인간의 의식이 활동하는 때와 그 의식이 구체적 행위로 드러나는 모든 순간 속에 사욕이 싹트지 않도록 일생동안을 스스로 절제해 가는 공부이다.

> 요순은 兢兢業業하였고, 문왕은 小心翼翼하였으며, 무왕은 慄慄危懼하였고, 증자는 戰戰兢兢하였고, 자사는 戒愼恐懼하였다. 이로 말미암아 본다면 성현의 일생은 사욕이 생길까 두려워하고 조심하지 않는 때가 없었다.[58]

4) 양명학적 성격

이상에서 포저의 성리설을 살펴보았는데, 그의 학문 특히 심학 속에는 양명학적 성격이 노정되어 있다. 그런데 그의 양명학적 성격은 주자학만을 존숭하였던 당시 학계의 분위기로 말미암아 겉으로 그 모

---

57 『浦渚全書』上 卷19, 「心學宗方圖贊」. "一動一靜, 一視一聽, 必糾以禮, 一歸於正, 少涉非禮, 便勿以克, 矩方規圓, 準平繩直."

58 『浦渚全書』上 卷20, 「聖賢本領」. "堯舜兢兢業業, 文王小心翼翼, 武王慄慄危懼, 曾子戰戰兢兢, 子思戒愼恐懼. 有此觀之, 聖賢一生無非畏懼之時日也."

습을 드러내지 않고 주자학의 학문 경향 속에 내함된 모습으로 나타나 있다.

포저 사상의 양명학적 성격을 객관적으로 알 수 있는 부분은 그가 주자의 학문적 입장에 반대하고 있는 부분이다. 그는 대체로 주자학을 존숭하였지만 『대학』 성의장 해석에 있어 주자의 견해에 반대의 입장을 표명하고 있다.

> 『중용』과 『대학』에 대한 해설서를 삼가 드립니다. 이것은 제가 일생 동안 깊이 연구하여 얻은 것입니다. 다만 그 사이에 혹 선현의 학설과 다른 것이 있어 송구하기 짝이 없습니다만 제 학설에 대한 잘못을 발견할 수가 없었습니다. 절실히 바라옵건대 상세하게 살펴보시고 잘못된 부분을 알려 주시면 이보다 더한 다행이 없겠습니다.[59]

잘 아는 바와 같이 『대학』 성의장에 대한 해석은 格物補傳과 함께 주자의 학문적 특성을 가름할 수 있는 중요한 내용이다. 그런데 이러한 중요한 내용에 대해 그 입장을 달리하고 있다는 사실은 곧 포저가 주자학과 다른 학문적 경향을 가지고 있다는 말과 같다.

주자는 『대학』 성의장을 다음과 같이 해석하였다.

> "스스로 수양하고자 하는 자가 선을 행하고 악을 제거하려 한다면 마땅히 힘을 다해 스스로 속이지 말아야 한다. 그래서 악을 미워하기를 악취를 싫어하듯 하고, 선을 좋아하기를 색을 좋아하듯[如好好色 如惡

---

59 『浦渚全書』上 卷17, 「答尹吉甫宣擧書」. "庸學說兩册謹呈, 此區區一生沈潛所得. 但其間或有異於先賢之說者, 深用悚懼, 亦恐其錯會而不自知也. 切望詳察之, 有未安者示及, 幸甚幸甚."

惡臭] 하여 악을 결단코 제거하고 선을 반드시 구하여 얻는데 힘써 스스로 자신에게 쾌족하게 할 것이요, 구차하게 바깥을 좇아 다른 사람 때문에 자신을 속여서는 안 된다."[60]

그런데 포저는 이 해석에 대해 두 가지 점에서 이의를 제기하였다. 하나는 '毋自欺'에 대한 해석이다. '毋自欺'의 '自欺'에 대한 해석을 주자는 '다른 사람과의 관계 속에서 자신을 속이는 일'로 이해하고 있음에 비해 포저는 '그 마음의 좋아하고 미워하는 것이 그 아는 바에 반대되는 것'[61]으로 파악한다. 그리고 다른 하나는 '如好好色 如惡惡臭'에 대한 해석이다. 주자는 '여호호색 여오악취'를 선을 행하고 악을 제거하는 '工夫'로 이해하였지만 포저는 선을 좋아하게 되고 악을 미워하게 되는 '效驗'로 이해하였다.[62] 얼핏 보면 성의장에 대한 포저와 주자의 해석은 큰 차이가 없어 보이며, 그다지 중요한 문제도 아닌 것처럼 보인다. 그러나 포저는 주자와 견해를 달리하고 있는 점에 대해 송구함을 감추지 못하면서까지 이 장의 의미가 중요함을 역설하고 있다.

소소한 文義나 긴요하지 않은 것은 비록 같지 않더라도 괜찮지만 '自欺'의 뜻과 같은 것은 관계되는 바가 심히 중요하고 긴요한 곳인데 여기서 차이가 있음을 면치 못하겠다. 이것은 또한 송구하고 불안한 일이

60 『大學』 6章 朱子註. "欲自修者, 知爲善以去其惡, 則當實用其力而禁止其自欺, 使其惡惡, 則如惡惡臭, 好善則如好好色, 皆無決去而求必得之, 以自快足於己, 不可徒苟且以徇外而爲人也."

61 『浦渚全書』上 卷21, 「大學困得」 後說中. "盖章句, 以爲人爲自欺, 愚則以其心所好惡, 反於其所知者, 爲自欺."

62 『浦渚全書』上 卷21, 「大學困得」 後說中. "章句以二如爲眞好惡之喩, 而爲用力事, 愚則以爲必好必惡之喩, 而爲效驗也."

> 다. 그러나 내가 이 설을 갑자기 하루아침에 얻은 것이 아니다. 대개 30년 전부터 이 글을 읽고 이곳에서 반복하여 탐색한 결과 홀연히 얻은 것이다. 이른바 '自欺'는 그 뜻을 바로 가리킨다면 다만 '선을 알고서도 행하려 하지 않고 악을 알고서도 행하고자 하는 것'이다. 그 후 수년을 두고 깊이 생각해 보았지만 항상 이 해석이 옳다고 생각하였다.[63]

이러한 포저의 해석과 관련하여, 그는 두 가지 점에서 주자와 견해를 달리하고 있음을 살펴볼 수 있다. 그 하나는 '자기'를 대상과의 관계에서가 아니라 주체에 있어서의 공부로 이해하고 있다는 점이다.[64] 그는 '자기'의 해석에 있어 주자와 같이 타인과의 관계 속에서 자신을 속이는 것[爲人]도 '自欺'일 수 있지만 원래 '自欺'라고 하는 것은 字義上[65]에서나 내용상에 있어서 '스스로 자기의 마음을 속이지 않는다[毋自欺己心]'는 것으로 해석해야지, ①다른 사람을 속인다거나 ②타인과의 관계 속에서 자신을 속이는 것 등 대상과의 관계 속에서 행해지는 의미가 아니라[66]고 하고 있다. 그리고 다른 하나는 대상과의 관계

---

63 『浦渚全書』上 卷21, 「大學困得」 後說中. "如小小文意, 無甚緊要者, 雖或不同, 猶之可也. 至如自欺之義, 所關甚重, 卽是緊要處也, 而於此不免有異, 此又悚懼不能安也. 然區區此, 說 非卒然一朝而得之者也. 蓋自三十年前讀此書, 於此反覆探玩, 忽然見得, 所謂自欺者直指其意, 則只是知善而不欲爲, 知惡而欲爲之者也. 其後積年探索, 常以此爲必然也."

64 『浦渚全書』下 卷1, 「大學困得」 誠意章 註. "僞爲善以爲人, 固是欺也. 然人之爲欺非獨此也. 此外亦多有也. 如佞譽而悅人, 搆誣而陷人, 及欺人以取財物, 詒人使陷禍患, 如此類甚多, 難以一二數. 然則爲人者欺之一也. …… 以此思之, 則竊恐所謂自欺者, 凡欺皆在其中, 不必專指爲人者也."

65 『浦渚全書』下 卷1, 「大學困得心」 誠意章 註. "所謂自欺者, 必非泛然下字, 自字非語助閑字如之於之類, 乃自己之謂, 以字意觀之, 必是謂自欺己心明矣."

66 『浦渚全書』下 卷1, 「大學困得」 誠意章 註. "僞爲善以爲人, 固是欺也. 然人之爲欺非獨此也. 此外亦多有也. 如佞譽而悅人, 搆誣而陷人, 及欺人以取財物, 詒人使陷禍患,

속에서 앎을 확충해가는 주자와는 달리 먼저 '무자기'의 공부를 통해 주체를 확립하고 난 다음 대상에 나아간다는 것이다. 만약 주체에 대한 공부가 완전하다면 그가 대하는 대상마다 마치 본능적으로 색을 좋아하게 되고 악취를 미워하게 되듯이 가식 없는 삶을 살 수 있게 된다는 것이 포저의 견해다. 그의 이러한 견해의 배경에는 인간 주체의 본심에 대한 확신이 깔려 있다.

> 대개 善은 사람이 마땅히 해야 할 일이고, 惡은 사람이 마땅히 제거해야 한다. 사람이 이것을 알지 못함이 없는 것은 人心 본연의 바름이 이와 같은 것이다.[67]

이 점은 '인간이 선을 행하고 악을 제거하고자 하지만 분별력이 부족하므로 마땅히 '致知' 공부를 통해 선악의 분별을 분명히 해 물욕의 혼폐에서 벗어난 후라야 '誠意'가 이루어진다'[68]고 하여 '格致以後誠意'의 방법으로 성의장을 해석하는 주자와는 분명히 다른 입장에 있다.[69]

그렇다면 주자의 대학장구의 해석에 이의를 제기하면서까지 인간

如此類甚多, 難以一二數. 然則爲人者欺之一也. …… 以此思之, 則竊恐所謂自欺者, 凡欺皆在其中, 不必專指爲人者也."

67 『浦渚全書』下 卷1, 「大學困得」 誠意章 註. "夫善人所當爲, 惡所當去. 其當爲與當去, 人無不知, 此人心本然之正, 同然也."

68 『朱子語類』 卷16 大學 傳6章 釋誠意. "所謂自欺者, 非爲此人本不欲爲善去惡. 但此意隨發, 常有一念在內阻隔住, 不放教表裏如一, 便是自欺. 但當致知, 分別善惡了, 然後致其愼獨之功, 而力割去物慾之雜, 而後意可得其誠也."

69 포저는 75세 때 '「大學困得」後說下'를 지어, 주자의 여러 견해를 들어 주자가 '自欺'를 '爲人'으로 해석한 것은 일시적 견해이고 다른 곳에는 모두 '欺其心'으로 이해하고 있다고 말하고 있지만 실제 '爲人'의 해석이 오히려 주자학의 학문 체계에 적절한 것으로 생각된다.

본심의 순수성을 주장하고 있는 포저의 학문적 성격은 무엇일까? 이것은 인간 본심에 대한 믿음을 바탕으로 하는 포저 철학의 심학적 특성에서 연유한 것으로, 이러한 인간 본심에 대한 믿음이야말로 곧 포저 심학에 내함되어 있는 양명학적 성격이다.

주지하는 바와 같이 주자학과 양명학의 특징은 性卽理와 心卽理의 명제로 대별된다. 두 학문은 모두 인간의 본성을 천리로 인식하고 있다는 점에서 공통점이 있다. 그러나 '성즉리'와 '심즉리'의 차이점에서 드러나듯이 인간 본성의 어떤 면을 천리로 보느냐에 따라 그 학문적 경향을 달리한다. 즉 주자학에서는 천리가 인간의 본성으로 내재해 있음을 말하고 있으면서도[70] 정작 이를 인식하고 발현하는 마음의 순수성은 인정하지 않는다. 왜냐하면 마음은 천리를 인식하고 발현하는 주체이지만 동시에 욕망을 느끼고 발현하는 주체이기도 하기 때문이다.[71] 따라서 마음이 욕망에 흔들리지 않고 천리의 순수함을 발현하기 위해서는 먼저 천리가 무엇인지, 왜 천리를 따르지 않으면 안 되는 것인지 등에 관한 학문적 규명이 선행되어야 한다. 주자학의 격물궁리설은 바로 이러한 천리에 대한 학문적 규명이다.[72] 그러나 양명학은 인간의 본심을 곧 천리로 인식한다. 양명학에 있어서 본심은 곧 천리요, 동시에 스스로 천리를 밝게 깨달아 발현하는 지각 능력[73]을 가진 존재다. 양명학에서 이처럼 주자학과는 달리 인간의 본심을 천리로

---

70 『大學』經一章 朱子註. "明德者, 人之所得乎天, 而虛靈不昧, 以具衆理, 而應萬事者也."

71 『朱子語類』卷62. "此心之靈, 其覺於理者, 道心也. 其覺於欲者, 人心也."

72 주자학에 있어서 천리에 대한 학문적 규명은 윤리적 당위 법칙을 인식하기 위한 필수적인 과정이다.

73 『傳習錄』中, 「答聶文蔚」. "良知, 只是一箇天理自然明覺發見處."

인식하게 된 배경에는 주자학이 지닌바 격물궁리설의 한계[74]를 실천적으로 극복하려는 의도[75]가 깔려 있지만 양명학은 인간 본심을 도덕 실천의 근원으로 삼아 앎과 행동이 하나가 되는[知行合一] 도덕적 삶의 실현을 학문의 목표로 삼았던 것이다. 이러한 점에서 포저의 성의장 해석은 양명학의 입장을 고스란히 간직하고 있다.

이제 포저 성의장 해석을 중심으로 포저의 심학 속에 나타난 양명학적 성격의 내용을 정리하면 다음과 같다.

첫째, 포저는 인간 본심을 純善한 것으로 이해한다. 포저에 있어서 인간의 본심은 寂然不動의 '中'[76]이요, '太極'이다.

> 오직 사람이 태어남에 神明을 머금는도다.
> 신명은 무엇인가? 지극히 허령한 것이로다.
> 그 未發시에는 太極이 몸에 있음이여.
> 저울의 형평 같고 거울의 빈 것 같도다.
> 한편으로 기울지도 않고 사물에 의지하지도 않음이여.
> 우뚝히 至中하고 혼연히 하나로다.
> 氣가 일어나지 않게 하여 正理가 보존됨이여.
> 천하의 근본이요 萬化의 뿌리로다.[77]

---

74 양명학의 입장에서 본 격물궁리설의 한계는 현실적 삶 속에서 도덕적 행위의 절박성보다는 오히려 외적이고 형식적인 원리원칙을 중시하게 되고, 그 결과 도덕 실천의 주체가 되는 본심(本心)의 역동성과 능동성을 잃어버리는 것이었다.

75 『傳習錄』中, 「答顧東橋書」. "朱子所謂格物云者, 在卽物而窮其理也, 卽物窮理, 是就事事物物上, 求其所謂定理者也, 是以吾心而求理於事事物物之中, 析心與理而爲二矣."

76 『浦渚全書』上 卷18 雜著, 「心法十二章」. "七情未動, 此心寂然, 此之謂中. 中者不偏不倚之謂. 蓋此心動而後有所偏向, 寂然則無所偏倚, 至中而已."

77 『浦渚全書』上 卷19, 「心學宗方圖贊」. "惟人之生, 含此神明. 神明伊何, 至虛至靈. 當未其發, 太極在躬. 如衡之平, 如鑑之空. 不偏於方, 不倚於物. 亭亭至中, 混然惟一.

또한 이 본심은 선을 좋아하고 악을 미워하는 본래성을 지닌 존재[78]로서 타인의 아픔을 자기의 아픔으로 여기는 '怵惕惻隱'의 마음[79]이다. 그는 이 본심을 '만사를 재량하고 판단해가는 근본'으로 삼았다.

> 대개 마음은 만사의 근본이다. 천하의 일은 한결같이 마음에서 나오지 않는 것이 없다. 그러므로 한 마음이 바르면 만사가 바르지 않음이 없고, 한 마음이 바르지 못하면 만사가 다 이를 따라 바르지 않게 된다.[80]

주자학이 인간의 마음속에 천리가 내재해 있음을 인정하면서도 욕망에 사로잡힐 수 있는 마음의 한계로 인하여 마음 자체를 천리로 인식하지 않는 점은 위에서 밝힌 바가 있지만 포저는 이처럼 인간 본심을 학문의 기초로 삼고 있다.

둘째, '知覺의 本善'을 주장하고 있다. 포저는 마음의 지각 능력을 '本然의 善'으로 인식하고 있는데, 이 지각본선설은 곧 양명학이 지니는 특성이다. 주자학 또한 마음의 지각 능력은 인정하지만 이 지각 능력 자체를 선으로 인식하지는 않는다.[81] 그러나 양명학에서 심은 곧 '良知'[82]이다. 양지의 특징은 그 자체가 천리이며, 동시에 본체인 천리

氣未用事, 正理惟存. 天下之本, 萬化之根."

78 『浦渚全書』上 卷18, 「心法十二章」. "夫人之本心, 未有不好善而惡惡, 故其欲善初無不誠也,"

79 『浦渚全書』上 卷16, 「與戶判原平元斗杓・延城李時昉完南李厚源書」. "夫以吾人本心不忍人之理言之, 則見民之將死而不爲之救, 是見孺子入井而不爲怵惕惻隱也. 人之本心, 豈有如是者乎."

80 『浦渚全書』上 卷10, 「論災異箚」 癸酉. "夫心者, 萬事之本也. 天下之事, 無一不出於心. 故一心正, 則萬事無不正, 一心不正, 則萬事皆從而不正."

81 『性理大全』 卷32 心. "所謂覺者亦心也. 今以覺求心, 以覺用心, 紛拏迫切, 恐其爲病."

82 『傳習錄』中, 「答顧東橋書」. "吾心之良知, 卽所謂天理也."

를 明覺해가는 지각본선의 존재다. 양명은 이러한 양지설에 입각하여 객관 定理의 궁구 없이 천하 만사에 대한 주체적 판단을 내릴 수 있었던 것이다. 이렇게 볼 때 포저의 지각본선설은 양명의 양지론과 다름이 없다.

> 대개 마음은 知覺을 말하는데, 지각은 本善이다. 그 본연의 선은 良心이요, 또한 仁義의 심이다. 그런즉 지각의 심과 양심은 둘이 아니다. 곧 지각의 본선은 양심이다. 지각이 비록 본선이지만 物欲에 빠지면 그 선을 잃게 되니 이른바 양심을 놓친다는 것이 이것이다. 오직 물욕에 빠지지 않으면 그 본연의 선은 사라지지 않을 것이다. 그러므로 잡아서 간직할 것은 지각이요, 지각이 보존되면 곧 선이 보존된다.[83]

셋째, 誠意를 중시하고 있는 점이다. 주자학은 윤리적 당위법칙의 근거인 형이상학적 存在에 대한 규명을 학문의 최우선 과제로 삼고 있다. 그러므로 주자학에 있어서는 '理의 규명'과 '실천'이라고 이원체계의 논리에서 知行의 문제를 이해한다. 주자의 격물치지는 곧 理의 규명을 위한 인식론적 방법이다. 그는 격물궁리를 통해 존재를 규명하고[84] 다시 이를 윤리적 당위법칙으로 삼아 실천하는 '先知後行'의 이원적 논리체계를 설정하고 있다. 물론 주자도 궁리뿐만 아니라 본체공부로서 '거경'을 학문의 중요한 덕목으로 삼고 있다.[85] 그러나 그

83 『浦渚全書』上 卷18 雜著, 「心法十二章」. "蓋心者, 知覺之謂. 知覺本善, 其本然之善, 卽是仁義之心也. 然則知覺之心與良心非二也. 卽知覺之本善者, 是良心也. 知覺, 雖本善, 汨於物欲, 則其善亡, 所謂放其良心是也. 惟不汨於物, 則其本然之善, 未嘗亡. 故操而存者知覺也, 而知覺存則善斯存矣."

84 『大學』, 「格物補傳」.

85 『朱子語類』 卷9. "學者工夫, 惟在居敬窮理二事."

는 窮理를 居敬에 우선하는 입장을 취함으로써[86] 선지후행의 학문체계를 구축하였다. 포저 또한 격물치지를 의리를 탐색하는 공부로, 성의를 心術공부로 나누어 이해하고 있는 점[87]에서 주자학과 일치하고 있다. 그러나 주자학이 격치 공부를 성의 공부에 우선하는 입장임에 비해 포저는 성의공부를 격치공부보다 더욱 중시함으로써 주자학과는 다른 학문적 경향을 보이고 있다.[88] 즉 포저는 일면으로 주자의 격치설을 긍정하면서[89] 일면으로는 인간 본심의 순수성과 지각본선에 대한 확신을 통해 거경공부에 치중하는 경향이 포저 문집의 전편을 통해 전개되고 있다. 이처럼 격치설을 긍정하면서 거경공부에 치중하는 포저의 학문 경향은 일견 모순처럼 보이기도 한다. 그 대표적인 예가 '무자기'에 대한 해석이다. 위에서 살펴본 바와 같이 주자는 '격치이후성의'의 입장에서 '무자기'를 해석하고 있다. 그러나 포저는 주자의 격치설을 긍정하면서도 유독 여기서만은 인간 본심에 대한 확신 위에 주자의 '격치이후성의'의 입장을 부정하고 '무자기'를 본심 공부로만 인정하고 있다. 필자는 이 점을 포저 심학의 특성으로 이해하고자 한다. 다시 말하면 포저학은 주자학과 같이 '궁리'를 '거경'에 우선하는 학문적 방법을 택하고 있는 것이 아니라 인간 본심의 순수성에

86 『朱子語類』 卷9. "須先致知而後涵養"

87 『浦渚全書』上 卷6, 「進庸學困得疏」. "臣又竊伏思大學八條, 實萬世爲學大法, 而其中格致誠正四者, 屬自治. 此四者, 乃自天子至匹夫, 皆當用力者, 而四者之中, 格物致知, 卽讀書求索義理是也. 心術切實工夫, 惟在誠意正心, 誠意則爲善純實, 正心則應物皆得其正, 其意旣純於爲善, 而其所應皆得其正."

88 『浦渚全書』上 卷6, 「進庸學困得疏」. "二者之中, 誠意尤爲緊要. 盖意之誠不誠, 善惡邪正分矣. 其意眞實, 則所爲皆眞實, 其行爲善行, 其言爲善言, 其善皆爲實有也."

89 『浦渚全書』上 卷20, 「開惑淺語」. "盖知不致, 則無以知其當然之理, 而不知所以行也. 故必先之以致知也."

대한 확신 위에 '존천리거인욕'의 거경 공부를 중시하는 심학적 특성을 간직하고 있는 것이다.

넷째, 현실 문제를 해결하는 데 있어서 인간의 주체적 판단을 중시하고 있다. 포저는 인간의 본심이 세상사의 시비를 바르게 판단할 수 있는 능력을 함유하고 있는 것으로 인식하여 현실 문제 해결에 있어서 인간 본심의 판단을 무엇보다 중시하고 있다.[90] 병자호란 시 포저의 친우 遲川 崔鳴吉(1583~1647)이 權道로서 주화를 주장한 것이 그의 양명학적 심학관에서 나온 것[91]은 주지의 사실이지만 당시의 국난을 당하여 행한 포저의 처신술 또한 그의 심학관에서 배태된 權道였다.[92] 포저는 1627년 정묘호란이 일어나자 主和를 주장하여 金과의 화친을 성사시켰으며, 1636년 병자호란을 당해서는 주화의 입장보다는 척화의 입장을 취하였다. 그런데 포저는 그의 이러한 입장이 권도에서 비롯된 것임을 지천과의 서간 속에서 토로하고 있다. 그는 이 편지 속에서 자신이 정묘호란 시에는 주화를 주장하고 병자호란 시에는 척화를 주장하게 된 이유가 현실적 상황이 서로 다르기 때문임을 설명하면서 만약 지천의 주화가 권도에서 나온 因時應變의 입장이라면 자신도 지천의 입장을 긍정할 수 있음을 토로하고 있다.

90 『浦渚全書』上 卷13, 「論誠敎論兩賢臣從祀未安箚」. "夫天下事理, 自有是非之別. 人之本心, 亦有是非之正. 有是是而非非, 乃事之當也, 心之正也."

91 『遲川集』 卷17, 「寄後亮書」. "吾非臻此境者, 但心之所存, 常在於此, 亦覺往往有得力處, 平生遭憂患難, 堪非一二, 賴此得不至大狼狽."

92 『浦渚全書』上 卷11, 「論瀋陽送使箚」 丙子. "夫天下之事, 只有可與否而已. 處之之道, 唯當察於可否 而決其取舍, 不可執一論也."

> 만약 때를 따라 변화에 응하는 權道의 계책에서 나온 것이라면 혹 (주화가) 있을 수 있지만 오로지 주화만을 계책으로 삼는다면 결단코 안 되는 일이다.[93]

현실 문제에 있어서 인간 주체의 판단에 입각하여 사태를 해결하려는 심학적 학문 태도는 문집 전편에 산재해 있는 포저의 지배적인 학문 경향이다.

> 엎드려 바라옵건대, 전하께서는 人心 본연 속에 내재한 시비의 올바름을 깊이 통찰하시어 사사로운 뜻과 계교 때문에 일을 그르치지 않으신다면 일에 처하는 道가 모두 자연스런 이치가 있어 마땅히 그 자연스러움을 따를 것입니다. 일을 행함에 일삼는 바가 없이 한결같이 천리의 정당함을 추구하셔야만 할 것이니, 옛 성왕들의 훌륭한 정치 또한 이와 같았을 뿐입니다.[94]

다섯째, 萬物一體思想을 주장하고 있다. 만물일체사상은 程明道의 사상에서 유래된 것[95]으로, 양명은 이를 계승하여 萬物一體思想을 자신의 학문적 목표로 이해하였다.

---

93 『浦渚全書』上 卷16, 「答崔完城鳴吉書」. "若因時應變, 出於權計者, 容或有之. 若專以主和爲計, 則決不可也."

94 『浦渚全書』上 卷13, 「論 誠敎論兩賢臣從祀未安箚」. "伏願, 聖明深察人心本然, 是非之正, 不可以私意計較有所變易, 而處事之道, 皆有自然之理, 當循其自然, 行所無事, 一於天理之正, 則古之聖帝明王所以致治之道, 不過如是而已也."

95 『二程全書』 卷2, 「遺書二先生語第二上」. "學者須先識仁, 仁者渾然與物同體, 義禮智信, 皆仁也."

> 대인은 천지만물로서 일체를 삼는 자이다. …… 대인이 능히 천지만물로서 일체를 삼는 것은 일부러 의도하는 것이 아니고 그 마음의 仁이 본래 그러하여 천지만물과 하나가 된다.[96]

이후 명도·양명으로 전승된 만물일체사상은 주자학자들보다는 양명학을 공부한 학자들에게 중시되어 오늘날 양명학의 한 특징으로 인식되고 있다.[97] 포저의 문집 여러 곳[98]에서 이러한 만물일체의 정신과 사상이 강조되고 있음을 살펴볼 수 있다.

> 대개 옛 仁人이 천지만물로서 일체를 삼았으니, 이것은 밖으로 허풍 섞인 말을 하여 사람에게 보이고자 하는 것이 아니라 그 마음의 본래 그러한 것입니다. 그런즉 나의 仁愛는 천지간 어디든 미치지 못하겠습니까?[99]

포저의 학문은 분명히 주자학을 그 학문적 바탕으로 하고 있다. 그러나 성의장 해석 등에 나타난 바와 같이 주자학과는 분명히 다른 인간 주체의 본심을 중시하는 심학적 특징을 보이고 있으며, 이러한 특

---

96 『王陽明全集』 卷26, 「大學問」. "大人者, 以天地萬物爲一體者也. …… 大人之能以天地萬物爲一體也, 非意之也, 其心之本若是, 與天地萬物而爲一也."

97 霞谷 鄭齊斗(1649~1736)에 있어서도 만물일체사상은 학문의 목표로서 중시되고 있으며, 白巖 朴殷植(1859~1926)은 만물일체사상을 통해 세계평화주의를 주창하고 있다.

98 『浦渚全書』上 卷3, 「論西邊事宜疏」 丙寅. "夫民者同胞, 以天地大父母觀之, 則凡天下之民, 皆吾兄弟也. 故仁人之心, 以天地萬物爲一體也. 況人君爲父母宗子, 代天而理物, 則尤當以此存心也."
『浦渚全書』上 卷9, 「論兵曹判書李貴箚 批未安箚」. "聖賢之心, 以天地萬物爲一體, 則其憂世之深, 救世之急, 豈可謂之非天理也."

99 『浦渚全書』上 卷4, 「進西邊事宜疏」. "蓋古之仁人, 以天地萬物爲一體, 此非外爲大言以示人也. 其心實然也. 然則吾之仁愛於天地之間, 何所不及也."

징은 양명학적 성격에 부합되는 것이다.

당시 사상계의 풍토는 양명학을 이단시하였고, 포저의 문집 속에는 그의 학문이 양명학의 영향을 받았다는 직접적인 언급이 없다. 그러나 당시의 학자들은 그의 학문이 주자학과 다른 것임을 의심하였고, 포저는 자신의 학문이 주자학임을 누누이 역설하고 있다. 그렇다면 당시 학자들이 무엇 때문에 포저의 학문을 의심하였고, 포저가 자신의 학문이 주자학임을 구태여 밝혀야 할 이유가 무엇인가? 필자는 이러한 점이야말로 오히려 그의 심학이 양명학의 영향을 받았음을 나타내는 징표라고 생각된다. 이 점은 당시 양명학을 수용하였던 학자들로 알려진 張維와 崔鳴吉이 그의 죽마고우들이었으며, 또한 포저가 그들과 평생의 고락을 함께 하였던 점 등을 미루어 보면 더욱 그렇다.

2. 계곡 장유

谿谷 張維(1587~1638)는 宣祖時 형조판서를 지낸 張雲翼(1561~1599)의 아들로서 1601년(선조 35) 문과에 급제하여 이조판서·대제학·우의정 등을 역임하였으며 李适의 난 때에 왕을 모신 공으로 新豊君으로 피봉되었다. 그의 사승관계는 율곡계통의 학문을 계승하고 있으나, 그는 사상가라기보다는 문장가로 더 잘 알려져 있으며, 실제로 그의 문집 속에는 철학적인 내용이 많지 않아 그의 철학사상을 이해하기는 쉽지 않다. 그러나 사상적으로 다양한 학문이 전개되는 중국의 학계를 소개하면서 다른 학문을 용납지 않는 당시 주자학 일색의 학문풍토의 편협성을 지적하고 있는 것을 미루어 보아, 그는 당시의 주자학적

학문경향과는 달리 老莊學이나 양명학 등 다양한 학문을 수용한 것으로 짐작된다.

1) 학문관

그의 『谿谷漫筆』 속에는 양명학에 대한 견해가 여러 곳에서 발견되는데, 이를 미루어 계곡은 양명학을 충분히 공부한 것으로 생각된다. 그런데 그의 양명학을 이해하기 위해서는 그가 무엇 때문에 양명학을 공부하게 되었는가 하는 이유가 먼저 밝혀져야 한다. 왜냐하면 당시 주자학만을 정통으로 인정하는 학문적 풍토 속에서 그가 구태여 양명학을 공부하게 된 배경에는 단순히 주자학 일색의 학계에 대한 반발이나 양명학에 대한 호기심을 넘어 양명학이 지니고 있는 사상적 특성이 그의 학문적 경향과 일치하는 점이 있을 것으로 생각되기 때문이다. 이러한 관점에 따라 그가 양명학을 공부하게 된 배경을 그의 학문관을 통해서 살펴보자.

그는 당시 사상계의 학문태도를 비판하여 이렇게 말하고 있다.

> 中國의 학술은 갈래가 많아 正學과 禪學, 丹學이 있고 程朱를 배우는 자가 있고, 陸氏를 배우는 자도 있어서 길이 하나가 아니다. 그런데 우리는 有識·無識 할 것 없이 책을 끼고 글을 읽는 사람은 모두 程朱를 욀 뿐, 다른 학문이 있음을 듣지 못한다. 어찌 우리 士習이 과연 중국보다 훌륭해서 그런가? 그런 것이 아니다. 중국에는 학자가 있으나, 우리나라는 학자가 없다. 대개 중국은 인재와 생각이 녹록하지 아니하므로 시대마다 뜻 있는 선비가 實心으로 학문을 닦는다. 그런 까닭에 각기 좋아하는 바에 따라서 학문하는 것이 동일하지 아니하였다. 그러나 가

> 끔 충실한 공부가 있었다. 우리는 그렇지 못하여 생각이 옹졸하고 도무지 志氣라곤 없다. 단지 程朱學만 세상에서 귀중히 여기는 바를 듣고 입으로 말하고 겉으로 존중할 뿐이다.[100]

여기서 살펴보면 계곡은 정주학 자체를 비판하는 것이 아니라 정주학만을 정통으로 인정하는 사상계의 편협성과 당시 학자들의 형식적 학문태도를 비판하고, 학문의 자유의 필요성과 함께 학문을 대하는 자세가 가식적이나 형식적인 것이 아니라 實心으로 임해야 함을 역설하고 있다. 이것은 곧 당시의 학계에 대한 비판일 뿐만 아니라 계곡자신의 학문관이며 인생관이기도 하다. 계곡은 인간의 삶에 있어서 무엇보다 주체성을 강조하여 이렇게 말한다.

> 사람이란 반드시 스스로 다스린 후에야 남에게 의지하지 않을 수 있고, 自立한 후라야 남에게 의지하지 않을 것이며, 지키는 절조가 있은 다음이라야 남을 따르지 않을 것이며, 不義를 부끄러워한 다음이라야 남의 물건을 훔치지 않을 것이며, 不仁을 미워할 줄 안 다음이라야 남을 해치지 않을 것이다. 이것을 요약해 말하면 義理와 利慾을 분간하는 것일 따름이다.[101]

---

100 『谿谷漫筆』 卷1. "中國學術多岐, 有正學焉, 有禪學焉, 有丹學焉, 有學程朱者, 學陸氏者, 門往不一, 而我國則無論有識無識, 挾筴讀書者, 皆稱誦程朱, 未聞有他學焉. 豈我國士習, 果賢於中國耶. 日非然也. 中國有學者, 我國無學者. 盖中國人材志趣, 頗不碌碌, 時有有志之士, 以實心向學, 故隨其所好而所學不同, 然往往各有實得. 我國則不然. 齷齪拘束, 都無志氣, 但聞程朱之學, 世所貴重, 口道而貌尊之而已."

101 『谿谷漫筆』 卷1. "人必自治而後, 可以不待物矣. 自立而後, 可以不附物矣. 有守而後, 可以不隨物矣. 羞不義而後, 可以免於竊物矣. 惡不仁而後, 可以免於害物矣. 約而言之, 義利之辨而已矣."

이러한 계곡의 人間主體論은 곧 그가 인간의 실천적 주체를 무엇보다 강조하는 양명학을 선호하는 배경이 된 것이다.

2) 심학적 사유구조

(1) 이기론

계곡의 이기론은 다분히 氣 중시적인 경향을 가지고 있으며, 이기의 관계에 있어서는 율곡의 '理氣之妙'의 입장을 지지하고 있다.

劉明鍾은 한국 양명학의 특징 중의 하나를 主氣說로 보고 있지만[102] 계곡은 기를 중시하여 一氣長存說의 입장으로 취하고 있다. 그는 기를 張載(1020~1077)와 같이 太虛之氣로 인식한다.[103] 그에 있어서 기는 無始無終한 본원적인 존재이다.[104] 인간을 포함한 만물은 기의 취산을 통해 생성되며, 이 기는 다시 흩어져 本然太虛의 기로 돌아간다.

> 기는 有爲한 까닭에 처음에는 虛하나 지금은 實하고, 처음에는 無形하나 지금은 有形하다. 그러나 無形은 근본이요, 有形은 末端이다. 虛는 體요, 實은 用이다. 처음은 모이지 아니한 까닭에 虛하여 형체가 없으며, 지금은 이미 모인 까닭에 實하여 형체가 있다. 모인 것은 끝내 흩어지고 흩어지면 다시 太虛에 돌아갈 뿐이다.[105]

---

102 劉明鍾, 『韓國의 陽明學』, 서울 동화출판공사, 1983, 79쪽.

103 『谿谷集』 卷3, 「雜記」. "天地萬物, 無往而非此氣也. 聚而形立, 散而形壞, 形立而氣, 在於形中. 形壞而氣, 反於太虛."

104 『谿谷集』 卷3, 「雜記」. "人與物之氣, 則太虛之氣也. 旣無始也, 何有終也. 張子之言曰氣之聚散於太虛, 猶氷之凝釋於水也. 觀此, 可知死生之說."

105 『谿谷集』 卷3, 「雜記」. "氣有爲也, 故始也虛, 而今也實. 始也無形, 而今也有形. 然無形者, 本也. 有形者, 末也. 虛者, 其體也. 實者, 其用也. 始也, 未聚也, 故虛而無形也. 今也, 旣聚也, 故實而有形也. 聚者, 終必散也. 散則復於太虛而已矣."

그러나 계곡이 이처럼 기를 중시하여 그 본원성을 강조하고 있으나 氣一元論者는 아니다. 그가 기의 본원성을 강조한 것은 리의 본원성에 연유한다. 이점을 계곡은 이렇게 말하고 있다.

> 理는 虛而靜한 것이요, 氣는 實而粗한 것이다. 氣의 根本은 역시 虛而靜한 것이다. 그러나 理에 비하면 實而粗한 것이다. 太極은 理의 摠名이요, 太虛는 氣의 本體이다. 一太極이 나누어져 만물의 본체가 되고 一太虛가 化生萬物하니 理가 無爲한 까닭에 太虛에 있어서도 이와 같고 만물에 있어서도 또한 이와 같은 것이다.[106]

결국 계곡의 기 중시적 경향은 이기의 同時共在性을 염두에 둔 말인 것이며, 그의 이러한 이기 동시공재성은 이기론에 있어서 율곡의 '理氣之妙'의 입장을 지지하는 데서 나온 것이다. 그는 理善氣惡을 주장하는 龜峰 宋翼弼(1534~1599)의 논리를 율곡의 '理氣之妙'의 입장에서 다음과 같이 비판하고 있다.

> 대저 근세 유자들의 의논을 얻어 보니 理氣를 판연히 二物로 삼고 立論의 때에 매양 理는 옳고 氣는 그르다고 하였다. 이것은 理氣가 본래 妙合하여 二物이 아님을 알지 못하는 것이다. 나누어 둘로 하면 天道를 이루지 못하고 조화를 이루지 못하여 옳은 것이 없게 된다. 繫辭에 이르기를 '한번 陰하고 한번 陽하는 것을 일컬어 道라고 한다. 陰陽을 예측할 수 없는 것을 神이라고 한다'고 하였으며, 明道는 '氣 또한

---

106 『谿谷集』 卷3, 「雜記」. "理者, 虛而精者也. 氣者, 實而粗者也. 氣之本, 亦虛且精也. 然比之理則爲實而粗也. 太極者, 理之摠名也. 太虛者, 氣之本體也. 一太極, 分體萬物. 一太虛, 化生萬物. 理無爲也, 故在太虛也, 如是. 在萬物也, 亦如是."

道요, 道 또한 氣라' 하였으니 만약 이와 같은 것을 본다면 어찌 理善氣惡과 같은 龜峰의 말이 있겠는가? 羅整菴의 理氣一物之論은 비록 병통이 있으나 이러한 견해에 비교하면 또한 스스로 超詣가 있으니, 이것이 栗谷이 취함이 있게 된 까닭이다.[107]

이렇게 볼 때, 계곡의 이기론의 특성은 이기의 동시공재성에 근거한 기 중시적 경향을 지니면서 율곡의 '理氣之妙'의 입장을 계승하고 있는 것이라 하겠다. 계곡은 이러한 율곡의 '이기지묘'의 특성을 통해 양명학의 심즉리 사상을 수용하고 있다.

(2) 심성론

계곡의 心性論은 대체로 주자학의 논리를 따르고 있으나, 이기론에 있어서 '理氣之妙'의 논리를 따라 本然之性보다는 氣質之性을, 本體로서의 性보다는 性을 본체로 具有하고 있는 人心의 靈妙함을 강조함으로써 양명학을 수용할 수 있는 가능성을 엿보게 한다.

계곡은 心과 性을 形而下의 器와 形而上의 道로서 구분하고 있지만,[108] 性을 형이상의 존재론적 의미보다는 內外動靜을 일관하여 존재하는 氣質之性의 의미를 강조한다.

---

107 『谿谷集』 卷3, 「書宋龜峯玄繩編後」. "大抵近世儒先之論看得, 理氣判作二物, 立論之際, 每每是理而非氣. 不知此本妙合不貳之物. 分而二之則不成天道, 不成造化, 無有是處也. 繫辭曰一陰一陽之爲道. 陰陽不測之爲神. 明道曰器亦道, 道亦器. 若見得如此, 則安有理善氣惡, 如龜峯之說者乎. 羅整菴理氣一物之論, 雖曰有病, 比之此等見解, 亦自超詣. 此栗谷所以有取也."

108 『谿谷集』 卷3, 「雜記」. "性者, 心之道. 心者, 性之器."

만약 未動을 性이라고 한다면 已動의 後에는 문득 性이 없는 것인가? 程伯子가 말하기를 '性은 內外가 없다.'라고 하였으니 이미 內外가 없은 즉 어찌 動靜이 있겠는가? 대개 動靜은 그때로써 말하는 것이니, 性의 理는 있지 않는 곳이 없다. 지금 未動으로써 性을 삼는다면 天命의 全體가 편벽되고 공허한 곳으로 돌아가지 않겠는가?[109]

본연지성은 理를 말하는 것이다. 그러나 사람이 소유한 바는 다 기질지성이다. 그러므로 程子가 말하기를 '人生氣稟 理有善惡'이라고 하였으니, 이것은 理에 善도 있고 惡도 있다는 것이 아니라 이미 氣를 품수받으면 부득불 선악이 있게 된다는 말이다. 이것이 곧 理有善惡의 理이다.[110]

그의 기질지성을 중시하는 학문태도는 율곡의 학문을 계승하는 것에서 비롯된 것으로 보여진다. 그러나 계곡은 이러한 기중시적 경향에서 진일보하여 理뿐만 아니라 氣의 본원을 善으로 보아 결국 心善의 입장을 주장한다. 다음의 말을 살펴보자.

만약 惡을 氣라고 한다면 이 말은 전혀 옳지 못하다. 대개 氣의 本源은 원래 善하지 않음이 없으니, 반드시 흐르고 어그러진 후에야 바야흐로 악이 있게 된다. 氣가 善惡을 겸했다고 말하는 것도 오히려 本末源流를 분변하는 데 결점이 있거늘, 지금 곧장 氣를 惡이라고 하는 것은

---

109 『谿谷集』 卷3, 「書宋龜峯玄繩編後」. "若曰未動是性, 則已動之後, 便爲無性耶. 程伯子言性無內外, 旣無內外, 則何有動靜. 盖動靜, 言乎其時也. 性之理, 無不在也. 今之以未動者爲性, 則天命之全體, 無乃歸於偏枯空缺之地耶."

110 『谿谷集』 卷3, 「雜記」. "本然之性, 言其理也. 人之所有, 皆氣質之性也. 故程子曰人生氣稟, 理有善惡, 非理有善且有惡也. 旣入氣稟, 則不得不有善惡, 是乃理也."

그 義를 해치고 道를 상하게 하니 조그만 잘못이 아니다. 性은 곧 理이고, 心은 곧 氣이다. 지금 만약 惡은 心이다, 라고 말한다면 사람들이 장차 어찌 하겠는가?[111]

여기서 계곡은 종래의 '性卽理' '心卽氣'의 입장을 지지하고 있으나 다시 기의 본원을 善으로 보아 心惡說을 부정하고 심선의 입장을 지향함으로써 주자학과는 다른 양명학적 학문경향을 보이고 있다. 물론 주자학에 있어서도 기 자체를 악으로 보고 있지는 않다. 그러나 기의 淸濁粹駁을 통해 악의 근원인 人欲이 발생하는 것으로 보기 때문에 기를 선으로 보는 견해와는 자연 차이가 있다고 할 수 있다. 반면 양명학에서는 理氣合一의 지평에 있으므로[112] 理가 善이라면 氣 또한 善일 수밖에 없다.[113] 따라서 계곡이 氣善의 논리를 통해 心善을 주장한 것은 결국 양명학의 심즉리의 입장인 것이며, 계곡은 이러한 논리를 율곡의 '이기지묘'의 사유체계를 통해 수용하고 있는 것으로 생각된다.

계곡은 이러한 心善氣善說에 바탕을 두고 人心과 道心을 일원상에서 파악하여 다음과 같이 말한다.

사람의 神明을 일러 心이라 하니, 心의 體는 性이다. 그 用은 義理를 위해 發하는 것이 있으니 惻隱·羞惡·辭讓·是非와 같은 종류가 그것

---

111 『谿谷集』 卷3, 「書宋龜峯玄繩編後」. "若曰惡是氣也, 十分不是. 盖氣之本, 元無不善. 必其流蕩乖戾而後, 方有惡耳. 夫謂氣兼善惡, 猶欠於本末源流之辨矣. 今直以爲惡, 其害義傷道, 非細失也. 性卽理, 心卽氣, 今若曰惡是心也, 人將以爲如何."

112 『傳習錄』下. "論性不論氣, 不備. 論氣不論性, 不明. 氣, 亦性也. 性, 亦氣也."

113 陽明의 心性論은 過不及이 없는 純粹氣를 전제로 하는 철저한 性氣一體觀의 입장에 있으므로 本體에 있어서의 純粹氣는 惡이 전제되지 않는다.(宋河璟, 「王陽明의 心卽理說 硏究」, 『儒敎思想硏究』, 儒敎學會, 1987, 134쪽)

이다. 形氣를 위해 發하는 것도 있으니 知寒·覺煖·聲色·臭味의 欲과 같은 것이다. 이 둘을 함께 情이라고 한다. 形氣의 發도 또한 理의 고유한 바로서 본래 善하지 않음이 없으나 흘러서 節度를 잃어버리게 되면 惡이 된다. 형기의 흐름을 일러 人欲이라 하고 義理의 바름을 일러 天理라고 한다. 학문의 道는 다른 것이 아니다. 그 흐름을 조절하여 바른 곳으로 돌아가게 하는 것이니, 그러면 用에 잘못이 없고 體가 스스로 온전하게 된다. 이것을 일러 精一之學이라고 한다.[114]

계곡의 인심도심설의 특성은 性과 情, 天理와 人欲을 모두 마음으로 파악하여,[115] 理로 발용되는 도심과 함께 形氣를 위해 발용되는 인심도 理의 고유한 바로 이해하고 있는 점이다. 이것은 곧 계곡의 心善氣善說에 기인하는 것으로서 그는 감각적 욕구 또한 천리로 인식하는 심학적 특성을 보이고 있다.

계곡의 이러한 심선기선을 바탕으로 하는 심학적 학문태도는 결국 양명학의 심즉리와 상통하는 것으로, 그는 이러한 심학에 기초하여 양명학의 학문적 입장을 수용하고 있다.

---

114 『谿谷集』 卷3, 「書宋龜峯玄繩編後」. "人之神明, 謂之心. 心之體, 性也. 其用, 有爲義理而發者, 如惻隱羞惡知愛知敬之類, 是也. 有爲形氣而發者, 如知寒覺煖聲色臭味之欲, 是也. 二者, 均謂之情. 形氣之發, 亦理所固有, 本無不善, 流而不節, 斯爲惡矣. 形氣之流, 謂之人欲. 義理之正, 謂之天理. 學問之道, 無他. 節其流而歸於正, 則用無疵而體自全矣. 夫是之謂精一之學."

115 『谿谷集』 卷4, 「人心道心說」. "夫性此心也, 情此心也. 形氣此心也, 性命此心也. 天理此心也, 人欲亦此心也. 是故主天理人欲而言, 則於天理人欲, 可致其精一之功. 主形氣性命而言, 則於形氣性命, 可致其精一之功. 主性情體用而言, 則於性情體用, 可致其精一之功."

(3) 양명학적 성격

계곡은 퇴계에 의해 변척되어 온 양명학이 이단이 아님을 변증하고 있다. 그는 '퇴계가 白沙·陽明이 象山에서 나와 本心으로 종지를 삼는 까닭에 모두 선학이라 할 수 있으나, 백사는 오히려 양명보다 吾學에 가깝다.'[116]고 하는 말에 정면으로 반대하여 양명의 양지학이 선학이 아님을 논증하고 있다.

> 陽明과 白沙를 평론하는 자는 아울러 禪學이라고 한다. 白沙의 학문은 진실로 靜에 치우쳐 寂에 흐른 흠이 있었다. 그러나 陽明의 良知訓은 그 공부의 實地가 오로지 省察과 擴充에 있어 매양 고요함을 즐기고 움직임을 싫어하는 것은 배우는 자가 경계해야 한다고 하였으니, 白沙의 학문과는 전혀 다르다. 단지 窮理와 格物을 논한 것이 程朱와 아주 다른데, 이것이 학문의 길을 다르게 세우게 된 까닭이다.[117]

계곡의 심학은 양명의 심즉리에 바탕을 두고 있다. 따라서 주자학에서 중시되는 禮樂刑政과 같은 객관규범도 계곡에 있어서는 내 마음의 본체가 사물 상에서 발현된 하나의 형식으로 이해된다. 이 점을 계곡은 다음과 같이 말하고 있다.

> 人心의 靈妙함이 萬理를 구비하니, 느낌을 따라 應하여 마침내 天下의 緣故에 통한다. 情에 發한 즉 喜怒哀樂이 되고, 行에 나타난 즉 孝弟

---

116 『退溪集』 卷41, 「白沙始敎傳習錄抄傳因書其後」.

117 『谿谷漫筆』 卷1. "陽明白沙論者, 竝稱以禪學. 白沙之學, 誠有偏於靜, 而流於寂者. 若陽明良知之訓, 其用功實地, 專在於省察擴充, 每以喜靜厭動爲學者之戒, 與白沙之學, 絕不同. 但所論窮理格物, 與程朱頓異, 此其所以別立門徑也."

> 忠信이 되고, 펼치면 禮樂이 되고, 베풀면 政法이 되니 다 自然에 따를 뿐이다.[118]

이 말은 재론의 여지없이 양명의 심즉리 이론이다.

이러한 계곡의 양명학적 사유체계는 경전의 이해에 있어서도 주자와는 상반된 입장으로 나타난다. 주자는 『中庸』 首章의 '修道之謂教' 에서 '教'의 의미를 禮樂刑政과 같은 객관적 규범에서 찾고 있다.

> 修는 등차를 두어 절도를 지키는 것이다. 性과 道가 비록 같지만 氣稟은 혹 다르기 때문에 과불급의 차이가 없을 수 없다. 성인은 사람과 사물이 마땅히 행해야 할 바에 근거하여 차등을 두고 절차를 만들어 천하의 모범이 되게 하여 이것을 教라고 하니 禮樂刑政과 같은 것이 바로 이것이다.[119]

그러나 양명은 '教'의 의미를 禮樂刑政과 같은 객관적 규범으로 이해하지 않고 마음의 본체 상에서의 공부로 파악하고 있다.

> 子思가 말한 性과 道와 教는 모두 本原上에서 말한 것이다. 오직 유일한 天이 인간에게 기품을 부여하면, 그 부여하는 命을 곧 性이라 이르고, 性에 순응해서 행하여 나가면 그 性은 곧 道라고 이르고, 道를 연마하고 밝혀서 배우면 그 道는 곧 教라고 이르는 것이다.[120]

---

118 『谿谷集』 卷3, 「設孟莊論辯」. "人心之靈, 萬理具備. 隨感而應, 遂通天下之故. 發於情則爲喜怒哀樂, 見於行則爲孝弟忠信. 宣之爲禮樂, 而施之爲政法. 皆順乎自然而已."

119 『中庸』 首章 朱子注. "修, 品節之也. 性道雖同, 而氣稟或異, 故不能無過不及之差, 聖人因人物之所當行者而品節之, 以爲法於天下, 則謂之教, 若禮樂刑政之屬是也."

120 『傳習錄』上. "子思性道教, 皆從本原上說. 天命於人, 則命便謂之性. 率性而行, 則性

> 禮樂이나 刑政은 천하를 다스리는 법으로 정말 이것들은 教라고 부를 수 있는 것이다. 그렇지만 중용의 저자인 子思의 本旨는 아닌 것이다. 만약 先儒의 說과 같다면 教에 의하여 道의 경지로 들어간다고 한 그 아래에 어떤 이유로 성인의 禮樂刑政의 教를 버리고 특별히 일단의 戒愼恐懼의 공부를 말하였겠는가?[121]

양명에 의하면 '敎'의 내용은 예악형정과 같은 객관 대상을 공부하는 것이 아니라 吾心의 本體를 보존하는 공부인 '戒愼恐懼'로 이해해야 한다는 것이다. 이런 점에서 계곡의 '敎'에 대한 해석은 전적으로 양명의 해석을 따르고 있다.

> 章句에 이르기를 '修는 등차를 두어 절도를 지키는 것이요, 教는 예악형정과 같은 것이 이것이다.'라고 하였는데 등차를 두어 절도를 지키는 것으로써 修字를 해석한 것은 본체상에서 친절하지 못하다. 예악은 비록 몸을 닦는 所以이지만 戒愼恐懼 · 愼獨에 비교한 즉 조금 완만한 점이 있다. 형정과 같은 것은 다스리는 도구로 원래 學者의 心身과 무관하니, 이것으로써 도를 닦는 것이 너무 먼 것이 아닌가? 本章에서 말하는바 戒愼恐懼 · 愼獨 · 致中和 등의 절실하고 가까운 교훈이 있는데 멀리 예악형정과 같은 것으로 教를 삼는 것은 내가 의심하는 첫 번째이다.[122]

便謂之道. 修道而學, 則道便謂之教."

121 『傳習錄』上. "禮樂刑政, 是治天下之法, 固亦可謂之教. 但不是子思本旨. 若如先儒之說, 下面由教入道的, 緣何舍了聖人禮樂刑政之教, 別說出一段戒愼恐懼工夫."

122 『谿谷漫筆』卷1. "章句曰修, 品節之也, 教若禮樂刑政之屬, 是也. 以品節釋修字, 本欠親切. 禮樂雖所以治身, 比之戒懼愼獨, 則似差緩. 若乃刑政, 是爲治之具, 元無關於學者身心, 以是修道, 無乃外乎. 夫捨本章所言戒懼愼獨致中和等切近之訓, 而遠擧禮樂刑政以爲教, 此余之所疑之一也."

또한 양명의 심즉리의 사유체계에서 비롯되는 心身物一體의 사상도 계곡은 그대로 계승하고 있다. 양명에 있어서 心의 본체는 良知이며, 양지는 선험적 直覺知이다. 또한 양지는 대상과 분리되지 않고 언제나 대상 속에서 발현된다.[123] 이러한 점에서 양지를 본체로 하는 心과 양지가 발현되는 매체로서의 身과 양지의 발현대상인 物은 언제나 양지를 통해 서로 소통하고 있다. 따라서 이 心·身·物 三者 중 어느 하나라도 없어서는 안 되며, 이 삼자가 온전히 구비되었을 때만이 양지는 발휘될 수 있다. 이러한 점에서 양명은 心이 발현되는 매체로서의 耳目口鼻의 身의 기능을 중시한다.

> 耳目口鼻 四肢는 身이다. 心이 아니면 어떻게 視聽言動이 있겠는가? 그렇다고 해서 아무리 心이 시청언동을 하려 해도 이목구비 사지가 없으면 불가능한 것이다. 그러므로 心이 없으면 身이 없는 것이고, 身이 없으면 心이 없는 것이다. 요점은 단지 그 充塞處를 가리켜 말하면 身이라 하고, 주재하고 있는 점을 가리켜 말하면 心이라 하고, 心이 발동하는 점을 가리켜 말하면 意라 하고, 意의 靈明한 점을 가리켜 말하면 그것을 知라 하고, 意가 涉着하는 점을 가리켜 말하면 그것을 物이라 하는 것이다. 이것은 모두 하나인 것이다.[124]

양명에 의하면 양지의 발현인 意에 의해서 心·身·物이 합일되어 있는 것이다. 계곡은 이와 같이 心·身·物 합일을 '體用一源'으로 파

---

123 『傳習錄』下. "心無體, 以天地萬物感應之是非, 爲體."

124 『傳習錄』下. "耳目口鼻四肢, 身也. 非心, 安能視聽言動. 心欲視聽言動, 無耳目口鼻四肢, 亦不能. 故無心則無身, 無身則無心. 但指其充塞處言之, 謂之身. 指其主宰處言之, 謂之心. 指心之發動處, 謂之意. 指意之靈明處, 謂之知. 指意之涉着處, 謂之物. 只是一件."

악하여 다음과 같이 말하고 있다.

> 눈이 바라보는 것은 색이요, 귀가 듣는 것은 소리요, 코가 맡는 것은 냄새요, 입이 맛보는 것은 맛이요, 心이 아는 것은 理다. 눈이 능히 보는데 보고서 그 색을 아는 것은 눈이 아니요, 귀가 듣는데 들어서 그 소리를 아는 것은 귀가 아니요, 코가 능히 냄새를 맡는데 냄새를 맡아서 냄새를 아는 것은 코가 아니요, 입이 능히 맛보는데 맛보아서 그 맛을 아는 것은 입이 아니다. 보고서 색을 아는 것은 눈이 아니다. 그러나 눈이 아니면 볼 수 없고, 들어서 소리를 아는 것은 귀가 아니지만 귀가 아니면 들을 수 없고, 냄새를 맡고 맛을 보아 그 냄새를 알고 맛을 아는 것은 코나 입이 아니지만 코나 입이 아니면 냄새를 맡을 수 없고 맛을 볼 수가 없은즉 心이 理를 아는 것도 또한 밖에서 기다리는 것이 있는 것인가? 理는 반드시 物에 寓居하나니 心의 用은 반드시 물로 인하여 일어난다. 聲形臭味는 物의 質이요, 視聽齅嘗은 心의 用이다. 聲形臭味가 없으면 물도 없고 물이 없으면 理도 없다. 視聽齅嘗이 없으면 心의 用도 폐해진다. 心의 用이 폐해지면 비록 理가 있으나 알 수가 없다. …… 이것이 體用一源·顯微無間의 妙함이요, 이것이 이른바 理라는 것이다.[125]

125 『谿谷集』卷3, 「雜述」. "目之所視者, 色也. 耳之所聽者, 聲也. 鼻之所齅者, 臭也. 口之所嘗者, 味也. 心之所知者, 理也. 目能視, 視而知其色者, 非目也. 耳能聽, 聽而知其聲者, 非耳也. 鼻能齅, 而知其臭者, 非鼻也. 口能嘗, 嘗而知其味者, 非口也. 視而知其色者, 非目也, 非目則不能視. 聽而知其聲者, 非耳也, 非耳則不能聽. 嘗而知其臭味者, 非鼻口也, 非鼻口則不能齅且嘗也. 然則心之知理也, 亦有待於外者乎. 曰理必寓於物, 心之用, 必因物而起. 聲形臭味, 物之質也. 視聽齅嘗, 心之用也. 無聲形臭味則無物. 無物則無理. 無視聽齅嘗則心之用廢. 心之用廢則雖有理, 無以知之 …… 此乃體用一源, 顯微無間之妙. 此乃所謂理."

이러한 계곡의 체용일원론은 양명의 본지를 잘 간파한 것으로써 후에 霞谷 鄭齊斗에 의해 '耳目口鼻說'로 계승된다.[126]

3) 실심을 통한 현실인식

계곡의 현실인식은 인간 주체의 성실성을 강조하는 양명학의 실심론에 입각하여 전개된다. 먼저 그의 현실에 대한 이해를 살펴보면, 그는 당시를 난세로 이해하고 仁祖로 하여금 분발할 것을 다짐하여 이렇게 건의하고 있다.

> 지금 전하가 처한 때는 어떤 때입니까? 그 사태는 혼란을 구제할 때이고, 義로 말하면 변혁을 일으킬 때입니다. 임진병란 이후 질병이 창궐하고 정치는 昏虐하여 백성들은 도탄에 빠진 지 수 십 년이 되었습니다. 反政이 일어난 후에 다시 큰 변란을 만남에 나라가 망하지 않는 것만 하여도 다행입니다. 금일에 이르러 백성들은 궁핍해지고 재정은 바닥이 났으며, 遠近에서 시끄러우며, 강한 오랑캐는 호시탐탐 날로 침략할 것을 생각하는데, 더욱이나 흉재로 거듭하였으니, 전하께서는 이 시대를 어떻게 생각하십니까? 아직도 守成의 단계로 다스려 잘못이 없이 보존하기만 하면 된다고 생각하십니까?[127]

여기서 보면 계곡도 포저와 같이 당시를 난세로 규정하고 更張이

---

126 『국역하곡집』, 民族文化推進會 編, 1972, 21~23쪽.

127 『谿谷集』 卷18, 「求言應旨箚」. "況今殿下所處, 是何等時耶. 其事則撥亂也, 其義則鼎革也. 旦自壬辰兵難, 瘡痍甫起, 旋遭昏虐, 民墜塗炭, 乘十數年. 反正之後, 再經大變, 國之不亡, 幸矣. 至于今日, 民窮財竭, 遠近嗷嗷, 强虜朶頤, 日思呑噬, 而又重之以凶災, 殿下謂此時何如也. 尙可以所以守成者治之, 而保其無失乎."

아니고는 당시의 난국을 해결할 수 없는 것으로 보고 있다.

그러면 계곡이 당시의 현실을 난세로 파악하고 경장을 주창하게 된 근거는 무엇일까? 계곡의 현실인식과 현실타개책의 사상적 근거는 그의 양명학적 사유체계에서 비롯된 것이었다. 그는 선험적 양지를 통하여 대상을 인식하고 판단하는 양명학에 근거하여 인간 주체의 心을 사물의 표준으로 삼아 현실의 문제를 해결하려 하였다.

> 대저 마음은 사물의 표준이니, 한번 공평해지면 만사가 다 그 공평함을 얻을 것이며, 한번 공평해지지 못하면 만사가 모두 그 형평을 잃을 것입니다.[128]

그러나 계곡이 말하고 있는 心은 현실과 유리되어 단순히 이상이나 이념을 추구하는 관념적 心이 아니라 구체적 상황에 대처하여 구체적 방안을 강구하는 '實心'이다. 그래서 계곡은 당시의 현실적 난국의 타개책을 묻는 仁祖에게 오히려 군주로서 구체적 현실에 대처하는 '실심'을 가지고 얼마나 구체적인 '實功'을 거두었느냐고 되묻고 있다.

> 국가가 불행히도 대란을 만난 이후 백 가지 법도가 무너지고 만 가지 法式이 질서를 잃었습니다. …… 그러나 혼자 있는 곳에서 恭敬하거나 放恣하는 分界와 본원상에 있어서 本心을 간직하고 버리는 功은 모두 臣 等이 엿볼 수 없는 것입니다. 잘 알 수는 없지만 전하께서는 이 점에 대하여 과연 實心으로서 實功을 이루었습니까?[129]

---

128 『谿谷集』 卷17, 「求言應旨疏」. "夫心者, 事物之衡準也. 一平, 則萬事, 皆得其平. 一不平, 則萬事, 皆失其平."

129 『谿谷集』 卷17, 「求言應旨疏」. "國家不幸承大亂之後, 百度乖剌, 萬品失序. …… 然

여기서 계곡이 말하는 '실심'이란 구체적 현실에 대처할 수 있는 주체적 성실성을 갖추고 있다고 하는 측면에서의 '실심'이요, '실공'이란 '실심'을 통해 이루어진 실질적 功效를 의미하는 것이다. 이렇게 볼 때 구체적 대상을 떠난 心은 '실심'이 아니요, '실심'이라고 할 때는 반드시 '실공'이 전제된다. 이 말은 곧 양명이 말하는 '知行合一'인 것이요, 또한 대상에서 나의 양지를 확충시켜 나가는 '致良知'의 논리인 것이다. 그러므로 계곡에 있어서 현실적 난국 타개의 구체적 방안은 먼저 '실심'을 확보하는 데 있다. 왜냐하면 '실심'이란 곧 '실공'으로 전개되는 活潑潑한 본심이기 때문이다. 계곡이 이해한 옛 제왕들의 치적도 이러한 '실심'을 통한 '實事'의 성취에 다름이 아니다.

> 옛날의 제왕이 각기 일대의 규모를 갖춘 까닭에 三王은 王道에 순일하였고 五覇는 仁義를 빌렸습니다. …… 이러한 것들은 모두 능히 '實心'으로써 '實事'를 행한 것이니 규모가 미리 정해짐에 공효가 뒤따라 이르러 비록 정도의 차이는 있으나 그 성취는 하나였습니다.[130]

요컨대, 계곡의 현실적 관심과 현실에 대한 타개책은 곧 실심을 강조하는 인간 주체의 성실성에서부터 출발하여 현실의 문제를 해결해 나가는 그의 양명학적 사유체계에서 비롯된 것이라 할 수 있다. 이러한 사유체계는 보편적 이념을 전제로 현실을 이해하려는 주자학적 논리체계나, 현실 자체에 대한 개혁을 주장하는 후기 실학의 논리체계와

其幽獨敬肆之分, 本源操舍之功, 皆臣隣之所未闚者. 不知殿下於此, 果能以實心致實功乎."

130 『谿谷集』卷17, 「求言應旨疏」. "古昔帝王, 各有一代規模. 故三王純乎王道, 五伯假其仁義 …… 皆能以實心行實事. 規模先定, 功效隨至. 隆降雖異, 其致則一也."

도 구별되는 '양명학적 논리체계의 실학적 전개 양상'이라 할 수 있다.

3. 지천 최명길

遲川 崔鳴吉(1583~1647)은 西人系 士流인 永興府使 崔起南(?~1619)의 아들이다. 1605년(宣祖 39) 문과에 급제한 이후 예조판서·이조판서·대제학·좌의정·영의정 등을 역임하였으며, 仁祖反正의 일등공신으로 完城君에 피봉되었다. 그러나 정묘호란과 병자호란 시에 청나라에 항복하지 않고 끝까지 항쟁하려는 주자학자들의 斥和의 논리에 맞서 民生을 위한 主和를 주장함으로써 세인의 지탄과 주목을 받기도 하였다. 그의 師承關係는 牛栗系統이며, 그의 양명학은 외가 쪽 친척이자 최초의 양명학자인 南彦經과 연결되고 있다. 또한 그의 曾孫인 崔昌大(1669~1720)는 '지천이 谿谷과 함께 젊은 시절에 陸王書를 함께 보고 그 학문적 내용이 支離滅裂하지 않고 簡易直切한 것을 좋아하여 두 사람이 함께 양명학에 심취하였다.'[131]고 하여 그가 계곡과 함께 양명학을 공부하였음을 밝히고 있다.

1) 양명학적 사유구조

지천의 학문은 자신의 고백[132]과 후손들의 기록을 통해 볼 때 양명

131 『崑崙集』, 「遲川公遺事」. "公與谿谷, 少時講學也, 見陸王之書, 悅其直指本體, 刊落枝葉, 兩公, 皆深取之."

132 『遲川集』 卷8, 「論典禮箚」 丙寅. "中間亦嘗有志於聖賢之學, 取四書及程朱諸說而觀之, 則粗似有省悟處, 不幸而身嬰痼疾, 工夫中廢, 至今四十而空空如也. …… 故良知之天, 一朝開悟而不可掩也."

학이 그의 학문적 근간임을 알 수 있다. 그러나 그의 문집 속에 나타난 양명학에 대한 직접적인 기록이 많지 않은 것은 그의 후손들이 양명학을 사문난적의 대상으로 지목한 당시 학계의 의심을 피하기 위해 주자학을 벗어난 내용들을 毁破하였기 때문으로 추정된다.[133] 그러나 그의 문집 속에 산견되는 학문적 견해들은 분명히 주자학보다는 양명학을 기저로 삼고 있다.

그의 철학체계는 心을 학문의 본체로 인식하는 심학적인 경향을 보여 주고 있다. 그는 일생을 통한 학문적 관심을 다음과 같은 시구로 표현하고 있다.

> 아아 나는 늦게 태어났으나 바라는 바는 어짊이라
> 재주는 얕고 가진 德은 굳지 못하네.
> 안으로 지키지 못하고 밖으로 사물에 이끌려서
> 악한 마음의 싹 자르지 못해 아침 저녁 후회했다네.
> 허물이 마음에서 일어나 행동으로 드러나니
> 날마다 게으름과 태만이요, 보고 듣는 것에만 익숙했네.
> 육십년간이 취한 듯하여 아직도 깨어나지 못하네.[134]

이 시구를 통해서 볼 때, 그의 학문 목표는 객관 대상에 이끌림이 없이 인간 주체의 本心을 보존하는 것이었으며, 그는 평생 동안 이러한 학문태도를 견지하여 본심을 확립하기 위해 정진하였다. 따라서

133 劉明鍾, 『韓國의 陽明學』, 서울 동화출판공사, 1983, 91쪽.

134 『遲川集』 卷17, 「復箴十二章」. "嗟余晩出, 所希惟賢. 惟其薄劣, 秉德不堅. 內欠主守, 外爲物遷. 不無萌孼, 朝悔夕然. 過由於心, 而著於行. 日循惰慢, 慣熟視聽. 六十年間, 如醉未醒."

지천의 학문 경향은 그가 부분적으로 주자학적인 讀書窮理를 긍정하고 있음에도 불구하고[135] 인간 주체의 본심을 학문의 근저로 하는 심학이 그 바탕을 이루고 있음을 알 수 있다. 인간의 본심을 중시하는 다음의 시구를 살펴보자.

> 사람에게는 이 마음이 있으니 理가 그 가운데 있어
> 보이지 않으나 밝고 맑아 사물에 느껴 통하네.
> 義와 仁라 이르니 도가 이로 말미암아 세워지네.
> 움직이고 고요함에 德이 하늘과 합하는구나.
> 막히고 우매함에 빠진 아아 저 사람들이여
> 욕정과 욕심을 부려 마침내 그 참됨을 잃는구나.[136]

> 마음은 본래 신령하며, 性은 본래 善하다.
> 밤낮으로 자라나니 그 실마리를 볼 수 있네.
> 이끌어 막지 않으면 샘물이 솟아나듯 불꽃이 피어나듯
> 이를 일러 근본을 굳게 함이니 이에 하늘에 응하리라.[137]

여기서 지천은 인간의 마음을 참된 이치가 구비된 本善의 존재로 인식하고 있다. 인간의 심성을 본선으로 파악하는 견해는 주자학 일

135 『遲川集』 卷17, 「復箴後說」. "致知多端, 專言讀書, 何也. 古者師友講明, 無非此事. 讀書乃其一耳. 今師友道絕久捨讀書, 則無他得力處故也. 存養最後, 何也. 先明乎理, 而克其私然後, 方可言主靜工夫. 不然而見識昏塞, 私意紛擾, 以此求靜, 譬猶蒸沙炊飯, 必無益矣."

136 『遲川集』 卷17, 「復箴十二章」. "人有此心, 理涵其中. 虛明湛壹, 有感斯通. 日義與仁, 道所由立. 于動于靜, 德與天合. 梐梏昏蒙, 唉彼宸人. 情熄欲蕩, 遂喪其眞."

137 『遲川集』 卷17, 「復箴十二章」. "惟心本靈, 惟性本善. 日夜攸息, 其端可見. 導而勿閼, 泉達火燃. 是謂剛反, 乃應乎乾."

색의 학문 풍토 속에서 자신의 학문이 양명학에 있음을 간접적으로 표현하는 조선조 양명학자들의 공통된 모습이지만 지천 또한 인간의 심성을 본선으로 이해함으로써 그의 학문이 양명학에 뿌리를 두고 있음을 보여 주고 있다.

그는 이러한 심학에 근본을 두고 심의 본체를 보존하는 主敬工夫를 중시하였다. 그의 주경공부는 현실에 대처하여 萬事에 응할 수 있는 主體를 확립하고자 하는 것으로, 다음의 시구는 인간의 본체를 중시하는 그의 학문적 특성을 잘 보여 주고 있다.

> 太極의 神妙함이 내 마음 가운데 있으니
> 움직임에 갖추지 아니함이 없고 고요함에 오직 그 本體로다.
> 오직 정성을 다하고 오직 공경하여 가야할 길 찾으며
> 한마음으로 함양하여 신령한 근원으로 꾸미리라.
> 助長하면 氣는 난폭해지고, 잊으면 理는 어두워지는 법
> 조용히 수양하여 스스로 純一해지기를 기다리리.[138]

그러나 지천의 주경공부는 단순히 본체만을 보존하는 存養工夫로 국한되는 것이 아니라 구체적 현실 속에서 實事에 대응할 수 있는 省察工夫까지도 함께 포괄하고 있다. 이 점은 지천의 심학이 주관적 관념론에 머무르는 것이 아니라 구체적 현실을 중시하는 실천성도 함께 가지고 있는 것이라 하겠다.

---

138 『遲川集』 卷17, 「復箴十二章」. “太極之妙, 在吾方寸. 動無不該, 靜惟其本. 惟誠惟敬, 指南斯存. 涵之以一, 美厥靈根. 助則氣暴, 忘則理昏. 游泳從容, 待其自純.”

> 또한 성찰과 존양은 首尾가 서로 맞물려 있고, 주경공부는 동정을 관통하여 있으니 진실로 일찍이 한편으로 치우칠 수 없는 것이다.[139]

그러나 지천의 주경공부만을 가지고 그의 학문을 양명학이라고 단정할 수는 없다. 왜냐하면 지천의 주경공부는 양명학의 입장에서 보면 '事上磨鍊'의 공부이지만 주자학의 입장에서 본다면 '居敬'공부에 해당되기 때문이다. 또한 지천의 문집을 통해 나타난 수양공부의 내용은 거의 양명학적인 용어를 쓰지 않고 주자학적인 표현을 援用하고 있기 때문에 얼핏 보면 지천은 주경공부를 중시한 주자학자로 인식할 수도 있다. 그렇다면 이러한 경향 속에서 주자학과 양명학을 어떻게 구분할 수 있을까?

주자학과 양명학의 관계에 있어서 양명학을 주자학의 내면화 내지 주자학의 주체화로 인식하기도 하지만[140] 인성론에 있어서 도덕적 주체의 확립을 위한 수양공부는 주자학이나 양명학이 함께 중시하고 있다. 따라서 조선조에 있어서 霞谷 鄭齊斗와 같은 경우를 제외하고 거의 모든 양명학자들은 주자학의 거경공부를 중시하는 학문태도를 취함으로써 자신이 양명학을 공부한 사실을 은폐시켜 주자학자들의 배척을 피하고 있다. 바로 이러한 점이 조선조에 있어서 주자학자와 양명학자를 구별하기 어렵게 만드는 점이며, 또한 동시에 자칫하면 한두 구절의 견해로써 개인의 학문전체를 곡해시킬 가능성이 있는 부분이기도 하다.[141] 그러나 양명학자들이 주자학적인 학문용어나 성격을

---

139 『遲川集』 卷17, 「復箴後說」. "且省察存養, 首尾相回. 主敬工夫, 通貫動靜. 固未嘗偏落一邊也."

140 島田虔次 著, 김석근 外 譯, 『朱子學과 陽明學』, 서울 까치출판사, 1986, 173쪽.

141 이러한 문제는 곧 한국 양명학이 지금까지 그 학문적 업적을 충분히 드러내지 못한

가지고 자신의 양명학적 입장을 표출하였다는 사실은 실제 양명학이 禪學과 같은 이단이 아니며 주자학과 같은 유학임을 반증하는 자료이기도 하다. 이같이 양명학이 이단이 아님을 주장하는 양명학자들은 양명학의 유학적인 요소를 주자학과의 동질성에서 찾으려 하였다. 주자학적인 학문 경향 속에서 주자학과 양명학의 동질성을 추구하려고 하는 점은 한국 양명학의 또 다른 특징으로 말할 수 있는데, 이러한 현상은 하곡에서도 분명하게 나타나고 있다.

그러나 주자학과 양명학이 이처럼 동질성이 있음에도 불구하고 다음과 같은 측면에서 주자학과 양명학은 분명히 구별된다. 첫째, 주자학에서는 心과 性을 구분하여 性卽理라 하고 心卽理라 하지 않는 반면, 양명학에서는 '心卽性 性卽理'로 보아 心과 性을 동시에 理로 이해하고 있는 점이다. 주자학은 형이상학적 존재의 확립을 중시했기 때문에 심성론에 있어서 性을 心과 구별하여 형이상학적 존재로 규정함으로써 결국 도덕 주체의 확립에 있어서 도덕적 긴장감이 결여된 채 관념화될 수 있는 여지를 남기기도 하였지만 도덕적 직관력을 강조한 양명학에서는 心・性・理를 나누어 이해하지 않고 언제나 같은 의미로 이해한다. 이에 대해 주자학자들도 '心統性情'의 관점에서 心의 주체성을 강조하긴 하지만 心을 곧 理라고 하지는 않는다. 둘째, 주자학은 心의 본체인 性 이외에 다시 객관사물의 理를 긍정하고 있다는 점이다. 물론 양명학도 物理를 부정하는 것은 아니다. 그러나 양명학에 있어서 物理는 인간 주체의 인식하에서만 긍정되는 것이요, 인간주체를 떠난 물리를 긍정하지 않는다. 이러한 점에서 양명학의 '理'는 주자

이유가 되기도 한다.

학과 같이 사물의 법칙 등을 의미하는 것이 아니라, 인간 주체 속에서 인식되고 판단되어지는 객관규범을 의미한다. 그러므로 양명학에 있어서는 인간주체를 떠난 객관규범을 긍정하지 않는다. 이러한 양명학의 특성은 주자학 속에서 양명학적 요소를 구별해 낼 수 있는 점이기도 하다.

이러한 점에서 遲川은 스스로 각고의 노력 끝에 양명학의 양지를 깨우쳤다고 고백하고 있지만,[142] 설사 그러한 사실이 발견되어 지지 않는다 하더라도 상술한 그의 심성론에서 보여지는 '心性本善'의 학문적 입장은 주자학과 구별되는 양명학적 견해다. 또한 객관 대상에서 객관법칙을 찾으려는 규범적 형식성을 비판하고 인간 주체의 도덕적 직관력을 중시하는 다음과 같은 말은 분명히 주자학과 구별되는 양명학적 견해이다.

> 또한 능히 先入見으로 主를 삼지 않고 마음을 비우고 이치를 살펴 이를 구할 따름입니다.[143]

> 사물에 응하는 道는 대소를 막론하고 마음을 비우고 氣를 평안히 하여 일을 따라 대범하게 응하여 사사로운 꾀가 그 사이에 끼어들지 않은 후라야 그 합당함을 얻는데 처할 수가 있는 것입니다.[144]

---

142 『遲川集』 卷8, 「論典禮箚」 丙寅. "又能耐久咀嚼, 苦心力索, 故良知之天, 一朝開悟而不可掩也."

143 『遲川集』 卷8, 「論典禮箚」 丙寅. "又能不以先入爲主, 虛心察理, 唯是是求."

144 『遲川集』 卷9, 「請追給日本欠幣箚」. "應物之道, 無論大小, 虛心平氣, 隨事汎應, 不着私智於其間, 然後處得其當."

요컨대, 지천의 주된 학문은 양명학이었으며, 그에 있어서 양명학은 일생을 통하여 중요한 문제가 발생할 때마다 사상적 근거로서 작용하였다. 그는 자신이 살아가는 동안 일이 있을 때마다 이러한 心學에 의존하여 문제를 해결하였음을 다음과 같이 고백하고 있다.

> 내 비록 이러한 경계에까지 이르지는 못했으나 마음을 보존하는 바가 항상 여기에 있어 또한 왕왕 힘을 얻은 곳이 있음을 깨달았다. 평생에 환란을 만난 것이 한두 번이 아니었지만 여기에 힘입어 큰 낭패에 이른 적은 없었다.[145]

2) 양명학의 현실적 전개

(1) 현실인식

임진왜란과 병자호란은 조선을 전기와 후기로 구분하는 분기점이 되고 있다.[146] 그것은 한국사상사에 있어서 주자학이 그 현실적 한계를 노정하는 계기가 되는 사건이었으며 또한 현실적 문제를 해결하기 위한 實學이 대두하는 기점이기도 하였다.

그런데 이러한 外患과 三政의 문란 등 內憂로 인하여 국토가 피폐해지고 백성들의 고초가 극에 달하게 된 것은 병자호란을 겪고 난 뒤였지만 이러한 사태가 발생하기 시작한 것은 임진왜란이 그 시발점이었다. 그 당시 주자학적 정치 분위기는 현실의 문제를 직시하기보다

145 『遲川集』 卷17, 「寄後亮書」. "吾非臻此境者, 但心之所存, 常在於此, 亦覺往往有得力處, 平生遭憂患難, 堪非一二, 賴此得不至大狼狽."

146 임진왜란과 병자호란은 거의 반세기의 기간을 두고 일어났지만, 그 사이에 丁酉再亂(1597)과 丁卯胡亂(1627)이 있었음을 감안한다면 조선은 거의 반세기에 걸쳐 전쟁으로 점철되어 있다고 해도 과언이 아니다.

는 관념적인 명분론에 의존하고 있었으므로 현실을 타개할 수 있는 정치적 역량을 기대하기 어려운 실정이었다. 지천은 이러한 당시의 현실을 다음과 같이 개탄하고 있다.

> 대개 名은 實의 그림자이니, 名分만을 따라 實質을 책한다면 잃는 것이 많을 것입니다. 자취는 마음이 드러난 것이니, 자취를 가지고 마음을 구한다면 잃는 것 또한 많을 것입니다. …… 嗚呼라, 지금 세상 사람들이 숭상하는 것은 名分이지만 臣이 힘쓰는 바는 實質이요, 세상이 의논하는 바는 자취이지만 신이 믿는 바는 마음입니다.[147]

이것은 명분에만 빠져 현실의 문제를 절실하게 인식하지 못하는 당시 世儒들을 비판한 말이기도 하지만 한편으로 자신의 현실에 대한 인식태도를 밝힌 것이라 할 수 있다. 지천이 관심을 가진 것은 도탄에 빠진 민생이요, 이러한 민생을 구원할 수 있는 근거를 지천은 마음에서 찾고 있다. 지천에 있어서 마음은 萬理를 구비한 良知本體이므로 마음은 곧 만사에 응하는 천리의 實在處이다. 그러므로 지천이 믿는 것은 마음이며 또한 마음에 돌이켜 부끄러움이 없으면 그것이 곧 天理다.

> 군자가 믿는 바는 마음이니 마음에 돌이켜 생각할 때에 부끄럼이 없으면 비방이나 칭찬은 다만 外物일 뿐입니다.[148]

---

147 『遲川集』卷8, 「論典禮箚」丙寅. "夫名者, 實之影也, 而循名以責其實, 則失之者, 多矣. 迹者, 心之著也, 而執迹以求其心, 則失之者, 亦多. …… 嗚呼, 今世之所尙者, 名也, 而臣之所務者, 實也, 世之所論者, 迹也, 而臣之所信者心也."

148 『遲川集』卷11, 「丙子封事」第三. "君子之所信者, 心也. 求諸心而無愧, 則毁譽之來, 特其外物耳."

그렇기 때문에 병자호란을 당하여 주자학자들의 반대를 무릅쓰고 '主和'를 주장할 수 있었던 것도 인간 주체의 판단을 중시하는 양명학에 대한 믿음이 있었기 때문에 가능한 것이라 할 수 있다.

(2) 주화론

병자호란 시 '斥和'를 주장하였던 淸陰 金尙憲(1570~1652)과 '主和'를 주장하였던 지천 사이에서 대두된 주체성과 현실성의 문제는 어느 한쪽도 버릴 수 없는 중요한 과제이며, 그 역사적 의미 또한 중요하다. 이제 두 사람의 정치적 입장이 나타나게 된 사상적 배경과 그 주장이 지니고 있는 역사적 의미를 살펴보자.

먼저 척화론을 주장한 청음의 학문바탕은 주자학이었다. 주자학은 존재론적 본체의 확립을 통하여 현실적 삶의 당위적 가치를 정립한다. 그러므로 삶의 문제를 논함에 있어서 구체적이고 실질적인 문제보다는 그러한 문제를 풀어가기 위한 본질적 명분과 의리의 문제를 더욱 중시한다. 당시 국난의 위기를 맞이하여 주자학자로서 청음이 이를 극복하기 위한 방편으로 내세운 것 또한 大義와 名分이었다.

> 大義가 있는 곳에는 털끝만치도 구차스러워서는 안 된다. …… 古人의 말에 '신하는 君에 대하여 義를 따르는 것이지 命을 좇는 것이 아니다.'라 하였으니, 士君子의 出處進退가 어찌 오직 義에 돌아갈 뿐이겠는가? 예의를 생각하지 않고 오직 명령만 따르는 것은 곧 아녀자나 侍官의 忠이다.[149]

149 『淸陰集』, 「豊岳問答」. "大義所在, 一毫不可苟 …… 古人有言, 臣之於君, 從其義, 不從其令, 士君子, 出處進退, 何當有義之歸. 不顧禮儀惟令是從者, 乃婦寺之忠云云."

대의와 명분을 통한 청음의 주체사상은 병자호란을 당하여 죽음을 불사하는 '척화론'으로 나타는데, 그의 '척화론'은 주자학적 의리사상에 기인하는 것이었다.[150] 대의를 중시하는 그의 척화론은 개인적인 생명을 희생할 수 있을 뿐만 아니라 나아가 의리에 어긋나는 일이라면 군주의 명이라도 따를 수 없다는 극단적인 의지마저 보이고 있다. 이러한 청음이 지닌바 주자학적 의리론은 병자호란에 있어서뿐만 아니라 조선조 전반을 통하여 국가적 위기를 당할 때마다 殺身救國의 희생정신으로 나타나고 있다. 이러한 의리사상은 이에 앞서 임진왜란 시 七百義士와 함께 순국한 重峰 趙憲(1544~1592)이 최후의 결전에 임하여 '오늘은 다만 한 번의 죽음이 있을 뿐이다. 死生과 進退를 義라는 한 글자에 부끄럽지 않게 하라.'[151]고 한 그의 마지막 훈령에서도 보여지고 있으며, 이후 구한말 일제의 침략 앞에 순국한 의병들의 애국충정으로 계승되기도 하였다. 이렇게 볼 때 주자학적 의리사상에 바탕을 둔 청음의 '척화론'은 우리 민족의 역사 속에서 구국의 민족혼으로 자리 잡고 있는 것이라 하겠다.

이에 대해 遲川은 '主和'를 주장하였다. '주화'의 사상적 근저는 양명학이었으며, 그의 '주화'의 논리는 이념적 大義보다는 현실을 중시하여 현실적 상황과 주체가 합치는 곳에서 그 해결책을 찾으려는[152] 실질적 입장이었다. 그러나 지천의 '주화론'은 대의와 명분을 도외시한 채 실리만을 추구하고 있다는 세유들의 지탄을 받았으며, 이에 대

---

150 柳正東, 「傳統思想과 主體性」, 『人文科學』3.4 合集, 成大 人文科學硏究所, 1973~1974, 9쪽.

151 『重峰先生文集』 附錄 卷1, 「年譜」. "今日只有一死, 死生進退, 無愧義字."

152 柳承國, 『韓國의 儒敎』, 249쪽.

해 그는 다음과 같은 논리로 자신의 입장을 변호하고 있다.

> 신이 이렇게 和親을 주장하는 것이 是非를 고려하지 않고 단지 利害로만 아뢰어 전하를 잘못 인도함이 아닙니다. 현 정세를 참작하고 의리를 裁量하며, 先儒들의 定論에 考證도 해 보고, 祖宗께서 행하신 史跡을 참고하여, 이렇게 하면 반드시 나라가 위태로울 것이고, 이렇게 하면 백성을 보호할 수 있을 것이며, 이렇게 하면 도리에 해로울 것이고, 이렇게 하면 事理에 합당할 것임을 익히 생각하여, 그것이 꼭 옳다는 自信이 서서 아뢴 것입니다.[153]

> 대개 道에는 正道와 權道가 있고, 일에는 輕하고 重한 것이 있으니 義도 때에 따라 달라집니다. 성인께서 『周易』을 지을 때에 中道를 正道보다도 귀하게 여긴 것도 이러한 까닭입니다. 그러하오나 이치를 똑바로 보고 덕이 두터운 군자가 아니면 뉘라서 능히 경우를 짐작하고 소견을 굳게 지켜서 한 세상의 일을 처리하겠습니까?[154]

그에 의하면 그의 주화론은 단순히 실리적 사고에서 나온 것이 아니고, 도탄에 빠진 민생을 위한 것이었으며, 동시에 의리까지도 함께 재량하여 판단한 결과였다. 그렇다면 그가 생각하고 있는 의리란 무엇인가? 지천의 다음의 말을 살펴보자.

---

153 『遲川集』卷11, 「丙子封事」第三. "臣之爲此羈縻之言者, 非敢不顧是非, 徒爲利害之說以誤君父也. 酌之以時勢, 裁之以義理, 證之以先儒之定論, 參之以祖宗之往迹, 如是則國必危, 如是則民可保, 如是則害於道理, 如是則合於事宜, 靡不爛熟思量, 有以信其必然."

154 『遲川集』卷11, 「丙子封事」第三. "盖道有經權, 事有輕重, 時之所在, 義亦隨之. 聖人作易, 中貴於正, 良以此也. 然非見理不惑執德不回之君子, 孰能斟酌得宜, 確守所見, 以了一世之事者哉."

> 대개 알 수 없는 것은 世變이고 한없는 것은 義理입니다. 천하가 무사할 때에는 삼가 정상적인 법만을 지켜 가니 현명한 이와 못난 사람이 동등한 길로 귀일할 수 있사오나, 난리로 역경을 당하여 어찌할 수 없을 지경에는 변통성이 있어서 道와 함께 행하여야 바야흐로 성인의 큰 權道라 할 수 있습니다.[155]

지천에 의하면 의리는 두 가지로 요약할 수 있는데, 그것은 常道와 權道다. 치세에는 상도만으로도 가능하지만, 난세에는 현실적 상황에 입각한 변통성 있는 권도가 중요하다. 지천이 추구하였던 의리는 권도로서의 의리였다. 물론 지천도 '주화'로 말미암아 그의 신변에 닥쳐올 괴로움을 너무나 잘 알고 있었다.

> 이에 화친을 주장한다는 主和의 두 글자가 신의 일평생에 신변의 累가 될 줄로 압니다. 그러하오나 신의 마음은 아직도 오늘날 화친하려는 일이 그르다고 생각하지는 않습니다.[156]

그러나 지천이 자신에게 닥쳐올 불명예를 감수하고 '주화'를 주장하게 된 배경에는 이념적 명분보다는 국가와 백성을 수호하려는 현실에 대한 그의 주체적 판단이 전제되어 있었던 것이다.

> 자기의 힘을 헤아리지 아니하고 경망하게 큰 소리를 쳐서 오랑캐들

155 『遲川集』 卷12, 「丁丑封事」 第二. "盖難測者世變, 無窮者義理. 天下無事, 謹守經常, 賢與不肖, 歸一塗. 及至遭罹, 逆境身處, 無可奈何之域, 而能變而通之, 與道偕行, 然後方可謂之聖人."

156 『遲川集』 卷11, 「丙子封事」 第三. "此見主和二字, 爲臣一生身累, 然於臣心, 尙未覺今日和事之爲非."

의 노여움을 도발하여 마침내 백성이 도탄에 빠지고 종묘와 사직에 제사지내는 일조차 못하게 된다면 그 허물이 이보다 클 수 있겠습니까?[157]

이렇게 볼 때 병자호란에 대한 청음과 지천의 입장은 '척화론'과 '주화론'으로 상반된 것이었으나 그들의 입장은 모두 나라를 위하는 우국충정에서 비롯된 것임을 알 수 있다. 이러한 두 사람의 우국충정은 항복하는 國書를 두고 이를 찢어 버리고 통곡하는 청음과 웃으면서 찢어진 문서를 줍는 지천의 모습 속에 잘 나타나 있지만[158] 그 후 중국 瀋陽의 獄 속에서 서로의 입장을 토로한 시구는 주자학적 常道와 양명학적 權道에 입각한 두 사람의 철학적 성향을 잘 보여주고 있다.

고요한 가운데 뭇 움직임을 보니
아무런 꾸밈없이 그대로 나타남이라
끓는 물도 얼음물도 모두 물이요.
갖옷도 갈포도 모두 옷일세.
일은 혹 때에 따라 다르더라도
마음이야 어찌 도와 더불어 어긋나리?
그대 능히 이 이치를 깨닫는 것이거니
말하거나 않거나 각기 天機가 있는 것을[159]

(遲川의 詩)

157 『遲川集』 卷11, 「丙子封事」 第三. "未不自量力, 輕爲大言, 橫挑牛羊之怒, 終至於生靈塗炭, 宗社不血食, 則其爲過也, 孰於大是."

158 『明谷集』 卷29, 行狀. "先祖領議政完城府院君文忠公行狀."

159 『崑崙集』 卷20, 「遲川公遺事」. "靜處觀群動, 眞成爛漫歸. 湯氷具是水, 葛裘非衣. 事或隨時別, 心寧與道違. 君能悟斯理, 語黙各天機."

성공과 실패는 천운에 달린 것이니
모름지기 의에 돌아가는 곳을 볼지라
비록 아침 저녁은 반복될 수 있어도
치마와 저고리는 바꿔 입지 못하리
權道란 현자라도 오히려 잘못되기 쉽고
常道는 모든 사람이 어기지 못할지니
이치에 밝은 선비에게 부쳐 말하노니
아무리 급해도 저울질은 삼가서 할지로다.[160]

(淸陰의 詩)

4. 백호 윤휴

白湖 尹鑴(1617~1680)가 활동한 현종・숙종 연간은 임진왜란과 병자호란 등 외환의 후유증과 함께 조선조 내부의 정치・사회적 모순이 점차 노정되어 새로운 개혁이 절실히 요구되던 시점이었다. 그의 世系는 원래 小北이었으나 그 자신은 처음부터 어느 한 黨色을 고집하거나 거기에 구애되지 않았다. 그의 당색은 백호 자신의 정치적 활동과 관련된 것이라기보다는 오히려 그와 교유하였던 정치인들의 당색에 따라 결정되었다. 즉 그의 당색은 서인의 영수인 尤庵 宋時烈(1607~1689)과 교유하면서 서인으로 지목되었고, 기해복제설 이후 우암과 결별함에 따라 남인으로 지목되었던 것이다. 또한 현종 원년(1659) 그가 기해복제설에 연루될 당시 백호는 관직에 나아가지 않은 상태였으

160 『崑崙集』 卷20, 「遲川公遺事」. "成敗關天運, 須看義與歸. 雖然反夙暮, 未可倒裳衣. 權或賢猶誤, 經應衆莫違. 寄言明理士, 造次愼衡機."

며, 그의 斬衰三年說 또한 당색에 의한 견해라기보다는 효종의 승하 이후 복제문제를 詢訪하는 과정에서 箚辭에 의해 問啓되어진 것이었다. 이후 조정에서 복제문제를 당론화하여 갑론을박하는 과정에서도 그는 초야에서 학문에 열중하였으며, 주자의 社倉法에 따라 里社法을 마련하여 洞中에 사창을 설치하기도 하고, 향약을 마련하여 이를 강설하는 등 오히려 민생의 안정에 관심을 기울였다.[161]

그러나 甲寅禮訟(1674)을 계기로 남인이 집권하면서 백호는 出仕(1675)를 하게 되고 庚申換局(1680)으로 죽임을 당할 때까지 짧은 기간이지만 철저한 남인의 입장이 되어 당쟁의 소용돌이에 휩싸여 있었다.

1) 학문관

백호는 주자학 일색의 폐쇄적인 학문풍토를 비판하고 진취적이고 개방적인 학문관을 가지고 있었는데, 그의 이러한 학문관이 형성된 것은 크게 두 가지 관점에서 논의될 수 있다. 그 하나는 임병 양난을 거치면서 도탄에 빠진 민생의 문제를 반드시 해결해야 한다는 사명감이요, 다른 하나는 당시의 사회를 지배했던 사상으로서의 주자학이 현실문제를 해결하지 못했던 한계점에 대한 懷疑다.

현실문제에 대한 백호의 관심은 청년 시절부터 강하게 나타나고 있다. 약관 20세(1636)에 그는 이미 도탄에 빠진 민생의 구제를 위한 萬言疏를 草하였으며, 무력한 당시의 정치현실에 회의를 품고 과거 응시를 포기한 채 독서에만 전념하기로 결심한 시점이 병자호란이 일어나 인조가 三田渡에서 청 태종에게 항복한 丁丑年(21세)이었다.

161 韓沽劤, 「白湖 尹鑴 硏究 1·2·3」, 『歷史學報』15·16·19, 歷史學會, 1961~2 參照.

이후 그는 일정한 사승관계가 없이 숙종원년(58세) 출사하기 전까지 독학으로 학문에만 전념하였다. 그가 일정한 사승관계를 가지지 않았다는 것은 어릴 적부터 스스로 깨우치기를 좋아한 그의 성격과도 관련이 있겠지만[162] 무엇보다 주자학만을 전념하지 않고 학문을 다양하게 섭취할 수 있는 계기가 될 수 있었다는 점에서 그 의미를 찾을 수 있다. 또한 40여 년간을 초야에 묻혀 지냈다는 사실은 민생의 문제를 직시할 수 있는 기간이 그만큼 길었다는 것을 의미하는 것이라 하겠다.

이 과정에서 그는 점차 주자학이 현실의 문제를 해결할 수 없다는 한계점을 느끼기 시작하였는데, 그것은 주자학이 실천적 측면에서 거경공부를 중시하는 장점이 있음[163]에도 불구하고 天命·心性과 같은 관념적 논리에만 빠져 현실을 외면하는 것에서 비롯된 문제점이었다.

> 지금 학자들은 근본을 버리고 바깥으로만 치우쳐 天命과 心性을 논하여 다른 사람의 입과 귀에 오르내리게 하는 것을 공부의 첩경으로 여긴다.[164]

현실의 문제보다 명분에 치중하는 당시 주자학자들의 한계는 백호로 하여금 주자학에 대한 회의를 품게 하였다. 이후 그는 주자학적

162 『宋子大全』 卷78, 「答韓汝碩」 別紙. "希仲妙年自悟, 有志於學, 立心制行, 不泥古人, 讀書講義, 不拘註說, 而言論見識, 實有超詣過人者."

163 『白湖全書』下 附錄2, 「行狀」. "先儒持敬之說, 其理無二, 然求仁者, 不得不持敬."

164 『白湖全書』中 卷24, 「孝經章句考異序」. "學者棄本騖外, 乃惟譚天命心性, 以之騰口耳, 趨捷徑焉耳."

학문관을 탈피하여 漢學과 양명학 등 유학의 전반적인 사상뿐만 아니라 그 밖에 천문·지리에 이르기까지 다양한 학문을 섭렵하여 민생의 구제를 위한 방대한 경세론을 펼치게 되는데, 그에 있어서 학문은 무엇보다 실천을 위한 것이었다.

> 옛날부터 스승과 제자 사이에는 問答의 道가 있었다. 그러나 옛날의 문답은 實踐하기 위한 것이었지만 지금의 문답은 단지 알기 위한 것이다. 孔門에서 仁에 대한 물음은 실천하기 위한 것이었는데, 후세의 인에 대한 물음은 다만 '인'의 의미만을 알려고 할 뿐이니, 이것이 문답의 道에 있어서 古今의 차이다.[165]

그가 이처럼 실천을 중시한 것은 당시의 현실을 구제해야 한다는 강한 신념에서 비롯된 것이며 한편으로는 공허한 논리에 빠져 현실을 외면하는 체제교학으로서의 주자학의 말폐적 현상에 대한 비판적 자세 때문이기도 하였다. 그는 주자학에 대한 교조주의를 벗어나 나름대로의 학문체계를 완성해가는데, 그가 중시한 것은 事親之道로서의 『孝經』과 『內則』이요, 事天之道로서의 『中庸』과 『大學』이었다. 그는 事親之道와 事天之道를 통하여 사회적 기강을 회복할 수 있다고 판단하였다.

> 『孝經』은 事親의 道를 말하는 것이니, 『內則』은 실로 그 節文이요, 『中庸』은 事天의 道를 말하는 것이니, 『大學』은 그 조목이다. 사친의

165 『白湖全書』下 附錄2, 「行狀」. "古之師弟, 有答問之道, 然古之問也, 爲欲行之, 今之問也, 爲欲知之. 如孔門之問仁也, 欲知所以行之, 後世之問仁也, 只欲知仁字之義. 此答問之道, 所以有古今之異."

> 도는 사랑함과 공경함을 집안에서 시작하여 德敎가 四海로 펼쳐지는 것이며, 사천의 도는 일상생활의 戒愼工夫에 근본을 두어 位育의 功이 천지에 가득 차게 되는 것이다.[166]

그의 양명학적 견해는 바로 이러한 실천적 학문태도에서 수용되었다. 양명학은 형이상학적 이념에 치중하는 주자학에 대한 실천적 극복으로 이해되지만 백호 또한 실천적 측면에서 주자학의 한계를 극복하는 논리로 양명학을 수용하였던 것이다.

2) 『대학』의 해석에 나타난 양명학적 견해

백호는 주자가 개편한 『대학장구』를 반대하고 '대학고본설'을 주장하였다.

주지하는 바와 같이 주자는 『예기』의 일편인 「대학」을 개편하여 『大學章句』로 標章하였고 양명은 주자가 개편한 『대학장구』를 부정하여 고본대학의 원래 체계가 옳다고 하는 '대학고본설'을 주장하였다. 이후 중국뿐만 아니라 한국에 있어서도 양인의 대학체계에 대한 변증은 끊임없이 지속되어 왔다.[167]

『대학』에 대한 주자와 양명의 주장은 『대학』 原義 회복을 위한 고증학적 논리라기보다는 양인의 철학적 입장을 반영한 것으로, 백호가 '대학고본설'을 택한 것은 곧 『대학장구』가 지닌바 주자학의 학문체계

---

166 『白湖全書』下 附錄2, 「行狀」. "孝經言事親之道, 內則, 實其節文也. 中庸事天之道, 大學是其條目也. 事親之道, 愛敬始於閨門, 而德敎形于四海, 事天之道, 戒愼本乎日用, 而位育極乎天地."

167 梁大淵, 「大學體系의 硏究」上・下, 『成大論文集』10, 12集, 1965, 1967 및 李東熙, 「朱子의 大學章句에 대한 辨證 硏究」, 『민족문화』 9집, 민족문화추진회 1983 참조.

를 부정하고 양명학적 논리체계를 긍정하는 것으로 이해되는데, 그 중 명덕설 · 친민설 · 격물치지설은 양명학적 논리체계를 긍정하는 백호의 입장이 잘 나타나 있다.

(1) 明德說

백호가 주자학을 비판한 것은 주자학이 지나치게 형이상학적 이념에만 치중하여 현실을 외면하기 때문이었다. 그는 『대학』 三綱領 중 명덕을 인간의 마음속에 내재한 천리로 인식하는 관념적인 주자의 해석을 반대하고 '마음의 영명통철함'으로 명덕을 해석하여 실천적 측면에서 양명학적 입장을 수용하고 있다. 백호의 명덕에 대한 해석은 그의 철학적 입장에서 기인하는 것이거니와 이에 대한 백호의 입장을 살펴보자.

일반적으로 송대 주자학의 발생 원인은 크게 두 가지로 요약되는데, 그 하나는 詞章之學으로 전락하였던 유학을 경세의 주체사상으로 부활시키는 것이요, 다른 하나는 老 · 佛의 형이상학적 이론체계에 대항하여 재래의 선진유학에서 부족하였던 형이상학적 논리체계를 확립하는 것이었다. 이를 해결하기 위해 주자학은 天을 인간의 견책자로 인식하는 종래의 天譴事應說을 부정하고 자연법칙적인 천의 理法을 인간의 삶과 연계하여 도덕적 행위의 형이상학적 근거로 삼았는데, 여기서 도출된 명제가 곧 '性卽理'다.

주자학에 있어서 인간의 본성[性]을 天의 理法[理]으로 인식하는 '性卽理'[168]는 윤리적 행위에 대한 형이상학적 근거를 확립하는 논리인

168 『中庸』 1章 註. "性卽理也. 天以陰陽五行化生萬物, 氣以成形而理亦賦焉, 猶命令也. 於是人物之生, 因各得其所賦之理, 以爲健順五常之德, 所謂性也."

동시에 윤리적 행위의 당위성을 확보하는 논리이다. 주자는 이러한 성즉리의 논리에 입각하여 천의 이법을 당위규범의 형이상학적 근거로 삼아 이를 인간과 사회에 실현해가는 先知後行의 학문체계를 수립하였는데, 『대학장구』는 이러한 학문체계에 입각하여 「대학고본」을 재편집한 것이다.

『대학장구』에 있어서 명덕에 대한 해석은 곧 이러한 주자학적 학문체계의 반영으로, 주자는 명덕을 인간의 마음속에 내재한 천리로 인식하여 윤리적 행위의 형이상학적 근거로 삼으려 하였다.

> '明德'은 사람이 天으로부터 받은 것으로, 형상은 없지만 靈妙하여 어둡지 아니하고, 그 속에 衆理를 갖추고 있어 萬事에 응하는 것이다.[169]

그러나 元·明代를 거치며 체제교학으로 자리 잡은 주자학은 점차 변화되어 가는 사회에 적응하지 못하는 한계를 보이기 시작하였다. 명대에 이르러 국가 권력과 밀착한 주자학은 본래의 탐구적인 사색 기능이 약화되는 대신 군주의 절대성을 강조하는 기능이 강화된 채 다만 과거를 위한 도구로 전락하였다. 이에 따라 학자들은 학문에 대한 독창적인 사색을 심화하는 작업을 포기하게 되었으며, 주자학은 理의 절대화에 의한 교조주의에 빠져들었다.[170] 이러한 시대적 변화 속에서 태동한 것이 양명학이었다.

양명학은 현실적 변화에 대응하지 못하는 체제교학으로서의 주자학에 대한 회의에서 출발되었다. 주자학이 점차 복잡해지고 다양해져

---

169 『大學』 經1章 註. "明德者, 人之所得乎天, 而虛靈不昧, 而具衆理, 而應萬事者也."
170 우노 세이이찌 편, 김진욱 역, 『중국의 사상』, 열음사, 1987, 134~136쪽.

가는 현실의 문제를 더 이상 해결할 수 없다고 판단한 양명은 마침내 心卽理의 명제를 開悟한 이후 학문의 방향을 존재의 탐구로부터 실천의 문제로 전환하는 知行合一의 철학체계를 확립하였다.

양명학은 윤리적 당위법칙의 객관성을 확보하기 위한 '知'의 문제에 치중하는 주자학과는 달리 인간의 마음속에 내재한 선험적 本心을 도덕주체의 근원으로 삼아 이를 인간과 사회에 실천해가는 '行'의 문제에 치중한다. 양명학에 있어서 명덕을 실천적 측면에서 파악해가는 논리는 이처럼 존재의 탐구로부터 실천의 문제로 학문의 방향을 전환할 수밖에 없었던 당시의 역사적 상황과 관련하여 나타난 것이다.

양명은 명덕의 본체를 '良知'로 파악하였는데, 양지는 천리를 明覺하여 발현[171]하는 마음의 본체[172]다. 양명은 이러한 마음의 양지에 입각하여 明明德을 양지가 대상에 감응하여 그 지선의 본체를 발현해가는 것으로 이해하였다.

> 명덕의 본체는 곧 이른바 良知다. 지선의 본체가 발현하여 옳은 것은 옳다고 여기고 잘못된 것은 그르다고 여겨서 輕重厚薄의 만사에 따라 감응하되 스스로의 天然의 中을 간직하니, 이것은 民彝物則의 極處로서 그 사이에 추호의 증감도 없는 것이다.[173]

이처럼 양명이 명덕을 형이상학적 천리로 보는 대신 구체적 행위의

---

171 『傳習錄』中, 「答攝文蔚」. "良知, 只是一箇天理自然明覺發見處."

172 『傳習錄』中, 「答陸原靜書」. "良知者, 心之本體, 卽前所謂恒照者也."

173 『王陽明全集』 卷26, 「大學問」. "天命之性, 純粹至善, 其靈昭不昧者. 此其至善之發見, 是乃明德之本體, 而卽所謂良知也. 至善之發見, 是而是焉. 非而非焉, 輕重厚薄, 隨感隨應, 變動不居, 而亦莫不自有顚然之中."

주체인 양지로 파악한 것은 관념에 치중하여 현실과 유리되어 가는 당시의 주자학적 말폐에 대한 실천적 극복이라 할 수 있다.

백호는 『대학』의 명덕을 다음과 같이 주석하고 있다.

> 天으로부터 얻은 광명정대한 것을 명덕이라고 하니 대개 인간 마음의 영명함과 통철함이 만 가지 이치를 주관하고 있음을 말한다.[174]

여기서 명덕을 '天으로부터 얻은 광명정대한 것'으로 말한 것은 곧 명덕을 '인간의 마음속에 내재한 光明之德'[175]으로 파악한 漢唐代의 입장이며, '인간 마음의 영명함과 통철함이 만 가지 이치를 주관하고 있는 것'으로 파악한 것은 곧 양명학적 견해로 이해된다. 양명은 명덕의 본체를 良知로 파악하여 明明德을 양지가 대상에 감응하여 그 지선의 본체를 발현해 가는 것으로 이해하였는데, 백호가 말하는바 만 가지의 이치를 주관하는 마음의 영명통철함은 곧 양명의 良知에 대한 이해와 다름이 없다. 주자에 있어서 명덕은 형이상의 天理이며 인간의 마음속에 내재한 性이지만 그 자체가 만물을 주관하는 '심'은 아니다. 주자에 있어서 만물을 주관하는 '心'과 심의 본체로서의 '性'은 분명히 구분되는 성질의 것이다.[176] 주자가 '心卽理'라 하지 않고 '性卽理'라 한 것은 바로 이러한 심과 성의 구분에서 기인하는 것으로, 주자

---

174 『白湖全書』下 卷37, 「大學古本別錄」. "其得於天而光明正大者謂之明德, 蓋指人心之靈明洞徹, 管乎萬理者而言之."

175 『禮記』(『十三經註疏』), 「大學」 註. "在明明德者, 言大學之道, 在於章明己之光明之德."

176 주자에 있어서 心은 天理를 認識하고 발현하는 주체이면서 동시에 嗜欲을 느끼고 발현하는 문제점을 내포하고 있기 때문에 그는 心과 性을 구분하여 性만을 天理로 인식하는 것이다.

에 있어서 명덕은 性이지 心이 아니다. 따라서 백호가 명덕을 '만 가지 이치를 주관하는 심'으로 파악하는 것은 '심즉리'의 입장에 근거한 양명학적 견해인 것이다.[177] 백호는 영명통철한 심의 실천성을 다음과 같이 밝히고 있다.

> 백성에게는 모두 孝弟의 마음이 있으니, 이른바 明德이다. 위에서 행하면 아래에서 응하니 이른바 아버지를 공경하면 자식이 기뻐하고 형을 공경하면 동생이 기뻐한다는 것이다. 군자는 이러한 마음의 동질성을 알기에 마음으로 법도를 삼아 사물에 공평하게 베풀어 하여금 각기 그 원하는 바를 얻게 하나니 이것이 '명덕을 천하에 밝힌다'고 하는 것이다.[178]

여기서 마음으로 법도를 삼는 것은 곧 심즉리의 입장이요, 마음이 법도가 될 수 있는 것은 인간 공유의 효제지심이 있기 때문이다. 이러한 효제지심에 근거한 명덕을 실천적 주체의 본질로 삼아 인간 사회뿐만 아니라 자연에 이르기까지 모든 사물이 제각기 지닌 자신의 본질을 마음껏 구현할 수 있도록 이끌어 준다는 것이 명덕설에 나타난 백호의 사상이다. 이러한 사상은 당시 현실을 지배하였던 무기력한 이념에 대한 추종에서 벗어나 참다운 실천만이 학문의 본질이라고 파악하였던 백호의 철학적 입장에서 배태된 것으로, 그 사상적 연원은 존재의

---

177 물론 주자도 인간의 本心을 善으로 표현하기도 한다. 그러나 이 본심은 본체로서의 性을 전제로 하는 표현이므로 일반적인 心과는 구분된다.

178 『白湖全書』下 卷37, 「大學古本別錄」. "民皆有孝弟之心, 所謂明德也. 上行之則下應之, 所謂敬其父則子悅, 敬其兄則弟悅也. 君子知其同有是心, 以心爲度, 平施於物, 使之各得其願, 此謂明明德於天下者也."

탐구에 치중하는 주자학의 말폐적 한계를 실천적으로 극복하였던 양명의 致良知說에 다름이 아니다.

> 내 마음의 良知는 바로 天理인 것입니다. 내 마음에 있는 良知의 天理를 사사물물에서 극진히 이루면 사사물물은 모두가 다 그 도리를 얻게 되는 것입니다.[179]

이렇게 볼 때 명덕설에서 나타난 백호의 입장은 명덕을 인간의 마음속에 내재한 天理로 인식하여 추상적 이념에 대한 추구를 우선시하는 주자학의 논리체계를 따르는 것이 아니라 만물을 주관하는 본심으로 명덕을 파악하여 이를 구체적 생활 속에서 실천해가려는 양명학의 입장에 선 것이라 할 수 있다. 그가 이처럼 명덕의 해석에 있어서 주자학적 논리체계보다는 양명학적 논리체계를 수용한 것은 주자학이 지닌바 추상적 관념에 대한 부정적인 인식과 함께 행동철학으로서의 양명학이 당시의 현실 구제에 도움이 된다고 하는 판단에 기인한 것으로 생각된다.

(2) 親民說

『대학』 삼강령 중 '친민'에 대한 해석 여부는 주자학과 양명학의 차이점을 극명하게 보여주는 대목으로, 백호는 주자의 신민설보다는 친민설을 주장함으로써 양명학적 견해를 피력하고 있다.

程子는 일찍이 '親'을 '新'의 의미로 보았고, 주자는 이 설을 따라

---

179 『傳習錄』中, 「答顧東橋書」. "吾心之良知, 卽所謂天理也. 致吾心良知之天理於事事物物, 則事事物物, 皆得其理矣."

'親民'을 '新民'으로 수정하여 이른바 '新民說'을 주장하였는데[180], '親'의 의미가 '친애한다'·'사랑한다'로 표현할 수 있는 데 비해 '新'의 의미는 '새롭게 한다'·'가르친다'로 이해된다. 退溪 李滉(1501~1570)도 「傳習錄論辯」에서 양명학을 비판하는 첫 번째 조목으로 "신민의 '新'은 '學'의 의미로 일관되어 있는데, 이를 '기른다(養之)', '친애한다(親之)'의 '친'으로 보는 것은 잘못이다."[181]고 주장하고 있음과 같이 '친민'의 '친'에 대한 해석 여부는 주자학과 양명학의 철학적 차이를 보여주는 중요한 문제이다.

주자학이 '先知後行'의 논리체계에 입각하여 전개된 학문임은 이미 밝혔지만 주자학에 있어서 명명덕과 신민의 해석은 '先'과 '後', '주체'와 '대상'이라고 하는 분명한 구분위에서 전개되고 있다. 『대학』의 '明明德'과 '新民'을 '知'와 '行'의 관계로 보면 '명명덕'은 인간의 본성이 天理에서부터 유래되었음을 인식해가는 '知'의 문제요, '신민'은 民들을 교화[新]해가는 '행'의 문제이다. 이를 선후의 시간적 관계로 본다면 '명명덕'을 통한 주체의 확립은 '先'이요, 백성을 교화해가는 '신민'은 '後'이며, 주객의 관계로 본다면 당시 주자학의 담당자인 사대부들은 '명명덕'의 주체요, '신민'의 '民'은 교화의 대상이다. 이와 같이 주자학에 있어서 '명명덕'과 '신민'은 주체와 대상, 先과 後라고 하는 측면에서 분명한 구분이 있으니, 이러한 구분은 주자학이 흥기하였던 당시의 시대적 배경과 밀접한 관련이 있다.

당시 송대는 정치적으로 六朝 이래 門閥中心의 귀족정치체제를 대

180 『大學章句』 經1章 註. "程子曰親當作新 …… 新者革其舊之謂也."

181 『退溪集』 卷41, 「傳習錄論辯」. "在新民者, 言推己學以及民, 使之亦新其德也. 二者皆帶學字義作一串說, 與養之親之之意, 初不相涉."

신하여 등장한 관료제적 중앙집권체제에 대한 존재방식을 지시할 이념 창출의 필요성과 함께 당시 사회적 측면에서 진행되고 있던 계급분화의 추세[182]를 수용해야 하는 시대적 문제를 안고 있었으며, 주자학은 이러한 시대적 문제를 해결함으로써 송대 이후 체제교학으로 자리잡을 수 있었다. 즉 당시 계급분화의 역사적 추세를 무시하고 모든 계층의 民을 일률적으로 황제치하의 齊一의 民으로써 장악하려는 이른바 一君萬民의 중앙집권적 권력체제를 주장한 王安石(1021~1086)의 新法에 반대하여 程朱系列의 주자학자들은 황제를 위계질서의 정점으로 하는 중앙집권적 권력체제를 지향하되 정치의 운용 면에서 계급분화의 면을 고려하여 이른바 民-官-君의 구도에 의거하는 관료제적 중앙집권체제를 지향함으로써 당시의 시대적 요구에 부응하였다.[183]

여기서 民-官-君의 구도 중 '官'의 담당층이 곧 주자학을 공부한 관료계층으로서 이들이 바로 『대학』에 있어서 '명명덕'의 주체였던 것

182 원래 隋·唐의 두 왕조는 均田制에 기초한 율령제국가로서 前代부터 형성되고 있던 소농민에게 일정한 토지를 급여한 다음 租庸調를 부과함으로써 지배의 기초를 이룩하였다. 이러한 체제 내의 이른바 均田農民은 전제권력에 의해 직접적으로 노동력 자체를 지배당한 노예였으며, 국가는 그러한 지배를 위해 前代에 잔존했던 豪族(가부장적 가내노예소유자)을 흡수하여 관료조직을 이룩함으로써 총체적, 전제적 지배를 확립하였다. 그러나 8세기 중엽의 安史의 亂, 9세기 말엽의 黃巢의 亂을 거치면서 唐의 귀족관료는 거의 몰락하였다. 그대신 지방의 佃戶制 地主가 대두하여 분권적인 봉건지배체제가 계속적으로 진행되었다. 그러나 黃巢의 亂과 같이 광범하고 격렬한 농민반란 등 당시 대외적인 여러 사정으로 인해 분권적 지배를 확립하지 못하고 唐末, 五代를 거치는 동안 오히려 중앙집권적 통일권력의 송왕조가 성립되었다. 송왕조는 이같이 佃戶制를 기초로 한 지방 대토지소유자의 관료화에 의해 통일권력으로 성립하게 된 것이다. 그런데 직접생산자로서의 전호는 사실상 매매의 대상임에도 불구하고 독립된 생계를 영위하면서 소·농구·종량 등의 생산수단을 소유하고 스스로 경영에 종사할 정도의 독립성을 지녔던 농노로서 수·당시대의 노예제사회와는 다른 계급분화의 시기를 맞고 있었다.(守本順一郎 著, 김수길 譯, 『東洋政治思想史硏究』, 동녘신서, 1985, 70~81쪽)

183 戶川芳郎 外 著, 조성을 譯, 『유교사』, 이론과 실천, 1990, 240~247쪽.

이다. 그들은 '명명덕'의 공부를 통해 인간의 본성이 천리에서 유래되었음을 자각하여 이로써 백성들을 교화하였으며, 백성들은 그들의 교화에 의해 스스로의 본성을 깨달아 갔던 것이다. 그러므로 『대학』에 있어서 '친민'을 '신민'으로 파악하는 주자학적 해석은 당시 사회에 있어서 '계층질서에 입각한 위로부터의 교화'를 전제로 전개되었던 것이라 하겠다.

그러나 양명학이 흥기한 明代는 또 다른 시대적 문제를 안고 있었다. 원·명대를 거치면서 사회는 점차 복잡한 양상을 띠게 되었고, 주자학은 유동하는 현실적 상황에 대응할 수 없는 한계점을 노정하게 되었다. 점차 방대해져 가는 문물제도에 대한 定理의 궁구는 거의 불가능해졌으며, 명초 이래로 진행되기 시작한 이른바 里甲制의 해체과정에서 나타난 계급분화의 현상[184]은 더 이상 위로부터의 교화가 이루어질 수 없는 한계상황에 부딪치게 되었다.

점차 복잡해지고 다양해져가는 시대적 상황에 대처해가야 하는 문제와 더 이상 위로부터의 교화가 용납되지 않는 계급분화의 역사적 추세를 수용해야 하는 문제가 양명학이 안고 있었던 시대적 과제였다. 그 중 계급분화의 역사적 추세를 해결하려는 노력으로 나타난 것이 양명의 四民平等論에 입각한 친민설이다.

양명은 致良知를 통해 만물일체의 세계를 구현하고자 하였다. 양명에 있어서 심의 본체인 良知는 곧 萬物을 一體로 인식하는 사랑의 본

184 明 중기 이후 鄕村에서는 鄕紳地主와 勳戚 등 세습적 특권지주의 토지 겸병과 함께 영세한 농민을 佃戶나 奴僕 혹은 傭工으로 지배하였으며, 한편 상공업의 발달로 不在地主로서의 상인들이 賦役을 脫免하는 등 계급분화현상이 심화되어 里甲制 秩序의 해체 현상이 나타나게 되었다.(吳金成, 「明末·淸初의 社會變化」, 『講座 中國史 Ⅳ』, 지식산업사, 1989)

성이다. 만물에 대한 애착과 사랑은 인위적이고 후천적인 노력의 결과를 통해 이루어지는 것이 아니라 인간이 지닌 사랑의 본성인 양지의 자발적인 발현일 뿐이다.[185] 인간은 모두 본성으로서의 양지를 소유하고 있으며, 이러한 양지는 만물에 대한 애착과 사랑으로 발현된다. 이러한 점에서 모든 인간은 평등하며 동시에 만물일체의 사랑을 체현해 가는 주체이다. 사대부 관료들을 도덕의 실천주체로 삼아 庶民을 선도해가는 주자학과는 달리 양명학은 四民平等論[186]에 입각하여 庶民을 도덕의 실천주체로 삼아 그들에게도 사대부와 똑같이 도덕실천의 책임을 분담시킴으로써 계급분화의 역사적 추세를 수용하였던 것이다.[187]

양명학에 있어서 『대학』의 친민설은 바로 서민을 도학 실천의 주체로 삼는 사상적 典據다. 양명학에 있어서 '명명덕'과 '친민'의 관계는 시간적 선후의 관계도 아니요, 주체와 대상으로 구분되는 관계도 아니다. '명명덕'의 '명'은 주자학에 있어서와 같이 천리를 파악하는 '知'의 공부가 아니라 인간의 마음속에 내재한 天理를 밝혀가는 실천적 '行'인 것이며, 그 실천적 행위의 대상은 바로 '친민'의 '민'인 것이다. 그러므로 '명덕'의 '명'과 '친민'의 '친'은 같은 의미로서 다만 실천주체의 입장에서는 '명'이라 표현하고 대상에 대해서는 '친'이라고 표현할 뿐 시간적 선후의 차이가 없다. 또한 '명명덕'의 주체를 지배계층으로,

---

185 『王陽明全集』 卷26, 「大學問」. "大人之能以天地萬物爲一體也, 非意之也, 其心之本若是, 其與天地萬物而爲一也."

186 『傳習錄』中, 「答顧東橋書」. "下至閭井田野農工商賈之賤, 莫不皆有是學, 而惟以成其德行爲務. 何者? 無有聞見之雜, 記誦之煩, 辭章之靡濫, 功利之馳逐, 而但使之孝其親, 弟其長, 信其朋友, 以復其心體之同然."

187 戶川芳郎 外 著, 조성을 譯, 『유교사』, 314~318쪽.

'신민'의 '민'을 교화대상으로 인식하는 주자학과는 달리 양명학은 실천주체와 교화대상이 결정되어 있는 것이 아니다. 도덕적 보편성에 입각하여 누구나 도덕실천의 주체가 될 수 있음을 단언한 양명의 입장에서는 모두가 도덕실천의 주체이며, 대상이 될 수 있다. 따라서 주자학의 '신민'의 해석이 계층적 질서의식에 입각한 민의 교화라고 한다면 양명학의 '친민'은 수평적 관계에 입각한 만물일체사상의 구현방법이라고 할 수 있다.

> 明德을 밝히는 것은 天地萬物一體의 體를 세우는 것이요, 백성을 친애하는 것은 천지만물일체의 用을 이루는 것이다. 그러므로 명덕을 밝히는 것은 반드시 백성을 친애하는 데 있으며, 백성을 친애하는 것은 명덕을 밝히는 所以가 된다. 이러한 까닭에 나의 아버지를 친애하는 것으로 다른 사람의 아버지에게 미쳐가며, 마침내 천하인의 아버지를 친애하게 된 후에 나의 사랑[仁]이 진실로 나의 아버지와 하나가 되고 다시 다른 사람의 아버지 및 천하인의 아버지와 일체가 되는 것이니, 진실로 더불어 일체가 된 후라야 '孝'의 명덕이 비로소 밝아지는 것이다. 나의 형을 친애하는 것으로 다른 사람의 형에게 미쳐가며 마침내 천하인의 형을 친해하게 된 후에 나의 사랑[仁]이 진실로 나의 형과 하나가 되고 다시 다른 사람의 형 및 천하인의 형과 일체가 되는 것이니, 진실로 더불어 일체가 된 후라야 '弟'의 명덕이 비로소 밝아지는 것이다.[188]

188 『王陽明全集』卷26, 「大學問」. "明明德者, 立其天地萬物一體之體也, 親民者, 達其天地萬物一體之用也. 故明明德必在於親民, 而親民乃所以明其明德也. 是故親吾之父, 以及人之父, 以及天下人之父, 而後吾之仁實與吾之父, 人之父與天下人之父而爲一體矣, 實與之爲一體, 而後孝之明德始明矣. 親吾之兄, 以及人之兄, 以及天下人之兄, 而後吾之仁實與吾之兄, 人之兄與天下人之兄而爲一體矣, 實與之爲一體. 而後弟

백호는 「大學古本別錄」에서 '친민'을 註解하여 주자의 입장과 양명의 입장을 함께 밝히고 있다. 그는 먼저 주자의 입장에서 '新'의 해석이 '一身으로부터 시작하여 밖으로 천하에까지 미루어 나가는 것'이라 전제하고[189] 곧 이어서 '친민'의 '친'을 다음과 같이 말하고 있다.

> 어떤 자가 말하기를 大人의 道는 어버이를 친애하는 것으로써 백성들을 사랑하며, 中國을 一人으로 삼고 四海를 一家로 삼는 까닭에 '親'이라고 하였다.[190]

여기서 '或曰'이라는 표현을 써 그 인용주체를 숨기고 있지만 이 말은 바로 다음과 같은 양명의 만물일체사상에 관한 구절의 인용임을 알 수 있다.

> 大人은 천지만물로서 일체를 삼는 자이다. 그 천하를 보기를 一家로 보며 중국을 보기를 一人과 같이 본다. …… 그러므로 대인이 되는 학문은 또한 오직 그 사욕의 은폐를 제거하여 스스로 明德을 밝히며 그 천지만물일체의 본연을 회복하는 것일 뿐이다.[191]

之明德始明矣."

189 『白湖全書』下 卷37, 「大學古本別錄」. "親, 程子曰當作新民者, 自一身以外推之天下也. 仁人之心, 己欲立而立人, 己欲達而達人. 新者與之革其舊染, 同入於善, 使之各明其明德也. 孔子所謂修己以安百姓, 孟子所謂人各親其親長其長而天下平, 是也."

190 『白湖全書』下 卷37, 「大學古本別錄」. "或曰, 大人之道, 親親以仁民, 以中國爲一人, 以四海爲一家, 故謂之親."

191 『王陽明全集』 卷26, 「大學問」. "大人者, 以天地萬物爲一體者也. 其視天下猶一家 中國猶一人焉. …… 故夫爲大人之學者, 亦惟去其私欲之蔽, 以自明其明德, 復其天地萬物一體之本然而已耳."

그런데 신민설과 친민설을 함께 소개하고 있는 「대학고본별록」에서는 백호가 어느 입장을 지지하는지 알 수가 없다. 그러나 백호가 '친민'을 군자가 이루어야 할 네 가지 학문목표 중의 하나로 이해하고 이를 중시하고 있는 것을 살펴보면 그가 친민설을 지지하고 있음을 알 수 있다.[192] 그는 군자가 이루어야 할 목표로서의 '친민'에 대해 다음과 같이 말하고 있다.

> 낳고 기르며, 돕고 모으며, 가르치고 깨우치게 하여 천하의 匹夫匹婦로 하여금 그 혜택을 누리지 못한 자가 있는 것을 마치 자신이 그를 밀어서 개울에 빠트린 것처럼 하는 것이니, 이것은 伊尹이 천하를 구원하는 것으로 스스로의 임무로 삼은 것이다.[193]

이 말은 위에서 백호가 '或日'이란 표현으로 언급한 양명의 만물일체사상과 연계해 보면 그 내용이 일치하고 있음을 알 수 있다. 만물일체사상은 양명학의 귀결처이며 또한 유학의 목표이기도 하다. 일찍이 공자는 요순의 大同社會를 이상향으로 인식하였고, 『易』과 『中庸』에서는 인간과 천지만물과의 조화를 이룩하는 자를 이상적 인간상으로 표현하였으며,[194] 宋代의 程明道 또한 仁을 萬物同體의 속성으로 파악하여 만물과의 일체를 주장하였다.[195] 양명은 이러한 유학의 전통을

---

192 『白湖全書』下 附錄2, 「行狀」. "君子之學, 不可以已, 所謂學者, 何道哉. 一日畏天, 二日親民, 三日尙志, 四日取善."

193 『白湖全書』 附錄2, 「行狀」. "生之畜之, 與之聚之, 教誨覺之, 使天下匹夫匹婦, 有不與被其澤者, 若其已推而納之溝中, 伊尹之自任以天下之重也.(親民)"

194 『周易』 乾卦 文言傳. "夫大人者, 與天地合其德, 與日月合其明, 與四時合其序, 與鬼神合其吉凶.", 『中庸』 第一章. "致中和, 天地位焉, 萬物育焉."

195 『二程全書』 遺書 二, 「識仁篇」.

계승하여 인간의 도덕적 보편성을 통하여 인간과 우주의 대화합을 이루는 만물일체의 세계를 학문적 목표로 삼았다. 백호는 이러한 양명의 만물일체사상에 입각하여 '친민'을 이해하였으니 그가 말하는바 친민의 내용은 다음과 같은 양명의 만물일체사상에서 유래된 것이다.

> 대개 사람은 천지의 마음을 갖추고 있으니, 천지만물은 본래 나와 一體인 것이다. …… 옛 사람이 他人의 善을 자기 일 이상으로 기뻐하고 타인의 악을 자기 일 이상으로 걱정하며, 백성의 배고픔을 자신의 배고픔으로 알아 한 사람이라도 이것을 얻지 못하면 자신이 그를 밀어서 개울에 빠트린 것처럼 한 것은 이것을 하여 천하의 신임을 얻고자 하는 것이 아니라 그 양지를 완성하여 자신의 마음에 만족을 구하려고 애쓰는 것뿐입니다.[196]

이처럼 '친민'은 양명학에 있어서 인간과 우주의 대화합을 이루는 구체적 실천방안으로 이해되지만 양명의 친민설을 수용하고 있는 백호의 사상 속에는 '민'을 도덕실천의 주체로까지 인정하지는 않았지만 당시 도탄에 빠져 있던 백성들을 구원해야 한다는 강한 실천적 의지가 나타나 있다고 할 수 있겠다.

(3) 格物致知說

격물치지설은 유학의 인식이론으로, 특히 송대 주자학 이후 학문의 入門下手處로 중시되어 왔다. 伊川의 '涵養須用敬 進學則在致知'의

---

196 『傳習錄』中, 「答聶文蔚」. "夫人者, 天地之心, 天地萬物, 本吾一體者也. …… 古之人所以能見善不啻若己出, 見惡不啻若己入, 視民之飢溺猶己之飢溺, 而一夫不獲, 若己推而納諸溝中者, 非故爲是而以蘄天下之信己也, 務致其良知, 求自慊而已矣."

명제를 계승한 주자는 居敬·窮理를 학문의 이대요소로 삼았다. 그 중 궁리에 해당되는 격물치지에 대해서는 『대학장구』에서 '格物補傳'을 추가할 정도로 세심한 주의를 기울였으며, 이후 격물치지는 주자학의 학문체계를 대변하는 개념으로 인식되어 왔다. 양명 또한 주자의 격물치지를 학문의 입수처로 삼아 이를 궁구하였으나 마침내 그 학문적 한계를 깨닫고 주자의 격물치지설을 치양지설로 대처한 이래 치양지설은 양명학의 학문종지로 알려져 왔다. 이처럼 격물치지에 대한 해석 여부는 주자학과 양명학의 분기점이 되는 만큼 백호의 학문적 성격을 규명하는 중요한 자료로 이해되는데, 백호의 격물치지설은 다음과 같은 세 가지 측면에서 그 특성이 설명될 수 있다.

첫째, 백호는 격물치지의 '致知'를 '致良知'로 이해하여 양명학의 입장을 견지하고 있다. 주자는 치지를 경험지의 확충[197]으로 이해하고 있다. 주자에 있어서 경험지의 확충은 사물에 내재한 定理[198]에 대한 궁구요, 정리의 궁구는 곧 인간의 윤리적 당위법칙의 형이상학적 근거가 되는 천리를 인식하는 공부이다. 주자학은 天理를 인간의 당위법칙으로 파악하여 이를 인간과 사회에 실현해가는 先知後行의 학문체계를 수립하였다. 주자학에서는 우주의 존재원리로 파악되는 천리가 인간과 사물의 본성으로 내재해 있는 것으로 이해하고 있으며, 경험지의 확충을 통하여 인간과 사물에 내재해 있는 천리가 서로 관통하여 원융무애한 관계를 유지할 수 있는 것으로 파악하였다.

그러나 양명은 주자의 격물궁리설을 반대하였다. 주자가 객관적 경험지를 강조한 것은 존재의 탐구를 학문의 기초로 삼았던 시대적 흐름

---

197 『大學』 經1章 註. "致推極也, 知猶識也, 推極吾之知識, 欲其所知無不盡也."

198 『大學或問』. "方寸之間, 事事物物, 皆有定理矣."

에 기인하는 것으로 생각되지만 양명이 주자의 격물설을 반대한 것은 또한 개개의 사물에 내재해 있는 定理를 궁구해가는 격물치지의 방법이 점차 복잡해지고 다양해져가는 사회의 문제를 더 이상 해결할 수 없는 시대적 상황 때문이었다. 이에 양명은 사물의 定理를 궁구하여 천리를 인식하는 대신 오히려 인간이 주체적으로 객관사물을 재량하고 판단해 간다는 치양지의 논리[199]를 전개하였다. 양명에 있어서 양지는 일체의 변화하는 사태에 대한 節次節目을 재량하고 판단해갈 수 있는 역량을 가진 심의 본체이다.[200] 양명은 이러한 양지에 입각하여 객관대상에 대한 궁구를 포기하는 대신 오히려 주체의 입장에서 사물을 재량하고 판단하는 치양지의 논리를 통하여 다양화되어가는 사회적 변화에 대처하였던 것이다.

백호는 致知의 '致'를 '그 知를 因하여 미루어 다하는 것'이라고 해석하고 치지의 '知'를 '마음의 지각이 사물에 대해 분변하는 것'·'맹자의 이른바 是非之心을 사람이 다 가지고 있으며, 사람의 良知가 생각하지 않아도 저절로 아는 것.'이라고 해석하여[201] 결국 치지가 '사물을 분변하는 마음의 양지를 미루어 다하는 것'으로 파악함으로써 양명의 치양지설과 그 궤적을 함께하고 있다.

---

199 『傳習錄』中, 「答顧東橋書」. "若鄙人所謂致知格物者, 致吾心之良知於事事物物也. 吾心之良知, 卽所謂天理也. 致吾心良知之天理於事事物物, 則事事物物, 皆得其理矣. 致吾心之良知者, 致知也. 事事物物, 皆得其理者, 格物也. 是合心與理而爲一者也."

200 『傳習錄』中. "夫良知之於節目時變, 猶規矩尺度之於方圓長短也. 節目時變之不可預定, 猶方圓長短之不可勝窮也. 故規矩誠立, 則不可欺以方圓, 而天下之方圓,不可勝用矣. 尺度誠陳, 則不可欺以長短, 而天下之長短, 不可勝用矣. 良知誠致, 則不可欺以節目時變, 而天下之節目時變, 不可勝應矣."

201 『白湖全書』下 卷37, 「大學古本別錄」. "致, 因其知而推極之 …… 知者, 心之知覺, 辨於事理者. 孟子所謂是非之心, 人皆有之. 人之良知所不慮而知者."

둘째, 격물에 있어서 이른바 '感通說'을 주장하고 있다. 그는 格物의 '格'을 '뜻을 정성스럽게 하여 느껴 통하는[精意感通]' 의미로, '物'을 '明德新民之事'로 보아 격물을 '뜻을 정성스럽게 하여 명덕과 신민의 일에 느껴 통하는 것'으로 파악[202]하고 있다. 여기서 격물의 '격'을 '感通'으로 이해하는 감통설은 주자의 해석과 같이 合理的이거나 理智的인 것이라기보다는 가슴으로 느껴 통하는 情感的 해석이라는 점에서 종래의 격물설과는 다른 특징이 있는데, 이러한 해석은 양명학파에서 유래된 것이다.

'감통'이란 말은 원래 周易의 '易의 법칙은 사려하는 일이 없고 작위하는 일이 없이 고요하여 움직이지 않지만 감응하여 마침내 천하만사의 연고에 통한다'[203]는 말에서 유래한 것으로, 양명이 이를 원용하여 良知感應說을 주장하였다. 양명은 양지가 고요하여 움직임이 없는[寂然不動] 본체[204]이면서 동시에 대상에 대하여 스스로 느껴 마침내 통하는[感而遂通]하는 묘용이 있음을 설명[205]하고 있는데, 그의 이러한 설명은 양지가 그 자체로 완전구족하여 대상에 대한 공부가 필요치 않음을 강조한 것이다. 양명은 이러한 양지가 지닌바 대상에 대한 '自發的 感通性'에 입각하여 주체와 대상의 관계를 '良知의 感應[206]'으로 설명[207]

---

202 『白湖全書』下 卷37, 「大學古本別錄」. "今按格, 精意感通之謂, 從上文學字而來 學問之始, 誠敬之力, 思辨之功, 使物理感通於心, 如齋祀之格於神明也. 故謂之格. …… 皆誠敬感通之意. 物者, 明德新民之事也."

203 『周易』, 「繫辭」上傳 10章. "易无思也, 无爲也, 寂然不動, 感而遂通天下之故."

204 『傳習錄』中, 「答陸原靜書」. "良知卽是未發之中, 卽是廓然大公, 寂然不動之本體."

205 『傳習錄』中, 「啓周道通書」. "天理原自寂然不動, 原自感而遂通. …… 故明道云, 君子之學, 莫若廓然而大公, 物來而順應."

206 여기서 '感通'이라 하지 않고 '感應'이라고 한 것은 정명도의 '廓然而大公 物來而順應'의 應의 의미를 인용한 것으로, 양명은 이 두 가지를 같은 의미로 이해하고 있다.(『傳習

하고 있다. 이러한 양지감응설은 이후 良知現成派의 王畿(龍溪 1498~1583)와 良知歸寂派의 羅洪先(念菴 1504~1564) 등에 의해 계승되고 있다. 왕용계는 양명의 양지감응설에 입각하여 格物의 '格'을 '天然의 格式' 혹은 '天則'으로 파악하여 격물을 '바르게 느끼고[正感] 바르게 응[正應]하여 天則의 自然에 순응하는 것'으로 파악[208]하였고 또한 나념암은 격물의 '격'을 '느껴서 바르게 하는 것[感而正]'[209]으로 보아 격물을 '느끼는 가운데 모름지기 맡겨서 곡진하게 도를 다하는 것'[210]으로 이해하였다. 백호의 감통설은 이와 같이 왕용계나 나념암의 격물설과 그 의미가 상통하고 있다는 점에서 양명계열에서 수용된 것으로 추정되는데, 다음과 같은 념암의 말은 '정성과 공경함을 다하여 내 마음의 양지를 베풀어 明德과 新民의 일에 느껴 통하는 것'으로 이해하는 백호의 감통설과 그 내용이 거의 일치하고 있음을 볼 수 있다.

어버이에게 느껴[感] 친애함에 나와 어버이의 사이에 간격이 없다. 나와 어버이의 사이에 간격이 있으면 이것은 친애함이 아니다. 백성에

錄』中, 「啓周道通書」. "天理原自寂然不動, 原自感而遂通. …… 故明道云, 君子之學, 莫若廓然而大公, 物來而順應.")

207 『傳習錄』中, 「羅整菴少宰書」. "以其發動之明覺而言, 則謂之知, 以其明覺之感應而言, 則謂之物."

208 『王龍溪全集』 卷8, 「大學首章解義」. "致知云者 非若擴充其知識之謂也, 致吾心之良知焉爾. 致者至也. 易言知至至之. 知至者, 良知也. 至之者致也. 然欲致其知, 非影響無實之謂, 是必有其事矣. 物者事也. 良知之感應謂之物. 物卽物有本末之物, 不誠則無物矣. 格者天然之格式. 所謂天則也. 致知在格物者, 正感正應, 順其天則之自然, 而我無容心焉. 是之謂格物."

209 『明儒學案』 卷18 江右王門學案3, 「文恭羅念菴先生洪先」. "感而正曰格"(孟子解)

210 『明儒學案』 卷18 江右王門學案3, 「文恭羅念菴先生洪先」. "心感事而爲物, 感之之中, 須委曲盡道, 乃是格物."(答劉汝周)

게 느껴 仁을 베풀 때에 나와 백성의 사이에 간격이 없다. 나와 백성의 사이에 간격이 있으면 이것은 인이 아니다. 사물에 느껴 사랑할 때에 나와 사물의 사이에 간격이 없다. 나와 사물의 사이에 간격이 있으면 이것은 사랑이 아니다.[211]

셋째, 백호는 격물에 있어서 공부의 필요성을 말하고 있다. 그는 '收放操存'과 '審問精思'를 격물의 두 가지 공부로 들고 있다.[212] 그런데 그 중 '수방조존'은 마음의 본체를 보존하는 공부이므로 문제가 되지 않지만 '심문정사'는 대상에 대한 學·問·思·辨의 공부로서 주자의 격물치지와 같은 의미로 파악하는 것이 일반적인 이해이다. 그러나 백호에 있어서 '학·문·사·변'의 공부는 주자와 같이 객관 정리를 궁구하는 공부가 아니다. 그는 격물의 '물'을 '자기를 체현하고 근본에 힘쓰는 뜻이 담겨 있다'고하여 '물'이 인간의 의식과의 관계 속에 있음을 말하고 있으며, 또 격물의 '격'을 대상에 대한 궁구가 아니라 나의 본체가 대상에 넉넉하게 젖어들어 느껴 통하는 의미로 이해하고 있다.[213] 따라서 백호에 있어서 학·문·사·변의 공부는 객관대상이 지닌바 定理에 대한 궁구가 아니라 대상을 올바르게 판단하기 위한

---

211 『明儒學案』 卷18 江右王門學案3, 「文恭羅念菴先生洪先」. "感於親而爲親焉, 吾無分於親也. 有分於吾與親, 斯不親矣. 感於民而爲仁焉, 吾無分於民也. 有分於吾與民, 斯不仁矣. 感於物而爲愛焉, 吾無分於物也. 有分於吾與物親, 斯不愛矣."(與蔣道林)

212 『白湖全書』 下 卷37, 「大學全篇大旨按說」. "蓋格物之道有二, 一則欲收放操存齊莊精一, 而使本原昭曠, 而物來知知. 一則欲審問精思, 研幾極深, 使眞積力久, 而入於神化, 此皆物理感通之道也."

213 『白湖全書』下 卷37, 「大學全篇大旨按說」 "物字從上文物有本末之言而來, 有體己務本便僻近裏之意, 非泛觀萬物, 馳心虛遠, 不急先務之謂. 格字從上文學字而來, 有反己存省眞積力久之意, 非役志放心出口入耳之謂, 且謂之格則無與物爲二, 苦心力索之蔽, 而有優游浸灌發悟感通之妙也."

反己存省·眞積力久의 본체의 공부인 것이다. 결국 백호에 있어서 격물의 두 가지 공부 즉 '收放操存'과 '審問精思'는 모두 마음의 본체를 확보하기 위한 공부로서 '收放操存'이 사물과 접촉하기 이전의 공부라고 한다면 '審問精思'는 사물과 접촉한 이후의 공부라고 말할 수 있다.

요컨대, 백호의 격물치지설은 양명의 치양지설과 그 궤적을 함께한 것이라 할 수 있는데, 그가 주자의 격치설을 버리고 양명의 치양지설을 추종한 것은 논리적 관념의 추구가 현실의 구제에 도움이 되지 않는다는 그의 실천적 학문관의 영향으로 생각된다. 다만 그가 격물의 공부를 주장한 것은 양지의 직접적인 現成을 주장하는 양명좌파계열보다는 格·致·誠·正의 공부를 주장하는 양명우파의 학설을 추종함으로써 양명좌파가 지니는바 任情從慾의 폐단을 극복하려는 입장이라 할 수 있겠다.

Ⅲ 조선 양명학의 정립

조선 양명학은 하곡 정제두에 의해 정립된다. 하곡은 조선의 유일무이한 양명학자로 지칭될 만큼 양명학의 대가였으며 또한 그의 양명학은 조선조의 주자학적 풍토 속에서 꽃피운 만큼 주자학의 이론을 양명학에 접목시킴으로 하곡만의 독특한 양명학적 학문 체계를 정립하였다. 여기서는 하곡의 양명학이 배태될 수 있었던 학문적 배경으로서 하곡의 스승 명재 윤증의 실천적 심학사상과 함께 하곡의 양명학을 살펴본다.

1. 명재 윤증과 양명학

明齋 尹拯(1629~1714)은 임병 양난을 계기로 사회적 제 모순을 타개하여 민생의 안정을 도모코자 하는 실학적 관심이 대두되던 시기에 태어나 누구보다도 현실의 문제에 관심을 가지고 이를 해결하기 위해 고심하였던 인물이었다. 그는 병자호란 시 母夫人 이씨의 순절과 부친의 江都受難의 비운을 겪은 이후 평생을 초야에 묻혀 학문에 전념했

음에도 불구하고 정치적으로는 소론의 영수로 추대될 만큼 사회적 역량이 지대하였고, 또한 학문적으로는 주자학의 대가[1]이며, 실학의 선구적 역할을 한 인물이었다. 그는 임병 양난 이후 이완되어 가는 조선사회를 부흥하여 민생회복의 실리적인 실학을 추구하고, 밖으로는 崇明義理와 對淸外交를 실리적으로 주도[2]함으로써 국가적으로 공헌하였다.

명리를 중시하지 않았던 진솔한 삶의 태도에서 드러나듯이 명재는 헛된 명분보다는 실용을 숭상하고 이론보다는 실천을 중시한 학자였다.

> 이 시대에는 경전에서 程朱書에 이르기까지 서책들이 풍부하다. 학자는 이 책을 읽어 眞知實踐할 일이지, 이와 관계없는 저술에 힘쓰는 것은 務實의 學이 아니다.[3]

그의 실천 중시 경향은 심학에 있어서 實心을 중시하는 입장으로 전개되고 있는데, 실심이란 허위의식이나 명리보다는 실질과 실용을 숭상하는 마음이다. 그가 이처럼 실질과 실용을 중시하는 삶을 살았던 것은 내실의 학을 중시했던 가풍 및 학풍의 영향과 함께 임병 양난 이후 노정된 사회적 현상을 극복하기 위한 자신의 입지에서 비롯된 것으로 생각되지만 실심을 중시하는 그의 심학 속에는 務實的 경향과 함께 양명학적 학문 경향이 노정되어 있다.

명재는 당시의 진보적 학자들이 현실을 타개하기 위한 방편으로 양

---

1 『明齋先生年譜』卷1, 崇禎 30年 丁酉 3月 條. "吾弟中 英甫尹拯 最熟此書."

2 李銀順, 「明齋 尹拯의 生涯와 思想的 淵源」, '明齋 尹拯의 哲學思想에 대한 體系的 照明' 자료집, 충남대 유학연구소 국제학술대회, 1996, 60쪽 참조.

3 『明齋先生年譜』卷2, 75年 壬午 編次近思後錄 條 참조.

명학을 부분적으로 수용[4]한 것과 마찬가지로 그 또한 양명학에 관심을 가졌으리라 생각된다.[5] 이러한 점은 조선조 양명학의 대가 鄭齊斗가 바로 그의 제자이며, 그가 양명학을 공부하게 된 것 또한 명재의 학문적 경향과 무관할 수 없다고 하는 점에서 더욱 그렇다.

1) 실심의 중시

명재 심학의 특징은 實心을 중시하는데 있다. 실심을 중시하는 그의 학문 태도는 문집 전편을 통해 산견되고 있는데, 그가 특별히 실심을 강조하는 것은 내실의 학을 중시했던 부친 美村 尹宣擧(1610~1669)의 가풍[6] 및 스승 市南 兪棨(1607~1664) 등의 영향[7]과 함께 명재 개인의 학문적 태도에 기인하는 것이었다.

명재가 살았던 당시 조선의 상황은 대내적으로는 임병 양난을 통한 인구의 격감, 국토의 황폐화, 국가 자원의 고갈 등 극심한 사회적 혼란에 휩싸여 있었고, 대외적으로는 명과 청이 교체되는 국제질서의 변환기였다. 이러한 대・내외적인 어려움 속에서 명재가 가졌던 삶의 철학은 실심을 통해 실공을 확보하는 것이었다.

---

4 윤휴, 박세당 등이 이러한 인물들이며, 그들의 실학적 사고 속에는 부분적으로 양명학이 수용되고 있으며, 명재 또한 이들과 인맥이나 사상의 측면에서 관련을 맺고 있다.

5 명재 심학과 양명학과의 관련성에 대해서는 여러 학자들이 그 관계성에 대해 말하고 있다.(李銀順, 「明齋 尹拯의 學問과 政論」, 『湖西士林에 관한 연구』, 충남대 백제연구소 1994), 金吉洛, 「尹拯(明齋)의 陸王學」(1996년 충남대 유학연구소 국제학술 대회 '明齋 尹拯의 哲學思想에 대한 體系的 照明' 자료집), 劉明鍾, 「明齋 尹拯의 儒學史的 位相으로서의 實學」(같은 책), 崔英撰 明齋의 心性觀(같은 책).

6 『明齋遺稿』 別集 卷3, 「答朴和叔」. "先人之學, 內也實也."

7 劉明鍾, 「明齋 尹拯의 유학사적 위치로서의 實學」.(1996년 충남대 유학연구소 국제학술대회 '明齋 尹拯의 哲學思想에 대한 體系的 照明' 자료집 참조)

명재에 있어서 실심의 공부는 일상생활 속에서 현실의 문제를 대처해 가는 주체의 철학이다. 실심을 확립하지 않으면 실공을 이루기 어렵고,[8] 실공을 이룰 수 없는 학문은 虛學일 뿐이다. 그러므로 학자는 모름지기 '實心으로 實功을 이루어 매일 일어나는 일에 최선을 다하여 잠시라도 흐트러짐이 없게 해야 한다.'[9]는 것이 명재의 지론이다. 그는 당시의 제유들에게 무엇보다 실심의 학문을 권장하였다.[10] 특히 제자 彦暉 閔以升(1649~1698)에 대해서는 '오직 마땅히 실심으로 실공을 이루어 성현의 가르침에 저버림이 없기를 구하라'[11]고 충고하고 있으며, 이후 그의 학문적 성과를 높이 평가하여 '실심으로 실공을 이룬 자로 彦暉와 같은 자를 얻기 어렵다'[12]고 칭찬을 아끼지 않고 있다.

그가 말하는 실심의 實은 老實·着實·眞實·誠實의 실로서, 명재에 있어서 실심이란 구체적 현실 속에서 발현되는 진실되고 성실된 마음가짐이다. 그러므로 실심은 언제나 實事 속에서 발현된다. 명재는 이러한 실심의 구조를 체용일원의 논리로 설명하여 무엇보다 실천을 중시하는 삶을 지향하고 있다.

> 무릇 마음이란 用을 말해도 體가 그 속에 있다. 다만 체는 형체가 없고 용은 자취가 있어서 자취가 있는 곳을 따라 공부를 해야 한다.

---

8 『明齋遺稿』卷18, 「與柳和仲」. "實心未立, 實功難進."

9 『明齋遺稿』卷21, 「答鄭夏晉益彰」. "深願以實心做實功, 一日必有一日之事. 勿令頃刻放過, 則方有次第之可言, 而免於檐閣空言之歸矣. 若提空心以向道, 無下手着工之實, 則雖有其誠 天亦如之何."

10 『明齋遺稿』卷20, 「與羅仲甫」. "竊想吾友病根, 當初爲學, 不務於平實卑近, 而馳心於玄妙高遠, 不事於身心言行, 而懸望於功名事業."

11 『明齋遺稿』卷19, 「與閔以升彦暉」. "惟當以實心加實功, 求以無負於聖賢之訓而已."

12 『明齋遺稿』卷20, 「與朴泰輔士元」. "以實心爲實功, 如彦暉者, 實不亦得."

> 그러므로 성현들이 마음을 논할 때 용의 입장에서 많이 말하는 것은 바로 이 때문이다.[13]

또한 실심을 확립하기 위해서는 마음가짐을 바르게 하는 存養의 공부뿐만 아니라 구체적 행위 속에서 마음가짐을 바로 가지는 省察의 공부가 중요하다. 그는 당시 제유들의 명리를 지향하는 학문태도나 실공을 전제로 하지 않는 허학을 경계[14]하면서 존양과 성찰의 중요성을 일깨웠다.[15]

> 너는 마음 공부를 하지 않았기 때문에 거두어 안정할 수가 없다. 이것은 길이 내 마음으로 하여금 외물에 끌려가게 하였기 때문이다. 모름지기 지금부터라도 뜻을 성실히 하는 공부를 하여 마음을 안정시켜 일을 기다려라. 그래서 일이 이르면 이에 응하고, 일이 끝나면 다시 마음을 안정시켜 정신을 保養하여 마음을 폭로하거나 헛되이 쓰지 않아서 마음을 보존하고 병을 치료하는 방책으로 삼아라.[16]

---

13 『明齋遺稿』 卷16, 「評君輔與懷川論大學別紙」. “凡心言用, 則體在其中. 但體無形而用有跡, 當從有跡處用工夫. 故聖賢論心, 多從用處說, 爲此故也.”

14 『明齋遺稿』 卷20, 「與羅仲甫」. “竊想吾友病根, 當初爲學, 不務於平實卑近, 而馳心於玄妙高遠, 不事於身心言行, 而懸望於功名事業.”

15 『明齋遺稿』 卷14, 「答羅顯道」. “然持心屬存養, 窒慾屬省察, 古人之言, 皆作兩項工夫, 使之交致其功. 幸更加體驗如何.” 『明齋遺稿』 卷28, 「與子行敎」 “凡事無一係於心, 心地凝定, 而後方可以照察事物而酬應得當. 若心地昏擾, 則何能理事, 存心之功最不可忽也.” 明齋遺稿 卷二九, 「與族子元敎」 “日用之間, 隨時隨處, 不忘存省工夫, 心不忘則自當有進矣.”

16 『明齋遺稿』 卷28, 「與子行敎」. “汝無心上工夫, 故不能收斂靜定, 長使吾心, 爲外物所役故也. 須從今加意用工夫, 使方寸安靜以待, 事至而應之, 事過則又安靜, 且保養精神, 勿暴露勿虛費, 以爲存心調病之方.”

그는 이러한 실심 공부를 통해 내적으로는 개인적인 삶을 완성하였고, 사회적으로는 경세제민의 방책을 제시하였다. 그가 소론의 영수로서 당인적 생애를 살았음에도 불구하고 그의 실학적 학문과 경세사상이 안으로는 임병 양난 이후 이완되어 가는 조선 사회를 부흥하여 민생회복의 실리적인 실학을 추구하고, 밖으로는 崇明義理와 對淸外交를 실리적으로 주도하게 된 것도 철저한 실공 위주의 실심의 학문에 전념하였기 때문이다.

2) 인심도심설

주지하는 바와 같이 人心道心의 문제는 『書經』「大禹謨」의 "人心惟危, 道心惟微, 惟精惟一, 允執厥中."에 나타난 인심과 도심을 朱子가 心學의 종지로 삼은 이래[17] 한국 주자학의 중요문제로 대두되었다.

퇴계는 인심과 도심의 유래를 形氣之私와 性命之正으로 보는 주자설을 계승하고 있으며,[18] 인심·도심을 사단·칠정으로 분배하여 도심을 사단으로, 인심을 칠정으로 分對하여[19] 결국 "四端理發而氣隨之 七情氣發而理乘之"라고 하는 理發·氣發의 문제와 연계시키고 있다. 퇴계가 이처럼 인심과 도심을 分對하여 본 것은 도심을 天理로, 인심을 人欲으로 인식[20]한 것에 기인하지만 이 또한 인간 주체의 윤리적

---

17 『中庸』 序文. "以爲有人心道心之異者 則以其或生於形氣之事 或原於性命之正 而所以爲知覺自不同 是以或危殆而不安 或微妙而難見耳."

18 『退溪集』 卷39, 「答洪月半」. "分以言之, 人心固生於形氣, 道心固原於性命. 合而言之, 道心雜出於人心之間, 實相資相發, 而不可謂判然爲二物也."

19 『退溪集』 卷36, 「答李宏中問目」. "人心, 七情是也, 道心, 四端是也."

20 『退溪集』 卷37, 「答李平叔」. "凡遏人欲事, 當屬人心一邊, 存天理事, 當屬道心一邊可也."

당위성을 확보하려는 입장에서 나온 것이다.

이에 대해 율곡은 心을 근원적 一心으로 인식하고, 인심과 도심의 구분을 일심이 발하는 대상을 따라 食色을 위하여 발하면 인심이 되고 義理를 위하여 발하면 도심이 되는 것[源一流二]으로 파악하여,[21] 퇴계의 이기호발에 입각한 인심도심설이 심을 이원화하는 것[22]이라 반대하고 있다. 그는 퇴계가 도심과 인심을 천리와 인욕의 고정된 개념으로 파악하는 것과는 달리 인심도심을 意志의 작용과 관련[23]하여 상호 終始가 되는 人心道心終始說로 이해하였다.[24]

명재는 율곡의 氣發理乘一途의 입장에서 인심과 도심을 이해하고 있다. 그는 인심과 도심의 전개를 모두 氣發理乘의 과정으로 이해하고 있으며, 특히 도심의 경우 비록 발하는 것은 기이지만 실질적으로는 리가 작용한 것으로 파악하여 가치론적으로 도심의 순선함을 리의 작용으로 긍정하고 있다.

> 氣發理乘一道는 진실로 인심과 도심에 사이가 없지만 이미 '性命으로부터 발동하고 형기로부터 발동한다'라고 하였으니, 어찌 많은 데

---

21 『栗谷全書』 卷10, 「答成浩原」 壬申. "人心道心, 雖二名, 而其原則只是一心, 其發也, 或爲義理, 或爲食色, 故隨其發而異其名."

22 『栗谷全書』 卷10, 「答成浩原」 壬申. "理氣互發, 則是理氣二物, 各爲根柢於方寸之中, 未發之時, 已有人心道心之苗脈, 理發則爲道心, 氣發則爲人心矣."

23 『栗谷全書』 卷9, 「答成浩原」 壬申. "蓋人心道心, 兼情意而言也, 不但指情也. 七情, 則統言人心之動, 有此七者. 四端, 則就七情中擇其善一邊也. 故不如人心道心之相對說下矣."

24 『栗谷全書』 卷9, 「答成浩原」 壬申. "人心道心, 相爲終始者何謂也. 今人之心, 直出於性命之正, 而或不能順而遂之, 間之以私意, 則是始以道心而終以人心也. 或出於形氣而不咈乎正理, 則固不違於道心矣. 或咈乎正理而知非制伏, 不從其欲, 則是始以人心而終以道心也."

치우치고 적은 데에 치우침이 없다고 하겠는가? 한갓 도심이 氣發인 것만 알고 인심이 순전한 형기인지를 알지 못하며, 다만 인심이 人慾이 아닌 줄만 알고 氣가 이미 작용하여 헤침이 없는 것은 人慾이 아닌 줄을 알지 못하는 것이다. 성명을 따라 발하면 발하는 것이 비록 氣지만 理가 작용한 것이다. 이와 같이 보는 것이 어찌 불가하겠는가?[25]

명재의 인심도심설은 기본적으로 율곡의 기발이승의 입장을 계승하고 있지만 그의 인심도심설은 두 가지 측면에서 특성을 지니고 있다. 그 하나는 그의 인심도심설이 心三層說의 입장에서 전개되고 있다는 사실이요, 다른 하나는 본심의 바름[本心之正]이라고 하는 입장에서 인심과 도심의 일원화를 시도하고 있다는 사실이다.

명재는 인심도심설을 전개함에 있어 人心과 道心 이외에 다시 人慾이라는 용어를 사용하여 心三層說의 인심도심설을 전개하고 있다.[26] 그는 인심과 도심의 문제에 있어서 도심뿐만 아니라 인심까지도 인간 마음의 본연으로 인식하여 두 마음이 모두 근원적으로 一心이라는 율곡의 입장을 따른다. 명재에 있어서 인심은 형기에서 발하는 食色之欲이긴 하지만 이는 인간이 살아가면서 없어서는 안 될 기본적인 욕구이며, 이러한 욕구는 범인에서 성인에 이르기까지 모두 가지고 있는 것이다.[27] 이러한 인심을 명재는 天性으로서의 善으로 파악한다.

---

25 『明齋遺稿』卷16, 「附評君輔與懷川論心經釋疑別紙」. "氣發理乘一道, 固無間於人心道心, 而旣曰從性命發從形氣, 則安得謂無偏多偏少也. 此徒知道心之亦爲氣發, 而不知人心純是形氣也, 徒知人心非人慾, 而不知氣已用事之不害, 爲非人慾也. 從性命發, 則發之者雖是氣, 而理爲用事矣. 如此平看, 有何不可耶."

26 『明齋遺稿』卷16, 「附評君輔與懷川論心經釋疑別紙」. "道心人心人慾爲三層說者, 固然矣, 而所謂不善者, 常由於人心, 則氣用事故也."

27 『明齋遺稿』卷16, 「附評君輔與懷川論心經釋疑別紙」. "以爲耳欲聲目欲色, 而不過其

形色은 天性이다. 인심 또한 어찌 선하지 않겠는가.[28]

물론 명재도 도심과는 달리 인심은 형기에서 발하는 것이기 때문에 절제의 대상으로 이해한다.[29] 그러나 이때 절제의 대상이라고 하는 것은 인심 자체가 아니라 인심이 절도를 벗어난 경우를 대비한 절제일 뿐이다. 왜냐하면 인심 자체는 선천적으로 주어진 인간의 고유한 본능이기 때문이다. 명재에 있어서 인심과 도심의 차이는 그것이 仁性의 자발성에 근거하느냐 아니면 형기로 말미암아 발하는가의 차이일 뿐[30] 인심과 도심은 모두 一心에서 발하는 것이다.

다만 도심으로 인심을 부린다고 하는 것은 온당하지 못한 것 같다, 대개 그 방출하는 것이 비록 形氣가 그렇게 하는 것이며, 거두어들이는 것이 비록 性命의 良能이지만 방출하는 것도 이 마음이요, 거두어들이는 것도 역시 이 마음이다. 그 방출되는 것을 알아 구하고자 하면 마음이 문득 있게 되니, 操舍存亡이라고 하는 것과 같은 것이다. 마음은 하나이니, 이 마음을 가지고 저 마음을 구하는 것이 아니다. 지금 도심으로 인심을 구하면 두 가지 마음이 있어 이것으로 저것을 구하는 것과 같이 된다.[31]

節者, 人心之本然, 而凡聖之所同也."

28 『明齋遺稿』 卷26, 「答或人」. "形色, 天性也. 人心亦豈不善乎."

29 『明齋遺稿』 卷16, 「附評君輔與懷川論心經釋疑別紙」. "人心伊何, 生於形氣, 惟欲易流, 是之謂危."

30 『明齋遺稿』 卷16, 「附評君輔與懷川論心經釋疑別紙」. "見孺子入井, 而惻隱之心便生, 此惻隱之心, 非關我形氣, 只是仁性之自發. 如食色之心, 則發之之際, 已由我形氣而發, 謂氣已用事, 不亦宜乎."

31 『明齋遺稿』 卷25, 「答鄭萬陽蔡陽」. "但以道心使人心云者, 似未穩. 蓋其放出者, 雖是形氣之使然, 收回者, 雖是性命之良能, 然放者, 是心也. 收者, 亦是心也. 知其放而

그는 인심을 도심과 같은 天性으로 파악하고, 이를 人慾과 구분하여 설명한다. 그에 있어서 인심은 선천적인 인간의 육체적 욕구이며, 인욕은 그 육체적 욕구를 절제하기 못한 過不及의 현상이다. 그러므로 명재에 있어서 절제의 대상은 인심이 아니라 인욕인 것이다.

> 귀가 소리를 듣고 눈이 대상을 보고자 함에 그 절도를 지나치는 것은 인심이 아니라 人慾이니, 많은 사람들이 도심의 命을 듣지 못하게 된 것이다.[32]

이처럼 인심도심설에 있어서 심삼층설에 입각하여 인심을 도심과 마찬가지로 천리로 긍정하고, 절제의 대상으로 다시 인욕을 설정한 것은 명재 인심도심설의 한 특징이다.

또한 명재는 본심의 바름[本心之正]이라고 하는 입장에서 인심과 도심의 일원화를 시도하고 있다. 명재는 인심과 도심을 발하기 이전의 일심으로 파악할 뿐만 아니라 발하고 난 뒤에도 그 본심의 바름을 얻는 것이라면 인심이 곧 도심이 될 수 있다는 입장을 밝히고 있다. 명재의 말을 들어보자.

> 인심이라고 이르는 것도 惟一의 공부가 있고 도심도 유일의 공부가 있은 즉 中 또한 그러하다. 정밀하게 살핀다는 것은 인심과 도심의 사이를 잘 살펴서 섞이지 않게 하는 것이요, 한결같이 한다는 것은 그

欲求之, 則心便在, 如操舍存亡之云耳. 心則一也, 非以此心求彼心也. 今謂以道心而求人心, 則若有兩樣心, 以此求彼者然."

32 『明齋遺稿』 卷16, 「附評君輔與懷川論心經釋疑別紙」. "耳欲聲目欲色, 而過其節者, 非人心乃人慾, 而衆人之不能聽命於道心者也."

> 本心의 바른 것을 지켜서 섞이지 않게 하는 것이다. 이미 본심의 바름[本心之正]이라고 말한다면 인심에 과불급이 없는 것이 곧 이른바 본심의 바름이요, 본심의 바른 것은 곧 도심이다. 어찌 인심과 도심으로 나눌 수가 있겠는가.[33]

물론 여기서 명재가 말하는 '인심이 곧 도심이 된다'는 말은 食色之欲과 義理之心으로 구분되는 의미에서의 인심과 도심의 일원화를 말하는 것이 아니라 본심의 바름을 얻고 얻지 못하는 의미에서 본심의 바른 것을 도심이라 표현한 것이다. 다시 말하면 명재는 의리지심을 지칭하는 의미와 본심의 바름을 지칭하는 의미의 두 가지를 함께 도심이라 지칭하고 있는 것이다.[34]

이처럼 명재의 인심도심설은 심삼층설에 입각하여 인심과 도심을 인욕과 구분된 천리로 인식하고, 다시 本心之正의 관점에서 인심과 도심을 일원적으로 인식하고 있다. 특히 명재가 본심이라고 하는 측면에서 인심과 도심의 일원화를 시도하고 있는 것은 본인이 스스로 양명학을 수용한 것은 아니라 할지라도 그 속에는 양명학적인 경향이 엿보인다.

---

33 『明齋遺稿』 卷24, 「答朴泰漢喬伯」. "若謂人心也有惟一, 道心也有惟一, 則中亦然矣. 精則察夫二者之間而不雜, 一則守其本心之正而不雜. 旣曰本心之正, 則人心之無過不及者, 卽所謂本心之正, 本心之正, 則道心也, 何可分屬於人心道心也."

34 명재 자신도 도심이 가지고 있는 두 가지 의미가 서로 혼동될 수 있는 점을 염려하여 이에 대해 다시 부연 설명을 가하고 있다.(인심이 진실로 형기에서 나와 이를 裁制하여 절도에 맞게 하여도 또한 형기에 속한다. 비록 절도에 맞는다 하더라도 인심은 스스로 인심일 뿐이다. 어찌 도심으로 바꾸어 말할 수 있겠는가? 이미 절도에 맞게 한다면 인심이 또한 도심으로 돌아간다고 이를 뿐이다. : 『明齋遺稿』 卷25, 「答朴泰漢喬伯」. "人心固生於形氣, 而裁制之, 使之中節者, 亦屬於形氣也. 雖中節, 而人心則自是人心耳. 豈可喚做道心也. 惟旣使之中節, 則人心亦歸於道心云耳.")

3) 동행이정론

명재 심학의 또 다른 특징은 同行理情論에 있다. 동행이정론은 원래 송대 주자학자인 胡宏(五峰 1105~1162)의 학설이다. 그는 明道 程顥(1032~1085)의 제자이며, 南軒 張栻(1113~1180), 晦菴 朱熹(1130~1200), 東萊 呂祖謙(1137~1181)의 스승이다. 명도를 계승한 五峰의 학문은 육왕학에 상당한 영향을 주고 있는 것으로 이해되지만[35] 명재는 특히 南軒의 학문에 깊은 관심을 표명하고 있다.[36]

오봉의 동행이정설은 '일에 나아가 도를 밝힌다'는 卽事明道論에 근거를 두고, 동일한 일 가운데서도 천리와 인욕의 작용에 따라 그 결과가 다르게 나타나는 현상을 설명한 것이다. 오봉은 특히 음식과 남녀의 관계에 있어서 정도를 지키지 못하면 인욕이 되고 절도에 맞으면 천리가 된다고 하는 동행이정설을 제기하였다.[37] 그는 인간의 행위를 천리인욕과 관련하여 '同體異用' '同行異情'의 논리로 설명하고 있다.

> 천리와 인욕은 體를 함께 하면서도 用을 달리하고, 행동을 같이 하면서도 情을 달리한다. 수양하고자 하는 군자는 마땅히 깊이 구분해야 할 것이다.[38]

---

35 김길락, 『象山學과 陽明學』, 예문서원, 1995, 26~30쪽.; 牟宗三, 『從陸象山到劉蕺山』, 臺灣 學生書局, 1979, 456~457쪽 참조.

36 『明齋遺稿』 卷21, 「答李漢遊漢泳」. "南軒集嘗一覽, 而亦借他册, 覽卽還送, 今皆不記. 而大抵如來示. 且與朱子大全所往復, 互相發明 尤好相玩矣."

37 김길락, 「尹拯의 陸王學」, 1996년 충남대 유학연구소 국제학술대회 '明齋 尹拯의 哲學思想에 대한 體系的 照明' 자료집, 162쪽 참조.

38 『宋元學案』 卷42, 「五峯學案」. "天理人欲, 同體而異用, 同行而異情, 進修君子, 宜深別焉."

이에 대해 주자는 '대개 천리는 그 始端을 알 수 없지만 사람이 선천적으로 가지고 태어나는 것이고, 인욕은 형체에 질곡되고, 기질에 섞이며, 습관에 익숙해지고, 감정에 어지럽혀진 후에 생기는 것이다. 그러나 이미 이러한 것이 생긴 후에 사람들이 이를 잘 분변하지 못하는 까닭에 같은 일을 하면서도 행동을 달리하고, 행동을 같이 하면서도 情을 달리하게 되니, 군자는 잘 살펴야 된다.'[39]고 하여 오봉의 동행이정설에 동의한다. 그러나 다시 오봉의 同體異用說에 대해서는 '대개 사람이 천리 가운데서도 인욕을 가려내고, 또 인욕 가운데서도 천리를 볼 수 있는 것이 깊고도 절실하지만 병통이 있음을 면치 못하겠다. 대개 이미 同體라고 하면 상면에 문득 인욕의 두 글자가 함께 붙을 수가 없는 것이다. 이것은 의리의 본원에 있어서 극히 정밀하고 은미한 곳이니, 조금도 착오가 있어서는 안 된다. 시험 삼아 다시 자세히 살펴보면 마땅히 본체의 실연은 다만 하나의 천리일 뿐 다시 인욕이 없다는 것을 알게 될 것이다.'[40]고 하여 인욕과 천리를 동체로 이해하는 것에 반대한다. 주자가 천리인욕의 동체성을 부인한 것은 천리를 인간 고유의 본체로 이해하는 반면 인욕을 후천적인 習心으로 파악하기 때문이다. 이와 같은 주자의 입장은 퇴계에 있어서 이기이원적 호발설로 계승되고 있지만 천리와 인욕을 근원적 일심으로 파악하는 율곡이나 명재는 오히려 오봉의 동체이용설의 입장에 있는 것이

39 『宋元學案』卷42, 「五峯學案」. "蓋天理莫知其所始, 其在人則生而有之矣. 人欲者, 梏於形, 雜於氣, 狃於習, 亂於情而後有者也. 然旣有而人莫之辨也. 於是乎有同事而異行者焉. 有同行而異情者焉. 君子不可以不察也."

40 『宋元學案』卷42, 「五峯學案」. "蓋欲人於天理中揀別得人欲. 又於人欲中便見得天理. 其意深切. 然不免有病者. 蓋旣謂之同體, 則上面便著人欲二字不得. 此是義理本原極精微處. 不可少差. 試更子細玩索, 當見本體實然, 只一天理, 更無人欲."

라 할 수 있다.

명재는 특히 동행이정의 논리를 實事에 적용하여 이해하고 있다. 그는 인심도심의 문제를 마음의 수양문제로 이해하는 반면 동행이정설은 실사에 있어서 올바른 행위를 지향하는 공부로 이해하고 있다.

> 인심과 도심, 危와 微, 正과 私 등의 글자는 한 마음속에서 분별해 말한 것이지만 '행동을 같이 하면서도 情을 달리하는 것'은 행동을 함께 하는 중에 나아가 분별해 말하는 것이다. 모두 마땅히 각기 그 義를 구할 것이요, 반드시 이것으로써 저것에 합할 필요가 없다. 또한 理氣와 같은 글자는 기 속에 이가 포함되어 있는 것이요, 危와 微, 正과 私의 글자는 다만 나눌 수 있는 것이므로 각기 일변에 두어 합해서는 안 된다. '행동을 같이 하면서도 情을 달리하는 것'과는 말을 세우고 뜻을 명하는 것이 또한 스스로 같지 않다.[41]

특히 실제 행위에 있어서 같은 일을 하면서도 행동을 달리하고, 행동을 같이 하면서도 情을 달리하는 경우가 있게 되는데, 이때 그 일을 주관하는 사람의 시비를 가리기 위한 방법으로 명재는 동행이정의 논리를 제시한다. 명재가 중시하는 것은 행동의 결과가 아니라 행동의 근거가 되는 의리이다. 의리에 합당하다면 비록 그 행동하는 바가 다르다 할지라도 서로 이해할 수 있지만 의리에 합당하지 않다면 같은 행동을 할지라도 용납할 수가 없는 것이다. 동행이정이란

---

41 『明齋遺稿』卷25, 「答鄭萬陽蔡陽」. "人心道心危微正私等字, 就一心之中, 而分別言之也. 同行異情者, 就同行之中, 而分別言之也. 皆當各求其義, 不必以此而合彼也. 且如理氣字, 則可以氣包理在中也, 危微正私字, 則只可分之, 而各置一邊, 不可合之也. 與同行異情之說, 立言命意. 又自不同也."

현실 속에서 간과하기 쉬운 의리의 본질을 성찰해 가는 공부로 제시된 것이다.

> 서로 합하면 서로 좋은 것이니 또한 이치의 당연한 것이다. 다만 서로 합하는 것을 보는 관점은 義와 非義일 뿐이다. '천리와 人慾은 행동을 같이 하면서도 情을 달리하는 것'[同行異情]이니 일이 서로 비슷하다고 하여 같은 입장으로 인정하여서는 안 된다. 지금 내가 친구들과 함께 전후 강론한 것은 다만 하나의 是字를 구하는 것이니 혹 합하고 혹 합하지 않아서 비록 보는 바가 같지 않더라도 그 마음은 하나일 뿐이다.[42]

명재가 평생을 살아가면서 세속적인 명리의 유혹을 떨쳐 버리고 스스로 초야에 묻혀 진실된 삶을 살아갈 수 있었던 것도 이러한 동행이정의 공부를 통해 다져진 삶에 대한 분명한 가치관이 있었기 때문에 가능했을 것으로 생각된다.

> 다만 천리의 당연한 것이기 때문에 내가 그러할 뿐이다. 이 점을 잘 이해할 수 있는지 모르겠다. 천리의 당연한 것이기 때문에 내가 그러한 것이라면 어찌 그 사이에 서로 비교하고 의논함이 있겠는가? 논한바 크게 그슬린 것이 모두 말세에 휩쓸린 것이라고 하는 것은 공평하고 정당한 논리가 아니다. 천리와 인욕은 '행동을 같이 하면서도 情을 달리하는 것'이니, 사람들이 욕심으로 따를 때 나는 스스로 천리를 따르

42 『明齋遺稿』卷20, 「答朴大叔」. "相合則相好, 亦理之當然, 只觀相合者, 義與非義而已. 天理人欲, 同行異情, 不可以事之相類而一槩之也. 今吾與吾友前後所講者, 只是求一箇是字, 則或合或否, 雖所見不同, 而其心則一耳."

는 것이 어찌 또한 큰 길을 가는 것을 헤치는 것이며, 분연히 대로를 버리고 스스로 황폐한 곳에 빠지는 것이겠는가?[43]

4) 명재 심학과 양명학

심학은 양명학에서뿐만 아니라 주자학에서도 중요하게 다루어지는 학문 분야며, 특히 조선조에 있어서의 주자학은 심학화 현상이 두드러진다.[44] 그러므로 심을 강조한다고 하여 반드시 양명학이라 할 수는 없다. 더욱이 조선조에 있어서 양명학은 주자학의 도덕성을 수용하면서 주자학의 학리 체계 속에 陽朱陰王의 형태로 수용되고 있기 때문에 그 실상을 파악하기가 힘들다. 따라서 주자학 속에 내함된 양명학적 성격을 구분하기 위해서는 무엇보다 그 학문의 근원적인 차이점을 비교・검토하는 것이 중요하다. 여기서는 명재의 심학을 세 가지 측면에서 양명학과 비교하여 그 학문적 성격을 살펴보고자 한다.

첫째, 심에 대한 주체성의 긍정 여부다. 주자학과 양명학은 '性卽理'와 '心卽理'의 차이점에서 드러나듯이 인간 본성의 어떤 면을 천리로 보느냐에 따라 그 학문적 경향을 달리한다. 즉 주자학에서는 천리가 인간의 마음속에 내재해 있음을 말하고 있으면서도[45] 동시에 욕망을 느끼고 발현하는 주체이기도 하기 때문에[46] 정작 마음의 순수성은 인

---

43 『明齋遺稿』卷20,「與羅仲輔」. "獨以天理當然, 而吾不得不然耳. 未知曾見此段否. 天理當然, 而吾不得不然, 則有何計較商量於其間耶 所論大抵皆激於末世者, 非平正之論也. 天理人慾, 同行異情, 人以循慾, 而我自循理, 何可以賊亦行大路, 而憤然捨大路, 自蹟於榛荒耶."

44 尹南漢,『朝鮮時代의 陽明學』, 집문당, 1982 참조.

45 『大學』經一章 朱子註. "明德者 人之所得乎天 而虛靈不昧 以具衆理 而應萬事者也"

46 『朱子語類』卷62. "此心之靈, 其覺於理者, 道心也. 其覺於欲者, 人心也."

정하지 않고 심의 본체인 性만을 천리로 보고 있다. 이에 대해 양명학은 심을 스스로 천리를 밝게 깨달아 발현하는 능력을 지닌[47] '良知'[48]로 보아 심과 성을 일원적으로 파악[49]하여 심의 주체성을 강조한다.

명재는 양명과 같이 직접적으로 心과 性을 일원적으로 말하고 있지는 않다. 그에 있어서 성은 천리이며, 순선의 존재요,[50] 성은 심 가운데 갖추어져 있다. 또한 성은 無爲의 본체며, 심은 그 운용자다.[51] 이러한 심에 대한 논리는 전적으로 주자학의 학리 체계를 따르고 있다. 그러나 명재는 심의 주체성을 부정적으로 인식하지 않는다.

앞에서 살펴본 바와 같이 그는 의리를 지향하는 도심뿐만 아니라 食色의 욕망마저도 인간의 본래성에서 유래된 근원적 일심을 강조한다. 그리고 다시 심삼층설에 근거하여 인심과 도심을 함께 천리로 인식하고 이를 人慾과 구분하여 인욕만을 절제의 대상으로 삼고 있다. 뿐만 아니라 인심이 도심의 명을 듣는다는 人心聽命을 문제 삼아 이를 심의 이원화로 인식해 이를 부정하고[52] 人心之正이란 측면에서 인심과 도심을 일원적으로 인식하고 있다. 양명 또한 도심이 주가 되고

---

47 『傳習錄』中, 「答聶文蔚」. "良知, 只是一箇天理自然明覺發見處."

48 『傳習錄』中, 「答顧東橋書」. "吾心之良知 卽所謂天理也."

49 『傳習錄』上, 「陸澄錄」. "心卽性, 性卽理."

50 『明齋遺稿』 卷15, 「答羅顯道」. "在天曰理, 在人曰性. 纔說性時, 皆已墮在氣中之後也. 雖在氣中而理本善, 故以善爲本然之性也."

51 『明齋遺稿』 卷25, 「答鄭萬陽蔡陽」. "性者, 心中之所具也. 心有運而性無爲, 則有何心動性動之異乎. 退翁之訓誠爲精約, 而來敎所謂動之者心, 所以動者性云者, 亦已得之矣."

52 『明齋遺稿』 卷25, 「答鄭萬陽蔡陽」. "但以道心使人心云者, 似未穩. 蓋其放出者, 雖是形氣之使然, 收回者, 雖是性命之良能, 然放者, 是心也. 收者, 亦是心也. 知其放而欲求之, 則心便在, 如操舍存亡之云耳. 心則一也, 非以此心求彼心也. 今謂以道心而求人心, 則若有兩様心, 以此求彼者然."

인심이 도심의 명을 듣는 것을 심의 이원화라 하여 이를 반대하고[53] 人心之正이란 측면에서 인심과 도심을 일원적으로 인식하고 있다. 따라서 인심도심을 일원적으로 인식하는 점에 있어서 명재의 견해는 양명학의 인심도심설과 그 맥락을 함께 하고 있는데, 이러한 인심도심의 일원화는 다름 아닌 인간 본심에 대한 신뢰에서 비롯된 것이다. 명재는 이러한 인간 본심에 대한 신뢰를 바탕으로, 나아가 본심의 주체성을 강조한다. 명재가 인간 본심의 주체성을 강조한 다음의 말을 살펴보자.

> 심은 본디 여러 이치를 갖추고 있어서 만사에 응하지만 그 형상은 氣이다. 氣 속에 理를 갖추었으니, 마음을 기라고 하여 무슨 병통이 있겠는가? 비록 스스로 해치지 않는다면 神明不測한 것이니, 그것은 氣가 理를 갖추었기 때문에 신명불측한 것이다.[54]

여기서 명재는 심을 '여러 이치를 갖추고 만사에 응하는[具衆理應萬事] 존재로 파악하고 있다. 원래 '여러 이치를 갖추고 만사에 응한다'는 말은 주자가 『대학』에서 明德을 설명한 말[55]이다. 그런데 주자가 여러 이치를 갖추고 만사에 응하는 존재로서의 명덕을 심으로 보지 않고 심의 본체인 리로 파악[56]하고 있는 반면 명재는 오히려 심을 '여

---

53 『傳習錄』上, 「徐愛錄」. "心一也. 未雜於人謂之道心, 雜以人僞謂之人心, 人心之得其正者卽道心, 道心之失其正者卽人心, 初非有二心也. 程子謂, 心卽人欲, 道心卽天理, 語若分析, 而意實得之. 今日 道心爲主而人心聽命, 是二心也. 天理人欲不竝立, 安有天理爲主, 人欲又從而聽命者."

54 『明齋遺稿』 卷25, 「答鄭萬陽蔡陽」. "心固具衆理應萬事, 而若乃其形則氣也. 氣之上具理, 則以心爲氣, 有何病也. 雖以心爲氣, 自不害爲神明不測, 氣具理, 故神明不測耳."

55 『大學』 經一章 朱子註. "明德者, 人之所得乎天, 而虛靈不昧 以具衆理 而應萬事者也."

러 이치를 갖추고 만사에 응하는' 존재로 파악하고 있다. 이러한 명재의 견해는 곧 심의 주체성을 긍정하는 것으로 판단되지만 이러한 심의 주체성을 긍정하는 바탕에는 심에 대한 이기일원적 사고가 깔려 있다.

물론 이기론에 있어서 명재는 가치론적으로 리의 선재성을 인정한다.[57] 그러나 명재에 있어서 리는 사물의 소이연이라고 하는 점에서 기와 구분될 뿐[58] 리와 기는 형체를 지닌 사물의 두 측면일 뿐이다.[59] 그는 리와 기를 둘로 나누는 것에 전적으로 반대하고 오히려 리와 기를 理氣之妙의 관계로 이해하고 있다.[60] 그가 리와 기를 나누어 보지 않으려는 의도는 리의 순수성을 부정하려는 것이라기보다는 자칫 리와 기를 이원화하여 형이상의 공허한 논리에 빠질 것을 염려한 때문이었다.[61] 그가 이처럼 리와 기를 일원적으로 보려는 태도는 율곡에서 비롯된 것이지만[62] 또한 양명학의 이기론에 대한 입장이기도 하다.[63]

---

56 『朱子語類』 卷14 「大學」1, 中華書局, 1981. "又問德是心中之理否. 曰便是心中許多道理, 光明鑒照, 毫髮不差."

57 『明齋遺稿』 卷15, 「答羅顯道」. "蓋理與氣, 旣非相雜之物, 又非相離之物, 不可分先後上下, 而陰陽動靜, 必有所以然, 故所以分形而上下, 而又謂之畢竟先有理也."

58 『明齋遺稿』 卷15, 「答羅顯道」. "蓋理與氣, 旣非相雜之物, 又非相離之物, 不可分先後上下, 而陰陽動靜, 必有所以然, 故所以分形而上下, 而又謂之畢竟先有理也."

59 『明齋遺稿』 卷17, 「答奇子亮」. "至於道器之說, 所謂有形而下, 無形而上, 終是有病. 朱子曰, 若以有無言之, 便是物與理相間斷了, 願熟味之如何. 若以爲形之上形之下, 則其間斷尤甚, 只以兩形字爲一物, 而就其中分上下, 然後庶可得之矣."

60 『明齋遺稿』 卷15, 「答羅顯道」. "理氣妙合而成形. 有形則性在其中矣."

61 『明齋遺稿』 卷15, 「答羅顯道」. "理與氣合四字, 誤看則有理氣二物之病, 栗翁於大學小註, 深斥北溪之說, 蓋慮此也."

62 『明齋遺稿』 卷19, 「與朴泰輔士元」. "栗谷理氣書, 未知何處有疑也."

63 『傳習錄』中, 「答陸原靜」. "理者, 氣之條理, 氣者, 理之運用, 無條理則不能運用, 無運用則亦無以見其所謂條理者矣."

그는 이러한 이기일원적 입장에서 심을 이해하고 있는데, 특히 性氣의 일원을 주장하는 양명의 견해는 심을 이기일원적 입장에서 보고 있는 명재의 입장과 다름이 없다.

> 맹자의 性善은 본원상에서 말한 것이지만, 성선의 단초는 모름지기 氣에서 비로소 볼 수 있다. 만약 기가 없다면 또한 볼 수가 없다. 程子가 '性을 논하며 기를 논하지 않으면 갖추어지지 않고, 기를 논하며 성을 논하면 밝지 못하다'고 한 것은 학자들이 각각 한 쪽만을 인식하였기 때문에 이렇게 말한 것이다. 만약 스스로의 성을 명백하게 볼 수 있다면 기가 곧 성이요, 성이 곧 기이니 원래 성과 기를 나눌 수 없는 것이다.[64]

둘째, 客觀 定理에 대한 인식의 문제다. 성즉리로 대표되는 주자학의 세계관은 형이상의 보편적 존재 원리에 대한 파악을 그 학문적 기초로 하여 세계를 설명해 감과 동시에 이를 통해 인간의 윤리적 당위 규범을 확립해 간다. 이러한 점에서 客觀 定理에 대한 탐구 즉 格物致知는 주자학의 입문하수처라 할 수 있다. 이에 대해 양명은 보편적 존재인 理에 대한 탐구를 통해 윤리적 당위 법칙을 확보하려는 주자의 학문 체계에 반대한다. 양명의 입장에서 볼 때, 주자학의 논리 체계에서 나타나는 理의 객관적이고 초월적인 성격은 인간 주체가 객관 대상으로부터 소외당하는 主客의 이원화를 초래하게 된다.[65] 그리고 이러

---

64 『傳習錄』中, 「答周道通書」. "孟子性善, 是從本原上說. 然性善之端, 須在氣上始見得. 若無氣, 亦無可見矣. 惻隱・羞惡・辭讓・是非卽是氣. 程子謂'論性不論氣不備, 論氣不論性不明',(『二程遺書』 卷6 頁 2 下. 『近思錄』 卷2, 爲學篇, 第30條.)亦是爲學者各認一邊, 只得如此說. 若見得自性明白時, 氣卽是性, 性卽是氣, 原無性氣之可分也."

한 주객의 이원화는 인간 행위와 관련하여 도덕적 행위의 절박성을 무시하고 禮樂刑政과 같은 외적이고 형식적인 규범[事事物物의 理]에 얽매이게 되어 도덕 실천의 주체인 心의 力動性과 能動性을 잃어버리게 되는 문제점이 노정된다.[66] 이러한 문제점을 해결하기 위하여 양명은 客觀 定理에 대한 탐구를 포기하고[67] 대신 도덕 실천의 주체인 본심의 확립에 주력하였다. 따라서 주자학과 양명학의 차이는 인간 본심을 천리로 인식하느냐 아니면 본심 이외의 客觀 定理를 인정하느냐의 차이에 달려 있다.

주자의 격물궁리설과 관련하여 명재의 격물설에 대한 언급은 스스로 격물공부의 중요성과 필요성에 의해서라기보다는 오히려 다른 사람의 질문에 대한 답변 형식으로 이루어지고 있다.[68] 따라서 이를 통해 명재의 격물설을 체계적으로 살펴보기는 어렵지만 대체로 명재가 주자의 격물설에 동의하고 객관대상의 定理를 인정하고 있음은 분명하다.[69] 그러나 궁리에 대한 명재의 다음과 같은 말은 사사물물에 나아가 이치를 궁구하는 주자의 격물설과는 분명한 차이가 있다.

---

65 『傳習錄』中, 「答顧東橋書」. "朱子所謂格物云者, 在卽物而窮其理也. 卽物窮理, 是就事事物物上, 求其所謂定理者也. 是以吾心而求理於事事物物之中, 析心與理而爲二矣."

66 李圭成, 「王陽明의 세 가지 사상적 基礎와 이에 대한 批判」, 『哲學論究』 9, 서울대, 1981, 33~34쪽.

67 『傳習錄』中, 「答顧東橋書」. "朱子所謂格物云者 在卽物而窮其理也 卽物窮理 是就事事物物上 求其所謂定理者也 是以吾心而求理於事事物物之中 析心與理而爲二矣."

68 『明齋遺稿』 卷24, 「答朴泰漢喬伯」. "蓋格物窮理, 方爲格之窮之之工夫. 故謂窮字意多者, 明其用力之義也." 『明齋遺稿』 卷26, 「答或人」. "第於程子所謂格物, 而至於物則物理盡之說, 不能無少疑."

69 『明齋遺稿』 卷23, 「答權綠汝柔」. "致知格物爲一事 知至物格爲一事 自人而言 則爲致知知至 自物理而言 則爲格物物格 格之者雖人 而以物理言 故格物 或以格物屬於人 物格屬之物理則不是."

> 학문을 하는 것은 다른 것이 아니다. 다만 持敬과 窮理 양단을 간직하는 것뿐이다. 지경은 몸과 마음을 수렴하는 것일 뿐이요, 궁리란 날마다 일을 만나고 사물을 대함에 언제나 천리에 합당하기를 구하는 것일 뿐이다.[70]

여기서 명재가 말하는 궁리는 객관 정리를 궁구하는 주자의 궁리가 아니라 사사물물상에서 양지를 이루어 가는 양명학의 致良知의 입장과 다름이 없다. 양명학은 『대학』의 격물치지를 치양지의 입장에서 이해하고 있는데, 치양지는 객관 대상 속에서 천리인 良知를 실현해 가는 것이다. 사물에 나아가 언제나 천리에 합당하기를 구한다는 명재의 말은 곧 주자와 같이 객관 대상의 이치를 궁구하는 것이 아니라 객관 대상 속에서 본심을 실현해 가는 것[71]으로 양명학의 치양지설과 다름이 없다. 다시 말하면 사물에 나아가 언제나 천리에 합당하기를 구한다는 명재의 말은 객관 定理보다는 내 마음의 주체성을 더욱 신뢰한다는 말로 이해 할 수 있다. 물론 위에서 살펴본 바와 같이 명재 또한 객관 사물의 정리를 긍정하고 있지만 그의 학문 태도는 외재적 합리성보다는 심의 주재성과 주체성을 신뢰하는 특성을 보이고 있다. 세상의 모든 일이 마음으로부터 비롯된다는 다음과 같은 말은 명재가 심의 주체성을 긍정하고 있다는 또 다른 증거다.

> 모든 일이 다 마음으로부터 말미암으니 마음이 안에서 보존 된 후에

---

70 『明齋遺稿』 卷23, 「答李世德伯邵」. "爲學無他, 只持敬窮理兩端, 而持敬, 則只收斂身心而已. 窮理則逐日遇事接物, 每事求合於天理而已."

71 『明齋遺稿』 卷31, 「孝子俞公行實贊」. "心具生理, 愛爲良知, 倫自天敍, 孝首民彛, 皆有父母, 孰無性命."

가히 일에 대응할 수 있다. 마음이 보존되지 않으면 우러러서는 새를 탐하다가 고개를 돌려서는 사람에게 잘못 응대하는 것처럼 모든 일이 이와 같게 될 것이다. 욕심을 줄인 후 마음이 보존되면 뜻을 성실히 하는 공부를 하는 것이 가할 것이다.[72]

셋째, 명재의 實功을 위주로 하는 實心의 학문이 조선조 양명학의 실학적 흐름과 그 맥락을 함께 하고 있다는 사실이다. 중국에 있어서 양명학은 인간 주체의 성실성과 객관 事理의 實在를 동시에 규명하려는 주자학에 반대하고 인간의 실천적 주체의 확립을 통해 객관대상을 統攝하는 이론을 전개하였다. 이러한 양명학의 특성은 한편으로 인간 주체의 성실성을 중시하는 주자학의 계승·발전이었으며, 다른 한편으로 시대적 변화에 적절하게 대처하지 못하는 주자학에 대한 실천적 극복이었다.[73] 그러나 조선에 있어서 양명학은 중국과는 달리 사상적으로 주자학의 극복이라기보다는 오히려 인간의 도덕성을 중시하는 윤리적 측면에서 주자학을 계승하면서 현실적 난국의 타개라고 하는 측면에서는 실학적인 경향을 띠고 있다. 다만 그 실학적 경향이 정치적·사회적 제도의 개선 등을 지향하기보다는 하위나 가식이 없는 實心으로 구체적 현실 속에서 實功을 이루어 가는 학문적 특징을 지니고 있다.

명재의 심학은 실공을 지향하는 실심에 있다. 그는 자신의 삶을 실심의 구현에 두었을 뿐만 아니라[74] 다른 사람에게도 실심으로 실공을

72 『明齋遺稿』 卷29, 「與子行敎」. "萬事皆由心. 心存於內, 而後可以應事. 心不存焉, 則仰面貪看鳥, 回頭錯應人, 事事如此矣. 寡慾而後心存, 加意用工夫可也."

73 戶川芳郎外·조성을 외 역, 「儒敎史」, 서울 이론과 실천, 1990, 314~318쪽.

74 『明齋遺稿』 卷15, 「答羅顯道」. "蓋人無實心, 則老後忽然忘之者滔滔矣."

이루어 매일 일어나는 일에 최선을 다할 것[75]을 충고하고 있다. 뿐만 아니라 정치에 있어서도 '천하의 일이 한결같이 人主의 一心에 근본'[76]하고 있음을 전제하고 인주로 하여금 실사로서 실공을 이룰 것을 간곡히 당부하고 있다.

> 위험을 안정되게 하고 난세를 치세로 만드는 것은 오직 人主가 命을 제정함에 달려 있으니, 변화의 기틀이 어찌 인주의 一心이 實心으로 실공을 이루어내는 밖에 있겠습니까?[77]

이처럼 실심을 바탕으로 실공을 이루어 가고자 하는 명재의 심학은 조선조 양명학의 실학적 경향과 그 궤적을 함께 하고 있다.

2. 하곡 정제두

霞谷 鄭齊斗(1649~1736)[78]는 조선 500년의 역사 속에 한국 양명학을 이론적으로 집대성한 유일한 양명학자로 일컬어지는 인물이다. 그는 圃隱 鄭夢周(1337~1392)의 11대 손으로, 顯宗時 우의정을 지낸 鄭維城(1596~1664)의 손자다. 學系로는 南溪 朴世采(1631~1695)의 문인

---

75 明齋遺稿 卷21, 「答鄭夏晉益彰」. "深願以實心做實功, 一日必有一日之事. 勿令頃刻放過, 則方有次第之可言, 而免於檐閣空言之歸矣."

76 『明齋遺稿』 卷5, 「辭別諭召命及執義疏」 八月. "天下之事, 無一不本於人主之心."

77 『明齋遺稿』 卷5, 「辭 別諭求言疏」 五月. "危加使安, 亂加使治, 唯人主加以造命, 則轉移之機, 豈外於人主之一心 以實心做實功."

78 하곡은 인조 27년(1649)에 한성에서 태어나 88세를 일기로 영조 12년(1736) 강화도 하곡(현재의 하일리)에서 세상을 떠났다.

이었으며, 소론의 영수인 尹拯(1629~1703)과는 妻再從男妹간이자 또한 사제의 관계에 있었다. 또한 양명학자였던 지천 최명길의 형인 崔來吉의 외손주 사위였으며 최명길의 손자인 崔錫鼎(1646~1715)과는 친구 사이였다. 그의 양명학적 연원에 대해서는 지천의 영향으로 추측하는 견해도 있으며[79] 당시 반주자학적 학풍을 지녔던 尹拯, 朴世堂 등과의 관계로 보아 그들의 영향으로 이해하기도 한다.[80] 그러나 무엇보다 하곡이 당시 이단으로 배척을 받던 양명학을 대성할 수 있었던 것은 영조의 탕평책과 함께 전개된 학문에 대한 개방적인 입장과 영조의 하곡에 대한 개인적인 배려가 크게 작용하였을 것으로 생각된다.

1) 역사의식

하곡이 활동하였던 시대는 정치적으로는 당쟁이 극심하였던 시기였다. 연산군에서부터 시작되어 조선조 말기에 이르기까지 360여 년간 지속된 당쟁은 조선조 전반에 걸친 역사적 난제로서 어느 시기를 막론하고 국가의 발전을 저해하는 요인으로 작용하고 있었다. 특히 현종 연간에서부터 시작된 '禮訟'은 본격적인 당쟁의 실마리가 되었다. 효종이 승하한 후 그의 계모인 조대비의 상복문제로 인한 己亥禮訟(1659)을 시작으로 甲寅禮訟(1674)과 함께 庚申大黜陟(1680), 己巳換局(1689), 甲戌換局(1694) 등을 거치면서 당쟁은 끊임없이 지속되고 있었다.

그러나 이러한 와중에 국가는 총체적 위기를 맞이하고 있었다. 반

79 『薝園 鄭寅普全集』卷2, 延大出版部, 1983, 17쪽.

80 霞谷의 부인의 堂叔이었던 尹善擧는 尹拯의 父親이었으며, 朴世堂의 둘째 형의 丈人이기도 하였다.

세기에 걸친 전쟁으로 말미암아 국토는 유린되었고, 국가경제의 기반인 三政의 문란은 양반과 기층 민중의 갈등을 심화시켰다. 특히 극심한 폐단은 還穀의 문제였다. 환곡이란 본래 흉년이나 춘궁기에 빈민에게 곡식을 대여하고 풍년이나 추수기에 이를 반납시키는 賑恤制度였다. 그러나 당시의 환곡은 이미 그 본래의 뜻을 상실하고 지배층의 착취 수단으로 전락하게 되었다. 이에 견디다 못한 농민들은 고향을 등진 채 노략질을 일삼게 되었고, 이러한 상황은 마침내 커다란 사회문제로 등장하였다. 그러나 당시 당쟁에 골몰하던 정치인들은 노략질을 할 수밖에 없었던 백성들의 고통은 외면한 채 오히려 기강 확립의 차원에서 그들을 처단하려고만 하였다.[81]

한 시대를 책임져야만 했던 지성인의 한 사람으로서 하곡은 당시의 정치 행태에 자괴감을 느끼지 않을 수 없었고, 그러한 정치 행태가 일어나게 된 근본 원인을 당시 정치인들의 사상적 뿌리인 주자학에서 찾았다. 하곡은 이 점을 다음과 같이 말하고 있다.

> 후세의 학문은 義理와 心性의 두 가지로 공부를 하기 때문에 학자들이 道에 대하여 두 갈래로 생각함을 면치 못하고 있으니, 성인 문하에서 仁을 구하는 학문이 두 가지가 있을 수 없습니다.[82]

여기서 하곡은 주자학이 의리와 심성을 이원화하고 있다는 점에서 문제를 제기하고 있다. 하곡이 지적한바 의리와 심성의 이원화란 주

---

81 『德村集』 卷1, 「辭 召旨疏」 己酉. "目今綱紀解弛, 濫冒成習, 一遭沙汰, 在所不已, 據法宜然, 無可疑者."

82 『霞谷集』 卷1, 「擬上朴南溪書」 壬戌. "後世學問, 惟其義理心性兩用其功, 故學者之於道, 未免二之, 視聖門求仁之學, 不能無貳."

자학의 학문체계에서 나타난 이상과 현실의 괴리현상을 지칭한 말에 다름이 아니다.[83] 당시의 정치 현실에 대한 하곡의 다음과 같은 비판은 의리와 심성의 이원화가 주는 의미를 구체적으로 알려 주고 있다.

> 요즘 한 가닥의 풍파로 세상사는 더욱 낭패를 보게 되었으니 어찌 염려가 되지 않겠습니까? 그러나 이런 일은 어느 나라에서나 옛적부터 흔히 있는 것이요, 오늘날만 유독 특이한 것은 아닙니다. 그러나 군자의 싸움은 오직 그 의리를 위한 것이요, 자기의 사욕 때문인 것은 아닙니다. 공론의 결정은 옳고 그름에 달린 것이요, 세력의 강하고 약함으로써 정할 것은 아닙니다. 그러면 군자로서 두려워할 것은 그 의리에 어긋나는 일이 백 세 후에까지 혹시 어긋나게 될까 두려워할 따름이니, 어찌 목소리와 세력으로 당시 사람들과 서로 겨루려 해서야 되겠습니까? 지금의 논자들은 그렇지 아니하여 의리의 옳고 그름은 돌보지 않고 오직 분노하여 힘으로 이김을 쾌하게 생각합니다. 대개 힘으로 이긴다 해도 천하의 의리를 공정하게 함에 무슨 도움이 되며 백 세 후의 시비를 바로잡는 데 무슨 관계가 있겠습니까? 대개 편당이 있고부터 이런 풍습이 이루어져 이름난 대신이나 큰 선비들 간에도 혹 이것을 면치 못하는 이가 있고, 오늘날에 이르러서는 으레 그래야 하는 것으로 알고 있습니다. 이런 물결이 쳐가면 갈수록 도의가 무너지고 말 것이니 심히 개탄스러운 일입니다.[84]

83 이러한 한계는 주자학 자체의 한계라기보다는 주자학의 학문 방법을 잘못 이해한 학자나 정치가들의 한계에서 비롯된 것이라 할 수 있다.

84 『霞谷集』 卷1, 「上朴南溪書」 甲子. “近日一端風波, 時事益狼狽, 寧不可慮. 然此事之於人國, 古亦多有, 不獨今日之可異, 但君子之爭, 惟其義理, 非以己私也. 公論之定, 在於是非, 非以强弱也. 然則君子之所可懼者, 懼義理之或乖於百世而已, 豈足以聲勢與時人相尙哉. 今之持論者, 不然, 不復顧義理是非之所在, 務作忿憤之狀, 惟以氣力取勝爲快. 夫所謂氣力取勝者, 何有於天下義理之公, 何關於百世是非之正也. 蓋自有

하곡이 이 편지를 南溪 朴世采(1631~1695)에게 올린 해는 1684년으로, 당시 정계에서는 '경신대출척'을 계기로 남인의 숙청을 둘러싸고 서인이 강경파인 노론과 온건파인 소론으로 분열되던 시기였다. 하곡의 편지 내용은 당시 정계의 문제점을 지적한 것이다. 여기서 하곡은 당시의 정치적 혼란이 현실적으로는 의리와 사욕을 구분하지 못하는 정치인들의 한계이지만 사상적으로는 의리와 심성을 이원화하는 주자학의 학문적 한계에서 기인하는 것으로 파악하였던 것이다.

이러한 시대 상황 속에서 하곡이 원했던바 참된 삶의 모습은 올바른 가치관으로서의 의리와 이욕을 추구하는 개인적 욕심이 이율배반적으로 얽혀가는 거짓된 삶이 아니라 내 주체의 양심적 판단에 따라 진실되게 행동하는 가식과 허위가 없는 삶이었다. 이것이야말로 삶의 지표로서의 의리와 이를 지키고 실천하는 주체로서의 심성이 하나가 되는 참된 학문의 모습이었다.[85] 그가 양명학을 선택한 것은 곧 그가 원했던 참된 학문의 모습을 그 속에서 발견했기 때문이었다.

> 우리의 학문은 안에서 구하고 밖에서 구하지 않는다. 안에서 구한다 함은 안으로만 바라보고 반성하여 바깥 사물을 단절하는 것이 아니다.

偏黨, 此風因以成效, 名臣鴻儒, 間或不免於是, 而至於今習之爲當然, 波奔沙頹, 深可慨歎此."

85 近世 朝鮮學의 派系 대략 三派가 있으니 星湖를 導師로 하고 農圃의 傳緖까지 아우른 一系가 있고, 李疎齋 頤命, 金西浦 萬重으로부터 流衍된 一系(湛軒이 이 系에 屬함)가 있고, 霞谷의 學을 承受한 一系가 있다. 이 三系로 말하면 或 明迹도 있고 或 潛痕도 있으나 諸家의 學說을 會通하여 볼 때, 自然 그 좇아난 바를 알 수 있는 것이다. 그러나 三系의 趨向이 야릇하게도 얼없이 合하여 거의 一先生의 指受인 것 같음은 다른 緣由가 아니라 當時 朝鮮人의 切至한 苦悶으로 좇아 생기는 眞正한 省悟가 彼此 서로 다를 리 없는 까닭이다.(『薝園 鄭寅普全集』 2, 延大出版部, 1983, 28쪽.)

오직 스스로 안에서 흔쾌함을 구하여 다시 밖의 득실에 일삼지 않는 것이다. 오직 자기 마음의 시비를 곡진하게 하고 다시 남의 시비에 따르지 않으며, 허위와 가식을 버리고 참된 사실을 구하는 것은 오직 자신의 마음을 따르는 것뿐이니, 어찌 남에게 관여하겠는가?[86]

2) 하곡의 학문세계

(1) 양명학에 대한 이해

하곡이 양명학을 공부하게 된 것은 앎과 행동의 불일치에서 오는 가식과 허위의식을 배제하고 인간 주체의 양심적 판단에 따라 진실되게 행동하고자 하는 도덕의식에서 비롯된 것이었다.

하곡의 입장에서 본 주자학의 한계는 의리와 심성의 이원화였다. 의리와 심성의 이원화란 곧 주자학의 格物窮理說에 대한 비판 논리다.

주자학의 격물궁리설을 이해하기 위해서는 먼저 주자학의 이론 체계를 이해해야 한다. 주자학의 이론 체계는 보편적 천리[天의 理法]를 인간의 윤리적 당위법칙으로 삼아 천리와 인성을 도덕적으로 체현하여 하나로 합일하려는 데 있다. 인간의 본성과 천리를 하나로 보는 '성즉리'의 명제는 이러한 주자학의 이론 체계를 대변해 주는 말이다. 그런데 주자학에서는 천리가 인간의 본성으로 내재해 있음을 말하고 있으면서도[87] 정작 이를 인식하고 발현하는 마음의 순수성은 인정하지 않는다. 왜냐하면 마음은 천리를 인식하고 발현하는 주체이지만

---

86 『霞谷集』 卷9, 「存言」下. "吾學, 求諸內而不求諸外. 所謂求諸內者, 非反觀內省而絕外物也. 惟求其自慊於內, 不復事於外之得失. 惟盡其心之是非, 不復徇於人之是非. 致其實於事物之本, 不復求於事物之本, 不復求於事爲之迹也. 在於吾之內而已, 豈與於人哉."

87 『大學』 經一章 註. "明德者, 人之所得乎天, 而虛靈不昧, 以具衆理, 而應萬事者也."

동시에 욕망을 느끼고 발현하는 주체이기도 하기 때문이다.[88] 따라서 마음이 욕망에 흔들리지 않고 천리의 순수함을 발현하기 위해서는 먼저 천리가 무엇인지, 왜 천리를 따르지 않으면 안 되는 것인지 등에 관한 학문적 규명이 선행되어야 한다. 주자학의 격물궁리설은 바로 이러한 천리에 대한 학문적 규명이다.[89]

그런데 천리에 대한 규명은 知的인 것으로, 그 자체가 곧 윤리적 실천을 의미하는 것은 아니다. 주자학에 있어서 천리에 대한 탐구는 윤리적 당위 규범에 대한 인식인 것이며, 이렇게 인식된 윤리적 당위 규범은 다시 실천이라고 하는 행위를 통해서만 도덕적 체현이 가능하다. 여기서 앎[知]의 문제와 실천[行]의 문제가 이원화되어 있는 것을 발견하게 된다. 하곡이 말하는바 의리와 심성의 이원화는 바로 윤리적 당위 규범으로서의 의리와 실천 주체로서의 심성이 이원화되어 있는 현상에 따르는 문제점을 지칭하는 것이다.

> 알기만 하고 실천하지 못하는 자와 실천에 힘쓰기만 하고 알지 못하는 자, 이 두 부류는 모두 하나만 얻고 하나는 잃는 것이요, 모두 앎과 행동의 본체를 잃어버리고 둘이 되는 것이다. 먼저 앎을 이루고 뒤에 힘써 행하는 자는 (앎과 행동의) 두 가지 일을 겸해서 하는 것이며, 앞뒤를 서로 기다려서 둘이 되게 하는 것이다.[90]

---

88 『朱子語類』 卷62. "此心之靈, 其覺於理者, 道心也. 其覺於欲者, 人心也."

89 주자학에 있어서 천리에 대한 학문적 규명은 윤리적 당위 법칙을 인식하기 위한 필수적인 과정인 것이다.

90 『霞谷集』 卷1, 「答閔彦暉書」. "徒知而不能行者, 務行而不能知者, 此二者也, 蓋得一而亡一, 蓋失知行之體而爲二者也. 先致知而後力行者, 此以兩事而兼之, 先後而相須爲二之也."

하곡은 앎과 행동이 일치되지 않는 당시의 현실에 고민하였고, 양명학에서 이를 해결할 수 있는 길을 발견하였다. 양명학은 주자학의 격물궁리설에 대한 실천적 극복을 시도한 학문이다.[91] 양명학의 입장에서 본 격물궁리설의 한계는 현실적 삶 속에서 도덕적 행위의 절박성보다는 오히려 외적이고 형식적인 원리원칙을 중시하게 되고, 그 결과 도덕 실천의 주체가 되는 본심의 역동성과 능동성을 잃어버리는 것이었다. 이에 양명학은 인간 본심을 도덕 실천의 근원으로 삼아 앎과 행동이 하나가 되는 도덕적 삶의 실현을 학문의 목표로 삼았다.

양명학에 있어서 본심은 스스로 천리를 밝게 깨달아 발현하는 능력[92]을 가지고 있다. 그러므로 양명학의 관심은 천리에 대한 인식에 있지 않고, 본심을 어떻게 인욕으로부터 보존할 것인가 하는 수양의 문제와 어떻게 하면 본심을 발휘하여 萬物一體의 대동사회를 이룩할 것인가 하는 실천의 문제에 있는 것이다.[93]

앎과 행동의 불일치에서 오는 허위의식을 배제하고 인간 주체의 양심적 판단에 따라 진실되게 행동하기를 원하였던 하곡의 입장에서 볼 때, 그가 양명학을 선호하게 된 것은 너무나 당연한 일로 생각된다. 다음과 같은 하곡의 말은 그의 이러한 입장을 잘 대변해 주고 있다.

> 사물에 나아가 이치를 연구하는 학설은 그 所以然과 所當然의 리를 각각 사물에 있다고 하니 이것은 본령이 없는 것이다. 양지의 학은 '소

---

91 『傳習錄』中, 「答顧東橋書」. "朱子所謂格物云者, 在卽物而窮其理也. 卽物窮理, 是就事事物物上, 求其所謂定理者也. 是以吾心而求理於事事物物之中, 析心與理而爲二矣."

92 『傳習錄』中, 「答聶文蔚」. "良知, 只是一箇天理自然明覺發見處."

93 『傳習錄』中, 「答顧東橋書」. "夫聖人之心, 以天地萬物爲一體. 其視天下之人, 無外內遠近. 凡有血氣, 皆其昆弟赤子之親, 莫不欲安全而敎養之, 以遂其萬物一體之念."

> 이연의 리가 사물에 각기 있다'고 하는 것을 가지고 오히려 그 근원이 마음에서 나오는 것으로 파악하고 있다. 이것은 곧 마음으로 말미암아 근본을 삼는 것이니, 이것이 오히려 통솔하는 본령이 있는 것이고 도리어 본원이 있는 것이다.[94]

하곡은 이처럼 양명학을 주체의 철학, 실천의 철학으로 인식하여 자신의 주된 학문으로 삼기에 이르렀다. 그러나 그의 양명학은 중국의 양명학과는 다른 자신만의 독특한 학문 체계를 갖추고 있다.[95]

(2) 生理說

생리설은 하곡 이기론의 중심사상이다. 잘 알다시피 이기론은 주자학에서 나왔으며, 양명학에서는 주자학과 같은 이기론이 없다.[96] 그러나 하곡은 오히려 주자학의 이기론적인 용어를 통해 양명학을 설명해 가는 자신만이 독특한 이기론을 구축하고 있다.

하곡에 있어서 생리는 두 가지 의미를 포함하고 있는데, 그 하나는 형이상학적 존재 원리로서의 의미이며, 다른 하나는 구체적으로 활동

---

94 『霞谷集』 卷9, 「存言」中. "卽物之說, 以其所以然, 所當然之理, 爲各在於物, 是卽無本領也. 良知之學, 以其所以然之理, 物所各有者, 以其源, 皆出於心也. 卽由心而爲本, 是却有統領, 却有本源"

95 그가 자신의 독특한 학문 체계를 수립하게 된 것은 그의 양명학이 중국과는 다른 학문 풍토에서 수용되었다는 점과 스스로 양명학이 지닌 한계를 극복하고자 하는 학문적 노력의 결과로 생각되어진다. 중국과 다른 학문적 풍토라 함은 양명학을 이단시하는 당시의 주자학적 학문 풍토 속에서 양명학이 이단이 아님을 증명하기 위해 그는 고민할 수밖에 없었고, 이 과정에서 양명학에서는 중시하지 않는 주자학의 이기론적 용어를 통해 자신의 학설(生理說)을 전개하였다. 또 양명학이 지닌 '임정종욕(任情從欲)'의 한계를 극복하는 과정에서 주자학의 체용론을 도입하여 양지체용론(良知體用論)을 전개하는 등 그는 중국의 양명학과는 다른 자신만의 독특한 학문체계를 수립하였다.

96 『양명집』 속에 이기에 관한 내용이 극소수 보이지만, 양명의 핵심 이론은 아니다.

하는 생명력을 가진 존재의 의미이다.

리가 지닌 형이상학적 존재 원리로서의 의미에 관하여 하곡은 자신의 생리가 주자학에서의 리 또는 性과 동일한 의미임을 긍정한다.[97] 그러나 주자학의 리는 다만 보편적 원리로 존재하는 것일 뿐이며, 그 자체가 모든 사물을 통섭하여 주관할 수 있는 능력이 없다. 이러한 의미에서 하곡은 주자학의 리를 부정하고 있다.

> 朱子는 그 조리 있게 통하는 것을 '리'라고 하였다. 비록 이것이 사물에 두루 통한다고 말할 수는 있지만, 이것은 곧 사물에 있어서의 헛된 조목이요, 빈 道에 불과한 것으로, 아득하고 흐릿하여 근본과 으뜸이 될 수 없는 것이다.[98]

> 대체로 사물이 있으면 모두 이치가 있다. 다만 이것은 사물마다 조리 있게 관통시킬 뿐이며, 統體와 본령의 종주가 될 수 있는 것은 아니다.[99]

하곡은 리가 단순히 보편적 원리로서만 존재하는 것이 아니라 구체적 사태에 대응하여 객관 대상을 인식하고 판단하며 또한 활동하는 능력을 지닌 생동적인 것이어야 한다고 생각했다. 하곡의 이러한 리에 대한 생각은 당시 주자학자들이 보여준 삶에 대한 태도와도 깊은 관련이 있었던 것으로 판단된다. 당시의 국정을 책임진 정치인들은

---

97 『霞谷集』 卷8, 「存言」上 生理虛勢說. "理性者, 生理也."

98 『霞谷集』 卷8, 「存言」上 睿照明睿說. "朱子, 以其所有條通者, 謂之理. 雖可以謂之該通於事物, 然而是卽不過在物之虛條空道耳. 茫蕩然, 無可以爲本領宗主者也."

99 『霞谷集』 卷8, 「存言」上 睿照明睿說. "蓋有物則蓋有之矣. 但是爲其各物之條貫而已. 非所以爲統體本領之宗主者也."

현실성이 없는 의리와 명분에 입각한 당쟁에만 몰두하고 있었다. 하곡은 그들의 현실인식에 대한 문제점을 그들의 학문 바탕인 주자학에서 찾았고, 마침내 양명학 속에서 이러한 문제를 해결할 수 있는 앎과 삶이 하나 되는 철학을 발견하였다. 그러나 하곡은 단순히 양명학을 묵수하는 것으로 만족하지 않았다. 그가 사문난적의 위험을 감수하고 양명학을 공부하게 된 것이 바로 현실의 사태를 해결해야 한다는 강한 문제의식에 있었던 만큼 그는 현실의 사태를 해결할 수 있는 스스로의 학문 체계를 수립하였던 것이다. 하곡에 있어서 리가 단순히 보편적 원리로서만이 아니라 구체적 현실에 능동적으로 대응해야 한다는 생각은 바로 이러한 현실인식에서 비롯된 것이었다. 이러한 점에서 하곡은 리를 능동성을 지닌 생리와 능동성이 없는 死理[100]로 구분하고 생리만이 사물을 통섭할 수 있는 것으로 파악하였다.

> 본래 사람의 생리는 밝게 깨닫는 능력이 있으므로 스스로 두루 통할 수 있어 어둡지 않다. 따라서 곧 불쌍히 여길 수 있고, 부끄러워하고 미워할 수 있으며, 사양하고 시비를 가릴 수 있으니, 능하지 못한 것이 없다.[101]

그런데 하곡의 생리설은 두 가지 문제점이 제기될 수 있다. 그 하나는 인간뿐만 아니라 초목이나 동물 같은 생물도 생리를 가질 수 있는데, 그들의 생리가 과연 사물에 대한 올바른 인식과 판단을 내릴 수

100 『霞谷集』 卷8, 「存言」上 生理虛勢說. "枯木死灰也.(死理, 非生理也. 絕理, 非體理也. 其性理, 已絕而不續.)"

101 『霞谷集』 卷1, 「與閔彦暉論辨言正術書」. "蓋人之生理, 能有所明覺, 自能周流通達而不昧者, 乃能惻隱, 能羞惡, 能辭讓是非, 無所不能者."

있을 것인가 하는 점이다. 이 점에 대하여 하곡은 다시 생리를 본원적인 생리와 말단적인 생리로 구분하여 인간의 생리만이 사물을 올바르게 인식하고 판단할 수 있다고 이해하였고,

> 초목·짐승 같은 것도 다 生氣가 충만하니 측은하게 여기는 느낌이 없는 것이 아닙니다. 그러나 살아 움직이는 도리가 아니라면, 그 영명한 본체가 없고 그 밝은 德이 없는 것입니다. 그러므로 불쌍하고 측은하게 여기는 마음이 어린애에게 발하지 못하는 것입니다. 비록 다 같이 생리라 할 수 있고 공통적으로 다 측은이라고 하지만, 그 본원이 되고 말단이 되는 것이 이러합니다.[102]

다시 인간의 생리 중에서도 사욕에 엄폐되지 않은 순수한 생리를 眞理로 파악하여 주체적 판단에 입각한 인간의 행위의 정당성을 확보하려 하였다.

> 뭇 리 가운데서 생리를 주로 하고 생리 가운데서 진리를 택하면 이것은 가히 '올바른 理'라고 할 수 있다.[103]

다른 하나는 '원리로서의 리가 어떻게 작용할 수 있는가'하는 문제점이 제기될 수 있다.[104] 이 점을 극복하기 위하여 하곡은 理氣一源의

---

102 『霞谷集』, 「答閔彦暉書」. "如草木禽獸, 亦有生氣充滿, 非無生生之惻隱. 非生生底道理, 無其靈體也, 無其明德也, 故無怵惕惻隱之心, 發於孺子者也. 雖其俱可謂生理, 通謂之惻隱, 而其爲本末, 則如此."

103 『霞谷集』 卷8, 「存言」上. '生理虛勢說' "於凡理之中, 主生理. 生理之中, 擇其眞理, 是乃可以爲理矣."

104 이 점은 주자학에 있어서도 율곡학파와 퇴계학파의 논쟁의 쟁점이 되어 왔다. 그런데

논리를 펴고 있다. 하곡은 존재론적인 리와 작용성을 가진 기를 근원적 일체[105]로 보아 리와 기를 분리하지 않고 이기일원적 상태로 파악함으로써 이 문제를 해결하고 있다.

> 그 본체와 작용, 움직이고 고요한 가운데 그 본체에도 리와 기가 있고 작용에도 또한 리와 기가 함께 있다. 陰이 고요한 것도 또한 같은 理氣이며, 陽이 움직이는 것도 또한 같은 理氣다. 理氣를 겸하여 둘로 나누지 않으므로 시작도 끝도 없는 하나이다.[106]

요컨대, 하곡의 생리설은 마음의 주체성과 능동성을 바탕으로 하는 양명학을 이기론적으로 분석하여 마음[心]이 지닌 본질적인 성격[理]과 활동적인 성격[生]을 겸하는 하곡만의 독특한 학문 체계[107]라고 할 수 있다.

(3) 良知體用說

양지체용설은 양명학의 학문적 한계를 극복하고 있다는 점에서 하

후기 퇴계학파인 寒洲 李震相(1818~1886)과 그의 제자 俛宇 郭鍾錫(1846~1919)은 아이러니하게도 리의 주재성을 강조한 퇴계의 사상을 옹호하기 위해 오히려 퇴계가 비판하였던 '심즉리'의 명제를 주장하기도 하였다.

105 『霞谷集』 卷8, 「存言」上 睿照明睿說. "一個氣而其能靈通者, 爲理, 凡其充實處, 爲氣."

106 『霞谷集』 卷8, 「存言」上 動靜體用理氣解. "其體用動靜之中, 其體亦有理氣, 用亦兼有理氣. 其陰靜也, 亦同一理氣. 其陽動也, 亦同一理氣. 其兼理氣而不二, 則又無始終而一也."

107 '생리'란 양명이 그의 『전습록』에서 이미 언급되고 있는 것으로, 하곡의 독창적인 표현은 아니다. 그러나 양명은 자신의 학설을 설명해가는 과정에서 간단하게 '생리'란 표현을 쓰고 있음에 비해, 하곡은 '생리'를 부각시켜 이를 철학적으로 분석・정리하여 자신의 독특한 학설로 삼고 있다는 점에서 양명과는 또 다른 학문의 경지를 개척하였다고 할 수 있다.

곡학의 또 다른 특성으로 이해된다.

'양지'란 원래 性善의 입장에서 孝悌의 선험성을 논증하기 위해 제시된 맹자의 학설[108]이다. 양명은 인간 본심의 영명성을 밝히는데 이 양지를 원용하여 자신의 학설로 삼았다.

양명학은 실천 주체인 마음과 보편적 천리를 둘로 나누는 것에 반대하여 마음과 천리를 일원화하는 '심즉리'의 학문 체계를 수립하였다. 그런데 이 학설을 수립하는 과정에서 문제가 되는 것은 두 가지였다. 하나는 도덕적 성향[天理]과 감각적인 욕망[人欲]을 함께 지닌 마음속에서 어떻게 도덕적인 성향만을 마음의 본체로 인정할 것인가 하는 것이요, 다른 하나는 순수한 천리를 어떻게 인식하고 발현할 것인가 하는 것이었다. 이 문제를 해결하기 위해 양명은 고심하였고, 마침내 맹자의 양지설을 자신의 학설에 접목함으로써 이 문제를 해결할 수 있었다. 즉 양명은 양지를 마음속에 내재한 천리[109]로 인식하는 동시에 그 본체를 자각하여 발현하는 지각력을 지닌 존재[110]로 파악한 것이다. 이렇게 하여 마음의 주체성과 능동성을 강조하는 양명학이 성립될 수 있었다.

살아가는 과정 속에서 앎과 행동의 일치를 강조하였던 하곡 또한 이러한 양명의 양지설에 전적으로 공감하였다. 그러나 당시 학자들은 실천 주체인 마음과 보편적 천리를 일원화하는 양지설에 이의를 제기하였고, 하곡은 이를 해명하기 위해 노력하였다.

---

108 『孟子』, 「盡心」上 15章. "孟子曰人之所不學而能者, 其良能也. 所不慮而知者, 其良知也. 孩提之童, 無不知愛其親也. 及其長也, 無不知敬其兄也."

109 『傳習錄』中, 「答陸原靜書」. "良知者, 心之本體."

110 『傳習錄』中, 「答顧東橋書」. "心之虛靈明覺, 卽所謂本然之良知也."

> 대개 양지의 '지'와 양능의 '능' 두 글자는 갈라 둘로 해서는 안 되는 것입니다. 저절로 할 줄 아는 것이 양지이고, 양지가 곧 양능입니다. 다만 지식 일변에 속하는 것은 아닙니다. 그러므로 양지의 설은 知覺만으로써 말할 수 없습니다.[111]

> 다만 '知'자가 지각의 지와 같다는 것만 보고, 그 '良'자가의 본체 됨을 알지 못하니, 어찌 양지의 설을 이미 알았다고 말할 수 있겠습니까?[112]

하곡에 있어서 양지는 인간의 도덕적 본질이면서 동시에 도덕 활동을 지속하는 능동적 생명력을 지닌 존재다.[113] 특히 그는 구체적 도덕 행위와 관련하여 양지의 작용성을 강조하고 있다. 꽃을 피우고 열매를 맺는 것이 나무에 있어서 양지의 작용이라면[114] 도덕적 행위는 인간에 있어서 양지의 작용이다. 그런데 나무가 꽃을 피우고 열매를 맺는 일을 잠시라도 멈추면 나무로서의 역할을 할 수 없듯이 인간에 있어서도 도덕적 행위를 잠시라도 멈춘다면 인간의 역할을 할 수 없다. 따라서 나무가 꽃을 피우고 열매를 맺는 생명 활동을 계속하듯이 인간은 도덕적 행위를 지속해야 한다. 하곡은 양지를 '살아 움직여서 쉬지 않고(生生不息) 도덕적 행위를 지속하는 능동적 생명력을 지닌 존재'로

---

111 『霞谷集』 卷1, 「答閔誠齋書」. "蓋知能二字, 不可二之. 其自能會此者, 是良知. 良知, 卽是良能, 非專屬知識一邊之意也. 故凡其所謂良知之說, 不可只以知覺一端言之也. 如天地之能流行發育, 萬物之能化化生生, 無非其良知良能."

112 『霞谷集』 卷1, 「答閔彦暉書」. "且只看其知字之爲同於知覺, 而不見其良字之爲性體, 其可爲已見良知說者乎."

113 이러한 점에서 양지는 생리와 같은 의미로 이해될 수 있다.(『霞谷集』 卷8, 「存言」上. '一點生理說' "精神生氣爲一身之生理.")

114 『霞谷集』 卷1, 「與閔彦暉論辨言正術書」. "嘉樹之能發達暢茂者, 卽是其良知良能也."

파악함으로써 도덕적 긴장감을 한층 고조시키고 있다.

> 어찌 홀로 혈기만 살아 움직여 쉬지 않겠는가? 그 양지도 역시 살아 움직여 쉬지 않는 것이다.[115]

그런데 하곡은 이러한 양지설을 전개하는 과정 속에서 하나의 문제점을 발견하였다. 그것은 양명의 양지설이 능동성을 지니고 있다는 점에서 도덕적 긴장감을 고조시킬 수 있지만 한편으로 양지가 발현하는 과정에서 인욕이 개재될 가능성이 존재하고 있다는 사실이다. 양명에 있어서 올바른 행위는 주자학에서와 같이 객관 대상의 인식을 전제로 이루어지는 것이 아니고, 양지 본체의 顯現에 의해 이루어진다. 따라서 양지는 스스로 시비를 가릴 수 있는 판단 능력을 지니고 있지만[116] 양지가 주관적 감정이나 사욕에 가려지게 되면 올바른 행위가 이루어질 수 없게 되는 것이다. 이 점을 하곡은 분명하게 지적하고 있다.[117]

---

115 『霞谷集』 卷9, 「存言」中 良知性體說. "豈獨其血氣生生不息而其良知生生不息也."

116 『傳習錄』下 陳九川錄. "良知, 只是箇是非之心. 是非, 只是箇好惡. 只好惡, 盡了是非. 只是非, 就盡了萬事萬變."

117 하곡이 양명의 양지설에 대한 '임정종욕'의 폐단을 지적한 것은 양명학 자체가 지닌 한계성를 지적한 것이라 할 수 있다. 이 점에 대해서는 양명 자신도 스스로의 학문이 인욕을 천리로 오해할 소지가 있음을 파악하여 '존천리거인욕(存天理去人欲)'을 수양의 제일 목표로 삼고 있다. 이후 양명좌파의 학자들에 의해 실제로 양명학이 욕망긍정의 이론으로 전개되어 동림학파(東林學派)의 준열한 비판을 받게 되었다. 우리나라에서도 하곡 이전에 이미 허균(許筠, 1569~1618)이 양명좌파 계열이라 할 수 있는 이지(李贄, 1527~1602)의 욕망긍정론의 영향을 받고 있음을 고려할 때, 하곡이 지적한 '임정종욕'의 폐단은 양명학 자체가 지닌 한계성뿐만 아니라 역사 속에 노정된 양명좌파의 한계성까지 함께 지적하고 있는 것으로 생각된다.

> 양명의 치양지의 학이 매우 정밀하기는 하지만, 그 폐단이 혹 '감정에 맡겨서 욕심을 좇을[任情從欲]' 걱정이 있음을 깨달았다.('임정종욕'의 넉자는 양명학의 병을 바로 깨달은 것이다.)[118]

그러면 하곡은 어떠한 논리로 양지설이 지닌 '任情從欲'의 가능성을 배제할 수 있었을까?

양명학은 주자학과 같이 앎과 실천의 문제를 나누어 이해하려는 것이 아니라, 앎과 행동을 일원적으로 파악하여, 양지의 능동성을 강조한 점은 이미 설명한 바와 같다. 그런데 양명은 이를 위해 마음의 본체인 양지와 양지를 발현하는 의지[意] 및 양지의 발현 대상인 사물을 일관하여 모두 한 과정으로 파악하는 心身物 일체의 논리를 전개하였다.[119] 다시 말하면 양명학에 있어서 양지의 발현은 양지의 순수성을 검증하는 과정이 없이 곧장 대상인 사물에 현현된다. 하곡은 양명학에 있어서 '임정종욕'의 가능성이 바로 양지의 순수성을 검증하는 과정이 생략된 데서 발생한다고 생각하였다.

물론 양지가 곧장 대상에 현현되는 논리 체계야말로 실천을 강조하는 양명학의 장점이다. 하곡 또한 이 점을 매우 중시하여 본체와 작용을 일원화하는 체용일원의 논리를 통해 앎과 실천이 한 과정임을 강조하고 있다.

---

118 『霞谷集』 卷9, 「存言」下 朱王學東儒. "王氏致良知學深精. 抑其弊, 或有任情從欲之患.(此四者直得王學之病)"

119 『傳習錄』上 徐愛錄. "身之主宰便是心, 心之所發便是意, 意之本體便是知, 意之所在便是物. 如意在於事親, 卽事親便是一物. 意在於事君, 卽事君便是一物. 意在於仁民·愛物, 卽仁民·愛物便是一物. 意在於視聽言動, 卽視聽言動便是一物."

> 양지는 그 말이 『맹자』에 있고, 그 설명은 곧 『대학』에 나오는 '앎을 이룬다'는 것이니, 실은 '明德'이 이것입니다. 형께서는 반드시 명덕은 본체요, 양지는 작용이라고 생각합니다. 그러나 인의 이치는 본체요, 불쌍히 여기는 것은 작용이라고 해도 다르지 않습니다. 사실은 본체와 작용이 하나이기 때문입니다.[120]

그러나 앎과 실천의 일원화는 순수한 양지의 발현 여부를 검증하는 과정이 없기 때문에 임정종욕의 폐단이 생기게 된다. 이러한 문제점을 해결하기 위하여 하곡은 다시 양지를 체와 용으로 구분함으로써 순수한 양지의 발현 여부를 검증할 수 있는 단계를 마련하였다. 이 점에 대해 하곡은 '良知體用圖'와 함께 그에 대한 설명을 하고 있다.

하곡은 인간을 중심으로 삶의 영역을 性圈, 情圈, 萬物圈으로 구분하였다. 성권은 양지의 본체로 본연한 마음이며, 정권은 양지의 작용으로 본연한 마음의 현현이며, 만물권은 양지의 발현을 통하여 일체의 간격이 없는 만물일체의 대동 사회이다.

여기서 하곡은 양명과 같이 양지를 체용일원의 관점으로만 파악하지 않고, 양지의 본체인 性과 양지의 작용인 情으로 구분하고 있다. 이러한 구분은 곧 하곡에 있어서 양지의 본체인 性이 양지의 작용인 정보다도 근원적인 것임을 보여 주는 것이다. 이러한 구분을 통하여 하곡은 양지 본체의 순수성을 검증할 수 있는 여지를 마련함으로써 양지가 사욕에 가려지는 폐단을 극복하려 하였다.

---

120 『霞谷集』 卷1, 「答閔彦暉書」. "且良知者, 其文孟子, 其說卽大學致知, 而其實明德是也. 兄必以爲明德體, 良知用. 然其仁理體惻隱用也, 亦無異也. 蓋其實體用一也."

> 본체를 가리켜서 양지라고 말하는 것이 있으니, 이것은 마음의 본체이며 곧 未發의 中이 이것입니다. 작용을 가리켜서 양지라고 말하는 경우도 있으니, 선을 알고 악을 아는 것이 이것입니다. …… 그러나 사실은 곧 하나의 知이니 분별할 수 있는 것이 아닙니다.[121]

요컨대, 하곡의 양지체용설은 양지의 생동성을 강조하기 위해 작용의 측면에서 체용일원임을 말하면서도, 다시 양지가 사욕에 가려지는 폐단을 막기 위해 양지를 본체와 작용으로 구분하여 양지 본체의 순수성을 검증할 수 있는 여지를 마련하여 양명학의 한계를 극복하고 있다.

3) 하곡의 실천 정신

하곡학의 본령은 앎과 삶이 일치되는 참된 인간상의 확립에 있었으며, 그의 생리설과 양지론은 참된 인간상의 확립을 위한 철학적 기저였다. 이러한 철학적 기저위에 전개된 하곡의 삶에 대한 태도는 자신에 대해서는 철저하였고, 사람들에 대해서는 관대하였다. 지식인들의 가식과 허위에 대해서는 통척을 하였으며, 백성들의 곤궁한 삶에 대해서는 동정을 금치 않았다. 이러한 그의 인격에 대하여 그의 제자 李匡師(1705~1777)는 "선생님의 학문은 안으로 專一하고 자신에게 진실하였다. 높은 산이 겹겹이 쌓이고 큰 바다가 넘실거리는 것과 같이 영화로움이 밖으로 드러나지 않았다. 사람을 대함에 언사가 자상하였고, 언제나 어질고 부드럽게 대하는데도 사람들이 스스로 경외하였

121 『霞谷集』 卷1, 「答閔誠齋書」. "其有以指體而言曰良知, 是心之本體, 卽未發之中是也. 其有以指用而言曰良知, 是知善知惡是也. …… 然其實卽一箇知, 非有可分別者."

다. 나는 아는 것이 얕아서 감히 선생님의 도에 대한 경지를 짐작할 수 없었지만 대개 밖의 유혹을 버리고 참된 도리[實理]를 간직하는 데에는 여지를 남기지 않았다."[122]고 하여 마음 깊은 곳에서 우러나는 찬사를 아끼지 않았다. 그의 이러한 삶에 대한 태도는 평생을 일관하여 조금도 변함이 없었다. 하곡이 세상을 떠난 뒤 盧述은 그의 祭文에서 하곡의 인생관을 '實'의 한 글자로 요약하고 있다.

> 선생님의 도는 위 아래에 밝고 투철하셨으니, 오직 實 한 글자는 지울 수가 없도다. 진실된 충성, 진실된 효도, 진실된 앎, 진실된 연구를 하여, 말할 때는 지나치게 엄함이 없으셨고 행실에는 거짓이나 꾸밈이 없으셨으니, 귀신이 밝게 살피고 천지에 가득히 채워졌도다. 무엇이라 이름할 것인가? 이것을 心學이라 이를지니, 슬프다 후인이여. 받아서 모범으로 삼을지어다.[123]

이러한 그의 태도는 정치에 임할 때도 변함이 없었다. 하곡은 영조에게 천 마디 말보다도 먼저 진실된 덕을 쌓는 것이 정치의 요체를 누누이 밝혔고,[124] 일을 처리할 때는 어떠한 규범이나 형식에 구애됨이 없이 주어진 상황에 따라 주체적 판단을 통해 사태를 해결해 나가

---

122 『圓嶠集』 卷1, 「書贈稚婦繭紙」. "盖先生之學, 專於內, 實於己. 如喬嶽之蓄, 大海之藏, 榮華不顯於外. 待接人, 言辭詳盡, 仁和旁暢, 而人自畏之也. 余識淺, 不敢知造道至何地, 而槪其去外誘, 存實理, 則無餘境矣."

123 『霞谷集』 卷11, 「祭文」. "先生之道, 上下昭徹, 惟一實字, 不可微滅, 實忠實孝, 實致實格. 言無夸嚴, 行無僞飭. 鬼神昭布, 天地充塞. 何以命之, 是謂心學. 嗟我後人, 庶幾承式."

124 『霞谷集』 卷10, 「行狀」. "今日所論, 雖千言萬語, 若不務實德, 盡歸文具. 唯默而成之, 不言而信而已矣."

기를 진심으로 권유하였다.

> 모든 일은 때에 따라서 변통할 것이요, 관대하게 하거나 무섭게 하거나 간에 미리 요량할 수는 없는 것이오니, 마땅히 두서를 보아서 이에 대처 하여야 할 것입니다.[125]

하곡의 삶에 대한 성실한 자세와 현실에 대한 진지한 태도에 감복한 영조는 그의 손을 잡고 하교하였으며, 계단을 내려갈 때는 扶腋을 하도록 당부할 정도로 친밀하게 대하였다.[126] 당시 주자학 일색의 학문 풍토에서 양명학을 공부한 하곡이 사문난적으로 성토되지 않았던 것은 주자학의 교조화를 염려하여 학문의 다양성을 지향한 영조의 정책적인 배려도 있었지만,[127] 한편으로 영조 자신이 하곡의 이러한 진실되고 성실한 학문 태도를 높이 평가한 이유도 있었을 것이다.

그러나 하곡이 이처럼 사람을 대할 때는 부드럽고 자상하였지만 일의 옳고 그름에 대해서는 조금의 잘못도 허용하지 않았다. 인조가 청나라에 항복한 이후 우리나라에서는 그들의 요구에 따라 청나라 年號를 쓰고 있었다. 이러한 상황에서 청나라는 다시 무릎을 꿇고 절하는 예절을 갖출 것과 스스로 신하라고 부를 것을 요구해 왔다. 이에 조정의 신하들은 年號를 쓰는 것은 수용하면서도 신하로 자처하는 것에 대해서는 반대하였다. 그러나 하곡은 신하들의 이러한 행위를 허위의식으로 비판하였다. 연호를 쓰는 것과 무릎 꿇고 신하로 자처하는 것

---

125 『국역하곡집』Ⅰ, 「筵奏」, 민족문화추진회, 1972. "凡事當隨時應變, 寬猛之間, 不可預料, 當觀頭緖而處之矣."

126 하곡에 대한 영조의 배려는 각별한 것이었다.(『국역하곡집』Ⅰ, 「筵奏」 참조)

127 『韓國思想과 倫理』, 서울 螢雪出版社, 1992, 290쪽.

은 같은 관점에서 이해되어야 한다고 하곡은 생각하였다. 즉 연호를 쓰는 것이 명분에 맞는 것이라면 무릎 꿇고 신하로 자처하는 것도 명분에 맞는 것이요, 무릎 꿇고 신하로 자처하는 것이 옳지 않는 것이라면 연호를 쓰는 것도 옳지 않는 것이다. 그러므로 두 가지 일은 같은 관점에서 보아야 하는 것이요, 어느 하나만을 취하고 다른 하나를 버린다면, 이것은 앎과 행동이 다른 허위의식이라고 하곡은 판단하였다.

> 그러나 제가 보기에 연호가 헛된 것이라면 무릎 꿇고 신하로 자처하는 것도 헛된 것이며, 무릎 꿇고 신하로 자처하는 것이 옳은 것이라면 연호를 쓰는 것도 옳은 것입니다.[128]

물론 이러한 하곡의 입장은 배청의식이 지배적이었던 당시의 현실을 감안한다면 파격적인 견해가 아닐 수 없었다. 그러나 하곡이 말하고자 하는 것은 바로 앎과 행동이 이원화되어서는 안 된다는 그의 평소의 삶의 태도에서 나온 것이었다.

그런데 사회적 신분 관계에 나타난 계급 의식에 대한 하곡의 태도는 일관되어 있지 않다. 당시 하곡이 관심을 가졌던 문제는 주로 嫡庶의 차별 문제, 양반과 천민의 관계, 천민의 대우 문제, 과부의 개가 문제 등이다. 그런데 그는 이러한 문제에 대해 젊은 시절에는 계층질서를 옹호하는 입장에서 비첩이나 하인들에게 엄격히 대할 것을 권유[129]하고 있는 반면, 노년에는 오히려 근대 지향적인 입장에 서서 노

---

128 『霞谷集』 卷1, 「答閔彦暉書」. "然以謀觀之, 年號若虛, 則稱陪禮拜亦虛矣. 稱陪禮拜若實 則年號亦實矣."

129 『霞谷集』 卷7, 「家法」. "婢妾輩, 亦賤之, 不得爲妾例.", 같은 글, "奴婢妾輩, 必痛抑, 不得親信, 以間一家." 같은 글, "尊主, 抑奴婢."

비를 없애고,[130] 과부의 개가를 허용하며,[131] 나아가 붕당의 철폐[132]와 함께 심지어는 양반 계층조차 부정[133]하는 발언을 하고 있다.

그런데 이러한 하곡의 상반된 입장은 인간의 주체적 판단을 중시하는 그의 학문관에서 찾아질 수 있다. 하곡이 중시한 것은 인간의 본심이 진리에 입각해야 한다는 사실과 이러한 본심의 판단에 따라 허위와 가식 없이 진실되게 행동해야 한다는 것이었다. 그리고 그는 이러한 삶의 가치관에 따라 한 점의 흐트러짐도 없이 평생을 살았다. 그러므로 사회적 신분 관계에 대한 의식이 젊은 시절 계층 질서를 옹호하는 입장에서부터 말년에 이르러 근대 지향적인 의식으로 변화된 것은 결국 인생을 살아가는 동안 그의 주체적 판단이 근대 지향적인 의식으로 전환되었음을 의미한다. 이러한 의식의 전환은 일견 모순처럼 보이지만 진실되게 살기를 바랐던 하곡으로서는 오히려 당연한 결과일 수 있다고 생각된다. 즉 한 세기에 가까운 인생을 살았던 하곡은 사회적으로 많은 변화를 겪었을 것이며, 또한 그와 함께 사회에 대한 인식도 변화될 수 있었을 것이다. 따라서 자신의 변화된 의식을 숨기지 않고 오히려 주체적 판단에 따라 진실되게 그러한 의식의 변화를 표현할 수 있었던 점이야말로 하곡학에서만 찾을 수 있는 특징이라 할 수 있겠다.

---

130 『霞谷集』 卷22, 「箚錄」. “上法, 罷公私賤, 無奴婢. 次法, 役婢不役奴. 又次法, 奴婢具使如舊.”

131 『霞谷集』 卷22, 「箚錄」. “出婦, 許改嫁. 無子而寡, 三十前者, 亦可.”

132 『霞谷集』 卷22, 「箚錄」. “消朋黨.”

133 『霞谷集』 卷22, 「箚錄」. “消兩班.”

Ⅳ 실학과 양명학

양명학과 실학은 함께 孔孟의 사상을 계승하고 있음에도 불구하고 그 사상적 체계를 서로 달리하고 있다. 그것은 양명학과 실학이 발생한 역사적 조건과 시대적 환경의 차이에서 기인하는 것으로 생각되지만 사상사적으로 볼 때 중국에 있어서 양명학은 주자학의 한계를, 실학은 宋明理學 특히 양명학의 역사적 한계상황을 딛고 차례로 대두하였다.[1]

그러나 한국에 있어서 양명학은 실학[2]과 같은 시기에 동일한 역사인식을 가지고 함께 대두함으로써 두 사상이 중국에서와 같이 한 사상이 다른 사상에 의해 극복되어지는 관계가 아니라 오히려 상호 사상적

---

1 양명학의 특성이 인간의 주체적 성실성을 중시하는 심학적 사유체계를 가지고 있는 것이지만 양명학이 이러한 학문적 특징을 가지게 된 것은 역사적으로 노정된 주자학의 관념성과 규범적 형식성을 비판하고 이를 실천적으로 극복하고자 한 것이었다. 한편 淸代 이후 발생한 실학은 宋明理學의 관념성 특히 明代 말기의 양명좌파의 공리공담성을 비판하면서 실용적이고 실증적 측면에서 학문이 출발되고 있다.

2 조선조에 있어 실학은 임병 양난을 계기로 그 사상적 싹이 터서 英·正代에 와서 꽃피운 학문으로, 사상사적으로는 현실의 문제를 해결하지 못하는 주자학에 대한 현실적 극복사상이었다.

으로 교류되는 역사적 의미를 지니고 있다. 다시 말하면 한국에 있어서 양명학은 실학과 사상적으로 다른 학문체계를 가지고 있음에도 불구하고, '주자학의 실천적 극복을 통한 현실문제의 해결'이라는 역사적 상황의 동질성에서 오는 공통인식을 통해 그들의 사상은 상호 교류될 수 있었던 것이다.

이 점은 일본에 있어서 양명학이 明治維新의 사상적 배경이 된 점[3]과 비교해 볼 때 중요한 의미를 지니고 있는 것으로, 한국 양명학의 사상사적 특성으로 이해된다.

1. 실학파의 양명학

1) 덕촌 양득중

德村 梁得中(1665~1742)은 호남 영암 출생으로 그의 사승관계는 牛栗系統의 兪棨(1607~1664), 朴泰初, 朴世采(1631~1695), 尹拯 등을 師事하였으며, 관직으로는 世子翊衛司翊贊, 司禦, 掌令, 同副承旨 등을 역임하였다.[4] 그의 실학사상은 知行并進論을 주장하는 박태초와 實理·實心·實功·實效를 강조하는 윤증 등 스승의 학풍과 함께[5] 磻溪 柳馨遠(1622~1673)의 『磻溪隨錄』에 영향을 받은 것으로 생각된다. 그는 하곡 정제두와 함께 윤증의 제자로서 동문수학을 하였음에도 불구

3 岡野貴美子, 「陽明學對於日本的影響」, 『陽明學論文集』, 臺北 中華學術院, 1972, 349쪽.

4 『德村集』 卷1, 「年譜」 參照.

5 『德村集』 卷1, 「辭掌令疏」 己酉. "臣嘗聞之於臣之亡師臣尹拯, 而臣師旣沒之後, 擧世滔滔, 無可開喙, 每欲一進於吾君之前, 乃其素所蓄積也."

하고, 양인이 직접 왕래한 기록은 보이지 않는다. 그는 실학의 '實事求是'를 양명학의 '良知說'과 조화시킴으로써 실학과 양명학을 사상적으로 연계시키고 있다.

(1) 實事求是論

그의 실학사상은 실사구시론으로 요약된다. 원래 實事求是란 말은 漢代 河間獻王의 '脩學好古 實事求是'서 유래된 것으로, 이것은 진시황의 焚書坑儒 이후 없어진 경서에 대한 고증의 기반으로서 구체적 사실에서 진실을 구하고자 하는 것이었다.[6] 그는 이러한 실사구시에 대해 다음과 같이 말하고 있다.

> 근래 虛僞의 풍속은 위로 공경으로부터 아래 士林에 이르기까지 헛된 표방을 내어걸고 높이 목표를 삼되 자기 처지에서 실사구시의 의의에 대해서는 전혀 생각하지 아니합니다. 『漢書』에서 하간헌왕의 행실을 말하기를 '修學好古 實事求是'라 하였으니 이 말은 매사를 내 심신에 반성하여 참되고 옳은 것[是]을 추구한다는 것입니다. 하간왕의 성덕은 예악을 일으킬 수 있다 생각 하였으니, 이 네 글자로 그 덕을 형용한 것입니다. 이것은 소홀히 볼 말이 아니라 지금 허위의 풍속은 오로지 실사구시의 본 뜻을 모른 데서 공공연히 힘써 허무하고 빈 곳으로 달리는 것입니다.[7]

---

6 徐坰遙, 「阮堂 金正喜의 學問과 思想」, 『實學論叢』, 530쪽.

7 『德村集』 卷3, 「登對筵話」. "近來虛僞之風, 上自公卿, 下至士林, 莫不虛冒名號, 高作標致, 而於自己分上, 實事求是之義, 全不留意. 漢史, 稱河間獻王之行, 曰修學好古, 實事求是, 此言每事反之吾心身求其實, 是也. 河間王盛德, 謂禮樂可興, 而以此四字形容其德, 此非等閒語也. 今世虛僞之風, 全不知有實事求是之義, 而公然馳騖於虛無空中."

여기서 살펴보면 그의 실시구시론은 그 역사적 근원을 하간헌왕의 말에서 찾고 있다. 그러나 그 내용은 실증적 자료로써 고전을 연구하는 청대 고증학의 실사구시와는 달리, 그는 사회적 상황과 관련하여 虛僞意識이 만연된 당시의 풍속을 匡正하기 위한 논리로 실사구시를 주창하고 있다.

덕촌이 살았던 시대는 임병 양난을 통한 국토의 유린과 경제적 피폐 등으로 총체적 위기를 맞이하고 있었으며, 덕촌은 이러한 국가의 위기상황을 깊이 인식하고 당시의 현실을 국가의 存亡之秋로 인식하고 있었다.[8] 덕촌은 이러한 총체적 위기를 맞이하게 된 근본적인 원인을 세 가지 커다란 문제점으로 요약하고 이의 개선을 강조하고 있는데, 이를 살펴보면 다음과 같다.

첫째, 당쟁의 문제였다. 주지하는 바와 같이 燕山君에서부터 시작되어 조선조 말기에 이르기까지 360여 년간 지속된 당쟁은 조선조 전반에 걸친 역사적 난제로서 어느 시기를 막론하고 국가의 발전을 저해하는 요인으로 작용하고 있었다. 다행히 덕촌이 활동하였던 당시 英祖는 탕평책을 통하여 이를 시정하려 하였는데, 덕촌은 당쟁과 관련하여 파벌을 조장해 가는 당시의 난맥상을 비판하면서[9] 영조의 탕평책을 적극 찬성하고 있다.

---

8 『德村集』 卷1, 「又辭疏」 己酉. "今日國勢之所以日趨於亂亡之域而不自覺, 吾人相生相養之道, 所以幾於滅絕而無餘, 究厥所由, 專在於此. 至如臣之一身, 惟以苟性命爲幸, 而猶懼不得免焉, 每念邦國之將亡, 人類之將滅, 一身之所無容."

9 『德村集』 卷2, 「辭召旨疏」 辛亥. "顧比祠宇書院, 因崇儒重道之號, 而爲士子奔趨既久, 而因作名利之場, 假托無本之義理, 崇長虛僞之風習, 大小相挻, 各營門戶, 千塗萬轍, 不知其幾, 只將義理二字, 喧勝於口舌, 而却不知身心之有實事, 反覆沈痼, 已成膏肓, 人心日以陷溺, 世道日以壞敗, 物日以耗, 民生日以困悴, 國脈日以削弱, 可勝歎哉."

둘째, 빈궁한 백성들의 노략질 하는 행위이다. 당시 이러한 상황은 三政의 문란에서 기인하는 것으로 특히 극심한 폐단은 환곡의 문제였다. 환곡이란 본래 흉년이나 춘궁기에 빈민에게 곡식을 대여하고 풍년이나 추수기에 이를 반납시키는 賑恤制度였다. 그러나 당시의 환곡은 이미 그 본래의 뜻을 상실하고 지배층의 고리대 착취수단으로 전락하게 되자 이에 견디다 못한 농민들은 고향을 등진 流離民이 되어 노략질 등을 일삼게 되었다. 결국 이러한 상황은 커다란 사회문제로 제기되었고, 당시의 정치인들은 이 문제를 기강확립의 차원에서 해결하려 하였다.[10] 그러나 현실의 문제를 도외시한 기강확립만으로는 기층민중의 근본적인 문제를 해결할 수 없다고 판단한 덕촌은 율곡의 『東湖問答』에 근거하여 良役 變通의 說을 개진하고[11] 磻溪의 法制改革論을 적극 권장함으로써 사태의 근본적인 해결책을 강구하려 하였다.[12]

셋째, 文勝의 폐단을 지적하고 있다. 이것은 덕촌이 당시 사회에 만연되어 있던 虛僞의 習俗에 대한 비판으로, 그는 문승의 폐단을 가장 근원적인 폐단으로 인식하고 있는데,[13] 그의 실사구시론은 곧 문승

---

10 『德村集』 卷1, 「辭召旨疏」 己酉. “目今綱紀解弛, 濫冒成習, 一遭沙汰, 在所不已, 據法宜然, 無可疑者.”

11 『德村集』 卷1, 「辭召旨疏」 己酉. “殿下欲除窮民隣族侵徵之, 而臣以先正臣李珥東湖問答一說, 仰達.”

12 『德村集』 卷2, 「又辭疏」 辛酉. “近世有湖南儒生柳馨遠者, 乃能爲之講究法制, 粲然備具, 始自田制以至於設敎, 選擧, 任官, 職官, 祿制, 兵制, 纖微畢擧, 毫髮無遺, 書旣成而名之曰隨錄, 凡三十卷. 臣嘗見之於臣之亡師臣尹拯之家, 臣之亡師, 嘗爲臣言, 此書, 乃古聖王遺法而修潤之不失其本意, 國家若欲行王政, 則惟在擧而措之而已. 蓋其人杜門獨學, 不求聞知, 故世無知者, 而獨幸見知於亡師耳. 臣亦嘗得其書, 而私自紬繹, 則有天理自然之公, 無人爲安排之私, 秩然有條而不亂, 煥然有文而不厭.”

13 『德村集』 卷1, 「辭召旨疏」 己酉. “抑臣之所達三說者, 實國家之至計, 當今之切務, 不可以臣之愚而忽之也. 其中虛僞之風之一說, 乃陷人心壞世道之本根, 而國勢民生之所以至於此極, 所關專在於此.”

의 폐단에 대한 치유책으로 제기된 것이었다. 덕촌은 문승의 폐단을 허위의 습속과 관련하여 이렇게 말하고 있다.

> 대개 虛僞의 習俗에 대한 설은 이른바 허위와 文勝이 다름이 있습니다. 문승이라고 이르는 것은 文이 質을 이겨서 빛나지 못하는 것입니다. 허위라고 이르는 것은 문이 그 질을 멸하여 아울러 그 문과 더불어 허위로 돌아가는 것입니다. 지금의 大同의 풍속은 입으로는 義理라는 말을 끊임없이 지껄이면서도 의리는 어두워지고 막힘이 지금보다 심한 때는 없었으며, 말끝마다 염치를 부르짖지만 염치의 도가 상실된 것이 오늘날보다 더 심한 때가 없었습니다.[14]

여기서 덕촌은 문승의 폐단을 『論語』의 '본질이 문채를 이기면 거칠어지고 문채가 본질을 이기면 겉만 번지르해진다.'[15]는 말에 근거하여, 형식[文]과 본질[質]의 불일치 즉 언행의 불일치에서 오는 비도덕적 허위의식으로 파악하고 있음을 알 수 있다. 그런데 덕촌은 당시의 당쟁의 고질화를 통한 정치적 모순이나 삼정의 문란을 통한 경제적 파탄을 제쳐두고 어떻게 이러한 비도덕적 허위의식을 가장 근본적인 문제로 파악하고 있을까? 일찍이 공자도 衛의 정치적 안정을 위해 名分부터 바로 잡으려고 했던 사실도 있지만[16] 덕촌 또한 도덕의식이 인간적 삶의 기초가 된다는 판단아래 당시의 언행이 상반되는 허위의

---

14 『德村集』 卷1, 「辭召旨疏」 己酉. "夫虛僞之風之說, 則所謂虛僞與文勝有異. 文勝云者, 文勝於質而不能彬彬也. 虛僞云者, 文滅其質而并與其文而歸於虛僞也. 目今大同之俗, 口不絕義理之談而義理晦塞莫此時, 若言必稱廉隅, 而廉恥道喪, 未有甚於今日."

15 『論語』, 「雍也」16. "質勝文則野, 文勝質則史, 文質彬彬然後, 君子."

16 『論語』, 「子路」3.

식의 타파가 곧 국가적 위기를 해소하는 지름길로 파악했던 것이다. 다음의 말은 그의 이러한 생각을 잘 보여주고 있다.

> 이른바 實事란 그 사람이 그 직책에서 마땅히 할 바 일이요, 이른바 求是란 朱子의 이른바 '오직 일마다 그 옳은 것을 찾고 그 그른 것을 버려서 쌓는 습관이 오래 되면 자연 마음과 理가 하나가 되고, 發한 바가 모두 불공평함이 없다. 성인이 만사에 응하고 천지가 만물을 생성함은 直일 뿐이다.' 한 것이 그 뜻을 다했다 할 것입니다. 사람이 각기 그 타당한 것을 찾아내고 그 그릇된 것을 버린다면 천하에 어찌 허위의 일이 있겠습니까? 천하에 허위에 찬 일이 없다면 인심이 어찌 타락할 근심이 있고 세도가 어찌 날로 융성하지 않겠습니까?[17]

이처럼 덕촌의 실사구시론은 곧 이러한 허위의식을 타파하기 위한 방법으로 제기된 것으로, 그에 있어서 실사구시란 모든 사람이 각기 맡은 바 그 구체적 사태에서부터 시비를 판단하여 올바르고 참된 것을 추구하려는 것이었다.

(2) 良知論

덕촌의 양지론은 良心說에 그 근거를 두고 있다. 그는 양심을 理로 파악하고 있다.

---

17 『德村集』 卷2, 「辭召旨疏」 辛亥. "所謂實事者, 其人其職所當爲之事也. 所謂求是者, 朱子所謂惟事事, 審求其是, 決去其非, 積習久之, 自然心與理一, 所發皆無私曲, 聖人應萬事, 天地生萬物, 直而已矣云者, 可謂曲盡其旨矣. 人各爲其職之所當爲, 而審求其是, 決去其非, 則天下安有虛僞之事哉. 天下無虛僞之事, 則人心安有陷溺之患而世道豈不日隆乎."

> 대개 천하의 理는 一本萬殊가 아님이 없으니 一本의 理는 각각 내 몸에 있지 아니함이 없다. 良心의 진실된 情이 가까운 곳으로부터 말미암아 먼 곳으로 발현되어 가니 스스로 差等이 있게 된다. 이것이 一本이요, 이것이 이른바 虛僞가 없다는 것이다.[18]

그런데 그가 양심을 리로 파악하게 된 배경에는 기 중시적 경향이 짙게 깔려 있다. 즉 한국 양명학은 리를 중시하는 退溪의 계통보다는 기를 중시하는 栗谷계통에서 수용되고 있으며, 이러한 점에서 덕촌도 예외가 아니다. 그의 학계는 栗谷 李珥, 尤庵 宋時烈(1607~1689), 明齋 尹拯으로 이어지는 기 중시적 학통을 계승하고 있으며, 덕촌 자신도 기 중시적 경향을 드러내고 있다.

> 氣의 本은 본래 湛日淸虛하다. 그러나 그것이 升降飛揚하여 淸濁이 判別된 것은 생각건대 流行하는 然故 때문이 아닐까? 진실로 유행하지 아니한다면 湛一은 恒久히 스스로 湛一하고 淸虛는 恒久히 스스로 淸虛한 것인데 어떻게 하여 升降이 있게 되고, 어떻게 하여 淸濁이 판별이 있게 되었을까? 오직 그 流行함이 잠깐 사이도 정지하지 아니하므로 분분한 차이가 있어도 돌고 부대끼며, 혹은 맑고 혹은 탁하며, 만 가지 끝과 머리가 있게 되어서 사물이 품수함에 그 형태 이루어짐에 따라서 淸濁이 만 가지로 다르다. 氣의 본연이 변화하는 것은 생각건대 流行하는 然故 때문이 아닌가?[19]

---

18 『德村集』 卷2, 「辭召旨疏」 庚戌. "天下之理, 莫非一本萬殊, 而一本之理, 莫不各在吾身, 良心眞情, 藹然而發, 由近及遠, 自有差等, 是之謂一本, 是之謂無僞也."

19 『德村集』 卷8, 「答崔伯謙道鳴」. "氣之本, 固湛一淸虛, 而其升降飛揚, 淸濁判焉者, 顧非流行之故耶. 苟不流行則湛一者恒自湛一, 淸虛者恒自淸虛, 如之何有升降, 如之何有淸濁之判乎. 惟流行不暫停息, 故紛紜參差, 回旋磨軋, 或淸或濁, 有萬其端, 而物

그가 양명의 양지론을 수용할 수 있었던 배경도 이러한 理를 氣와 분리시키지 아니하는 기 중시적 특성에서 비롯된 것으로 생각된다.

덕촌에 있어서 양지는 양명과 마찬가지로 선험적이며 후천적 경험을 필요로 하지 않는다.

> 무릇 사람의 良知는 누구나 함께 이것을 아는 것이니, 반드시 학문이 지극하고 생각이 투철한 후에 아는 것이 아니다.[20]

따라서 인간에 있어서 실천은 곧 양지의 발현에 다름 아니다. 그러므로 덕촌에 있어서 실천은 知行이 합일된 모습이요, 언행이 일치된 모습으로 가식과 허위가 없는 참된 인간의 본 모습이다.[21]

덕촌이 가장 문제 삼았던 당시의 허위의 습속도 결국 이러한 양지의 본래성을 파악하지 못한 인간의 무지 때문인 것으로 파악한다.[22] 그러므로 허위의 습속을 제거하기 위해서는 먼저 양지의 본래성을 파악해야 하는 문제가 제기되는데, 덕촌은 實事求是論을 양지론과 매개시킴으로써 이를 해결하려 하였다.

(3) 實事求是論과 良知論의 調和

덕촌에 있어서 실사구시론은 구체적 사실에 입각하여 일의 시비를

之所稟, 隨其成形, 淸濁萬殊, 氣之變乎本然者, 顧非流行之故耶."

20 『德村集』 卷9, 「答尹大源」. "凡人良知所共知之, 不必學之至見之透而後知也."

21 『德村集』 卷9, 「答尹大源」. "記曰當行吾所明, 無行吾所疑, 盖言其學未至見未透者, 且從吾良知之明白無疑處, 做將去也."

22 『德村集』 卷3, 「登對筵語」. "舍自己身心, 而奔走於外事, 虛僞之風, 積習恬安, 輾轉作名利塗場, 以至於誣上行私, 無所不至而莫爲怪."

가림으로써 언어적 유희나 허위의식을 타파하고 명실상부한 도덕적 행위의 기틀을 마련하려는 것이었다. 덕촌은 당시에 만연된 비도덕적인 행위의 실상을 義理에 가탁하는 俗儒들의 허위의식 속에서 찾고 있다.

> 義理를 假託하여 허위를 숭상하니 크고 작은 일들이 서로 연결되어 각기 그 욕심을 충족하고 명리를 추구하여 속된 풍습이 이미 이루어져 세력이 있는 곳에 영합하지 않음이 없었다.[23]

여기서 의리란 사회규범으로서 인간이 지켜야 할 참된 도리다. 그러나 그 의리가 현실과 유리된 공리공론이 된다면 의리의 논의 여부는 무의미해진다. 덕촌이 파악한 당시의 세태는 현실적 실천을 도외시한 공리공론으로서의 의리만이 난무하는 실정이었다. 그래서 그는 참된 의리의 모습을 실사구시의 자세에서 찾고 있다. 즉 모든 사람이 주어진 환경 속에서 일의 시비를 가려 진실됨을 추구하는 실사구시야말로 참된 의리를 구하는 자세이며, 또한 당시의 현실적 문제를 해결하는 구체적 방안이라고 그는 생각하였다.

그런데 추상적 성격을 지닌 의리의 실상을 파악함도 없이 어떻게 구체적 상황에서 참다운 의리를 추구할 수 있을까? 여기서 덕촌은 선험적 도덕성을 지닌 양지론을 실사구시론과 매개시킴으로써 이 문제를 해결하려 하였다. 이 점에 대해 덕촌은 나음과 같이 말하고 있다.

---

23 『德村集』 卷1, 「辭召旨疏」. "假托義理, 崇飾虛僞, 大小相挻, 各充其欲, 各利所趨, 俗化已成, 勢之所存, 無不迎合."

> 지금 모름지기 義理를 별도로 토론하거나 별도로 이를 베푸는 일이 없이 다만 각각 그 직업을 지켜서 각기 그 본심의 편안한 바를 구하고, 각각 그 一本處를 따라서 이를 미루어서, 내 몸이 처한 바 上下四方에서 각기 그 실정이 稱量되어 輕重長短이 질서 있게 된다면, 이것이 이른바 經天緯地의 文이라는 것이다.[24]

즉 인간은 모두 眞實無妄한 본체로서의 양지를 소유하고 있기 때문에 의리에 대한 궁구 없이 다만 스스로가 지닌 一本處를 따라서 미루어 나감으로써 의리와 합일할 수 있다고 하는 것이다.

요컨대, 덕촌이 실학의 실사구시론과 양명의 양지론을 조화하게 된 배경에는 義理를 빌려 자신을 속이고 세상을 속이는 당시 世儒들의 허위의식이 전제되어 있었던 것이라 생각되지만 덕촌의 사상적 특성은 양명과 같이 인간본심의 확립을 통해 현실의 문제를 해결하려는 것이 아니고, 오히려 현실을 중시하는 실학적 관심에서부터 출발하여 실사구시의 주체를 인간본심의 양지로 파악해가는 방법을 택하고 있는 것이라 하겠다.

2) 성호 이익

星湖 李瀷(1681~1763)은 조선후기 실학의 대가이다. 가계는 남인 계열이며, 학문적으로 程朱와 退溪를 추앙하면서도 한편으로는 栗谷과 磻溪의 사상도 함께 尊信하였다.[25] 당시의 사회는 사회체제의 전면적

---

24 『德村集』, 「又辭疏」 卷1. “今不須別討義理, 別作設施, 但當各守其職業, 各求其本心所安, 各從其一本處推去, 則身之所處, 上下四方, 各稱其情, 輕重長短, 秩然有序而不亂, 此所謂經天緯地之文也.”

인 개편이 없이는 정치기강이나 사회의 피폐를 바로잡을 수 없을 정도로 혼란의 와중에 있었으며, 성호는 토지개혁 및 사회제도상의 개혁을 중심으로 당시의 난국을 치유하려 하였다.[26] 그의 현실인식은 어떠한 주관적 가치관념도 배제하고 역사적 현실에 대한 실증적이고 비판적인 태도로써 일관하되, 역사적 사태를 개별적으로 파악하지 아니하고, 그러한 사태가 일어날 수밖에 없는 역사적 필연성을 중시하였다.[27] 그의 양명학에 대한 견해 또한 이러한 그의 객관적이고 실증적인 학문태도에서 기인된다.

(1) 양명학에 대한 이해

성호의 양명학에 대한 이해는 그의 단편적인 견해 속에 찾아 볼 수 있는데, 그는 당시 주자학자들의 비판적 입장과는 달리 어떠한 선입견도 없이 객관적인 입장에서 양명을 평가하려는 태도를 보이고 있다. 먼저 양명의 知行合一說에 대해 그는 양명의 지행합일설이 일리가 있음을 긍정하고 있다.

> 양명의 知行合一說은 또한 이유가 있다[28]

그러나 다른 한편으로 지행합일설이 옳지 못한 점도 있음을 지적하고 있다. 성호에 의하면 知行의 문제는 지행합일의 일도 있고, 先知後

---

25 韓㳓劤, 「李瀷」, 『朝鮮實學의 開拓者 10人』, 서울 新丘文化社, 1974, 60쪽.
26 千寬宇, 「柳馨遠」, 『朝鮮實學의 開拓者 10人』, 13쪽.
27 韓㳓劤, 「李瀷」, 『朝鮮實學의 開拓者 10人』, 64쪽.
28 『星湖僿說』 卷18, 「知行合一」. “陽明知行合一之說, 亦有由.”

行의 일도 있다. 예컨대, 學은 몸으로 배우는 것이 있고 마음으로 배우는 것이 있으나 학 자체는 행이다. 즉 학의 목표는 知이지만 학의 행위자체는 行이므로 學은 知行이 겸한 것이라 말할 수 있다. 그러나 실천에 있어서는 앎이 전제가 되지 않으면 행할 수가 없다. 그러므로 실천의 문제에서 본다면 先知後行이 되어야 한다.[29] 이것이 성호의 知行에 대한 견해이다. 원래 양명이 말한 지행합일은 주자와 같이 知行을 앎의 문제와 실천의 문제로 나누어 보려는 것이 아니라, 앎의 문제나 실천의 문제에 있어서 언제나 주체와 대상이 일원화 되어 지와 행이 분리되지 않도록 하려는 의도에서 나온 것이다. 즉 인식에 있어서도 인식주체와 인식대상이 同時 共在하며, 실천에 있어서도 실천주체와 실천대상이 양지 속에서 일원화됨으로써 앎과 행동이 일치가 되어야 한다는 의미이다. 그런데 성호는 부분적으로 지행합일설을 반대하고 있으나 이처럼 學의 의미가 知와 行을 겸하고 있다고 하는 차원에서 양명의 지행합일의 논리를 수용하고 있다.

또한 『王陽明』이란 글 속에서 성호는 양명의 학문자체를 편벽된 것으로 부정하고 있지만 그의 인격이나 '十家牌法'의 논리에 대해서는 오히려 긍정적으로 평가하고 있다.

---

29 『星湖僿說』 卷18, 「知行合一」. "愚謂學有兼知行而言者, 如學而時習之類, 是也. 人有孝弟, 我去學爲孝弟, 果是行見. 人窮理讀書, 爲求知工夫, 我去學窮理讀書, 亦豈非學乎. 學有以身學者, 有以心學者. 學則皆可謂之行. 然則孝弟之類, 是身之行也. 讀書窮理之類, 是心之行也. 由是而得至於明察方是爲知, 則疑若行先於知也. 然自躬行孝弟而言, 則先知而後行也, 固無可疑. 若以讀書窮理之心言行, 則彼朦然無識之人, 亦何能遽讀書窮理. 其能讀書窮理者, 知之理先通也, 或有先知先覺者, 導使爲之, 或渠能自覺得合當, 如此, 乃能去讀書窮理, 豈非知先於行乎. 人謂小學先大學, 便是行先於知, 余謂小學, 學于先知者, 然後方得, 便是知先於行與, 此相似若曰知與行非二物, 則思與學之間, 豈復有殆罔之失."

> 양명의 학설이 매우 편벽되나 그 스스로 몸을 깨끗이 함이 또한 얕지 않으니, 백성에게 사납게 굴며 재물을 탐한 그러한 일이 있었겠는가? 내가 왕양명의 '十家牌法'을 보니 간악함과 거짓이 용납될 바가 없으니, 반드시 곧 실시할만한 것이다.[30]

양명의 '십가패법'은 열 집을 한 단위로 하여 牌 하나를 주고 열 집이 돌려가며 하루씩 패를 맡아 돌리는데, 酉時가 되면 패를 맡은 사람이 집집마다 찾아가서 그 집의 상황을 조사하여 다른 아홉 집에 알리고, 만약 의심스러우면 관가에 보고하는 제도이다. 양명이 이 '십가패법'을 만든 것은 관가의 부족한 인력과 힘을 대신하여 주민 스스로를 防犯의 일에 동참시킴으로써 도적을 방지하고 백성들을 보호하기 위해서였는데,[31] 성호는 이러한 '십가패법'을 실시할 만한 제도로서 긍정하고 있다.

(2) 양명학적 사유구조

유학은 인간의 생명과 존엄성을 중시하는 인도주의로서 인간의 도덕성을 바탕으로 삶의 문제를 해결해 나간다. 그런데 이러한 인도적 정신을 실천함에 있어서 유학의 근본정신은 공자가 산정한 육경에 있다.[32] 중국사상사를 통관할 때 각 시대마다 시공적 상황에 따라 유학은 그 특성을 간직하고 있지만, 그 사상의 근본정신은 공자의 육경을 벗어나지 않는다. 다만 경전의 내용을 시대상황과 관련하여 이해함으

---

30 『星湖僿說』 卷18, 「王陽明」. "陽明學術, 雖甚頗僻, 其自好則亦不淺矣. 虐民瀆貨, 其有是耶. 余觀陽明十家牌法, 奸僞無所容, 卽必可施者也."

31 『陽明集』 卷16, 「十家牌法告論各府父老子弟」.

32 皮錫瑞, 『經學歷史』, 臺北 藝文印書館, 1959, 1쪽.

로써 그 시대적 문제를 해결해 왔다. 따라서 유가의 경전을 어떻게 이해하고 해석하느냐에 따라서 그 사상의 철학적 입장을 파악할 수 있다. 특히 존재론적 理體의 확립을 중시하는 주자학과 인간의 실천적 주체의 확립을 중시하는 양명학은 그 사상적 체계의 차이로 말미암아 경전의 해석에 있어서도 많은 차이점을 보이고 있다. 그 중 『대학』의 '絜矩之道'는 유학의 중요한 수양덕목으로 중시되어 왔는데 '絜矩'에 대한 해석에서 성호는 양명학적 입장의 해석을 하고 있다.

원래 '絜矩之道'의 '絜'은 '잰다, 헤아린다'의 뜻이 있으며, '矩'는 '사물의 장단을 재는 표준'의 의미가 있다.[33] 그런데 주자학자인 栗谷은 '絜矩之道'의 해석을 '矩로 絜하는 道'로 이해하고 있음에 비해[34] 성호는 '矩로 絜하는 道'로 해석하는 것을 반대하고 '絜하여 矩하는 道'로 이해하고 있다. 그런데 '矩로 絜하는 道'와 '絜하여 矩하는 道'의 차이점은 무엇일까?

먼저 '矩로 絜하는 道'의 의미를 살펴보면 矩는 '사물의 장단을 재는 표준'으로서 객관 규범의 의미를 지니고 있다. 따라서 '矩로 絜하는 道'의 의미는 '객관규범을 표준으로 하여 대상을 헤아려 나간다'고 하는 의미를 가지고 있다. 그런데 주자학은 孔孟이 지향하는 도덕학의 형이상학적 근거를 규명하여 '성즉리'의 명제를 확립하였는데, 이 '성즉리'는 형이상학적 理體에 대한 존재론적 파악이며 동시에 존재에 대한 윤리적 당위법칙으로서의 인식이다. 이러한 사유체계는 윤리적 당위법칙을 형이상학적 존재에서 찾고 있기 때문에 존재론적 이체의 확립이 윤리적 행위에 우선된다. 그러므로 구체적 행위는 그 행위의

33 柳茂相, 「大學의 絜矩之道에 關한 硏究」, 成大 碩士學位論文, 1978, 6쪽.

34 四書 I, 『大學·中庸』, 成均館大學校, 양현재, 144쪽.

윤리적 법칙이 되는 객관규범을 전제로 하여 이루어질 때 그 행위의 정당성과 도덕성이 보장된다. 이렇게 볼 때 '객관규범을 표준으로 하여 대상을 헤아려 나간다'고 하는 의미의 '矩로 絜하는 道'의 해석은 주자학적 사유체계에서 비롯된 것임을 알 수 있다.

이에 대해 '絜하여 矩하는 道'의 의미는 무엇일까? 이것을 풀이하면 '대상을 헤아려서 법칙을 삼아나가는 도'의 의미가 된다. 이 말은 주자와 같이 객관 규범적 성격을 지닌 보편성을 전제로 대상을 헤아려 가는 것이 아니라 오히려 대상을 판단하여 객관 규범을 창출해 낸다는 말이다. 그렇다면 대상을 판단하여 객관 규범을 창출해낼 수 있는 보편성은 어디에 있는가? 양명에 의하면 마음의 良知가 곧 보편성을 지닌 존재이다. 다시 말하면 심이 곧 보편이며, 이를 양명은 '심즉리'의 명제로 언표하고 있다. 양명의 다음 말을 살펴보자.

> 良知와 節目時變의 관계는 規矩尺度와 方圓長短의 관계와 같다. 절목시변을 미리 정할 수 없는 것은 방원장단을 다 잴 수가 없는 것과 같다. 規矩가 확립되면 방원을 속일 수가 없어 천하의 방원을 다 재고도 남음이 있다. 尺度가 진실로 베풀어지면 장단을 속일 수가 없어 천하의 장단을 측량하는데 다 쓰고도 남음이 있다. 良知를 진실로 이루면 절목시변을 속일 수 없는 것이며 천하의 절목시변에 모두 응하고도 남음이 있다.[35]

35 『傳習錄』中. "夫良知之於節目時變, 猶規矩尺度之於方圓長短也. 節目時變之不可預定, 猶方圓長短之不可勝窮也. 故規矩誠立, 則不可欺以方圓, 而天下之方圓, 不可勝用矣. 尺度誠陳, 則不可欺以長短, 而天下之長短, 不可勝用矣. 良知誠致, 則不可欺以節目時變, 而天下之節目時變, 不可勝應矣."

여기서 양명은 '矩'를 보편적 원리로 이해하는 주자학적 해석에 반대하고, '矩'를 節目時變에 應하여 因時制宜하는 마음으로 이해하고 있다. 그러므로 양명에 있어서는 마음 이외에 또 다른 규범이 존재하지 않으며 이 마음이 대상과의 관계 속에서 올바르게 발휘되면 그것이 곧 규범이다. 그러므로 양명학은 주자학이 지니고 있는 理의 외재성을 부정하는 것에서부터 그 학문이 출발되고 있기 때문에, 心 이외에 또 다른 객관 규범을 설정하느냐의 여부는 주자학과 양명학을 가름하는 중요한 관건이 되고 있다. 그러면 성호는 '絜矩之道'를 어떻게 이해하고 있을까?

성호는 그의 제자인 順菴 安鼎福(1712~1791)에게 '絜矩之道'는 '矩로 絜하는 道'로 해석해서는 안 되고 반드시 '絜하여 矩하는 道'로 해석해야 한다고 주장하면서, 絜하여 矩할 수 있는 근거로서 인간이 지닌 자애심을 들고 있다.

> 絜矩之道는 마땅히 '絜하여 矩하는 道'로 해석해야 하며 '矩로 絜하는 道'로 해석해서는 안 된다. …… 자애한 마음은 비록 지극히 어리석은 백성이라 할지라도 다 소유하고 있으니, 이것은 가르침을 기다려 아는 것이 아니다.[36]

> '矩로 絜하는'이란 뜻은 끝내 말이 되지 않는다. 지금 칼로 물건을 자르는데 마땅히 '칼로 자른다'고 해야지 '칼을 자른다'고 해서는 안 된다. 몽둥이로 물건을 치는데 '몽둥이로 친다'라고 해야지 '몽둥이를 친다'고 해서는 안 된다. 지금 '矩로 絜하는'으로 해석을 하려면 '矩絜'이

36 『順庵集』 卷16, 「函丈錄」. "先生曰絜矩, 當釋曰 絜로 矩하난 道, 不當曰矩로 絜하난 道. …… 慈愛之心, 雖至愚之民, 皆有之, 不待敎而知之矣."

> 라고 해야지 '絜矩'라고 해서는 안 된다. 그러므로 '絜하여 矩하는' 말이 옳은 것을 알 수 있다.[37]

즉 성호가 인간의 공통적인 자애심을 絜하여 矩할 수 있는 근거로 삼고 있다는 사실은 그의 혈구지도에 대한 해석이 객관 규범을 전제로 대상을 헤아려 가는 주자학적인 입장이 아니라 오히려 인간 주체의 양지를 근거로 대상과의 관계 속에서 객관 규범을 창출해 내려는 양명학적 입장임을 알 수 있다.

그런데 성호는 무엇 때문에 '絜矩之道'의 해석에 있어서 구태여 주자학적 해석을 반대하고 양명학적 해석을 가하고 있는 것일까? 그것은 당시 주자학자들의 학문태도와 관련이 있었다. 성호는 순암에게 상기와 같은 '絜矩之道'에 대한 해석을 내리면서 이것을 당시의 학계의 학문풍조와 관련하여 객관 규범만을 중시하는 주자학자들의 학문태도를 비판하고 있다.

> 西人의 학문은 오로지 '謹守規矩'의 네 글자를 세상을 살아가는데 病敗가 없는 斷案으로 삼는 까닭에 그 지식이 끝내 심히 거칠어지게 된 것이 가히 한스럽다.[38]

이렇게 볼 때 성호의 '絜矩之道'에 대한 해석은 단순히 학문적인 입

---

37 『順庵集』 卷16, 「函丈錄」. "矩로 絜하난, 意終不成說. 今以刀割物, 當曰刀割, 不當曰割刀. 以杖擊物, 當曰杖擊, 不當曰擊杖. 今若釋以矩로 絜하난, 則當曰矩絜, 不當曰絜矩. 是以知其爲 絜하야 矩하난也."

38 『順庵集』 卷16, 「函丈錄」. "西人學問, 專以謹守規矩四字, 爲涉世無病敗之斷案, 故知識終甚鹵莽, 爲可恨也."

장으로 끝나는 것이 아니라, 양명학적 내실사상에 입각하여 당시 집권세력인 서인들의 학문태도를 비판한 것이며 나아가 당시 주자학의 말폐를 비판한 것이기도 하다. 물론 이 한 구절의 해석만을 가지고 성호의 학문적 성격을 논할 수는 없지만 성호가 '矩'의 근거를 '자애지심'에서 찾고 있는 것을 보았을 때, 성호가 양명과 같이 '자애지심'을 인간의 보편성으로 이해하고 있다는 사실은 충분히 이해할 수 있다. 또한 이 사실을 당시의 시대적 상황과 관련하여 살펴본다면, 사회의 제도적 모순으로 인하여 고향땅을 등지고 流離하는 백성들의 아픔을 함께하고자 한 성호 실학의 한 단면으로 이해할 수 있을 것이다.

요컨대, 성호는 양명학에 대해서 기본적으로 비판적인 태도를 보이고 있지만 실용적인 측면에서는 오히려 양명의 '십가패법'을 긍정적으로 보고 있다. 또한 부분적이긴 하지만 『대학』의 '絜矩之道'의 해석에서 객관 규범만을 중시하는 주자학적인 입장을 비판하고 양명학적 사유체계를 긍정하는 등 양명학에 대한 객관적 입장과 평가는 이후 성호 좌파계열이 양명학을 수용할 수 있는 계기가 되었다고 할 수 있겠다.

3) 담헌 홍대용

湛軒 洪大容(1731~1783)은 牛栗系統의 학통을 계승한 당대의 巨儒 渼湖 金元行(1702~1772)을 事師한 노론계 인물이다. 그의 사상적 계보는 주자학이었으나 그가 "10여 세 시부터 古學에 뜻을 두어 경전 장구나 외우는 儒者가 될 생각이 없었다"[39]고 술회하고 있듯이 그의 학문

---

39 『湛軒書』 外集 卷1 杭傳尺牘, 「與汶軒書」. "容, 自十數歲, 有志於古學, 誓不爲章句迂儒."

은 맹목적 형식성을 지양하는 실학적 학문태도를 견지하였으며, 朴趾源(1737~1805), 朴齊家(1750~1815)와 더불어 북학파를 형성하였다.

(1) 양명학에 대한 견해

그의 양명학적 입장에 대해서 鄭寅普(1892~?)는 『양명학연론』에서 조선조 양명학의 一系로 '양명을 말하지 아니하되 그 生平 주장의 主腦되는 정신을 보면 두말할 것 없이 양명학임을 알 수 있는 이'로 이해하고 있다. 그러나 『湛軒書』에는 양명에 대해 한마디 말도 하지 않았다는 정인보의 말과는 달리 여러 곳에서 양명이나 양명학에 대한 언급이 나타나 있어 담헌은 오히려 양명학에 대한 깊은 관심과 함께 상당한 조예가 있었음을 알 수 있다.

그의 학문바탕은 물론 주자학이며, 주자학에서 중시하고 있는 의리를 학문의 근본으로 이해하고 있다.

> 학문에는 義理의 學, 經濟의 學, 詞章의 學 세 가지가 있다. …… 만일 義理를 버린다면 經濟는 功利에 흐르고, 詞章은 浮藻에 빠지게 될 것이니 어찌 學이라 하겠는가? 또 경제가 아니면 의리를 펼 데가 없고 사장이 아니면 의리를 나타낼 수 없다. 그러므로 이 세 가지에서 하나라도 버린다면 學이라 할 수 없으나, 義理가 근본이 아니겠는가?[40]

그러나 담헌은 주자학만을 맹신하는 당시의 학자들과는 달리 주자학의 학문적 입장에 대해 문제점을 지적하기도 하고,[41] 주자학을 형식

---

40 『湛軒書』 外集 燕書 卷7, 「吳彭問答」. "學有三等, 有義理之學, 有經濟之學, 有詞章之學. …… 舍義理, 則經濟淪於功利, 而詞章淫於浮藻, 何足以言學. 且無經濟則義理無所措, 無詞章則義理無所見. 要之三者, 舍一不足以言學, 而義理非其本乎."

적으로만 尊信하여 스스로의 학문으로 소화하지 못하고 그저 부화뇌동하기만 하는 당시 주자학자들의 학문태도에 대해 비판을 가하기도 하였다.[42] 또한 양명학을 이단사설로 배척하는 당시의 학문풍조에 대해 비판을 가함으로써 양명학을 객관적 입장에서 이해하려는 입장을 보이고 있다.

> 중국에서는 주자를 반대하고 육왕의 학을 존숭하는 이들도 다 인정을 받으며, 사문에 위배된다고 죄를 받는 일을 듣지 못했다.[43]

그러나 그가 배척한 것은 주자학자들의 말폐적 현상이지 주자학 자체를 부정하고 있는 것이 아니다. 그는 양명학과 주자학의 학문적 차이점이 格物致知에서 비롯되고 있음을 간파하고 있었으며, 격물치지의 해석에 있어서 양명의 良知說보다는 주자의 격물설을 지지하고 있다.

> 양명이 주자와 배치되는 점은 그 요점이 격물치지에 있다. …… 대저 良知란 것은 맹자의 말이다. 진실로 이를 다할 것 같으면 대인의 마음이 바로 어린아이의 마음인 것이니, 대저 누가 옳다고 하지 않겠는가? 그러나 그 이룸에 있어서는 궁리하는 공부를 선행하지 않으면, 동쪽을 가리

---

41 『湛軒書』外集 杭傳尺牘 卷2,「乾淨衕筆談」初10日. “竊意朱子集註, 獨於庸學論語三書, 用功最深而孟註次之. 於詩經則想是未經梳刷, 如六義之不明, 訓詁之疊解, 大旨之牽强, 雖於鄙見而有多少疑晦.”

42 『湛軒書』外集 杭傳尺牘 卷3,「乾淨錄後語」. “東儒之崇奉朱子, 實非中國之所及, 雖然惟知崇奉之爲貴, 而其於經義之可疑可議, 望風雷動, 一味掩護, 思以箝一世之口焉. 是以鄕原之心, 望朱子也.”

43 『湛軒書』附錄,「從兄湛軒先生遺事」. “中原則背馳朱子尊崇陸王之學者, 滔滔皆是, 而未嘗聞得罪於斯文.”

키어 서쪽이라 하고 도적을 스승으로 오인하는 데 이르지 않겠는가?[44]

그러나 의리의 실천보다는 의리에 대한 논쟁이나 字句의 해석에 얽매여 口耳之學이나 訓詁之學으로 전락해 가는 당시 주자학자들의 말폐적 현상을 직시하고, 그는 그들의 말폐적 현상을 치유하기 위해 대두된 양명학에 관심을 기울였다.

주자문하의 말학들이 口耳를 기송하고 訓誦하는 것만을 숭상하여 그 師說을 어지럽히므로 양명이 이러한 현상을 밉게 여겨 良知學을 이루었으니, 이것이 다 시대를 근심하고 세도를 걱정한 뜻이었다.[45]

양명의 학이 진실로 餘感이 있으나 다만 후세의 記誦의 학에 비한다면 어찌 하늘과 땅 차이가 아니겠는가?[46]

담헌의 다음과 같은 말은 그가 얼마나 양명학에 깊이 침잠하였는가를 단적으로 보여 준다.

양명은 세상에 드물게 보는 호걸선비입니다. 내 일찍이 그 글을 읽고 마음으로 감복하여 생각하기를 저 세상에 가면 그를 위하여 채찍을 잡겠

---

44 『湛軒書』 外集 杭傳尺牘 卷1, 「餘篠飮書」. "陽明之背朱子, 要在於格物致知 …… 夫良知者, 孟子之說也. 苟其致之, 大人之心, 乃赤子之心也, 夫誰曰不可. 然其所以致之者, 不先之以窮理之功, 其不至於指東爲西認賊爲子乎."

45 『湛軒書』 外集 杭傳尺牘 卷1, 「餘篠飮書」. "朱門末學徒, 尚口耳記誦訓詁, 汨其師說, 陽明嫉俗, 乃致良知, 此其憫時憂道之意."

46 『湛軒書』 外集 杭傳尺牘 卷2, 「乾淨衕筆談」. "陽明之學, 儘有餘憾. 但比諸後世記誦之學, 豈非宵壤乎."

노라고 하였습니다. 그 良知의 학문도 더 없이 높고 깊어 탁연히 실지로 얻은 것이 있어 결코 후세의 말로만 능히 떠드는 선비 따위의 흉내 낼 수 있는 것이 아닙니다. 또 양명이 어찌 일찍이 道問學의 공부가 없다고 하겠습니까? 도를 구하면서 학문을 하지 않는다면 이는 눈으로 丁자도 알지 못하는 자가 정좌하여 마음만을 잡고 있으면 성인도 될 수 있다는 것이니 어찌 그럴 수가 있겠습니까? 양명을 전혀 尊德性만 주장했다고 책하는 것은 또한 실정에 들어맞는 죄목의 論定이 아닙니다.[47]

이 글을 통해서 볼 때, 담헌은 양명에 대한 깊은 흠모의 정과 함께 양명학을 깊이 연구하였음을 짐작할 수 있다. 또한 담헌은 양명학의 장점뿐만 아니라 단점도 깊이 통찰해 보고 있었다.

다만 그 말이 너무 높고 공이 너무 간이해서 스스로 깨닫고 스스로 기뻐하여 광경을 희롱하니 황홀하기가 저 공중에 솟은 누각과 같아서 바라볼 수는 있어도 가까이 갈 수 없으며 기뻐할 수는 있어도 배울 수는 없다. 그 말단의 흐름이 반드시 장차 정로를 버리고 지름길을 좋아하고 한 번에 속성하려고 하며, 상도를 벗어난 길도 감행하여 서로 佛의 길로 빠져 들어가면서도 스스로 깨닫지 못한다.[48]

이 말은 양명 이후 좌파의 학문적 경향이 恣情縱欲의 풍조로 흘러

---

47 『湛軒書』 外集 杭傳尺牘 卷3, 「乾淨衕筆談」. "陽明間世豪傑之士也. 愚嘗讀其書, 心服其人, 以爲九原可作必爲之執鞭矣. 其良知之學, 亦是窮高極深卓有實得, 非後世能言之士, 所可彷佛也. 且陽明, 何無道問學之功哉. 求道而不道學問, 是目不識丁者, 靜坐攝心, 可以爲聖爲賢, 豈有是理. 責陽明以專尊德性, 亦非原情定罪之論矣."

48 『湛軒書』 外集 杭傳尺牘 卷3, 「乾淨衕筆談」. "惟其言太高功太簡, 自寤自喜, 弄光景恍惚, 如空中之樓閣, 可望而不可親, 可喜而不可學. 其末流之弊, 必將好逕欲速, 倒行逆施, 淪胥爲蔥嶺, 而不自覺也."

양명학의 본의를 상실한 폐단을 지적한 것으로 이해되는데, 담헌이 양명학을 깊이 흠모하면서도 양명학을 그 주된 학문으로 삼지 않았던 것은 이 같은 양명학의 말폐적 현상을 파악하였기 때문인 것으로 생각된다.[49]

(2) 양명학적 사유구조

담헌이 양명학을 공부하게 된 배경에는 양명학의 장점을 통해 주자학의 말폐적 현상을 치유하고자 하는 의지가 담겨 있었다. 따라서 그가 긍정하고 있는 양명학의 장점을 이해하기 위해서는 먼저 그가 파악한 주자학의 말폐가 무엇이었는가를 살펴보는 것이 우선되어야 할 것이다. 담헌의 다음과 같은 말을 살펴보자.

> 다만 주자를 종주로 삼는다고 하는 자들이 도문학에 편중하여 마침내 訓詁의 폐단에 돌아가는 일이 많아서 도리어 陸氏를 종주로 하는 학파의 內心功夫에 주력을 하여 오히려 소득이 있는 것만 같지 못하니 이것이 가장 두려운 것입니다.[50]

여기서 담헌은 주자학의 말폐적 현상을 '道問學에 치중하여 訓詁의 폐단으로 흘러간 것'으로 파악하고 있다. 그리고 이러한 폐단을 불식시키는 치유책으로 육왕학의 내심공부를 들고 있는데, 그 내용은 實心에 입각한 實功의 확립이다.[51] 이것은 임병 양난 이후 주자

---

49 『湛軒書』 外集 卷1 杭傳尺牘, 「餘篠飮書」. "竊以爲陽明之高, 可比莊周, 而學術之差, 同歸於異端矣."

50 『湛軒書』 外集 杭傳尺牘 卷3, 「乾淨衕筆談」 23日. "但名爲宗朱者, 多偏於問學, 終歸於訓詁 末學. 反不如宗陸之用功於內 猶有所得也, 此最可畏也."

학자들의 현실성 없는 공리공담적 논리를 지양하고 實事에서 실공을 이룰 수 있는 실심을 확보하는 것이었다. 그는 양명학을 통해 현실성이 없는 공허한 논리나 헛된 명분만을 내세우는 당시 주자학자들의 허위의식을 비판하고 참된 인간 주체의 소리에 귀를 기울여 시대적 모순을 해결하려 하였던 것이다. 이러한 양명학의 내면공부를 담헌은 다음과 같이 말하고 있다.

> 그 實事의 공부가 빛남은 바로 실지로 얻은 功效이니 저 앉아서 空言을 말하고 구차하게 訓詁나 일삼는 학자들로서는 진실로 감히 그 만분의 일에도 견주어 내지 못한다.[52]

담헌은 이러한 양명학의 실심에 입각한 실공의 확립을 모든 학문의 본령으로 이해하여 이를 강조하고 있다.

> 오직 實心·實事로써 날로 實地를 밟아 먼저 이 진실한 본령을 가진 뒤에야 모든 主敬·致知·修己·治人의 방법이 바야흐로 실지 손쓸 곳이 있어, 공허한 그림자에 돌아가지 않을 것이다.[53]

> 학문의 본령은 實心에 있고 施爲의 본령은 實事에 있다. 이 實心으로 實事를 이루어 나가면 과오는 적을 것이요, 사업은 성취될 것이다.[54]

---

51 이 점은 한국 양명학자들이 가지고 있는 공통적인 특징이다.

52 『湛軒書』 外集 杭傳尺牘 卷3, 「乾淨衕筆談」. "若其實事之功之炫赫, 乃其實得之餘波, 彼坐談空言區區爲訓詁之學者, 固不敢比方其萬一."

53 『湛軒書』 外集 杭傳尺牘 卷1, 「答朱郎齋文藻書」. "惟其實心實事, 日踏實地, 先有此眞實本領, 然後凡主敬致知修己治人之術, 方有所措置, 而不歸於虛影."

54 『湛軒書』 內集 祭文 卷4, 「祭渼湖金先生文」. "問學在實心, 施爲在實事, 以實心做實

그의 학문의 정수라 할 수 있는 『毉山問答』도 이러한 양명학의 실심적 관점을 반영한 것에 다름이 아니다.

> 슬프다. 도술이 망한 지도 오래로다. 공자가 돌아가니 제자가 공자의 뜻을 어지렵혔고 주자가 돌아가니 諸儒가 주자의 뜻을 어지렵혀, 그 業만을 숭상할 뿐 그 眞을 잊었고, 그 言을 배울 뿐 그 義를 잃었구나. 말로 正學을 일으킨다 하지만 실은 矜心에서 나왔고, 말로 邪說을 배척한다 하지만 실은 勝心에서 나왔고, 구세하겠다는 그 仁이란 權心에서 나왔고, 보신을 하겠다는 그 哲이란 利心에서 나왔으니, 이 네 가지가 서로 어울려 眞과 義는 날로 없어지고 천하가 도도히 虛로 달음질치고 있구나.[55]

이러한 점에서 정인보가 담헌의 사상을 양명학으로 단정한 것도 이러한 실심의 논리를 근거로 한 것이었다. 정인보는 이 점을 다음과 같이 말하고 있다.

> 대개 『毉山問答』은 虛・實의 對討이라. 허망, 實存의 原理를 步步推論하다가 華夷의 辨으로써 그 末을 結함은 湛軒의 漫筆이 아니다. 道術의 惑이 심하매 自族을 外로 생각하기에까지 미치는 것을 痛恨하는 一面 本心의 喚起를 이 한 일에서 비롯하여 自類를 主하는 실학과 自土를 위하는 實政을 擧하려 하는 深懷를 이에 붙임이니 누구나 朝鮮

事, 過可寡而業可成."

55 『湛軒書』 內集 補遺, 「毉山問答」. "嗚呼哀哉. 道術之亡, 久矣. 孔子之喪, 諸子亂之. 朱門之末, 諸儒汨之, 崇其業而忘其眞, 習其言而失其意. 正學之扶, 實由矜心, 邪說之斥, 實由勝心, 救世之仁, 實由權心, 保身之哲, 實有利心, 四心相仍, 眞義日亡, 天下滔滔, 日趨於虛."

> 陽明學派를 披索하여 보려면 湛軒의 이 苦心에서부터 敬意를 표하여야 옳을 줄 안다. 學問의 分界는 虛, 實뿐이라. 霞谷의 『存言』과 湛軒의 『問答』이 모두 한 實字를 表揭함이니 이 실로 後學의 着眼할 곳이다.[56]

요컨대, 담헌의 양명학적 조예는 이미 양명학의 장점과 단점을 파악하는 경지에 이르렀으며, 그는 양명학의 내심공부를 바탕으로 주자학의 말폐적 현상인 虛僞와 假飾의 논리를 척결하고 實心에 입각한 實功을 강조함으로써 양명학과 실학의 사상적 연계를 시도하고 있다.

2. 양명학의 실학적 전개

霞谷學派는 하곡 정제두를 중심으로 양명학을 공부해 온 일파를 지칭한다.[57] 하곡학파는 당색으로는 少論系列로 하곡의 가계로 계승되는 迎日鄭氏 가문 및 하곡의 제자이면서 하곡의 손서가 된 李匡明을 중심으로 한 全州李氏 가문과 역시 하곡의 손서인 申大羽(1735~1809)의 가계로 이어지는 平山申氏 가문을 중심으로 형성된다.

그런데 그들의 학문적 특성은 양명학적이라기보다 오히려 실학적이다. 그들의 문집 속에는 양명학에 대한 이론이나 논리는 거의 찾아볼 수 없는데, 그것은 당시의 시대적 상황과도 관련되어 있는 것으로 생각된다. 즉 하곡학파는 李匡師(1705~1777), 李匡明을 비롯한 全州李氏 가문이 주류가 되었는데, 그들의 가문이 英祖의 왕위계승문제에

56 鄭寅普, 『陽明學演論』, 186쪽.

57 하곡학파를 그 지역적 특성을 따라 江華學派로 분류하는 학자들도 있다.

연루된 辛壬士禍로 인하여 집안 전체가 몰락하게 되는 상황에 이르게 된다. 이러한 환경 때문에 하곡학파는 학계에서 배척하는 양명학을 공부하기도 어려웠을 뿐만 아니라 자신들의 학문조차도 숨길 수밖에 없는 처지에 놓이게 된다. 鄭寅普가 그들을 겉으로는 부정하며 속으로는 양명학을 주장하는 이들로 분류하게 된 것도 이러한 역사적 상황에 관계되는 것이었다. 그래서 그들은 양명학을 속으로 숨긴 채, 淸代 考證學의 영향을 받은 것으로 생각되는 '音韻學'과 '歷史學'을 그들의 주된 사상으로 하여 후기 실학과 연계되고 있다. 音韻學은 李匡師를 비롯하여 李令翊(1740~?), 李忠翊(1744~1816), 鄭東愈 등의 계보를 통해 正音研究에 업적을 남기고 있으며, 역사학은 李肯翊(1736~1806)의 『燃藜室記述』, 李勉伯(1767~1830)의 『憨書』와 『海東惇史』, 李是遠(1790~1866)의 『國朝文獻』, 李建昌(1852~1898)의 『黨議通略』 등으로 계승되어 조선 후기 史學의 중요한 위치를 점하고 있다.

1) 현동 정동유

玄同 鄭東愈(1744~1808)는 하곡의 손서 申大羽와 함께 月巖 李匡呂(1720~1783)의 문인으로, 하곡학파의 한 사람이다. 그는 英·正祖 年間의 학자로서 관직은 掌樂院正을 역임하였다. 그는 저술로서 『晝永編』 上·下 두 권을 남겼다.

(1) 양명학에 대한 이해

『주영편』에는 그의 주자학과 양명학에 대한 견해를 알 수 있는 다음과 같은 구절이 있다.

> 본래는 하나의 『大學』인데 朱子는 格物이라 함은 이치를 깊이 연구하는 것[窮理]이라고 하고, 王陽明은 致知라고 함은 良知를 發揚하는 것이라고 하였다. 주자의 학설에 따르는 자는 오직 窮理하는 것이 『大學』이라고 볼 뿐이고, 良知를 발양하는 것도 또한 『大學』이라는 것을 알지 못한다. 왕양명의 학설을 배우는 자는 오직 良知를 發揚하는 것이 『大學』이고 窮理도 또한 『大學』이라는 것을 믿지 않는다. 그리하여 서로 다 알지 못하기 때문에 비록 百世에 걸쳐 서로 다툰들 어찌 논쟁이 그칠 날이 있겠는가. 易經에 말하기를 '仁者가 보면 仁이라 하고 知者가 보면 知라 한다.'고 하였다. 性에서 보면 仁도 知도 至高한 것은 아니다. 그런 까닭에 공자는 '도가 같지 않으면 서로 꾀하지 않는다.'고 하였다.[58]

여기서 현동은 주자학이 궁리공부에 치우쳐 『大學』을 궁리 공부로만 파악하고 있으며, 반대로 양명학에서는 양지공부에 치우쳐 『大學』을 궁리 공부가 아닌 양지가 발양하는 것으로만 파악하여 『大學』이 궁리 공부와 양지 발양의 공부가 함께 있는 것임을 알지 못한다고 하여 양자를 함께 비판함으로써 주자학과 양명학의 어느 한쪽에도 편중되지 않는 객관적인 입장을 취하고 있다. 위의 예문에서 유추해 보면, 현동은 주자학과 양명학을 함께 공부하였으며 두 학문의 長·短點을 잘 알고 있는 것으로 보인다. 그러나 그가 주자학을 객관적으로 평가하고 있음에도 불구하고 당시 주자학자들의 말폐적 현상에 대해서는 지극히 비판적이다.

---

58 鄭東愈, 『晝永編』下. "本一大學, 而朱子以格物爲窮理, 王陽明以致知爲致良知. 爲朱學者, 惟見窮理之爲大學, 而不信致良知之亦爲大學. 爲王學者, 惟見致良知爲大學, 而不信窮理之亦爲大學. 不能相悉則雖百世相訟, 安有息爭之日乎. 易曰 仁者見之以爲仁, 知者見之以爲知. 自性言之, 仁知亦非其至也. 故夫子曰道不同, 不相爲謀."

> 그들이 소리 높여 남의 죄를 꾸짖을 때를 보면, 반드시 義理의 이름을 내세워서 삼엄한 罪案을 얽어 만든다. 아아! 의리라는 두 글자가 後世의 사람 죽이는 칼이 되고 도끼가 될 줄이야 누가 알았겠는가? 생각하면 마음이 아프다.[59]

이것은 당시 주자학자들이 義理를 假託하여 세상을 핍박하는 폐해를 지적하는 것이지만 주자학자들이 주창하는 의리의 비현실성과 비합리성을 비판하는 현동의 입장은 당시 주자학자들과는 다른 입장에 있음을 보여주는 것이다. 더구나 그들의 학문이 정치와 결탁하여 의리를 빙자하여 정국을 당쟁의 소용돌이 속으로 몰아가는 정치행태에 대해서는 격분을 금치 못하고 있다.

> 黨人을 등용하는 것은 본래부터 망하는 길이지만, 士大夫를 등용하지 않는 것도 또한 망하는 길이다. 장차 누구와 함께 같이 천하를 다스릴 것인가? 대체로 그들의 利를 꾀하는 말은 義理를 내세우는 것보다 더 高等한 방법이 없다. 그런 까닭에 그들은 온종일 말하는 것이 義理다. 남을 참소하는 計略은 충신과 역적을 자료로 사용하는 것보다 더 깊은 것은 없다. 그런 까닭에 그들은 온종일 말하는 것이 충신과 역적의 일이다. 甲이 소리 높여 乙의 죄를 꾸짖는 것은 바로 乙이 甲을 聲討하고 있는 그것이다. 어찌 붕당 속에 군자와 소인의 구분이 있겠는가? 그 사람의 평소의 행동을 살펴보면 어질고 착하고 충성스럽고 厚하여 너너히 남의 師表가 될 만한 지기 많다. 그러나 남을 거짓으로 얽어서 함정에 빠뜨리는 일에 당면하게 되면 어질고 착하던 사람이 그 奸巧하

---

59 鄭東愈, 『晝永編』下. "每見其聲罪人也, 必表擧義理之名, 構成森嚴之案. 嗚呼, 孰知義理二字, 爲後世殺人之刀斧也哉. 思之痛心."

> 고 사특하게 됨은 이루 말할 수 없으며, 忠厚하던 사람일수록 철저하게 잔인하여 진다. 그리하여 집안이 파괴되고 나라가 망하여도 도무지 돌아보지 않는다. 눈앞에 보이는 것은 오직 黨이라는 한 글자뿐이다. 黨이라는 게 도대체 무슨 물건인데 사람의 心術을 迷惑하게 만드는 것이 이렇게 극도에 이르게 하는가? 진실로 그 이치를 깨닫지 못하겠다.[60]

이렇게 볼 때 현동의 입장은 학문적으로는 주자학과 양명학을 객관적으로 평가하고 있지만 당시 주자학자들의 의리를 가탁하고 당쟁에 몰두하고 있는 행태에 대해서는 지극히 비판적이었다고 할 수 있겠다.

(2) 근대지향적 사회사상

현동의 실학은 과학지식으로부터 시작하여 정치 사회의 제도적 문제에 이르기까지 다양하게 전개되고 있다. 洪大容은 地轉說을 주장하여 당시 실학자들의 과학정신을 일깨웠거니와 현동은 담헌보다 먼저 地球說에 대한 논리를 전개하고 있으며,[61] 그 밖에 과학지식으로 나침반이라든가 밀물·썰물에 관한 이론 등을 제시하기도 하였으며, 초기 실학자 芝峯 李睟光(1563~1628)의 『芝峯類說』의 잘못을 비판하기도 하였다.[62] 그 중 사회의 풍습이나 제도에 관한 비판적 이론은 그의 근

60 鄭東愈, 『晝永編』下. “用黨人, 固亡之道. 不用士大夫, 亦亡之道也. 將誰與共治天下乎. 盖謀利之說, 莫高於義理, 故終日言者義理. 讒人之計, 莫深於忠逆, 故終日辯者忠逆. 甲之所以聲罪乙者, 卽乙之所以致討甲者也, 安有明黨而有君子小人之分也. 考其人乎居行誼則仁善忠厚, 優爲人師表者多, 而反當構誣擠陷人也. 仁善之人, 不勝其巧慝, 忠厚之人, 到底爲殘忍, 以之家破國亡, 都不之恤, 眼前所見, 惟黨一字. 黨是何物而惑人心術, 至此之極耶. 誠莫曉其理也.”

61 千寬宇, 「柳馨遠=실학의 先驅」, 鄭東愈, 『朝鮮實學의 開拓者 10人』, 109쪽.

62 鄭東愈, 『晝永編』上, 58쪽.

대지향적 성격뿐만 아니라 또한 논리전개에 있어서 고증을 중시하는 당시의 실학적 학풍을 살펴볼 수 있는 중요한 자료로 생각된다.

그는 당시 생활 속에서 나타나는 모순적 현상을 풍자적으로 표현하고 있다. 그 중 실용적 차원에서 가장 필수적인 생활용구조차 만들지 못하면서 도덕적으로 정절을 지키는 문제나 혈통을 중시하는 당시의 풍속에 대해 이렇게 말하고 있다.

> 조선의 풍속에는 지극히 拙劣한 것이 셋, 지극히 어려운 것이 둘이 있다고 하였다. 그 졸렬한 것은 천하 만국에 없는 것이고, 어려운 것도 또한 천하 만국에 있을 수 없는 것이다. 우리나라에는 바늘[針]이 없다. 반드시 중국의 시장에서 사온다. 만약 중국과의 무역이 통하지 않는다면 비록 베와 명주가 있더라도 옷을 꿰맬 길이 없으니 졸렬한 일의 한 가지이다. 六畜엔 牛羊을 우두머리로 친다. 그런데 우리나라에서 소는 飼育할 줄 알지만 羊은 칠 줄 모르니 졸렬한 일의 둘째이다. 고대 중국의 黃帝 이래로 육지에 다닐 때에는 수레[車]를 사용하고, 물에 다닐 때에는 배[舟]를 사용하는 것은 어느 땅인들 그렇지 않은 데가 있겠는가. 그런데 우리나라에는 배는 있으나 수레는 없으니 졸렬한 일의 셋째이다. 어찌 世界 萬國에 없는 일이 아니겠는가? 士夫의 집 婦女는 再婚하는 풍속이 없음이 지금까지 사백여 년 동안을 온 나라가 다 그렇게 하고 있으니, 어려운 일의 한 가지이다. 士夫들의 족보의 계통이 명백하여, 그 內外 십대조까지면 오백 여년이 되건만 거슬러 올라가 상고하여 다 알 수 있으니 어려운 일의 둘째이다. 어찌 만국에 있을 수 없는 일이 아니겠는가.[63]

63 鄭東愈,『晝永編』上. "嘗謂朝鮮之俗, 有至拙者三, 至難者二. 拙者, 天下萬國之所無也. 難者, 亦天下萬國之所不能有也. 我國無針必貿燕市, 若燕貿不通, 雖有布帛, 無縫衣之道, 拙一也. 六畜首稱牛羊, 而我國則養牛不知養羊, 拙二也. 黃帝以來, 陸行用

여기서 현동은 改家를 하지 않던 당시 양반들의 풍속을 지극히 어려운 일이라고 하여 그렇게 부정적인 태도로 보고 있지는 않다. 그러나 당시 봉건제도가 지니고 있는 특성으로서 노비제도에 대해서는 이를 극렬히 반대하고 革廢할 것을 주장하고 있다. 그는 당시의 노비제도의 문제점을 다음과 같이 말하고 있다.

> 우리나라의 公私奴婢의 법은 그 아버지가 양민인가 천민인가는 묻지 않고, 오직 그 어머니가 賤役이면 그 자녀는 따라서 노비가 된다. 그리하여 그 주인된 자가 그들을 살리고 죽이는 권한을 가지고 있으며, 자손에게 유산으로 전하며, 또 문서를 작성하여 매매하는 법과 돈을 받고 贖良시켜 주는 법이 있다. 그러한 까닭에 한 사람이 천인의 명부에 오르면 그의 딸의 딸, 외손의 외손으로 백대에 이르기까지 다 노비가 된다.[64]

현동은 이 글을 통하여 같은 인간이면서도 인간으로 대접받지 못하고 다만 도구와 같이 취급되는 당시의 노비세습제도가 지니고 있는 비인간성을 적나라하게 폭로하고 있다. 그는 이러한 노비세습제도의 불합리성을 인식시키기 위해 우리나라 奴婢制度의 이론적 근거뿐만 아니라 중국의 사료까지도 구체적으로 인용하여 이것을 논리적으로 비판해 나간다. 그는 『漢書』 地理志를 인용하여 기자조선 당시의 八條法禁이 '살인한 자는 당장에 죽이고, 남을 상해한 자는 곡식으로 갚으

車, 水行用舟者, 何地不然, 而我國有舟無車, 拙三也. 豈非萬國之所無乎. 士夫婦女之無再醮之俗, 于今四百餘年擧國同然, 難一也. 士夫之族系明白, 其內外十世祖, 爲五百一十二, 而溯考皆知, 難二也. 豈非萬國之所不能有者乎."

64 鄭東愈, 『晝永編』下, 278쪽.

며, 도둑질한 자는 남자는 몰입하여 그 집의 奴가 되고 여자는 婢가 된다. 스스로 속죄하고자 하는 자는 每人當 오십만 전을 내놓아야 한다.'[65]는 것이지만 그 취지가 노비의 세습적인 것을 인정하기보다는 오히려 그 취지가 속죄를 허락하는데 있으며, 이러한 세습적인 노비제도는 반드시 혁파되어야 함을 강조하였다.

> 箕子가 이미 殷나라에 있을 때부터 거짓 미쳐서 남의 종이 되었다고 하였으니 노비의 법이 실로 기자가 처음 창설한 것은 아니다. 특히 이것을 가지고 우리나라에 가르침을 베풀었다고 말한 것뿐이다. 어디에 일찍이 대대로 노비의 자손은 賤役이 된다는 설이 있었던가?[66]

당시 현동의 세습적 노비제도에 대한 혁파이론은 그의 근대지향적 사회사상을 살펴볼 수 있는 중요한 자료로서 두 가지 점을 그 의미로 정리할 수 있다. 하나는 그의 세습적 노비제도의 혁파에 관한 이론이 당시 고착적인 규범에 억매인 주자학의 학문적 성향을 벗어나 현실에 대한 주체적 판단을 중시하는 양명학적 사유체계에 입각하고 있다는 사실이요, 다른 하나는 세습적 노비제도의 불합리성을 논증하기 위해 우리나라 자료뿐만 아니라 중국의 자료까지 원용하는 考證學의 학문 태도를 보여주고 있다는 점이다.

이렇게 볼 때 현동은 객관적 규범을 중시하는 주자학보다는 인간 주체의 판단을 중시하는 양명학적 사유체계를 바탕으로 실학적 경향

---

65 『漢書』 地理志. "相殺, 目當時償殺. 相傷, 目穀償. 相盜者, 男沒入其家奴, 女子爲婢. 欲自贖者, 人五十萬."

66 鄭東愈, 『晝永編』下. "箕子已自在殷時, 佯狂爲奴, 奴婢之法, 則實非箕子所創, 特以此說, 敎東國云耳, 何嘗有世世爲賤役之說乎."

과 의미를 함께 할 수 있는 근대지향적 사회사상을 전개하였다고 할 수 있겠다.

2) 초원 이충익

椒園 李忠翊(1744~1816)은 하곡의 제자인 李匡明의 양자이며 친부는 李匡顯이다. 그의 가문은 黨禍에 연루되어 몰락한 全州李氏 가문이었다. 일찍이 李匡明의 백부 李眞儒(1669~1730)는 景宗 연간에 부제학·호조판서·대사성·대사헌을 거쳐 이조참판을 역임한 당대의 명신으로, 英祖의 왕위계승문제를 둘러싸고 노론과 소론 사이에 일어난 당쟁에서 노론을 攻斥하였다가 英祖의 즉위와 함께 노론이 득세하게 되자 羅州로 유배되었고 그 후 李麟佐의 난에 연루되어 희생되었다. 1755년 羅州壁書事件을 계기로 李眞儒의 죄가 다시 거론되어 그의 諸姪들이 모두 유배되는 참화를 만나게 되었을 때 초원의 생부인 이광현도 함께 참화를 당하게 되었다. 이후 초원은 평생을 우환 속에서 살게 되었는데, 그는 만년에 이르러 자신의 비참한 삶을 물결 따라 흘러가는 눈먼 거북에 비유하여 이렇게 말하고 있다.

> 이제 나는 늙었다. 평생 동안 도를 사모하였으나 끝내 들은 바도 본 바도 없었으며, 妻와 子息들의 飢寒을 걱정하여 五嶽을 노닐 수도 없었다. 정처 없이 떠돌아 정한 곳이 없으니 괴롭고 답답하기만 하다. 내 몸 하나 생을 마칠 거처조차도 알지 못하니 또한 여기서 다른 곳으로 옮겨 간다면 물가일까? 산비탈일까?[67]

---

67 『椒園集』乾,「龜搓說」. "今余老矣. 平生慕道, 至竟無所聞見. 憂妻子飢寒, 不能爲五嶽遊, 流離不常, 唈唈焉. 不知己之當終居. 於是乎, 又將遷而之他, 水涯乎, 山濱乎."

(1) 양명학에 대한 견해

초원의 양명학에 대한 견해는 그의 '從兄信齋先生家傳'에 단편적으로 보이고 있다. 그는 스스로 양명학을 공부하였음을 시인하여 이렇게 말하였다.

> 忠翊이 일찍이 王氏의 致良知說을 좋아함에, 선생이 '왕씨의 학은 浮高하여 禪에 가까우니 晦庵을 배우는 것이 옳다.'고 하였다. 충익은 오랜 후에 선생의 말이 옳다고 믿게 되었다.[68]

이 글에서 보면 초원은 처음에는 양명학을 좋아하였다가 종형인 李令翊(1738~1780)의 권유로 양명학을 버린 것으로 되어 있다. 그러나 격물치지에 해석에 있어서 초원은 주자학의 격물궁리설을 비판하고 양명학의 입장을 따르고 있다. 대학의 격물치지에 대한 초원의 견해를 살펴보자.

> 선생이 말하기를 '대학의 格物은 곧 物有本末을 가리키고 致知는 知所先後의 知이다.'고 하였다. 충익은 말하기를 '格物致知는 곧 誠意의 方法인데, 만약 物有本末의 物과 知所先後의 知를 가지고 格物致知의 物과 知로 삼는다면 文義에 맞지 아니하여 끝내 서로 합하지 못한다.' 고 하였다.[69]

68 『椒園集』, 「從兄信齋先生家傳」. "忠翊, 嘗喜王氏致良知之說. 先生曰王氏之學, 浮高染禪, 須學晦庵爲正. 忠翊久而後, 信其然."

69 『椒園集』, 「從兄信齋先生家傳」. "先生謂大學格物, 卽指物有本末而致知者, 致知所先後之知也. 忠翊謂格物致知, 卽誠意之方而若以物有本末之物, 知所先後之知, 指爲格物致知之物與知, 則文義未協竟未相合."

먼저 신재의 견해를 살펴보면, 그는 대학의 '物有本末 事有終始 知所先後 則近道矣'의 구절을 격물치지와 관련하여 物有本末의 物을 格物致知의 物과 동일한 것으로 보고 知所先後의 知를 格物致知의 知와 동일한 것으로 파악하여 객관 경험지로 인식하고 있다.

이에 대해 초원은 物有本末의 物과 知所先後의 知를 格物致知의 物과 知로 보는 신재의 견해에 반대하고 格物致知를 곧 誠意의 方法[誠意之方]으로 보아야 한다고 주장하고 있다. 이 말은 곧 주자와 같이 격물치지를 대상의 궁구를 통한 후천적 경험지의 확충으로 보지 않고, 양명과 같이 격물치지를 주체적 본심의 '意'를 성실히 하는 誠意의 공부로 인식한 것이다. 이 구절의 해석은 실제 양명학과 주자학이 학문적 성격을 달리하는 중요한 문제이다. 양명은 일찍이 주자의 격치설에 관심을 두었으나 결국 주자의 격치설 속에서 心과 理를 二元化하는 문제점이 있음을 발견하고 心과 理를 일원화하는 심즉리의 논지를 세우게 된다. 양명에 있어서 격물치지를 誠意一事로 파악하는 관점은 곧 주체와 대상을 일원화하는 심즉리의 논리에 다름이 아니다.

> 『대학』의 明明德의 功은 다만 誠意일 뿐이요, 誠意의 功은 다만 格物일 뿐이다.[70]

이러한 점에서 초원이 格物致知를 주자와 같이 객관 定理를 궁구하는 것으로 보지 않고 인간 주체의 본심을 확충해가는 誠意一事로 파악하고 있는 것은 곧 격치와 성의를 인간의 주체 속에서 파악하려는 양명학의 격치관과 일치하고 있는 것이라 하겠다.

---

70 『傳習錄』上 徐愛錄. "大學明明德之功, 只是箇誠意, 誠意之功, 只是箇格物."

(2) 현실비판의식

초원이 활동한 18세기 조선의 상황은 중세의 봉건질서 체제가 급속히 붕괴되어 가는 추세에 놓여 있었다. 사회적으로는 수세제도의 문란으로 인한 농민층의 계급분화와 함께 토지겸병의 극대화를 통한 기층민중과 양반의 갈등이 심화되고 있었다.[71] 그러나 당시 주자학에 바탕을 둔 정치인들은 민생의 도탄을 외면한 채 학파와 당파의 결탁으로 인한 당쟁에 몰두하고 있었으며, 義理를 假託하여 그들의 논리를 정당화하여 나갔다. 초원과 동시대를 살았던 玄東은 당시 주자학자들의 행태 속에 드러나는 가식과 허위의식을 일컬어 의리에 빙자하여 사람을 죽이는 일이라고 하였지만 초원은 당시 의리를 가탁하여 세상을 전횡하는 정치인들의 행위를 이렇게 풍자하고 있다.

> 한 마디의 말이나 한 가지의 행동마다 옛 글을 빌리고 옛 哲人의 자취에 비기지 않음이 없어서 재갈로써 온 세상 사람들의 입을 막는데도 사람들은 그 재갈이 물려진 것을 알고도 감히 항거하지 못한다. 또한 다시 마음으로 그 행하는 바를 부러워하여 이를 본받아 배우면서 오직 그들을 닮지 못할까 두려워하고, 은근히 즐겨 그 무리가 되고도 수치심을 느끼지 못한다. 아아! 이 부끄러움을 느끼지 못하는 것이야말로 또한 부끄러울 뿐이다.[72]

---

71 安在淳, 「韓國近世史에 있어서 正祖의 統治哲學에 關한 研究」, 成大 博士學位請求論文, 1990.

72 『椒園集』 乾, 「假說」下. "一言一動, 無不借號於往牒而擬跡於前哲, 以箝制一世之人, 人不惟被其箝制而不敢抗, 亦復心艶其所爲而效學之唯恐不肖, 然樂爲之徒而無恥也. 嗚呼. 斯之無恥, 其亦無恥也已."

이러한 현실에 대한 인식은 당시 뜻있는 선비들의 공통된 견해였지만 특히 초원의 비판의식은 단순히 당시 사회의 병리현상을 진단하고 이를 노정시키는 차원을 넘어 유가의 정통성을 회복하는 것을 그 목적으로 하고 있었다. 그는 이러한 사명감을 통해 그가 허위의식을 배제하게 된 경위를 이렇게 밝히고 있다.

> 孔孟은 仁義를 빌리는 자들이 仁義에 화를 입히는 것이 不仁不義보다 심하다는 것을 알았다. 인의를 빌려서 행하는 자들의 천하고 악한 것은 분명히 두 마음 품은 것을 드러내어 그 몸이 찢겨지는 벌을 받은 자보다도 심하다. 그러므로 세상에서 온통 義를 칭송하는 때를 당하여, 능히 어린 아이로 하여금 道를 일컫는 것이 부끄러움이 된다는 것을 알려서 (五覇가 仁義를 假托한 것이) 三王의 죄인 됨을 분명히 말하려는 것이다.[73]

그런데 이러한 허위의식의 배제를 지향하는 眞假論은 하곡학파의 한 특색으로서[74] 정인보는 하곡학파가 진가론을 통해 당시의 허위의식을 비판하게 된 배경을 이렇게 설명하고 있다.

> 朝鮮 數百年間 學文으로는 오직 儒學이요, 儒學으로는 오직 程朱를 信奉하였으되, 信奉의 弊 대개 두 갈래로 나뉘었으니, 一은 그 學說을 받아 自家便宜를 圖하려는 私營派이요, 一은 그 學說을 받아 中華嫡傳

---

73 『椒園集』乾, 「假說」下. "孔孟知假仁義者之禍仁義, 甚於不仁不義而假而爲有, 其可賤惡 甚於顯, 貳而身毁裂者也. 故當擧世頌義之時, 能使童子羞稱道, 而明言其爲三王之罪人也."

74 劉明鍾, 『韓國의 陽明學』, 5쪽.

> 을 이 땅에 드리우자는 尊華派이다. 그러므로 平生을 沒頭하여 心性을 講論하되 實心과는 얼러볼 생각이 적었고 一世를 揮動하게 道義를 標榜하되 자신 밖에는 보이는 무엇이 없었다. 그런즉 世降 俗衰함을 따라 그 學은 虛學뿐이요, 그 行은 假行뿐이니 實心으로 보아 그 學이 虛인지라, 私計로 보아 實이요, 眞學으로 보아 그 行이 假인지라, 僞俗으로 보아 實이다. 그러므로 數百年間 朝鮮人의 實心 實行은 學問領域 以外에 구차스럽게 間間 殘存하였을 뿐이요, 온 세상에 가득 찬 것은 오직 假行이요, 虛學이라.[75]

이러한 허위 의식에 대한 비판은 인간의 양심 본성을 학문의 기초로 하여 현실 속에서 이를 완성하고자 하는 양명학의 현실 이해에서 비롯된 것이거니와 하곡학파의 흐름을 계승한 초원 또한 당시에 만연하고 있는 사회적 병리적 현상이 양심에 비추어 참으로 부끄러운 행위임을 설파하였던 것이다. 다음의 예문은 李匡師가 지은 李匡臣 祭文의 한 구절로서 이 글에는 당시 객관 규범만을 중시하는 주자학자들의 형식적인 학문태도에 대해 인간 주체의 양심본성에 입각하여 앎과 삶이 하나 되는 삶을 살고자 하였던 하곡학파의 고뇌가 잘 나타나 있다.

> 처음에는 晦菴을 사모하여 格致를 천명하였다가 후에 霞谷의 양명의 학설을 듣고는 안으로 用心하여 知行을 合一함이 뭇 사람들의 蔓延支離함과 달랐다. 초학들은 요점을 취하는데 어두워 쉽게 밖으로 달리는데, 兄은 마음에 계합하여 수년 동안 이것을 구하였다. 존숭하고 信慕하는 가운데 끝내 의심을 갖게 되어, 다시 양명서와 주자서의 두 책을 가져다가, 일일이 서로 참고하여 득실을 비교함에 비로소 흑과 백이

---

75 鄭寅普, 『陽明學演論』, 11~12쪽.

어슴푸레 갈라졌다. 이와 같이 수년 동안 血戰을 그치지 아니하였다.[76]

이 글은 하곡학파의 양명학 경도과정의 원인을 소상히 밝혀주는 것이지만 당시 하곡학파의 고민은 주자학 자체의 문제라기보다는 의리를 가탁하여 진리를 위장하는 당시 주자학자들의 형식적인 학문자세에 대한 비판이었다. 양명학이 주자학의 말폐적 현상을 극복하려는 사상이라고 하는 점에서 하곡 이후 현실의 문제와 점차 유리되어가는 주자학을 직시하면서 하곡학파는 實心을 통해 이를 시정하려는 양명학적 학문자세와 양명학을 이단시하는 현실 사이에서 고민과 방황을 하게 되었던 사실이 위의 예문 속에 잘 나타나 있다. 결국 이들은 중국과는 달리 양명학을 인정하지 않는 현실 속에서 주자학의 공리공담성을 비판하는 실학과 그 추이를 함께하면서 '眞假論'을 통해 주자학의 허위의식을 비판하고 있는 것이다. 이러한 진가론은 이후 蘭谷 李建芳(1861~1939)과[77] 정인보에까지 계승됨으로써 하곡학파의 근대지향적 역사의식으로 자리 잡게 되었던 것이다.

---

76 『圓嶠集』3, 「祭恒齋從兄文」. "始慕晦菴, 闡明格致, 後聞霞谷, 新建之說, 用心於內, 當合行知, 不比夫人, 蔓延支離, 初學昧要, 易至外馳, 兄契於心, 求之數歲, 尊崇信慕, 終乃生疑, 復將王朱, 二書在介, 一一參互, 比較得失, 始時黑白, 然參差, 如是累歲, 血戰不已."

77 『蘭谷存稿』, 「原論」上. "所謂道與義者, 未必眞道矣, 而或出於假而爲名高, 則適足以賊道而害義也. 嗚呼. 道義之在人心未嘗亡, 而惟假者亂其眞, 則未易變也. 欲求其眞, 必先知其假. 何以知其假, 以其不合乎聖賢之道也. 何以知其不合乎, 聖賢之道, 以其不合乎人之情也."

3) 초천 정문승

蕉泉 鄭文升(1788~1875)은 하곡의 高孫으로 憲宗時 翊衛司洗馬가 되고 哲宗, 高宗代에 이르기까지 참의·참판·공조판서 등을 역임하였다. 초천은 詩와 『論語』를 좋아하고 또한 서화에 능하였다. 그의 문집인 『蕉泉集』에는 사상적인 측면을 이해할 수 있는 자료가 많지 않고 오히려 농본주의에 입각한 실학사상이 많이 나타나 있다. 이것은 조선조 후기에 실학사상이 점차 주자학의 학문경향을 벗어나 실학적 학문체계를 형성하는 과정에서 초천의 학문경향이 주자학보다는 실학적 측면으로 경도되고 있음을 말해주는 것이라 생각된다.

(1) 양명학적 사유구조

초천의 사상은 주자학을 학문적 바탕으로 삼고 있으며, 그의 가학인 양명학은 주자학 속에 심학적 경향으로 계승되고 있는데, 이것은 양명학을 이단시하는 당시 사상계의 영향으로 생각된다. 문집 속에 단편적으로 나타나 있는 그의 철학사상을 살펴보면 다음과 같은 특징을 보이고 있다.

초천의 심성론은 心과 性의 의미를 분명히 구분하여 주자학의 性卽理의 입장을 지지하고 있으나 또한 심의 작용성을 중시하는 특성을 보이고 있다. 그는 性을 心의 本體로, 心을 性의 安頓處로 파악하고 있다.

> 대개 心은 性의 郛郭이요, 性은 心의 形體이다. 그러므로 性을 말하면서 心을 말하지 않으면 性이 安頓할 바를 잃게 되고, 心을 말하면서 性을 말하지 않으면 心은 다만 血殼에 불과할 뿐이다.[78]

이 말은 心의 能動性을 강조하여 心과 性을 일원상에서 인식하는 양명학의 입장과는 다르다. 그러나 초천은 비록 心과 性을 體와 用으로 구분하고 있지만 본체로서의 性이 心의 작용을 떠나서는 의미가 없음을 말하여 心의 역할을 중시하고 있다. 그는 性卽理의 입장에서 性의 본원성을 理로 긍정하고 있지만 心의 統攝作用이 없이 理인 性만이 스스로 主宰하고 운용할 수 없음을 분명히 함으로써 심의 작용성을 중시하는 특성을 보여주고 있다.

> 性이 性이 된 까닭과 仁이 仁된 까닭은 정히 이 心의 靈妙함이 본체를 갖추어 統攝하는 것으로 主宰를 삼아서 그러한 것이지 心을 버리고 性만을 말하여 仁의 理가 스스로 주재하고 스스로 운용할 수 있다는 것을 말하는 것이 아니다.[79]

수양론에 있어서 초천은 주자의 '涵養須用敬 進學則在致知'의 입장을 따라 敬을 正心을 위한 덕목으로, 誠을 학문을 위한 덕목으로 이해하고 있다. 초천의 다음의 말을 살펴보자.

> 敬이라는 것은 마음의 주재요, 誠이라는 것은 학문의 終始니 敬이 아니면 마음을 세울 수가 없게 되고, 誠이 아니면 학문을 할 수가 없게 됩니다. 원컨대 전하께서는 誠으로써 학문의 전거를 삼으시고 敬으로써 마음의 집을 삼으셔서 항상 '主一無適'의 뜻을 간직해 생각하시고

---

78 『蕉泉遺稿』 卷2, 「答光恩庸學問目」. "蓋心者性之郛郭, 而性者心之形體. 故言性而不言心, 則性無安頓之所矣. 言心而不言性, 則心只箇血殼而已."

79 『蕉泉遺稿』 卷2, 「答光恩庸學問目」. "性之所以爲性, 仁之所以統性, 政以此心之靈妙該載管攝者爲之主而然也. 非是舍心言性而謂仁之理, 自會主宰, 自會運用."

> 반드시 스스로 无妄의 공부에 힘쓰신다면 학문이 밝아지기를 기약하지 않아도 스스로 밝아지며 마음이 바르게 되기를 기약하지 않아도 스스로 바르게 될 것입니다.[80]

여기서 학문이라 함은 窮理를 의미하는 것으로 결국 초천은 居敬 이외에 다시 격물궁리를 긍정하는 주자학적 학문체계를 수용하고 있다. 이러한 초천의 학문적 입장은 주자의 격물궁리설이 理의 外在性을 긍정함으로써 인간의 실천적 주체인 心을 理로부터 소외시킨다고 하여 이를 부정하고 '心外無物', '心外無事', '心外無理'의 입장에서 心卽理만을 주창하는 양명의 입장과는 다른 주자학의 입장에 있는 것이라 할 수 있다. 그러나 다음과 같은 말은 窮理보다는 居敬을 중시하는 초천의 입장을 잘 말해주고 있다.

> 전하께서는 진실로 능히 精一의 공부를 더하시고 未發하는 때에는 存養하여 마음을 明鏡止水와 같이 하셔서 조금이라고 私意의 累가 없게 하시고, 已發하는 때에는 省察하여 하여금 거울이나 저울과 같이 공평하게 하셔서 조금이라도 物欲의 잡됨이 없게 하십시오. 그러면 보존하는 바는 性命의 바름이요, 발현하는 바는 다 의리의 공정함이 될 것입니다. 밝은 지혜가 지극하여 하늘을 비추고 땅을 밝힘에 정사를 행하여 인을 베풀며, 일에 처하고 사물을 접함에 이르러 널리 응하여 곡진하고 합당하지 않음이 없을 것입니다.[81]

---

80 『蕉泉遺稿』 卷3, 「辭臺憲陳戒疏」. "敬者心之主宰, 誠者學之終始. 非敬則無以立心, 非誠則無以爲學. 願殿下, 誠以典學, 敬以宅心, 常存念於主一之義, 必自强於无妄之工, 學不期明而自明, 心不期正而自正."

81 『蕉泉遺稿』 卷3, 「雷異後應旨陳戒疏」. "殿下誠能益加精一之工, 存養於未發之時, 而使如鏡明水止, 無一分私意之累, 省察於已發之際, 而使如鑑公衡平, 無一毫物欲之雜,

여기서 초천의 심학적 경향이 나타난다. 초천은 『書經』의 '精一'공부를 바탕으로 하여 존양과 성찰을 강조함으로써 그의 심학적인 특성을 보이고 있는데, 특히 존양과 성찰을 통하여 발현되는 마음의 진리가 政事나 處事接物에 응하여 곡진함과 합당함을 얻게 된다는 말은 양명학적인 사유체계에서 나온 말로 이해된다. 심즉리의 입장을 긍정하지 않는 주자학에서는 양명학에서와 같이 심의 주체적 판단에서 나온 객관규범성을 인정하지 않는다. 주자학에 있어서 心은 비록 性과 情을 통솔하는 '心統性情'의 입장에 있기는 하지만, 일반적으로 심은 사욕에 엄폐될 가능성이 상존하기 때문에 심의 진리성을 긍정하기보다는 사욕의 엄폐가 불가능한 심의 본체로서의 성만을 진리로 긍정한다. 따라서 주자학에서는 격물궁리를 통한 객관적이고 합리적인 기준이 없이 오직 심의 지각과 판단만으로 객관 규범을 설정하는 것을 인정하지 않는다. 오히려 격물궁리를 통한 외재적 理의 궁구가 보다 근원적인 공부이며, 이러한 격물궁리를 통한 理의 보편성이 확립되었을 때 비로소 객관규범의 설정이 가능하다. 이렇게 볼 때 위의 예문에서 나타난 초천의 입장은 주자학의 거경적 수양론을 통해 간접적으로 양명학의 心卽理의 입장을 노정하고 있는 것으로 생각된다. 이같이 家學인 양명학에 대한 초천의 완곡한 입장의 표명은 주자학만을 존숭하는 당시 시대적 상황과도 관련이 있는 것으로 생각된다.

이처럼 초천의 양명학적 사유구조는 주자학의 학문체계 속에서 居敬을 중시하는 심학적 경향으로 조심스럽게 개진되고 있음을 알 수 있다.

則所存皆性命之正, 所發皆義理之公, 而明睿所極照天燭地, 以至發政施仁處事接物, 無不汎應曲當."

(2) 農本主義的 實學思想

초천이 활동하였던 시대는 조선조 말기로, 세도정치가 횡행하여 또한 백성들의 삶이 곤궁한 때였다. 초천은 당시의 사회정황을 이렇게 말하고 있다.

> 전하께서 등극하신 이래 처음부터 말씀이 될 만한 失德이 없었으며 또한 가히 열거할 만한 잘못된 정치도 없었습니다. 그러나 勢道政治가 날로 소란해져 평온하지 못하며 국세는 날로 어려워져 비록 지혜로운 자로 하여금 이에 대처하게 하여도 자못 수습할 수 없는 지경에 이르렀으니, 이것은 그 까닭이 과연 어디에 있습니까? [82]

이러한 때에 초천도 실학자들의 현실인식과 그 궤를 같이 하여 주자학에서 고수하고 있는 舊法의 부적합성을 잘 인식하고 있었다. 그러나 무조건적인 개혁만이 능사가 아니라는 것을 파악한 초천은 현실과 유리된 당시의 구법에 대한 개혁의 문제를 신중하게 검토할 것을 주장하고 있다. 초천이 파악하고 있는 개혁의 논리는 현실의 문제에 입각하여 이를 면밀하게 관찰하고 이를 주체적 판단에 입각하여 이를 해결하려 하였다. 다음은 그가 改進한 개혁의 논리다.

> 경솔하게 구법을 개혁해서도 안 되며 옛 법을 고집스레 지키기만 해서도 안 됩니다. 구법을 가벼이 고치면 법을 준수하는 의미가 없게 되며, 옛 법을 굳게 지키기만 한다면 폐단을 교정하는 도가 없게 됩니다.

---

82 『蕉泉遺稿』 卷3, 「雷異後應旨陳戒疏」. "殿下自御極以來, 初無可言之失德, 亦無可擧之疵政, 而世道日益波蕩, 國勢日益岌嶪, 雖使智者處之, 殆至於莫可收拾之境, 此其故果安在哉."

> 그러한 까닭에 마땅히 간직하여 지켜야 할 때에 잘 지키는 것도 진실로 '繼志述事'의 뜻이며, 마땅히 변통해야 할 때에 잘 변통하는 것도 또한 '繼志述事'의 뜻입니다.[83]

여기서 초천의 변통의 논리는 어느 한쪽을 고집하는 입장이 아니라 현실의 구체적 상황에 입각하여 주체적 판단에 의해 이를 해결하려는 時中의 논리다. 그는 이러한 사유체계에 입각하여 당시의 문제를 농본주의적 관점에서 다음과 같이 요약하고 있다.

> 나라가 나라된 까닭은 백성이 있기 때문이며, 백성이 살아가는 까닭은 농사입니다.[84]

그는 모두 12조에 걸쳐서 당시 농업의 문제점을 지적하고 이의 개혁을 주장하고 있는데, 그 중요한 내용을 살펴보면 다음과 같다.[85]

첫째, 농지를 잠식하는 법을 금지하여 농지를 확보할 것.

둘째, 인분 등을 이용해 토성을 조정하여 토질을 개선할 것.

셋째, 토질과 지형에 맞게 농사기술을 지도 할 것.

넷째, 농사 시기를 박탈하지 않도록 하여 農時를 확보할 것.

다섯째, 당시 선비도 아니고 농민도 아니면서 무위도식하는 계층이 농민의 3분의 2로서 이들을 모두 농민으로 귀속되도록 법에 의해 규

83 『蕉泉遺稿』 卷3, 「辭臺憲陳戒疏」. "毋輕改舊章, 毋膠守故法. 舊章輕改, 則毋監憲之意, 故法膠守, 則無矯弊之道. 故曰當持守而持守者, 是固繼述也. 當變通而變通者, 是亦繼述也."

84 『蕉泉遺稿』 卷6, 「農書」. "國之所以爲國者民也, 民之所以爲生者農也."

85 『蕉泉遺稿』 卷6, 「農書」 參照.

제할 것.

여섯째, 토지의 측량과 농사의 형편이나 재해의 상황을 통한 정당한 조세의 부과와 그 사이 奸吏의 농간이 없도록 관리를 철저히 할 것.

일곱째, 임병 양난 이후 그 폐해가 극심하였던 還穀의 폐단을 백성들의 입장에서 다시 조정하여 그 사이 奸吏의 농간이나 무위도식하는 자를 제거하여 백성들을 위로할 것.

여덟째, 위정자들이 백성과 고락을 함께하는 자세를 견지하여 백성들 스스로의 농사에 대한 자부심을 앙양시켜 줄 것 등이다.

그 밖에도 임병 양난 이후 사회적 문제로 제기된 三政의 紊亂을 통해 야기된 民草들의 困苦와 방황의 원인을 당시 무위도식하는 부호나 奸吏들의 농간에서 기인됨을 지적하고 있는 등 초천의 중농주의적 실학사상은 당시의 근대지향적인 실학사조와 그 맥락을 같이 하고 있는 것이라 하겠다.

V
천주교와 양명학

한국 양명학은 전래 초기부터 이단으로 배척당해 조선조 전반을 통하여 그 명맥을 찾기가 쉽지 않다. 그러나 이러한 상황 속에서도 한국 양명학은 나름대로 독자적인 성격을 가지고 사상사에 기여하여 왔다.

그 대체적인 흐름을 살펴보면, 학문적 성격을 중심으로 크게 세 가지 유형으로 구분할 수 있다. 첫째는 조선 후기의 실학사조와 경향을 함께 하는 하곡학파의 양명학이고, 둘째는 전통 유교로부터 천주교로 전향해 가는 학자들에 의해 형성된 星湖 李瀷(1681~1763)의 문하를 중심으로 하는 양명학, 그리고 셋째는 개화사상과 관련하여 東道西器的 主體思想으로 양명학을 수용하는 개화기의 양명학이다.

천주교와 양명학의 관계에 관련하여서는 조선조 천주교가 전래한 초기에 양명학을 공부한 학자들이 대거 천주교로 귀의하였다는 사실이다. 당시 조선의 상황은 사상적으로 주자학이 체제교학으로 자리 잡고 있었음은 주지의 사실이다. 그럼에도 불구하고 주자학이 아닌 양명학을 공부한 소수의 학자들이 대거 천주교에 귀의한 것은 어떠한 의미를 지니고 있는 것일까? 이 점은 천주교와 전통 유교의 만남이라고 하는 점에 있어서 중요한 의미를 지닌다고 할 수 있다.

일반적으로 천주교는 전래 이래로 체제교학으로서의 주자학에 의해 배척을 받아 온 것이 사실이다. 체제교학으로서의 주자학이 외래사상으로서의 천주교를 배척한 것은 위정척사라고 하는 측면에서 나름대로의 입장이 있었던 것으로 생각되지만 같은 유교 내에서 양명학자들이 오히려 천주교를 수용하게 된 배경에는 양명학의 사상적 특성이 작용한 것으로 생각된다.

1. 천주교 수용과 양명학

조선조에 있어서 陽明學은 16세기경 천주교와 거의 비슷한 시기에 전래되었다.[1] 양명학은 전래 초기부터 주자학의 배척으로 말미암아 거의 조선조 전반에 걸쳐서 陽朱陰王的 學問으로 전락하고 말았다. 특히 퇴계의 辨斥 이후[2] 양명학 자체의 학문적 호기심이나 사상적 경도에서라기보다는 정치적으로 소외된 少論과 南人계층에서 정치적 세력자들에게 대항하기 위한 사상적 무기로서 反朱子學的 性向과 함

1 양명학의 전래에 대해서는 異論이 있지만 지금까지의 연구결과를 토대로 할 때 1523년 전후로 추정될 수 있으며 (吳鍾逸, 「陽明傳習錄傳來考」, 고대『철학연구』 5집, 1978 참고) 천주교는 柳夢寅(1559~1623), 李睟光(1563~1628), 許筠(1569~1628) 등에 의해 처음으로 소개되었다.

2 양명학이 전래될 당시(1523년 진후) 조선의 사상계는 정치적으로 연산군의 虐政과 인조반정 그리고 사림의 士禍 등으로 말미암아 주자학의 심학화 현상이 나타나고 있었고, 이 시기에 전래된 양명학은 상당히 자유로운 분위기에서 수용 비판되고 있었다. 그러나 퇴계가 1566년 白沙와 陽明의 諸說이 세상에 헛되이 전하여 정주의 相傳之統이 무너질까 두려워하여 「傳習錄論辯」을 지어 양명학을 이단으로 배척한 이후 양명학은 이단으로 배척받게 되었다.

께 양명학을 받아들이는 경향이 있었다. 이후 양명학은 하곡 정제두를 중심으로 한 霞谷學派에 의해 주자학의 말폐적 현상인 '虛'에 대한 '實'의 차원에서 實學과 그 사상적 궤적을 함께하였고, 조선 후기 星湖 李瀷(1681~1763)이 마태오 리치의 『天主實義』를 소개한 이후 權哲身(1736~1801)을 중심으로 한 權日身(1742~1791), 丁若銓(1758~1816), 丁若鍾(1760~1801), 丁若鏞, 李承薰(1756~1801) 등 성호의 좌파계열이 양명학에의 경도과정을 통해 대거 천주교에 귀의하게 되는데, 그들의 천주교 귀의와 관련하여 다음과 같은 두 가지 문제점이 제기된다. 첫째는 왜 당시의 신진학자들은 주자학을 거부하고 이단으로 배척되던 양명학을 공부하게 되었는가 하는 점이며, 둘째는 그들이 후에 천주교에 귀의하게 된 사실과 양명학은 어떠한 사상적 관련을 맺고 있는 것일까 하는 점이다.

첫 번째 문제에 대해서 일부에서는 당시 주자학의 한계상황에 염증을 느낀 신진학자들이 정신적 방황의 역정 속에서 새로운 사상인 양명학에 빠져들게 되었다가 후에 천주교로 귀의하는 일련의 과정으로 파악하고 있다.[3] 주자학은 고려조의 사상적 근저를 이룬 불교의 말폐적 현상을 혁파함으로써 사상적으로 조선조의 창업에 공헌하였을 뿐만 아니라 도학정치를 바탕으로 하는 체제옹호적 논리체계를 구축함으로써 조선조 守成의 시기에 절대적인 역할을 담당하였다. 그러나 임병 양난을 계기로 사회 변혁기를 맞아 중첩되는 사회적 모순을 해결하지 못한 주자학이 점차 그 한계를 노정하게 됨에 따라, 신진학자들이 이에 대한 회의와 염증을 느끼게 된 것은 당시의 사회적 현상으로 보

3 『實學論叢』, 全南大 湖南學硏究院, 1975, 37쪽.

아 당연한 귀결이라고 할 수 있을 것이다. 그러나 그들이 무엇 때문에 양명학을 수용하게 되었는가 하는 점은 단순히 정신적 방황의 역정 속에서 우연히 발견된 학문으로 수용된 것으로 볼 수는 없다. 왜냐하면 당시에 양명학은 이미 학계에서 이단으로 배척을 받고 있었던 학문으로서 그들이 사문난적의 위험을 무릅쓰고 양명학을 수용하게 된 것은 그에 합당하는 충분한 이유가 전제되지 않고는 쉽게 납득할 수 없기 때문이다. 따라서 필자는 이러한 점에 주목하여 그들이 양명학을 수용하게 된 까닭을 현실의 문제를 해결하지 못하였던 당시 사상계의 학문 분위기와 관련하여 양명학이 지니고 있는 사유체계 즉 객관 규범이나 형식에 얽매이지 않고 자유분방하면서도 개혁적인 논리를 전개시켜 나가는 양명학의 학문적 성격에서 그 원인을 찾을 수 있다고 생각한다.

두 번째 문제와 관련해서는 그들의 천주교 수용이 대체로 양명학에 심취된 이후 약 20여 년이 지난 후에 이루어지게 되는데, 그들이 천주교에 귀의하게 되는 과정 속에서 양명학이 그 매개적 역할을 담당하였을 것으로 생각한다. 그런데 여기서 매개적 역할의 의미는 천주교와 양명학의 사상적 동질성을 통하여 그들이 천주교에 귀의하였다는 논리를 전개시키려는 것이 아니라, 양명학이 지니는 학문적 성격이 이질적인 천주교를 수용하는데 징검다리의 역할을 하였을 것으로 이해하려는 것이다. 다시 말하면 공맹의 인도주의를 지향하는 학문으로서의 양명학은 神을 가치근원으로 파악하는 천주교와는 다른 사유체계를 가지고 있는 것이지만, 규범적 형식에 구애됨이 없이 대상을 객관적으로 파악해 가는 양명학적 사유구조가 이질적인 천주교를 편견 없이 이해하는데 기여할 수 있었을 것이며,[4] 또한 성호학파의 양명학이 지닌 종교적 특성이 천주교의 수용에 영향을 주었을 것으로 생각된다.

2. 양명학과 천주교의 상함이론

1) 『천주실의』에 나타난 천주교와 양명학의 관계

천주교가 전래할 당시 중국의 사회상은 봉건적 사회 속에 나타난 자본주의의 맹아라 지칭되는 사회경제적 변혁과 明末 농민들의 반란 등을 통해 제기되는 통치계층에 대한 비판의식 및 점증되는 시민의식의 태동 등으로 말미암아 전 분야에 걸쳐 "天崩地解"의 대변혁의 시기를 맞이하고 있었다.[5] 이러한 대변혁기를 통해 천주교의 선교정책을 위한 방편으로 제공된 서양의 과학기술은 청대 실학의 학풍을 선도하여 고증학의 학문방법이 일어나는 등 시대적 요구에 부응하였고,[6] 천주교는 전래 초기에 전통사상과의 갈등이 있었으나 예수회선교사들의 補儒論的 適應主義에 힘입어 당시 士大夫들의 적극적인 호의와 관심을 불러일으켰다.[7]

한편 천주교 전래 당시 중국 전통유교의 주도적 역할을 담당한 사

---

4 이러한 사실은 중국에 있어서 초기 천주교도로서 천주교의 포교에 크게 공헌하였던 徐光啓(1562~1633)가 天主敎를 수용함에 있어 양명학이 지닌바 懷疑와 批判의 精神에 크게 힘입었음을 그 例로 제시할 수 있겠다.(孫尙揚, 『明末天主教與儒學的交流和衝突』, 臺北 文津出版社, 1992, 152쪽)

5 謝國楨, 『明末清初的 學風』, 1~2쪽.

6 琴章泰, 「東西交涉과 近代韓國思想의 推移에 關한 研究」, 成大 博士學位請求論文, 1978, 27쪽.

7 琴章泰, 「東西交涉과 近代韓國思想의 推移에 關한 研究」, 22쪽.

상은 양명학이었다. 양명학은 비록 후에 청대 실학자들에 의해 배척을 당하게 되지만, 당시 양명학자들 중 何心隱(1517~1579)과 王艮(1483~1540) 등은 양명의 萬物一體思想을 계승하여 '農工商人도 선비가 될 수 있다.'는 平等博愛思想을 주장함으로써 시대적 요구에 부응하였고,[8] 李贄(1527~1602)는 인간의 욕망을 긍정한 理를 주창함으로써 明末淸初의 신시대적 계몽의식을 고취하는 등 당시 사상계를 주도하고 있었다. 따라서 천주교와 양명학의 만남은 시대적 상황으로 보아 필연적인 과정일 수밖에 없었다. 당시 천주교 전파의 주도적 역할을 담당하였던 마태오 리치(Matteo Ricci, 1552~1610)와 양명학자인 이지의 만남은 이러한 시대적 배경을 통하여 이루어지게 되었다.

천주교의 중국선교에 있어서 중추적 인물인 마태오 리치는 1582년 마카오에 도착하여 1610년 사망할 때까지 중국선교의 주도적 역할을 하였다.[9] 그는 1600년(萬歷 28)을 전후하여 양명학자인 이지와 교유하면서 많은 도움을 받았고, 이지 또한 마태오 리치의 經學에 대한 이해에 경탄을 금치 않았다.[10] 이러한 일련의 과정 속에서 마태오 리치는 당시 중국의 사상적 주류를 이루고 있었던 양명학의 영향을 받은 것으로 생각되는데, 이지는 마태오 리치의 학문적 조예에는 깊이 감탄하

8 『明淸實學思潮史』, 中國 齊魯書社, 1989, 상권, 289~290쪽.

9 徐良子, 『16세기 동양선교와 마태오 리치 신부』, 서울 성요셉출판사, 1980 參照.

10 李贄, 『續焚書』 卷1, 「與友人書」. "承公問及利西泰, 西泰大西域人也. 到中國十萬餘里, 初航海至南天竺始知有佛, 已走四萬餘里矣. 及抵廣州南海, 然後知我大明國土, 先有堯舜, 後有周孔. 住南海肇慶幾二十載, 凡我國書籍無不讀. 請先輩與訂音釋, 請明於四書性理者, 解其大義, 又請明于六經疏義者, 通其解說. 今盡能言我此間之言, 作此間之文字, 行此間之儀禮, 是一極標致人也. 中極玲瓏, 外極樸實, 數十人群聚喧雜, 讐對各得, 傍不得以其間鬪之使亂. 我所見人, 未有其比. 非過亢則過諂, 非露聰明則太悶悶瞶瞶者, 皆讓之矣."

면서도 천주교에는 동조하고 있지 않았던 것으로 생각된다.[11]

마태오 리치는 30여 년간의 중국생활을 통하여 천주교의 전래를 위해 四書·五經 등 중국의 경전을 비롯한 여러 서적을 탐독하였고 『天主實義』 등 20여 권에 달하는 저서를 남겼다. 그 중 『천주실의』는 천주교를 교리적 측면에서 서술한 서적으로, 이 책에서 마태오 리치는 天主의 존재, 영혼불멸설, 천당지옥설 및 불교비판 등의 내용을 중국 고전의 上帝說 등을 근거로 하여 補儒論的 立場에서 서술하고 있다.

그러나 유교 사상 중 宋明理學에 대해서는 대체로 부정적인 입장을 취하고 있는데, 그것은 천주교와 송명리학의 근본적인 사유체계의 차이점에서 기인하는 것이었다. 즉 천주교의 교리가 天主중심의 신학적인 교리임에 비해 송명이학은 인간중심의 인도적 차원의 학문으로, 두 사상은 근원적으로 다른 차원의 논리를 간직하고 있었다. 특히 주자학의 이론체계 속에 나타나는 우주론의 근본개념인 太極이나 理의 개념은 마태오 리치의 第一의 비판대상이 되었고, 양명학이 지니고 있는 心卽理의 논리체계도 천주교의 교리와 정면으로 위배되는 것이었다. 그러나 양명학 자체가 천주교와는 다른 학문체계를 지닌 이질적인 사상임에도 불구하고, 부분적으로는 주자학의 객관적 규범세계를 부정하고 천주교의 정당성을 제시하기 위한 방편으로 양명학의 사상이 원용되고 있다. 예컨대 주자학에 있어서 '理'는 만물의 존재원리로 설명되는데, 이 理는 만물을 존재하게 하는 원리일 뿐 그 자체는 活動性과 靈覺性이 없다. 따라서 마태오 리치의 입장에서 볼 때 천주와 같이 활동성과 영명성을 지니지 못한 理는 진리로 인정될

---

11 李贄, 『續焚書』 卷1, 「與友人書」. "我已經三度相會, 畢竟不知到此何幹也. 意其欲以所學, 易吾周孔之學, 則又太愚, 恐非是爾."

수 없었다. 그래서 주자학의 理가 활동성과 영각성이 없다고 하는 점에서 理의 진리성을 부정할 때 마태오 리치는 곧바로 천주교의 입장에서 이를 부정하지 않고 오히려 당시 중국의 주도적인 사상이었던 양명학의 良知論이 지닌 활동성과 영명성에 근거하여 주자학의 理를 부정하였다.[12] 이러한 마태오 리치의 입장은 한편으로 이질적인 천주교를 가능한 마찰이 없이 전파하려는 조심성에 기인하는 것이었지만 다른 한편으로는 양명학이 가진 견해들이 부분적으로 천주교의 교리를 설명할 수 있는 논리체계임을 긍정하고 있는 것이라 할 수 있다. 이러한 점은 특히 천주교의 핵심교리가 되는 천주의 존재를 증명하기 위해 양명학의 양지론이 원용되고 있다는 사실에서 다시 한 번 확인할 수 있다.

2) 양지론을 통해 본 천주교와 양명학의 상함이론

마태오 리치는 良知良能說을 통해 天主의 존재를 증명하고 있다. 그는 天主의 존재를 증명하기 위해 Augustinus(354~430), Anselmus(1033~1109), Thomas Aquinas(1225~1274) 등 서양의 中世 教父哲學者들의 신의 존재에 대한 論證方式을 援用하고 있는데 그 중 "인간의 悟性 속에서 존재하는 神은 현실 속에서도 역시 존재한다."[13]는 Anselmus의 신의 존재에 대한 본체론적 논증방식과 유사한 방법으로 인간의 선험적 良知說에 의거하여 신의 존재를 증명하고 있으며,

---

12 이에 대해서는 拙稿, 「朝鮮朝에 있어서 儒教와 天主教의 相涵理論」, 『동방철학사상연구』, 동방사상연구원, 1992 참조.

13 H.J.슈퇴릭히 著, 林錫珍 譯, 『世界哲學史』上, 분도출판사, 1986, 317쪽.

> 우리가 배우지 않아도 능히 할 수 있는 것은 良能이다. 지금 천하 만국에는 자연적인 성정이 있어 서로 알려줌이 없이도 다 하나같이 上尊을 공경한다. 고난을 받고 있는 사람들은 슬피 부르짖으며 구원을 바라는 것이 마치 자애스러운 부모에게 바라는 것 같고 악을 행하는 자는 마음으로 놀라고 두려워하는 것이 마치 일개 적국을 두려워하는 것 같으니 어찌 이것은 達尊이 계셔 능히 세간 인심을 주재하여 그들로 하여금 스스로 존경케 함이 아니겠는가?[14]

이 양지론은 다시 한국의 丁若鍾이 지은 천주교리서인 『主敎要旨』와 丁若鍾의 아들 丁夏祥이 지은 「上宰相書」 속에서도 같은 의미로 인용되고 있다.[15]

이 양지론은 맹자의 학설이며, 동시에 양명학의 학문종지이기도 하다. 마태오 리치의 『천주실의』가 보유론적 입장에서 四書・五經 등

---

14 利瑪竇, 『天主實義』, 서울 旿晟社, 48쪽. "吾不待學之能爲良能也, 今天下萬國各有自然之誠情, 莫相告諭, 而皆敬一上尊. 被難者, 哀望救, 如望慈父母焉. 爲惡者, 心警懼, 如懼一敵國焉, 則豈非有此達尊, 能主宰世間人心而使之自能尊乎."

15 『主敎要旨』에서는 "무릇 사람이 하늘을 우러러 봄에 그 위에 임자[主]가 계신 것을 아는 고로 질통고난을 당하면, 앙천축수하여 면하기를 바라고, 번개와 우뢰를 만나면 자기 죄악을 생각하고 마음이 놀랍고 송구하니 만일 천상에서 임자가 아니 계시면 어찌 사람마다 마음이 이러하리오?"(丁若鍾 著・河聲來 監修, 『主敎要旨』, 11쪽)라 하고 있으며, 「上宰相書」에서는 "무엇을 良知라고 합니까? 만약 밝은 낮이 캄캄해지고 우뢰와 번개가 몰아치면 비록 어린애라도 문득 놀라 두려워하며 눈을 휘둥그레 뜨고 발을 동동거리며 몸둘 바를 알지 못하게 됩니다. 이를 통해 善을 상주시고 惡을 벌하시는 大主宰가 마음속에 계심을 印證해 알 수 있는 것입니다. 항간의 어리석은 사람들도 만약 당황하고 급한 지경이나 비통하고 원망스러운 때를 만나면 반드시 天主를 불러 호소합니다. 이것은 本然之心과 秉彝之性을 가릴 수가 없는 까닭입니다. 그러므로 가르치지 않아도 알며 배우지 않아도 능한 것입니다. 다만 어떻게 섬길지를 모르고 있을 뿐이나 그를 두려워함은 똑같습니다. 이것이 양지로써 상주가 계심을 알 수가 있는 것입니다."라 하여 이 내용이 마태오 리치의 『천주실의』의 내용과 일치하고 있다.

중국고전을 인용하고 있다는 점에서 천주의 존재를 증명하기 위해 원용한 양지론이 맹자의 사상에서 유래되었음은 재론의 여지가 없다. 그러나 다음과 같은 두 가지 점에서 이 양지론이 양명학의 학문종지인 양지론과도 관계가 있는 것으로 생각된다. 하나는 마태오 리치가 선교할 당시 중국의 사상적 주류가 양명학이었다는 사실이요, 다른 하나는 마태오 리치가 원용한 양지론의 내용이 맹자의 양지론보다는 양명학의 양지론에 더욱 근접해 있다는 사실이다.

첫 번째 사실과 관련하여서는 마태오 리치가 양명학자인 이지와 교유하면서 그의 도움을 받았다는 사실과 『천주실의』의 내용 속에 기본적으로는 宋明理學을 부정하고 있으나 여러 부분 속에 양명학의 논리가 주자학을 부정하는 자료로 원용되고 있음을 살펴볼 때 마태오 리치가 양명학에 깊은 조예가 있었음을 알 수 있다. 또한 그의 포교정책이 보유론적 입장에 있었다는 사실을 고려한다면 유학중에서도 당시의 사상적 주류를 이루고 있었던 양명학이 충분히 고려의 대상이 되었으리라 짐작된다.[16]

두 번째 사실과 관련하여 양명의 양지론은 사상적으로 맹자의 양지론에 바탕을 두고 있다는 점에서 맹자의 양지론을 학문적 연원으로 하고 있다. 맹자는 사회적 윤리의 당위성을 확보하기 위한 방편으로

---

16 이 점에 대해 마태오 리치의 傳記를 쓴 바 있는 Henri Bernard가 마태오 리치가 주자학을 佛敎 못지않게 배척하면서도 오히려 당시 중국 사상의 대세를 이루고 있던 양명학을 그의 공격 이론의 한 근거로 삼고, 양명학의 「心卽理」·「致良知」·「知行合一」이라는 唯心論的 命題에 기대를 걸고 있었던 점도 보인다고 기술하고 있으며,[Henri Bernard, 『Le Pere Matthieu Ricci et la Société Chinoise de son temps(1552~1610)』, Tome i. Tientsin, 1937, 323~324쪽.; 金玉姬, 『曠菴 李蘗의 西學思想』, 서울 카톨릭 출판사, 1979, 73~74쪽에서 再引用] 조선 말기 천주교 배척론자인 愼後聃(1702~1762)도 이러한 사실에 동조하고 있다.(李晩采, 『闢衛編』上篇, 82쪽)

윤리규범인 孝悌의 선험성을 논증하기 위해 양지론을 제시하고 있다.[17] 그러나 마태오 리치는 이것을 天主의 존재증명을 위한 자료로 원용하고 있다는 점에서 내용상 차이가 있으며, 이 점은 내용적으로 오히려 양명의 양지론에 가깝다는 생각을 가지게 한다.

일반적으로 형이상학적 理나 인간주체의 心을 가치본원으로 이해하는 宋明理學은 종교와는 전혀 차원이 다른 철학사상으로 인식되고 있으나, 사실은 송명이학 또한 고대 유교경전에 근거한 종교사상에서 유래된 철학사상으로, 古代의 上帝가 周代의 天으로, 天이 다시 天命으로 인간의 人性을 이루어 宋明의 理學으로 발전해 온 것이다.[18] 이러한 관점에서 볼 때 송명리학도 연원적으로는 고대 종교적 주재의 인격신이 그 근본을 이루고 있으며, 인간학으로서의 양명학도 그 본질적 내면에서는 종교성을 근본 배경으로 하고 있는 것이라 할 수 있다.

양명에 있어서 종교사상은 비록 중요한 비중을 차지하고 있지는 않으나 양명 자신은 종교적 성격을 가진 天의 의미를 종종 사용하고 있음을 볼 수 있다. 그는 젊었을 때에 老佛에 침잠하였다가 다시 유학으로 돌아오게 된 사실을 '하늘의 신령함에 힘입어 양지의 학을 깨닫게 된 이후 지난날의 잘못을 깨닫게 되었다'[19]고 기술하고 있으며, 또한 祈雨辭 속에는 '백성들이 무슨 죄가 있으리오, 하늘은 백성을 허물하지 않는도다. …… 하늘이 이것을 죄를 주려하여 떨쳐 화를 내리네'[20]

---

17 『孟子』 盡心 上 15. "人之所不學而能者, 其良能也. 所不慮而知者, 其良知也. 孩提之童, 無不知愛其親也. 及其長也, 無不知敬其兄也."

18 柳承國, 「유교사상의 세계사적 의의」, 『인류문명과 원불교사상』, 이리 원불교출판사, 1991.

19 『王陽明全書』 卷6, 「文錄」3. "賴天之靈, 偶有悟良知之學然後, 悔其向之所爲者."

20 『王陽明全書』 卷19, 「外集」1. "小民無罪兮, 天無咎民 …… 天或罪此兮, 赫威降嗔."

라고 하여 주재적 천을 언급하고 있다. 이처럼 양명의 사상 속에 주재적 천에 대한 의미가 존재하고 있다는 사실은 곧 양명학의 연원이 고대 종교사상을 계승한 유교의 본원적 성격에 기인하고 있음을 대변해주고 있는 것이라 할 수 있다. 물론 그렇다고 하여 양명이 천주교와 같은 주재적 천을 긍정하고 있었던 것은 아니다. 그는 천을 주재적인 의미로 파악하기보다는 오히려 인간의 주체 속에 내재한 보편자로 이해하려 하고 있는 면이 그의 양지론 속에 나타나 있다.

> 良知는 造化의 精靈이니, 이 精靈이 천지를 생성하고, 귀신과 상제를 이룸도 모두 여기에서 나와 진실로 다른 사물과 상대가 되지 않는 것이다.[21]

여기서 양명은 良知를 통해 귀신과 상제를 이룬다[成]고 하고 있는데, 이때 '生天生地 成鬼成帝'에서 '生'과 '成'의 의미는 창조적 차원의 생성적 논리라기보다는 천지나 귀신, 상제를 주체 안에서 파악하려는 인식론적 사고로 이해된다. 그런데 이때의 帝의 의미는 천주교와 같이 가치체계를 창조주와 피조물로 이원화하여 모든 피조물이 창조주의 권위 속에 내포되는 의미가 아니라, 天과 人을 이원화하지 않고 대상으로서의 천을 인간의 주체 속에 수용하여 이를 敬畏之心으로 포용하려는 인간학 속에서의 종교적 의미를 지니고 있는 것이다. 이처럼 양명의 양지론 속에 나타난 천의 개념은 인간의 주체적 파악을 통해 인식되는 보편자의 의미이다. 이러한 보편자에 대해 양명은 비록

21 『傳習錄』下. "良知, 是造化的精靈. 這些精靈, 生天生地, 成鬼成帝, 蓋從此出, 眞是與物無對."

초월적인 대상은 아니라 할지라도 경외의 대상으로 인식하여 다음과 같이 말하고 있다.

> 나의 靈明은 곧 천지와 귀신의 주재인 것이다. 하늘도 나의 영명이 없다면, 그 누가 그의 높음을 우러러 볼 것인가.[22]

여기서 양명의 양지론이 天의 존재를 주체 안에서 인식하고 긍정하는 논리임을 파악할 수 있다. 이것은 곧 양명의 양지론이 그 사상적 연원에서 유래되는 종교성을 내포한 사상임을 말해 주는 동시에 천주의 존재를 증명하기 위해 인용한 마태오 리치의 양지론과 그 내용이 일치하고 있음을 알려주는 것이라 할 수 있다. 따라서 마태오 리치가 천주의 존재를 증명하기 위해 인용한 양지론은 형식적으로는 맹자의 양지설을 인용한 것이나 내용적으로는 양명의 양지론에 근거하고 있는 것이라 하겠다.

3. 한국 양명학의 종교적 성격

한국 양명학이 천주교와 관련을 맺고 있는 것은 성호 이익의 문하를 중심으로 형성된 양명학이다. 그들이 양명학과 관련을 맺게 된 것은 조선조 후기 실학의 형성과 관련이 있다. 임병 양난을 계기로 중첩되는 사회적 모순을 해결하지 못하는 주자학자들의 한계를 극복하기 위해 대두된 것이 실학이었다. 한국에 있어서 양명학이 전래 초기부

---

22 『傳習錄』下. "我的靈明, 便是天地鬼神的主宰. 天沒有我的靈明, 誰去仰他高."

터 이단으로 배척받은 것은 잘 알려진 사실이지만 양명학 또한 같은 시기에 현실문제의 해결이라는 공통된 역사의식을 가지고 다시 연구되기 시작하였으며, 이후 구한말에 이르기까지 실학과 그 흐름을 같이 하면서 상호 사상적 관계를 맺고 있다. 성호 이익은 조선조 실학의 대가로서 양명학에 깊은 관심을 표하고 있었다. 그는 양명학을 이단시하던 당시 학계의 입장과 달리 개인적으로 양명의 인격적인 면이나 실용적인 사상에 대해 호의를 가지고 있었으며,[23] 양명학이 성호의 제자들 중 소장학자들에 의해 수용된 것도 그의 양명학에 대한 호의적인 태도에 힘입었을 것으로 생각된다.

1766년을 전후하여 성호의 제자들 중 성호의 조카이자 제자인 李秉休(1710~1776)를 비롯하여 權哲身, 李基讓(1744~1802), 韓鼎運(1741~1819), 丁若銓 등이 양명학을 공부하게 되었다. 그 중 鹿菴 권철신은 소장학자들의 우두머리로서 성호학파 내에 양명학을 전파하는데 결정적인 역할을 담당하였다.[24]

녹암은 順菴 安鼎福(1712~1791)과 함께 성호의 수제자로서 소장의 제자들이 그를 스승으로 섬겼다.[25] 茶山 丁若鏞이 지은 墓地銘을 통해서 보면 그는 상당한 저술을 남겼을 것으로 생각되는데,[26] 그 원본은

---

23 『星湖僿說』 卷18, 「王陽明」. "陽明學術, 雖甚頗僻, 其自好則亦不淺矣. 虐民瀆貨, 其有是耶. 余觀陽明十家牌法, 奸僞無所容, 卽必可施者也."

24 徐鍾泰, 「鹿菴 權哲身의 陽明學 受容과 그 影響」, 『國史館論叢』 34集, 國史編纂委員會, 1992 참조.

25 丁若鏞, 『與猶堂全書』 第1集 詩文集 墓地銘, 「鹿菴權哲身墓誌銘」. "及其晩慕, 得一弟子曰鹿菴權公. 穎慧慈和, 才德兩備. 先生絕愛之, 恃文學如子夏, 意布揚如子貢. 先生旣沒, 後生才俊之輩, 咸以鹿菴爲歸."

26 丁若鏞, 『與猶堂全書』 第1集 詩文集 墓地銘, 「鹿菴權哲身墓誌銘」. "所著有詩稱二卷, 大學說一卷, 餘皆散無存."

찾을 수 없다. 다만 근래에 이르기까지 그의 사상적 편린을 엿볼 수 있는 것은 『順菴集』에 나오는 「答權旣明書」와 다산의 『與猶堂全書』에 나오는 「鹿菴權哲身墓地銘」 등이 전부인 것으로 알려져 왔다. 그런데 간접적이나마 녹암의 사상을 엿볼 수 있는 새로운 자료가 근래에 발견되었다. 이 새로운 자료는 그간 『順菴集』이나 茶山의 『與猶堂全書』 속에 보여졌던 녹암의 단편적인 사상적 성격에 대한 구체적 내용을 보여 주는 것으로, 지금까지 알 수 없었던 성호학파의 양명학적 성격을 파악할 수 있는 중요한 자료이다.[27] 지금까지 『순암집』이나 『여유당전서』를 통해 알 수 있었던 녹암의 양명학적 성격을 요약하면 다음과 같다.

첫째, 양명의 학문종지인 치양지설을 긍정하였고[28]

둘째, 양명의 『대학고본』설을 지지하였으며,

셋째, 양명 이후 양명좌파에 의해서 중시되었던 孝悌慈사상을 지지하는 것이었다.[29]

---

27 녹암에 대한 새로운 자료가 徐鍾泰의 상기 논문에 처음으로 발표되었다. 그는 녹암의 스승이었던 貞山 李秉休의 유고인 『貞山雜著』 속에 녹암의 『대학』에 관한 학설이 있음을 발견하고 상기 논문을 통해 그 내용을 소개하였는데, 이 자료는 녹암 권철신의 『대학』 經一章에 問目을 그의 스승인 정산 이정산에게 보냈는데, 정산은 그 내용을 자신의 답변과 함께 그의 문집 속에 실어 놓았던 것이다.

28 『順庵集』 卷6 書, 「答權旣明書」 丙戌, 5쪽. "向日君過時, 深以陽明致知之說爲當. 其時, 雖欲以拙見相告, 而氣動未果, 殆猶爲恨."

29 丁若鏞, 『與猶堂全書』, 「鹿菴權哲身墓誌銘」. "以余所聞, 其論大學, 以爲格物者, 格物有本末之物, 致知者, 致知所先後之知. 又以孝弟慈爲明德, 而舊本不必有錯簡." 양명학에 나타난 효제자의 의미에 대하여 長幼有序의 상하적 질서를 통해 공동체적 향촌 질서를 확립하려는 양명학의 현실적 반영이라고 하는 주장도 있지만 효제자의 사상은 그 후 양명좌파인 近溪 羅汝芳(1515~1588) 등이 학문의 종지로 삼고 있음을 볼 수 있다. 한국에 있어서는 白湖 尹鑴에 의해 효제자 사상이 주장되어 녹암을 통해 다산에까지 계승되고 있다.

그런데 새로 발견된 자료에는 이상의 내용이외에 『大學』의 明德을 新民과 一事로 보는 양명의 해석에 동조하는 구절이 실려 있을 뿐만 아니라[30] 특히 白湖 尹鑴(1617~1680)의 종교사상이라 할 수 있는 事天·畏天思想이 녹암에 의해 수용되고 있음을 살펴볼 수 있다. 이 점은 조선조 후기 성호학파의 천주교 수용과 관련하여 그들의 종교사상을 엿볼 수 있는 것으로 대단히 중요한 의미를 가지고 있다고 생각된다.

백호는 『대학』과 『중용』 등 경전을 해석함에 事天·畏天·敬天思想을 기조로 하여 先秦의 天思想인 종교성을 회복하고자 하였다.[31] 그는 『중용』은 事天의 道를 밝힌 것이며, 『대학』은 그 조목이라고 보았다. 『중용』 1장의 天命·率性·修道의 내용을 畏天을 통한 修道의 과정으로 이해하였으며,[32] '中和를 이루면 천지가 제 위치를 잡으며, 만물이 길러진다.'고 하는 구절에 대해서는 '致中和'를 事天의 과정으로, '天地位焉 萬物育焉'을 사천의 과정을 통해 나타나는 효과로 이해하고 있다.[33] 이처럼 대상으로서의 만물을 대하는 백호의 입장은 언제나 사천의 경건함 속에서 찾아진다. 이러한 점은 대학의 해석에 있어서도 동일하다. 그는 『대학』의 格物에 대해 先儒와는 달리 독특하게 해석하고 있다.

> 주자는 '格은 至이니, 사물의 이치를 궁구해 이르는 것이다.'고 하였다. 지금 생각건대 격은 精意感通을 이르는 것이다. 이는 上文의 學字로부터 비롯된다. 학문의 시초에 誠敬과 思辨의 功力이 物理로 하여금

---

30 『貞山雜著』 11책, 「大學經一章問目」. "新民之不外於明明德."
31 劉明鍾, 『韓國思想史』, 이문사, 1981, 425쪽.
32 『白湖全書』, 「中庸分章大旨」.
33 『白湖全書』, 「中庸分章大旨」.

心에 感通케 함이 마치 心身을 齋戒하고 祭祀를 드릴 때 神明에 이름과 같은 것이다. …… 物이란 明德新民의 일이다.[34]

여기서 격물의 '格'에 대한 해석을 백호는 '齋戒하고 온 정성을 다하여 神明이 感通하게 제사를 지내 듯하는 것'으로 풀이하고 있다. 이러한 해석은 외물에 대한 이지적 탐구로 格物을 해석한 주자와는 전혀 다른 입장이다. 그의 격물은 대상에 대한 이치의 궁구가 아니라 오히려 인간주체의 종교적 경건성을 통해서 외물이 저절로 감통되도록 해야 한다는 뜻이다. 이러한 격물의 해석은 그의 중용의 해석과 비교하면 그 뜻이 상통하고 있음을 알 수 있다. 즉 중용자체를 事天의 道로 이해하고 있는 백호에 있어서 객관대상은 언제나 사천·외천·경천의 종교적 경건성을 통해 파악되며, 그에 따르는 결과는 언제나 사천·경천·외천의 수양을 통해 얻어지는 효과이다. 따라서 그의 대학의 격물에 대한 이해도 결국 이러한 종교적 경건성을 통해 수행되는 과정인 것이다. 이러한 격물에 대한 해석은 그의 경천사상에서 유래되는 백호의 독창적인 것으로 이해된다. 그런데 바로 이러한 격물에 대한 해석을 녹암은 그대로 수용하고 있다.

'物有本末'의 '物'은 (明德의) 德과 '新民'의 民을 가리키는 것 같다. …… 格物의 物字는 곧 上文의 '物有本末'의 物이다. '格'字는 誠格感通의 뜻이 있다.[35]

---

34 『白湖全書』下 致知在格物 小注. "朱子曰 格至也. 窮至事物之理也. 今按格, 精意感通之謂, 從上文學字而來. 學問之時, 誠敬之力, 思辨之功, 使物理感通於心, 如齋祀之格於神明也. …… 物者, 明德新民之事也."

35 『貞山雜著』 11책, 「大學經一章問目」. "物有本末之物, 恐指德與民. …… 格物之物字

여기서 녹암은 格物의 '格'을 誠格感通(정성을 다하여 감통에 이른다)으로 해석하여 精意感通(齋戒하고 온 정성을 다하여 神明이 感通하듯 제사를 드리듯 하는 것)으로 해석한 백호의 격물설과 그 내용이 일치하고 있음을 살펴볼 수 있다. 이 점에 대해서는 녹암 스스로 학문의 연원을 밝힌 "退溪의 후에는 夏軒[尹鑴]의 학문이 本과 末이 있으며, 하헌의 후에는 星翁[李瀷]의 학문이 옛 성현을 계승하여 후학에게 학문을 길을 열어 주었다."[36]고 하는 말을 상고하면 그의 격물설이 곧 백호의 격물설에서 유래된 것임을 확인 할 수 있다. 이러한 녹암의 격물설의 수용은 결국 백호의 사천·경천·외천사상의 수용이라 할 수 있다. 비록 발견된 자료의 한정으로 녹암의 경천사상에 대한 다른 내용은 살펴볼 수 없지만 격물설이 宋明理學의 학문전개에 있어서 중요한 위치에 있음을 고려할 때 녹암이 백호의 경천사상을 수용한 점에 대해서는 異論의 여지가 없다고 생각된다.

이처럼 녹암의 경학사상은 양명학적 바탕위에 백호의 경천사상을 수용하고 있다고 할 수 있는데, 앞에서 말한 바와 같이 성호학파 내에서의 그의 위치를 고려한다면 그의 사상은 곧 양명학에 경도되었다가 후에 천주교로 귀의한 성호학파의 소장학자들의 사상을 대변하는 것이라 할 수 있겠다.

요컨대, 조선조 양명학과 천주교의 연계가능성에 대해서는 자료의 부족으로 인하여 보다 구체적인 정황을 파악할 수는 없지만, 지금까지 살펴본 바와 같이 다음과 같은 一連의 과정을 통해 종래의 전통유

卽上文物有本末之物 …… 格字有誠格感通之意."(徐鍾泰, 앞의 글에서 재인용)

36 丁若鏞, 『與猶堂全書』, 「鹿菴權哲身墓誌銘」. "退溪之後, 夏軒之學, 有本有末, 夏軒之後, 星翁之學, 繼往開來."

교와 천주교의 만남이 이루어졌다고 생각된다.

첫째, 조선조에 있어 천주교가 전래한 초기에 이단사설로 배척을 받았던 양명학을 공부한 학자들이 대거 천주교로 귀의하는 사태가 발생하였다는 사실은 양명학과 천주교와의 사상적 연계 가능성이 예견된다.

둘째, 중국에 있어서 천주교의 전래 당시 중국의 주도적 사상은 양명학이었다는 사실과 관련하여, 동양선교의 중요한 역할을 담당하였던 마태오 리치의 『천주실의』 속에서 주자학의 학설을 비판하는 자료로 양명학이 인용되고 있는 사실이 발견되고 있다.

셋째, 양명학에 있어서 양지론이 천주교의 핵심이론인 천주의 존재를 증명하는데 원용되고 있는데, 이 점은 불교가 중국에 전래될 당시 老莊思想의 '無'사상을 통해 불교의 '空'사상을 전파한 格義佛教와 그 의미가 상통하고 있는 것으로 생각된다.

넷째, 조선조에 있어 성호학파의 양명학 속에는 중국의 양명학 이외에 백호 윤휴에서 유래되는 경천·외천·사천의 종교적 사상이 수용되어 그들의 천주교 귀의를 도운 것으로 생각된다. 이 점은 백호의 사상이 녹암 권철신을 경유하여 천주교의 수용 여부와 관련해 학계의 논쟁점으로 부각된 다산 정약용으로 계승되고 있다고 하는 측면에서 또한 주목되는 일이기도 하다.

VI 한말의 양명학

19세기를 전후로 한 조선 후기의 시대적 상황은 대내적으로 임병양난 이후 축적되어 온 사회적 동요가 1811년의 홍경래의 난을 기점으로 1862년의 진주민란, 1882년의 동학농민혁명 등 민중운동으로 전개되고 있었고, 대외적으로 일제를 비롯한 서구 제국주의의 침략이라는 국가적 위기를 맞이하고 있었다. 그러나 이러한 위기 상황에서도 당시의 정치 현실은 민심을 도외시한 戚族의 세도정치에 골몰하고 있었으며, 1876년 강화도 사건을 계기로 문호 개방이라는 외세의 압력을 받게 되자 조선은 쇄국과 개화의 기로에서 방황하게 되었다.

이에 당시의 지성인들은 국가적 위기를 타개하기 위하여 부심하였는데, 그들의 대응책은 크게 종래의 전통적 유교에 입각하여 서구의 이질적인 문명을 배척함으로써 국가와 민족을 보존하려는 守舊的 衛正斥邪論과 이와 반대로 개화를 통해 서구의 선진화된 과학기술을 수용함으로써 근대화를 이룩하려는 進步的 開化思想으로 나타났다. 그중 수구적 위정척사론이 자주성과 주체성을 강조하는 주자학에 뿌리를 두고 있는 것이라면 진보적 개화사상은 임진왜란과 병자호란 등 외세의 침략 이후 국력 배양의 필요성에 의해 대두된 실학에 근거한 것이었다.

그런데 당시의 양명학자들은 이러한 사상적 갈등의 와중에서 시간적 흐름에 따라 때로는 주자학자들의 華夷論的 衛正斥邪論에 대해 민족적 자존사상을, 때로는 급진적 개화사상[1]에 대해 주체적 개화사상을 주장함으로써 국가적 위기를 극복하려 하였다. 그들이 같은 양명학자이면서 상황에 따라 수구의 입장이나 혹은 개화의 입장을 견지할 수 있었던 것은 주체의 자각에 철저한 양명학의 학문적 특성에서 기인한 것이었다.

잘 알다시피 양명학은 무엇보다 인간의 주체적 판단을 중시하며, 이러한 주체적 판단에 입각하여 앎과 삶의 하나 됨을 꾀하려는 특성을 지니고 있다. 양명학에 있어서 인간의 의식은 心의 본체인 良知의 發動이며 동시에 대상인 사물의 所着處[2]이므로 인간의 의식이 있는 곳에는 언제나 대상으로서의 사물이 있으며, 주체와 대상은 인간의 의식을 통해 間斷없이 연계되어 있다.[3] 이러한 점에서 객관 대상은 인간이 주체

---

1 1870년대 후반 개화사상은 온건과 급진의 양파로 분파되었다. 온건파는 淸의 자강운동을 수용하여 서양의 기술만을 받아들이고 사상과 제도 등은 우리의 것을 고수하려는 '東道西器'적 입장을 취한 반면, 급진파는 전통사상인 유교를 서양의 '器'에 대한 유교를 '道'의 문제로 인식하기보다는 서양의 기술과 유교사상을 '實'과 '虛'의 문제로 인식하여 서양의 기술뿐만 아니라 사상과 제도까지 받아들여 급진적으로 우리의 전통적 체제를 개혁할 것을 주장하였으며 1882년 임오군란 뒤로 두 파는 정치적으로 대립하게 되고 급기야 1884년 급진파인 개화당에 의해 갑신정변이 일어났다. 이후 이러한 과정을 통하여 조선은 국치의 수모를 당하게 되었다.

2 『傳習錄』上 陸澄錄. "身之主爲心. 心之靈明是知. 知之發動是意. 意之所着爲物."

3 양명의 主客一體思想은 心・身・知・意・物을 유기적인 관계로 파악하고 있는 점에서도 잘 드러나 있다. 도덕 주체로서의 '心'은 '知'의 발동처인 '意'를 통해 발현되며, '意'는 다시 耳目口鼻의 '身'을 매개로 하여 구체적 '物'과 일체가 되어 있다.(『傳習錄』下 陳九川錄. "耳目口鼻四肢身也. 非心安能視聽言動. 心欲視聽言動, 無耳目口鼻四肢,

적 판단을 내리게 되는 자료이며,[4] 동시에 인간의 良知를 실현해 가는 대상이다. 이러한 대상은 인간 의식을 통해 인간 주체와 연결되며, 심의 본체인 양지는 이러한 대상에 대해 주체적 판단을 내리게 된다. 이처럼 양명학은 주체와 대상을 인간 의식을 통해 일원화하고 일체의 가치 규범을 인간 주체의 판단에 의존하는 특성을 지니고 있다.

당시 구한말 서세동점의 위기 속에서 시간적 흐름을 따라 양명학자들이 때로는 민족적 자존사상으로, 때로는 주체적 개화사상으로 입장을 정리해 갈 수 있었던 것은 이러한 양명학이 지닌바 학문적 특성에 바탕을 둔 것이었다.

1. 위정척사와 양명학

1) 영재 이건창

李建昌(1852~1898 字 鳳朝, 號 寧齋.明美堂)은 梁山郡守 李象學(1829~1888)의 長子로 江華 沙谷里에서 태어났다. 그의 가계는 조선조 定宗의 別子 德泉君 厚生의 후예로 少論大家였다. 그의 조부 李是遠(1790~1866)은 형조판서와 이조판서 등을 역임하였으며, 丙寅洋擾시 우국의 충정 속에 순절한 명신이었다. 高宗 3년(1866) 병인양요 시에 순절한 사람들을 기리기 위한 江華別試가 시행되자 영재는 15세의 어린 나이로 別試에 등과하였다.[5] 이후 乙未事變(1895년)을 계기로 관직을 사퇴

亦不能. 故無身則無心. 但指其充塞處言之謂之身. 指其主宰處言之謂之心. 指心之發動處謂之意. 指意之靈明處謂之知. 指意之涉着處謂之物.")

4 『傳習錄』下, 「黃省曾錄」. "心無體, 以天地萬物感應之是非爲體."

하기까지 寧齋는 충청우도어사, 한성부소윤, 승지, 황해도관찰사 등을 역임하면서 민생의 안정을 최우선 과제로 삼아 이를 위해 동분서주하였다.[6]

그러나 1876년 강화도 사건 이후 조선은 西勢東漸이라는 역사적 흐름에 대응하기 위한 대책에 부심하게 되었고, 이를 계기로 지성인들의 대응책은 크게 종래의 전통적 유교에 입각하여 서구의 이질적인 문명을 배척함으로써 국가와 민족을 보존하려는 守舊的 衛正斥邪論과 이와 반대로 開化를 통해 서구의 선진화된 과학기술을 수용함으로써 근대화를 이룩하려는 進步的 開化思想으로 양분되었다.

이러한 선택적 상황 속에서 영재는 개화보다는 수구적 입장에서 현실의 문제에 대처하려 하였다. 이러한 그의 입장은 江華島條約 체결 이후 淸의 李鴻章(1823~1901)이 외국과의 通和를 권했을 때 이를 부정한 사실과[7] 1882년 壬午軍亂 이후 開化派인 金允植(1841~1920), 魚允中(1848~1896) 등의 도움 요청을 거절한 사실[8] 등에서 잘 나타나 있는데, 그는 주체성 없는 개화를 곧 매국으로 인식하고 이를 부정하였다.

그러나 그의 수구적 입장은 당시의 華夷論的 衛正斥邪論과는 다른 성격을 지니고 있었다. 즉 당시 개화사상에 대립되는 위정척사론이 小中華論的 華夷論에 바탕을 둔 주체사상이었음에 비해 영재의 수구적 입장은 조선 스스로의 힘을 통해 당시의 난국을 타개하려는 民族自

---

5 黃玹, 『梅泉野錄』 卷1, 16쪽.

6 李建昌, 『明美堂全集』 卷16, 「明美堂詩文集敍傳」 參照.

7 李建昌, 『明美堂全集』 卷16, 「明美堂詩文集敍傳」. "我無以自恃而恃鴻章, 則後必爲所賣."

8 李建昌, 『明美堂全集』, 「明美堂詩文集敍傳」. "一日促召入, 允中於閤門外, 口宣上諭, 曰欲往天津乎, 欲往日本乎, 欲在此參機務乎. 建昌曰蓋不欲, 亦不能."

尊的 主體思想이었다. 그런데 그의 이러한 사상은 가학으로 전수된 심학사상에서 배태되었음이 그의 문집 전편을 통해 나타나 있다.

(1) 심학사상의 기본구조

① 심학사상의 특성

영재는 心學을 학문의 근본으로 이해한다. 그에 있어서 진리는 인간의 本心에 근원하여 있고, 인간의 본심을 떠나서는 진리를 추구할 수 없다.[9] 또한 그는 심학이 儒學의 본령이며, 심학을 떠나서는 어떠한 학문도 유학이 될 수 없음을 분명히 하고 있다.[10] 이러한 점에서 그의 학문은 유학에서 유래되는 심학사상이라 할 수 있다.

家系를 살펴보면 그의 심학사상은 가학으로 전승되어 왔음을 추측할 수 있다. 영재의 고조인 李忠翊(1744~1816)은 하곡의 孫婿이면서 문인이었던 李匡明의 入養한 嗣子였다. 이후 영재의 가계는 高祖 李忠翊, 曾祖 李勉伯(1767~1830), 祖父 李是遠, 그리고 부친인 李象學으로 계승되면서 대대로 양명학을 가학으로 전승하였다. 영재의 학문은 조부 이시원의 영향아래 형성되었다. 그는 어려서 10여 년간을 조부인 이시원에게 수학하였고, 그 후에도 조부의 영향을 많이 받으면서 성장하였다.[11] 이 같은 사실로 미루어 볼 때, 그의 심학사상은 가학으

---

9 李建昌, 『明美堂全集』 卷9 書, 「上鉢山成吏部大永書」. "舍心而爲學吾不知. 所謂道者, 其在於瓦礫歟, 其在於虛空歟."

10 李建昌, 『明美堂全集』 卷9 書, 「上鉢山成吏部大永書」. "自夫舜禹以來, 未嘗有離心而言道者也. 自夫孔孟以來, 未嘗有離道而言經者也, 離道而言經."

11 그의 또 다른 號인 明美堂은 祖父인 忠貞公이 臨終할 때의 遺書로서 程子의 [質明美盡]이란 글을 인용하여 힘써 공부할 것을 당부한 말에서 유래한 것이며, 그가 1866년 문과에 급제한 것도 병인양요 시에 순절한 조부의 유업에 힘입은 것이었다.(黃玹, 『梅泉野錄』 卷1 上, 16쪽)

로 계승된 양명학으로 이해된다.

그러나 이 점만을 가지고 영재의 심학이 양명학이라고 단정 지을 수는 없다.[12] 일반적으로 송대 이후의 儒學에서는 心學을 주자학과 비교하여 양명학을 지칭하는 용어로 사용되어 왔다. 그러나 유학의 근본정신이 인간에 대한 강한 신뢰감을 바탕으로 修己治人의 道를 실천해 가는데 있으며, 본심을 인간 신뢰의 사상적 근저로 삼고 있음에 비추어 유학자체가 곧 심학이라 할 수 있다.[13] 이러한 점에서 주자학도 예외가 아니며, 주자학이 居敬을 통해 心體의 보존과 확충을 무엇보다 강조하고 있음은 주지의 사실이다.[14] 따라서 영재의 심학이 곧 양명학임을 확인하는 방법은 그의 심학이 주자학과는 다른 양명학적 사유체계에 유래하였음을 밝힐 때만이 비로소 가능해진다.

주자학의 이론체계는 所以然之故와 所當然之則으로 이해되는 存在와 當爲의 문제를 학문의 기초로 하여 天의 理法을 인간의 윤리적 당위법칙으로 인식함으로써 天理와 人性을 도덕적으로 體現하여 하나로 합일하고 있다.[15] 그러므로 주자학에 있어서는 윤리규범의 존재론적 근거로서 形而上의 所以然之故에 대한 파악이 중시된다.

그러나 양명학은 윤리적 당위법칙의 근거를 형이상적 존재에 두는

---

12 특히 양명학을 이단시하던 주자학적 학문풍토의 영향으로 그의 문집 속에서 양명이란 말이 한마디도 발견되지 않는다는 점에서 더욱 그러하다.

13 李建昌, 『明美堂全集』 卷9 書, 「上鉢山成吏部大永書」. "苟心學之可斥, 則是虞廷十六字可去也. 孟氏七篇, 可廢也, 卽程朱諸先生之說, 存者亦幾希矣."

14 다만 학문의 특징에 있어서 주자학의 이론구조가 理의 구극성을 중시하여 理學이라 지칭됨에 비해 양명학은 인간의 보편적 본심을 철학적 기초로 삼아 심학이라 지칭되고 있는 것이다.

15 이러한 점에서 주자학의 性卽理라고 하는 명제는 곧 형이상학적 본체에 대한 존재론적 파악이며 동시에 존재에 대한 윤리적 당위법칙으로서의 인식인 것이다.

주자학적 논리체계에 반대하고 인간의 本心을 도덕주체의 근원으로 삼아 이를 인간과 사회에 발휘하려는 데에 학문의 목표를 두고 있다.[16] 왜냐하면 주자학의 논리체계에서 나타나는 理의 객관적이고 초월적인 성격은 도덕적 실천주체인 心을 존재인 理로부터 소외시키는 문제점을 야기하고 있기 때문이다.[17] 이러한 心과 理의 분리는 결국 도덕적 행위의 절박성을 무시하고, 외적이고 형식적인 원리원칙에 얽매이게 되어 도덕실천의 주체인 心의 力動性과 能動性을 잃어버리게 된다.[18] 따라서 양명학은 객관 존재에 대한 규명보다는 오히려 본심으로서의 天理를 어떻게 人欲으로부터 보존할 것인가의 '存天理去人欲'의 문제와 어떻게 대상인 현실세계 속에서 天理를 실현하여 萬物一體의 대동사회를 이룩할 것인가 하는 쪽에 학문의 관심이 있는 것이다.

영재의 심학사상은 事事物物上에서 定理를 구하는 것을 거부하고 인간의 本心을 도덕주체의 근원으로 삼고 있다는 점에서 그 철학적 근저가 양명학적 입장에 있다. 그는 인간 본심 이외에 어떠한 객관주체도 거부한다.[19] 이것은 현실적 상황이나 대상 속에서 진리나 이치를

---

16 일반적으로 주자학의 실천적 한계상황을 극복하려는 입장이었음에도 불구하고 양명학은 理學으로서 주자학을 계승하고 있으며, 특히 도덕적 본성을 인간의 본질로 하고 이것을 治世의 原點으로 하는 道學的인 측면을 오히려 보다 폭넓게 수용하여 道學의 大衆化를 이룩한 것으로 평가되기도 한다.

17 『傳習錄』中, 「答顧東橋書」. "朱子所謂格物云者, 在卽物而窮其理也. 卽物窮理, 是就事事物物上, 求其所謂定理者也. 是以吾心而求理於事事物物之中, 析心與理而爲二矣."

18 이 점은 곧 陽明 자신이 초기에 주자학에 경도되었으나 事事物物上에서 定理를 구하려는 格物窮理說에 회의를 품고 心卽理라는 命題를 정립함으로써 주자학과 결별하고 있다는 사실에서 분명히 알 수 있다.

19 李建昌, 『明美堂全集』 卷10 序, 「送李聖會榮觀序」. "余嘗論爲學之方, 必以有諸己者, 爲先而至其成則未嘗不歸之於命, 雖趨時者, 笑爲迂, 信道者, 誚其不經, 而余之說未嘗變也."

발견하는 것이 아니라 오히려 인간주체가 현실적 상황이나 대상을 인식하고 판단하는 것을 의미한다. 그래서 영재는 주자와 같이 格物致知를 학문의 入門下手處로 삼는 것을 거부하고 오직 心만을 도덕적 본체로 삼는다. 영재의 다음과 같은 말은 이러한 그의 심학사상의 특성을 잘 나타내고 있다.

> 대학의 뜻이 또한 의심스럽다. 身이 齊家·治國·平天下의 근본이 된다고 하면 곧 心은 身의 근본이 되고 意는 心의 근본이 되며 知는 意의 근본이 되고 物은 知의 근본이 된다. 心이 身의 근본이 된다고 하는 것은 진실로 옳지만 意가 心의 근본이 되는 것은 이미 옳지 않고 知가 意의 근본이 되는 것은 더욱 옳지 않으며, 物이 知의 근본이 된다고 하는 것은 도무지 이치가 성립되지 않는다.[20]

여기서 살펴보면 영재는 心을 大學 八條目의 근본으로 삼아 格物致知를 入門下手處로 삼는 것을 부정함은 물론이요, 심지어 意를 心의 근본으로 삼는 것조차 부정하고 있는데, 이 점은 "意를 良知의 發動"[21]으로 보아 誠意를 팔조목의 근본으로 삼는[22] 양명보다 더욱 철저한 心 위주의 학문태도를 보여 주고 있는 것으로 생각된다.

이처럼 철저한 心 위주의 학문태도를 견지하고 있는 영재는 유학에서 무엇보다 중시되고 있는 경전조차 심학의 보조수단으로 이해하고

---

20 李建昌, 『明美堂全集』 卷10 序, 「易圈序」. "大學之旨, 又疑. 身爲家國天下之本卽心爲身之本, 意爲心之本, 知爲意之本, 物爲知之本. 心爲身之本, 固是, 意爲心之本, 已不是. 知爲意之本, 更不是. 若物爲知之本則并不成理."

21 『傳習錄』上. "身之主宰心, 心之靈明是知, 知之發動是意."

22 『陽明集』 卷7, 「大學古本序」. "大學之要, 誠意而已."

있다.[23] 이 점은 陸象山이 六經을 본심의 註脚으로 파악하고 있고,[24] 양명 또한 경전을 存天理去人欲의 보조수단으로 이해하고 있다[25]는 점에서 전적으로 양명학과 일치하고 있다.

요컨대, 事事物物上에서 定理를 구하는 것을 거부하고 인간의 本心을 도덕주체의 근원으로 삼고 있다는 점에서 영재의 심학은 양명학적 입장에 있는 것이라 할 수 있으며, 또한 보다 心體에 충실하고 있다는 점에서 양명보다 더욱 철저한 心 위주의 학문태도를 견지하고 있다고 할 수 있겠다.

(2) 상황적 의리론

義란 時中之宜로서 유학의 핵심개념이다. 중용에는 義를 宜로 표현하고 있는데,[26] 이때 宜는 시공을 초월한 존재 법칙으로서의 보편성과 시공의 지배를 받는 현실적 상황성을 동시에 내함하는 時中의 의미이다.[27] 이러한 의미에서 義는 불변성과 가변성을 동시에 지니고 있다.

그런데 현실 상황에서 時中을 추구하는 義의 실천은 개인의 주관이나 입장에 따라 다양한 모습으로 나타나는 가변적인 양상을 띠게 된다. 이때 개인에 따라 달라지는 가변적 양상은 현실적 상황에 대처하는 개인의 사실판단과 가치판단에서 기인한다. 여기서 개인적 가치판

23 李建昌, 『明美堂全集』 卷9 序, 「征邁夏課錄序」. "經義雖亦無用, 猶之爲聖言之緒餘, 譬之執柯, 伐柯, 與柯爲近也."

24 『象山集』 卷34, 「語錄」上. "學苟知本, 六經皆吾之註脚."

25 『象山集』 卷34, 「語錄」上. "聖人述六經, 只是要正人心, 只是要存天里去人欲."

26 『中庸』 25章. "義者, 宜也."

27 孔孟에 있어서 義의 개념은 宋學 이후에 義理라는 용어로 사용되어 왔는데, 이는 狀況的 義가 보편성으로서의 原理的 義에 근거하였음을 강조하기 위한 표현이라 할 수 있다.(吳錫源, 「19世紀 韓國 道學派의 義理思想에 關한 硏究」, 成大 博士學位論文, 1991, 94쪽)

단의 준거로서 본질적 보편성의 문제가 제기된다.

주자학은 본질적 보편성의 문제를 무엇보다 중시한 학문이다. 주자학은 存在와 當爲의 문제를 학문의 기초로 하여 존재를 곧 윤리적 당위법칙으로 인식한다. 존재에 대한 규명은 윤리적 당위법칙으로 정립되며, 이렇게 하여 정립된 당위법칙은 인간행위에 있어서 義理의 모습으로 나타난다. 그러므로 현실적 상황이 주어질 때마다 주자학에서는 본질적 보편성을 문제 삼아 구체적 현실보다는 현실이 지향해야 할 이념으로서의 普遍的 義理論을 지향하였던 것이다.[28]

주자학을 體制敎學으로 수용한 조선시대는 이러한 의리론이 자주성과 주체성으로 수용되어 사회 규범적 측면에서 탁월한 성과를 이룩하였다. 이러한 의리론은 임진왜란과 병자호란 등 외세의 침략을 통해 不義에 대한 義의 信念과 勇氣를 불러일으켰고, 구한말에는 민족주체의식으로 승화되었다.

그러나 주자학자들의 의리론은 지나치게 그 본질적 보편성만을 강조함으로써 사회적으로 임병 양난 이후 여러 가지 문제점이 노정되었다. 그것은 거듭된 戰亂을 통해 야기된 현실적 문제를 해결하기에는 그들의 이론은 너무나 추상적이었으며, 실제 많은 부분에서 의리를 가탁한 허위의식으로 오히려 사회적 문제를 야기하고 있었다.[29]

이후 현실의 문제를 직시하고 이를 해결하려는 지성인들의 노력 속

---

28 이러한 점은 병자호란 시 主和論者인 崔鳴吉의 논리에 대해 斥和를 주장한 金尙憲의 논리 속에 잘 나타나 있다.(『崑崙集』 卷20, 「遲川公遺事」. "成敗關天運, 須看義與歸. 雖然反夙暮, 未可倒裳衣. 權或賢猶誤, 經應衆莫違. 寄言明理士, 造次愼衡機.")

29 『德村集』 卷1, 「辭召旨疏」 己酉. "夫虛僞之風之說, 則所謂虛僞與文勝有異. 文勝云者, 文勝於質而不能彬彬也. 虛僞云者, 文滅其質而并與其文而歸於虛僞也. 目今大同之俗, 口不絕義理之談而義理晦塞莫此時, 若言必稱廉隅, 而廉恥道喪, 未有甚於今日."

에 주자학자들의 의리론은 그 비현실성과 추상성이 비판되었다. 영재 당시에도 이러한 의리론이 만연하고 있었으며, 영재는 이러한 의리론을 현실적 상황을 도외시한 추상적 이론으로 파악하여 이를 다음과 같이 비판하고 있다.

> 천하의 변화는 지극히 무궁하고 人心의 은미함은 지극히 알기 어려운 것이다. 그 요점은 실지에 힘쓸 뿐이니 수시변통하는 것 외에 다른 것이 있겠는가. 진실로 한때 한 가지 일에만 고집하여 억지로 名分을 삼고 義로 곡해해서는 안 된다.[30]

그에 있어서 의리란 현실적 상황에 대한 주체적 판단의 소산에 다름이 아니며, 주체적 판단으로 결정되는 의리는 언제나 현실적 상황을 문제로 삼는다. 따라서 현실적 상황이 고려되지 않는 의리는 영재에 있어서 참다운 의리가 아니다.

그런데 현실적 상황 속에서 의리를 결정하는 주체적 판단의 근거는 무엇인가? 이를 영재는 인간주체의 본심으로 파악한다.[31] 그에 있어서 본심은 보편적 진리이며, 인간은 이러한 보편적 진리인 본심에 입각하여 현실을 판단해 나간다. 영재의 다음 말을 살펴보자.

> 나의 몸이 의리를 결정할 수 있으나 의리는 결정됨이 없고, 나의 마음

30 李建昌, 『明美堂全集』 卷11, 「原論」. “天下之變, 至無窮也. 人心之微, 至難見也. 其要, 莫如, 務其實, 其異在乎隨時, 固不可以一時一事, 强爲之名而曲爲之義.”

31 李建昌, 『明美堂全集』 卷9 書, 「答汶園論出處書」. “義理之說亦然, 其用舍行違之繫於身者, 須有一定於方寸之內, 而以此囿天下古今之無窮, 而使其悉由於吾之塗, 則非惟勢之所必不能.”

> 이 의리를 궁구할 수 있으나 의리는 다함이 없다. 이제 내 몸이 옛 성현과 같을 수 없다고 하여 의리의 밖으로 자신을 버리면 안 된다. 내 몸이 이미 의리를 결정했고, 내 마음이 이미 의리를 궁구했다고 해서, 천하 고금의 의리가 이것으로 결정되어 다시는 바꿀 수 없으며, 이것으로 궁구되어 다시는 궁구할 필요가 없다고 말한다면, 이는 後儒의 궁색하고 편협한 견해이지, 옛 성현의 광대하고 精微한 학문이 아니다.[32]

이 말은 그의 의리론이 양명학에 근거하고 있음을 알려주는 대목이다. 양명학은 보편적 원리의 탐색을 통해 윤리적 당위법칙을 발견하려는 주자학에 비해 본심에 내재한 보편성에 입각해 현실적 상황에 대처해 간다. 따라서 현실적 문제가 발생했을 때 주자학과 같이 객관적 의리를 통해 현실의 문제를 해결하는 것이 아니라 본심에 내재한 보편성에 입각하여 현실의 문제를 해결해 가는 상황적 의리론을 지향하게 되는 것이다. 이러한 점에서 영재의 의리론은 양명학에 바탕을 둔 상황적 의리론이라 하겠다.

영재는 이러한 의리론에 입각하여 시시각각 변하는 당시의 상황에 대처하였다. 그가 민비가 시해되는 을미사변이 있기까지 정치에 참여하여 혼신의 힘을 다 기울인 것도 현실을 구제하고자 하는 그의 주체적 판단에 따른 것이요,[33] 을미사변을 계기로 그가 고종의 간곡한 요

---

32 李建昌, 『明美堂全集』 卷9 書, 「答汶園論出處書」. "吾身可以定義理而義理無定, 吾心可以窮義理而義理無窮. 今謂吾身不能如古聖賢, 而自棄於義理之外, 則不可也. 如以吾身己定, 吾心己窮, 而便謂天下古今之義理, 定於此而不可復易, 窮於此而不必復窮, 則斯乃後儒迫塞褊枯之見, 而未爲古聖賢, 致廣大盡精微之學也."

33 그는 척족의 세도정치에 비판적인 안목을 가지고 있었으며 당시 戚族勢道의 비호 아래 가렴주구하던 忠淸監司 趙秉式을 彈劾하였다가 도리어 척족세력에 의해 流配를 당하기도 하였다.

청에도 불구하고 죽음을 무릅쓰고 일체의 관직을 거부한 것도 민비시해사건 등을 해결하지 못한 죄책감과 함께 당시의 亡國的 時勢가 일개인의 힘으로는 돌이킬 수 없다는 상황적 의리론에 입각한 것이었다.[34]

> 비록 죽음에 임할지라도 출사할 뜻이 없다는 것은 이미 말씀을 드렸습니다. …… 時勢의 흐름이 이제 어찌할 수 없는 상황임을 알기에 이를 위하여 더 이상 무익한 空言을 하고 싶지 않습니다.[35]

(3) 심학사상의 사회적 전개

① 주자학자들의 華夷論的 衛正斥邪論

위정척사운동은 18세기를 전후하여 서세동점이라는 역사적 상황 속에서 종래의 전통적 유교에 입각하여 서구의 이질적인 문명을 배척함으로써 국가와 민족을 보존하려는 당시 지성인들의 구국적 운동이었다.

이러한 위정척사운동은 1791년 廢祭毁主의 '珍山事件'을 계기로 천주교를 척사의 대상으로 삼은 것을 기점으로 하여[36] 1866년 불란서 함대의 내침에 대해 화이론적 입장에서 이를 배척한 蘆沙 奇正鎭(1798~1879) 華西 李恒老(1792~1868) 등의 丙寅斥邪論과 1876년의 丙子修好條約의 체결에 대한 勉菴 崔益鉉(1833~1906) 등의 일본 제국주의에 대한 위정척사론 등을 중심으로 전개되었다.[37]

---

34 그가 판단한 난세에 임하는 자세는 세 가지로 첫째, 榮利를 피하여 은거하는 것 둘째, 진리에 입각하여 의리를 실천해 가는 것 셋째, 시세에 아부하여 이에 영합하는 것이었다.

35 李建昌, 『明美堂全集』 卷7, 「三疏」. "雖死不敢出之義, 辭已竭焉. …… 心知時勢之不獲已, 不欲爲無益之空言."

36 『承政院日記』 正祖15年(1791) 11月 26日 條. "爾等退修學業, 益勵衛正斥邪之方."

그런데 그들이 서구의 제국주의적 침략세력에 대항하여 民族主義的 斥邪運動을 전개한 사상적 배경은 주자학을 바탕으로 하여 春秋의 大義名分을 계승하고자 하는 尊華攘夷의 華夷論이었다.

위정척사의 사상적 연원은 春秋의 尊周思想에 있다[38]고 하겠지만 존주사상이란 尊王賤覇의 의미로서 힘의 논리에 대해 정의와 진리에 입각한 문화의 우수성과 진리의 근원성을 바탕으로 하는 사상이다.[39] 그러므로 여기에는 힘의 논리를 앞세워 정의와 진리를 부정하려고 하였을 때 이를 배격하여 진리를 수호하고자 하는 闢異端의 思想이 전개되는 것이다.[40]

이러한 벽이단론은 '바른 道가 아닌 이단을 공부하면 다만 해로울 뿐이다.'[41]라고 한 공자의 사상과 楊墨을 이단시한 맹자의 思想 속에 발견되어지며,[42] 宋代에 이르러서는 춘추의 대의명분을 밝히려는 주체의 학문으로 등장한 주자학을 통하여 북방의 이민족인 遼와 金에

---

37 한말 도학파의 위정척사적 흐름을 畿湖系列의 華西學派: 華西 李恒老(1792~1868) 淵源 경기·강원·충북지역, 毅堂學派:(毅堂 朴世堂(1834~1910) 淵源 충북지역, 淵齋學派: 淵齋 宋秉璿(1836~1905) 淵源 충남지역, 艮齋學派: 艮齋 田愚(1841~1922): 淵源 전북지역, 蘆沙學派: 蘆沙 奇正鎭(1798~1879) 淵源 전북지역, 그리고 嶺南系列로 寒洲학파: 寒洲 李震相(1818~1885) 淵源 경남서부지역, 定齋學派: 定齋 柳致明(1777~1861) 淵源 경북동북지방, 四未軒學派: 四未軒 張福樞(1815~1900) 淵源 경북동남지역, 性齋學派: 性齋 許傳(1796~1886) 연원 경남과 경북동남지역 등 9개 학파로 분류되고 있다.(『철학사상의 제문제』Ⅲ, 한국정신문화연구원, 1985, 213쪽)

38 李恒老, 『華西集』 卷3, 「辭職告歸兼陳所懷疏」. "孔子之作春秋也, 大義數十, 而尊周最大."

39 柳承國, 「春秋精神과 主體性」, 『理性과 現實』, 서울 博英社, 1975, 65쪽.

40 『孟子』, 「滕文公」下9. "世衰道微, 邪說暴行有作, 臣弑其君者有之, 子弑其父者有之, 孔子懼作春秋."

41 『論語』, 「爲政」16. "攻乎異端, 斯害也已."

42 『孟子』, 「滕文公」下9. "楊墨之道不息, 孔子之道不著, 是邪說誣民, 充塞仁義."

대해서는 민족주의적 성격으로, 老佛의 思想에 대해서는 벽이단의 논리로 전개되었다.

麗末에 도입된 주자학은 부패와 타락으로 부정적 경향을 보이던 불교를 벽이단의 논리로 부정하고 이조건국의 사상적 기초가 되었다. 그 후 임진왜란과 병자호란 시에는 민족적 의리사상으로 전개되었고, 明淸교체기에 있어서는 崇明排淸의 北伐論의 사상적 근거가 되었으며, 구한말에는 구국적 의병운동으로 전개되었다.

華西學派를 중심으로 전개된 당시 의병운동의 사상적 근거는 주자학에 있어서 主理說이 그 주류를 이루고 있는데, 이는 화서의 價値論的 理尊思想을 그 바탕으로 하고 있다.[43] 여기서 가치론적 이존사상이란 전술한 바 所以然之故의 존재를 윤리적 당위법칙으로 인식하려는 주자학의 가치론에서 비롯된 것으로, 화서는 소이연지고로서의 理를 현실이 지향해야 할 이상으로 파악하여 이를 바탕으로 현실의 문제를 해결하려 하였던 것이다. 이러한 화서의 理尊思想은 곧 춘추대의를 지향하는 尊華攘夷의 華夷論으로 연결된다.[44] 여기서 尊華의 대상인 '華夏'란 국가의 의미라기보다는 典章과 법도의 차원에서 이해되는 문명의 개념이다.[45] 화서는 무력을 앞세우고 경제적 불평등을 강요하는 서구 제국주의 세력에 대해 존화양이의 화이론에 입각하여 위정척사의 논리로서 이를 배격함으로써 민족주의적 주체성을 확립하려 하였다.

---

43 劉明鍾, 「華西 李恒老 및 그 門下의 理尊思想」, 『동아대 대학원논문집』9집, 1984, 9쪽.

44 李恒老, 『華西集』, 「雅言」 卷10. "四夷八蠻, 慕悅中國, 模倣華夏, 亦自然不易之理也."

45 崔益鉉, 『勉庵集』 卷4, 「再疏」. "華夏者, 文明也. 言其典章法度, 燦然文明也."

② 民族的 自尊思想

영재는 당시의 지성들과 마찬가지로 구한말의 시대적 상황을 국가의 흥망이 달린 위기적 상황으로 인식하고[46] 이를 극복하기 위해 고심하였는데, 그는 開化를 매국의 가능성이 있는 것으로 파악하고 이를 반대하였다.

그가 파악한 개화는 서양기술의 우월성을 인정하고 이를 수용함으로써 국가의 부강을 이룩하려는 것이었다. 그러나 민족 스스로의 주체적 역량이 없이 단순히 외국의 힘에 의해서만 부강을 꾀한다는 것은 그에 있어서 극히 위험한 일로 이해되었다. 그는 일찍이 중국을 방문하여 그곳의 사정을 통해 사회진화론에 입각한 약육강식의 제국주의를 지향하는 서구 열강의 의도를 이미 짐작하고 있었다.[47]

따라서 국가의 부강을 위해 아무런 준비 없이 개화를 하기보다는 개화를 통해 주어질 수 있는 제문제점을 미리 파악하고 이를 극복해낼 수 있는 국가의 주체적 역량을 확인하는 작업이 선행되어야 한다고 영재는 이해하고 있었다.[48] 왜냐하면 이러한 준비 없이 개화를 한다면 결국 이질적 문명에 잠식당하거나 아니면 전통과 이질적 문명의 갈등 속에 더욱 어려운 상황에 빠져들게 될 것이기 때문이었다.[49]

---

46 李建昌, 『明美堂全集』 卷7 疏, 「擬論時政疏」. "顧今何如時哉, 寰宇波蕩, 疆圉旁午, 國耻民愁, 兵鈍財竭, 此誠賈誼流涕痛哭之日, 而諸葛亮危急存亡之秋也."

47 李建昌, 『明美堂全集』 卷16, 「明美堂詩文集敍傳」 參照.

48 李建昌, 『明美堂全集』 卷7, 「擬論時政疏」. "夫旣不得已而出於此, 則不可不盡吾之實理, 行吾之實事, 以見吾實富實强之效然後, 始可以有辭於天下."

49 대체로 이러한 우려 속에서 1870년대 후반 개화사상은 온건과 급진의 양파로 분파되었다. 온건파는 淸의 자강운동을 수용하여 서양의 기술만을 받아들이고 사상과 제도 등은 우리의 것을 고수하려는 '東道西器'적 입장을 취한 반면, 급진파는 전통사상인 유교를 서양의 '器'에 대한 유교를 '道'의 문제로 인식하기보다는 서양의 기술과 유교사

그러나 영재가 파악한 당시 조선의 상황은 이질적 문명의 수용을 통해 야기될 제문제점을 소화할 수 있는 주체적 역량을 소유하지 못하고 있었다.[50] 이러한 주체적 판단에 의하여 영재는 개화를 통한 부강의 가능성을 부정하고 개화를 매국적 행위로 인식하게 되었던 것이다.

그렇다면 서세동점의 상황에서 부국강병의 필요성을 누구보다 절감하고 있었던 지성인의 한 사람으로서 영재가 취한 방법은 무엇이었을까? 여기서 영재는 민족적 자존사상에 입각한 부국강병론을 주장하고 있다.

영재에 있어서 국가의 부강은 단순한 형식적 개혁이나 모방에 있는 것이 아니라 먼저 부강을 이룰 수 있는 실상을 확보할 때만이 가능해진다.[51] 그 실상이란 인간 속에 내재한 참된 주체의 확립이다. 참된 주체는 언제나 구체적 삶을 직시하고 이에 대해 적절한 주체적 판단을 내린다. 참된 주체가 배제된 형식적 판단이나 행위는 현실적 문제에 대한 적절한 효과를 기대할 수 없을 뿐만 아니라 오히려 역효과를 나타낼 수 있다. 그러므로 참된 주체의 성실성과 의지만이 현실적 문제를 해결하는 첩경인 것이다.[52]

상을 '實'과 '虛'의 문제로 인식하여 서양의 기술뿐만 아니라 사상과 제도까지 받아들여 급진적으로 우리의 전통적 체제를 개혁할 것을 주장하였으며 1882년 임오군란 이후 두 파는 정치적으로 대립하게 되고 급기야 1884년 급진파인 개화당에 의해 갑신정변이 일어났다. 이후 이러한 과정을 통하여 조선은 영재와 우려하였던 바와 같이 국치의 수모를 당하게 되었던 것이다.

50 李建昌, 『明美堂全集』 卷7, 「擬論時政疏」. "不知吾之實未成, 而名先播於外者, 非計之善者也."

51 李建昌, 『明美堂全集』 卷7 疏, 「擬論時政疏」. "第維殿下, 雖有求富求强之名, 而未見有致富致强之實."

52 李建昌, 『明美堂全集』 卷7 疏, 「擬論時政疏」. "傳曰不誠無物. 蓋誠者, 實理也. 實理之所在, 卽實事之所由, 實理不存乎內, 則實事不成乎外, 不誠則無物矣."

이러한 관점에서 영재는 당시의 난국에 대한 타개책을 다음과 같이 고종에게 건의하고 있다.

> 전하께서 진실로 부강에 뜻이 계시고 반드시 그 효과를 기대하신다면 청컨대 명분에서 구하지 마시고 실상에서 구하십시오. 진실로 명분에서 구하지 아니하고 실상에서 구하고자 하신다면 隣國에서 구하지 마시고 나에게서 구하십시오. 무릇 내가 부유하지 않은 까닭은 나에게 가난할 수밖에 없는 이유가 있기 때문이요, 내가 강하지 못한 이유는 반드시 나에게 약할 수밖에 없는 이유가 있기 때문입니다. 이것은 모두 나에게 있는 것이지 남에게 있는 것이 아닙니다. 가난하고 약한 것이 이미 나로 말미암고 남으로 말미암는 것이 아니라면 부유하고 강한 것도 또한 나로 말미암는 것이지 남으로 말미암는 것이 아닙니다. 가난한 원인을 돌이킨다면 곧 부유해지는 원인이 될 것이요, 약한 원인을 돌이킨다면 강하게 되는 원인이 될 것입니다. 이것을 이루는 所以는 오직 전하의 一心의 實에 있으니 變更의 紛紛함에 매이지 마십시오.[53]

여기서 영재의 민족적 자존사상의 실상을 살펴볼 수 있다. 영재도 국가의 부강이 당시의 당면과제인 것을 인정한다. 그러나 국가의 부강을 위한다는 명분만을 가지고 국가의 부강이 성취되는 것은 아니며 외부적 조건이나 인국의 도움으로 성취되는 것도 아니다. 오히려 내실이 없는 형식적 변화는 효과의 극대화를 이룰 수 없으며,[54] 또한 급

53 李建昌, 『明美堂全集』 卷7 疏, 「擬論時政疏」. “殿下誠有意乎富强, 而期其必效, 則臣請無求於名而求於實. 誠無求於名而求於實, 則臣請無求於隣國而求於我. 凡我所以不富者, 必我有所以貧也. 我所以不强者, 必我有所以弱也. 是皆在我, 不在人. 貧與弱, 旣由我而不由人, 反所以貧, 則乃所以富也. 所以弱, 則乃所以强也, 而其所以致此者, 亦惟在殿下一心之實, 而不繫乎變更之紛紛也.”

진적 변화는 성공보다는 실패의 가능성이 많은 것이다.[55] 따라서 변화보다는 변화에 능동적으로 대처할 수 있는 주체의 확립을 영재는 현실을 타개할 수 있는 우선적인 전제조건으로 이해한 것이다.[56] 이러한 관점에서 영재는 외세의 힘에 의존하는 개화보다는 오히려 민족자존의 측면에서 자국의 역량을 확충함으로써 난국을 타개해 나갈 수 있다고 생각하였다.[57]

그에 있어서 민족자존의 모습은 위로 국정의 책임을 맡은 군주로부터 아래로 신하와 백성이 이르기까지 한 마음으로 단결하여 국가적 위기를 함께 대처해 나가는 것이며, 이러한 총체적 단결을 통해 현실적 문제에 대처해 갈 때 국가적 위기는 반드시 극복되리라는 확신을 영재는 가지고 있었다.

> 이제 전하께서는 신하와 백성의 마음으로써 마음을 삼고 신하와 백성은 전하의 일로써 자신의 일로 삼아 바람에 풀이 쓰러지듯 그림자가 몸을 따르듯 한다면 무엇을 구한들 얻지 못하겠습니까?[58]

구한말의 역사적 위기 속에서 나타난 영재의 민족적 자존사상은 양

---

54 李建昌, 『明美堂全集』 卷7 疏, 「擬論時政疏」. “殿下之所以爲此, 則惟隣國之政是視, 夫隣國之政 設令有可取者, 在實不在名, 未必有其名然後可以有其實也.”

55 李建昌, 『明美堂全集』 卷10, 「畝忠錄序」. “天下之至難言者, 變更也, 而終不可難言, 而遂諱之也, 自古改絃易轍之論, 十不用一二.”

56 李建昌, 『明美堂全集』 卷7 疏, 「擬論時政疏」. “夫旣不得已而出於此, 則不可不盡吾之實理, 行吾之實事, 以見吾之實富實强之效然後, 始可以有辭於天下.”

57 李建昌, 『明美堂全集』 卷7 疏, 「擬論時政疏」. “殿下之心, 有所未切, 而施之於猷爲者, 終無以臻其效, 此所以爲殿下, 泄泄沓沓而思一言也.”

58 李建昌, 『明美堂全集』 卷7 疏, 「擬論時政疏」. “今殿下, 以臣民之心爲, 臣民以殿下之事爲事, 風行景從, 何求不獲.”

명학에 바탕을 둔 심학사상에서 배태된 것으로, 수구적 입장에서 민족자존사상을 견지하고 있다는 점에서 당시 주자학적 사유체계에 근원한 화이론적 위정척사론과 그 궤적을 함께하고 있다. 그러나 위정척사론적 자존사상의 사상적 배경이 주자학의 보편적 의리론에 입각한 존화양이의 화이론에 근거한 것이라면 영재의 민족적 자존사상은 양명학의 상황적 의리론에 입각한 본심의 주체적 판단에 기인하고 있다는 점에서 그 사상적 근거를 달리하고 있다고 하겠다.

③ 社會改革論

전술한 바와 같이 영재는 급변하는 국제정세에 대처하는 방법으로 변화보다는 변화에 대처할 수 있는 주체의 확립을 요구하였다. 그런데 당시 조선의 상황은 내적 모순을 그대로 방치한 채 외적인 변화만을 통하여 시대상황에 대처하려 하였다. 이러한 국가적 정책에 대하여 영재는 외적인 변화보다는 내적인 자기혁신에 의해 난국을 타개하려 하였다. 그것은 기존의 사회적 제 모순을 개혁하여 스스로 부강할 수 있는 기틀을 마련하는 것이었다. 이러한 입장에서 영재는 당시 사회의 제 모순을 상세하게 지적하고 이의 시정을 요구하고 있다.

영재는 조선 후기의 사회적 모순이 한 시점에서 발생한 것이 아니라 조선 전반을 통하여 축적되어 온 것으로 파악하고 있었는데, 특히 조선 전반을 통하여 축적 되어 온 정치적 파벌의식과 실질보다는 형식을 강조하는 형식적 권위주의를 커다란 문제점으로 지적하고 있다.

실제 조선의 정치적 풍토는 주자학을 이데올로기화하여 여타의 학문을 이단시하였으며, 이후 학파적 대립양상이 급기야 당파적 대립으로 확산되어 당쟁을 일삼아 왔고, 영재가 활동한 당시에도 閥閱政治에 의한 폐해가 극에 달하고 있었다. 영재는 당시의 사회적 난국이 민생의 안정과 국력의 신장을 도외시한 정치적 당파성에 의한 벌열정치에 있음을 심히 개탄하고 있다.[59]

또한 영재는 실질보다는 형식을 중시한 주자학자들의 형식주의를 국가를 허약하게 한 또 다른 遠因으로 인식하고 있다.[60] 전술한 바와 같이 주자학의 의리론은 조선의 역사 속에서 자주성과 주체성으로 수용되어 사회 규범적 측면에서 탁월한 성과를 이룩하였음에도 불구하고 역사적 현실 속에서 지나치게 그 본질적 보편성만을 강조함으로써 현실적 문제로부터 遊離되는 乖離現狀이 나타나게 되었다. 이러한 괴리현상은 비단 현실의 문제를 해결할 수 없었을 뿐만 아니라 오히려 현실적 삶을 질곡의 상황으로 이끌어 가는 역할을 한 것도 사실이다.[61]

따라서 영재는 이러한 경직된 사고의 틀과 정치의 구조적 모순에 대한 개선이 없이 다만 형식적 변화만을 시도하는 당시의 정치현실을 비판하고 다음과 같이 정치의 질적 변화를 요구하였다.

첫째, 民生을 위한 政治를 요구하였다. 그에 있어서는 민생의 안정이 전제되지 않는 정치는 그 주체성을 인정받을 수 없으며 주체성을 인정받지 못한 정치는 무력해질 수밖에 없다. 따라서 난세일수록 민생의 안정이 무엇보다 필요한 정치적 과제임을 영재는 역설하고 있다.[62]

---

59 李建昌, 『明美堂全集』 卷11, 「原論」. "自黨論之分, 而取閥閱愈甚, 前之閥閱, 猶以資地 後之閥閱, 純以黨論, 祖宗名器, 遂爲黨人之私物."

60 李建昌, 『明美堂全集』 卷11, 「原論」. "今則不然, 謂小人之名, 不足湛其宗而夷其類也. 故必假名義之說, 悉驅而納之於亂, 然後快焉."

61 鄭東愈, 『晝永編』下. "每見其聲罪人也, 必表擧義理之名, 構成森嚴之案. 嗚呼, 孰知義理二字, 爲後世殺人之刀斧也哉. 思之痛心."

둘째, 言路開放을 주장하였다. 언로가 개방되지 않으면 민심의 소재를 확인할 수 없으며, 또한 민심의 소재를 확인하지 않는 정치는 그 정치의 보편성을 인정받을 수 없다. 당시의 정치적 상황을 언로가 폐색된 정치로 인식한[63] 영재는 언로의 개방을 통해 民意의 所在處를 파악할 것을 주장하고 있다.[64]

셋째, 정치의 형식성에 대한 비판이다. 정치는 이론이나 명분보다는 백성들의 실질적 삶을 중시해야 한다. 당시의 정치를 백성들의 삶을 도외시한 형식과 명분만을 중시하는 정치로 인식한 영재는 도탄에 빠진 백성들의 삶의 질을 개선할 수 있는 실질적이고 실용적인 정치를 주장하고 있다.[65]

넷째, 정치의 공정성에 대한 문제이다. 정치가 공정성을 잃으면 사회는 혼란에 빠지고 백성들은 정치를 불신하게 된다. 이러한 점에서 영재는 당시 세도정치의 와중에서 법의 형평성을 무시한 정치행태를 비판하고,[66] 정치의 공정성이 민심의 안정을 위한 기반임을 역설하고 있다.[67]

이상과 같은 정치의 질적 변화가 있을 때만 민족적 주체의 확립이

---

62 李建昌, 『明美堂集』 卷7, 「請勦邪匪附陳勉疏」. "有難必以鎭民心爲本, 此所謂不易之計也."

63 李建昌, 『明美堂集』 卷7, 「請勦邪匪附陳勉疏」. "噫. 言路之壅塞, 莫近日, 若謀身者, 稱以識時, 憂國者, 目以好事, 氣節摧沮, 風俗汚卑, 有君無臣."

64 李建昌, 『明美堂全集』 卷8, 「擬客上平津候書」. "嬖佞俳優之類, 日進於前, 而無所不至, 忠志之士, 仰屋而不能談, 百姓小民, 群怨而不能聞, 此亦大可憂者也."

65 李建昌, 『明美堂全集』 卷11, 「原論」. "使移斯心而措之實用, 內以自治其身, 以消其感慨激切之氣, 外以施之國政, 以祛其支離文飾之弊, 則君臣同休, 福垂後世, 亦何事之不可辨 而何他日之足憂哉."

66 李建昌, 『明美堂集』 卷7 疏, 「擬論時政疏」. "偏恩濫賞, 有加無節, 此亦聖念之所宜及也."

67 李建昌, 『明美堂集』 卷7, 「請勦邪匪附陳勉疏」. "大凡人主, 無私財. 故無私惠, 無私好. 故無私臣. 一有不均不公, 國受其病, 而民必不安."

가능하며 이러한 주체의 확립을 기반으로 하여 국가의 부강도 추구할 수 있게 되는 것이다.

영재는 이러한 정치의 질적 변화를 전제로 다시 부국강병을 위한 시책을 다음과 같이 제시하고 있다. 이를 살펴보면 경제적인 측면에서 국가재정의 낭비를 줄여 국고를 확보하며,[68] 사회적 측면에서 사대부들의 사치풍조를 없애고 절검을 통하여 부강을 이룩하며,[69] 또한 정치적 측면에서 名節을 장려하여 사대부의 氣槪를 확립함으로써 이를 부강의 기틀로 삼는다는 것[70] 등이 그것이다.

2. 개화사상과 양명학

1) 백암 박은식

서세동점의 역사적 위기 속에서 당시 조선의 사상계는 크게 민족의 자주성과 주체성을 강조하는 수구사상과 국력 배양을 위해 문호를 개방해야 한다는 개화사상으로 양분되어 있었다. 이러한 두 사상은 당시 극단적인 대립 양상을 보였지만 수구사상은 주체성을 중시하는 주자학이, 개화사상은 현실적 문제를 중시하는 실학이 사상적 배경이 되고 있다. 그런데 주자학이나 실학적 입장과는 달리 양명학의 입장에서 당시의 문제를 해결하려는 인물이 있었으니, 이가 곧 白巖 朴殷

---

68 李建昌, 『明美堂集』 卷7 疏, 「擬論時政疏」. "如其有裕, 則節蓄以待匱, 如其不足, 則集議于諸有司之臣, 各陳所見, 商確辨事, 取旨奉行."

69 李建昌, 『明美堂集』 卷7, 「擬論時政疏」. "所以富所以强之實, 無他焉, 節儉而已."

70 李建昌, 『明美堂集』 卷7, 「擬論時政疏」. "又聞之, 國之强弱安危, 不在乎兵之利鈍財之豊絀, 而在乎名節之盛衰."

植(1859~1926)이다. 양명학은 무엇보다 인간 주체의 판단을 중시하는 철학이거니와 백암은 양명학을 사상적 바탕으로 하여 수구사상과 개화사상의 조화를 시도한 인물이다.[71] 그는 당시의 역사적 상황과 관련하여 수구에서 개화로 사상적 입장의 전환을 시도하였는데, 이러한 과정에서 그가 선택한 것은 수구를 버리고 개화만을 지향한 것이 아니라 오히려 두 사상의 장점을 취하여 시대적 문제를 해결하려는 것이었다. 다시 말하면 백암은 서구 제국주의적 침략 이론에 대해서는 수구사상의 장점인 민족 주체성을 강조하였고, 국력의 신장을 위해서는 개화사상의 장점인 서구 문물의 수입을 역설하였다. 그의 이러한 주장은 현실적으로는 민족의 주체성을 중시한 수구사상이나 국력 신장을 위한 개화를 역설한 개화사상의 장점을 함께 아우르고 있다는 점에서, 그리고 사상적으로는 주자학이나 실학과는 다른 양명학을 철학적 근거로 하고 있다는 점에서 그 학문적 특장을 찾을 수 있다.

(1) 사회진화론적 역사인식

백암이 활동하였을 당시 조선의 현실은 개화와 수구의 대립과 갈등 속에서 1882년 임오군란, 1884년 갑신정변, 1894년의 동학혁명과 갑오경장 등을 거치면서 1881년에는 朴定陽(1841~1904)을 단장으로 하는 신사유람단이 일본에 파견되었고, 1883년 元山學舍의 설립을 기점으로 근대적인 학교가 설립되어 신지식을 교육하는 등[72] 점차 신시대를 향해 활발하게 진전하고 있었다. 그러나 당시까지 백암의 현실 인

71 일반적으로 박은식은 개화사상을 주장한 인물로 평가되고 있으나 필자는 그를 수구와 개화사상을 조화한 인물로 파악하고 있다.

72 愼鏞廈, 「우리나라 最初의 近代學校」, 『韓國近代史와 社會變動』, 文學과 知性社, 1980.

식은 수구를 '義理'로 삼고 개화를 '邪說'로 삼는 위정척사의 입장을 고수하고 있었다.[73]

그러나 1898년 張志淵(1864~1921)과 함께 황성신문 주필에 취임하고 申箕善(1851~?), 李道宰(1848~1909), 金允植(1835~1922) 등과 함께 독립협회 문교 부문의 일을 시작하면서, 백암은 사회적 변화에 주목하기 시작하였다.[74] 그 시절 백암이 접한 서구의 각종 신 학설은 그로 하여금 현실에 대한 새로운 안목을 넓히게 해 주었다. 이후 백암은 사회진화론적 생존경쟁과 약육강식을 현실로 인정하게 되었고,[75] 變通更新을 통한 사상적 전환의 필요성과 함께 신학문의 실용성을 강구할 수밖에 없음을 깊이 통찰하게 되었다.[76]

이러한 사상적 갈등과 번민 속에서 백암은 '사회진화론'[77]을 中體西用의 입장에서 수용한 梁啓超(1873~1930)의 영향을 받게 되었다. 당시 중국에 있어서 사회진화론은 嚴復(1853~1921)에 의해 『天然論』으로

---

73 박은식, 『朴殷植全書』下, 「賀吾同門諸友」, 단대 동양학연구소, 1975, 32쪽. "本 記者도 亦嘗屈膝於諸先生之門하며 周旋於僉章甫之後하여 討論性命하며 講行飮射할 時에는 以守舊爲義理하고 저 開化爲邪說하며 以自靖爲法門하고 認通達爲妄想하여"

74 박은식, 『朴殷植全書』下, 「學의 眞理는 疑를 좃아 구하라」, 197쪽. "四十歲以後에 世界學說이 輸入되고 言論自由의 時期를 만나매 余도 一家學說에 膠泥되었던 思想이 저윽이 變動됨으로 우리 先輩의 嚴禁하든 老莊楊墨申韓의 學說이며 佛教와 基督의 教理를 모두 縱覽케 되었다."

75 박은식, 『朴殷植全書』下, 「自强能否의 問答」, 68쪽. "現今時代는 生存競爭을 天然이라 論하며 弱肉强食을 公例라 謂하는지라."

76 박은식, 『朴殷植全書』下, 「賀吾同門諸友」, 32쪽. "乃東西各國의 新書籍이 偶然觸目함에 天下의 大勢와 市國의 情形을 觀測함에 有하여 今日時宜가 不得不 變通更新하여야 吾國을 可保하고 吾民을 可活인 것을 覺知한지라."

77 사회진화론은 1895년 다윈(1809~1882)의 『종의 기원』에 의해 제시된 생물진화론을 인간사회에 적용시켜 자본주의적 적자생존의 논리로 전개한 스펜서에 의해 주창되었다. 이후 사회진화론은 헉슬리・헥켈 등에 의해 자연도태설을 중심으로 한 진화론으로 발전되었다.(정용재, 『촬스 다윈』, 민음사, 1988, 210~223쪽)

소개되었는데, 엄복은 다윈(Charles Robert Darwin 1809~1882)의 진화론을 채용하여 생존경쟁과 자연도태를 사회발전의 과정으로 고찰한 스펜서(Herbert Spencer 1820~1903)의 견해에 동의하고 있었다. 그러나 양계초는 자연도태와 생존경쟁을 인간의 능력으로 제어할 수 있다는 헉슬리(Tomas Henry Huxley 1825~1895)의 진화사관에 동의하고[78] 사회진화론을 중체서용의 입장에서 수용하여 반제국·반봉건·반식민의 민족주체의식을 고취시키는 변법자강론을 주창하였다. 1900년대에 들어서면서 우리나라에도 사회진화론이 본격적으로 수용되어 많은 사람들이 중국의 변법사상가들의 영향을 받게 되는데, 백암은 특히 양계초의 진화론적 역사의식에 공감하고 그의 '변법자강론'을 구국의 자강 논리로 수용하게 되었다.[79]

백암은 사회진화론적 현실 인식에 기초하여 당시의 국제 정세를 생존경쟁·자연도태의 시대로 규정하고[80] 적자생존의 법칙 속에 살아남기 위해서는 무엇보다 스스로의 자생력을 키워야 한다고 생각하였다. 그러나 백암이 파악한 선진 서구 열강은 양육강식의 제국주의를 지향하고 있기 때문에[81] 주체성 없는 서구문명의 수용은 곧 스스로의 파멸을 자초할 뿐이라는 것을 그는 분명하게 인식하고 있었다.[82] 따

78 沈容瑱, 『朴殷植의 自强思想에 관한 硏究』, 成大 碩士論文, 1990, 6~13쪽 참조.

79 백암은 자신이 주필로 있던 『西友』誌를 통해 梁啓超의 「愛國論」·「學校總論」·「論幼學」·「惟心論」을 소개하였고 『王陽明實記』를 통해 「德育鑑』을, 『高等漢文讀本』을 통해 「大同志學會序」 등의 글을 소개하였다.

80 박은식, 『朴殷植全書』下, 「敎育이 不興하면 生存을 不得」, 86쪽. "西儒之言에 日 生存競爭은 天演之理오 優勝劣敗는 公例之事라."

81 박은식, 『朴殷植全書』中, 「夢拜金太祖」, 309쪽. "達爾文이 强權論을 昌함으로부터 所謂 帝國主義가 世界의 獨一無二한 旗幟가 되야 國을 滅하고 種을 滅함으로써 當然한 公例를 삼아 競爭의 禍가 益益 慘劇함이 極度에 達하얏슨즉."

라서 우리의 주체성을 상실하지 않으면서도 앞선 선진 서구 문명을 수용하기 위하여 먼저 민족 주체성을 확립하고 그 바탕 위에 서구의 선진 문명을 수용하는 이른바 주체성에 입각한 개화를 주장하기에 이르렀다.

이에 따라 그는 가학으로 전승되어 온 주자학[83]을 탈피하고 양명학을 시대적응의 학문으로 인식하여 이를 통해 서세동점의 위기에 대처하였다.

(2) 양명학적 특성

백암은 주자학을 부정하고 양명학을 공맹의 정통사상으로 인정하는 기존의 양명학자들과는 달리 주자학의 학문적 장점을 인정하면서도 적자생존의 현실에 대처하기 위한 현실 적응의 학문으로 양명학을 수용하였다. 따라서 백암의 양명학은 학문적 이론에 천착하기보다는 오히려 양명학이 지닌바 심즉리 · 치양지 · 지행합일의 이론을 당시의 시대 상황과 관련하여 현실적인 관점으로 이를 적용하는 데 그 특성이 있다.

백암은 당시의 시대를 적자생존의 시대로 인식하였다. 그리고 이러한 시대 상황에 적응하기 위하여 국가의 부강, 민권의 신장과 계몽,

---

82 박은식, 『朴殷植全書』下, 「自强能否의 問答」, 68쪽. "現今列國의 鷹揚虎躍者난 其口氣난 菩薩이오 其行動은 夜叉라 誰를 可信이며 誰를 可依리오 不寧惟是라 其人의 資格이 自强의 性質이 無하며 自立의 能力이 無하고 但히 他人의 鼻息을 仰하난 者난 결코 奴隷를 脫免할 日이 無할지라."

83 박은식, 『朴殷植全書』下, 「學의 眞理는 疑로 좇아 求하라」, 197쪽. "余도 幼時로부터 오직 朱學을 講習하고 尊信하여 晦庵의 影幀을 書室에 私奉하고 每朝에 瞻拜한 事實도 있었다."

구습의 타파, 서구의 제국주의적 침략 이론의 극복 등을 해결해야 할 중요한 과제로 파악하였다. 그리고 이러한 과제를 해결하기 위한 방안을 제시하였는데, 그 하나는 서구 과학의 적극적인 수용이요, 다른 하나는 本領學文을 통한 주체성의 확립이었다. 그가 서구 과학의 수용을 주장한 것은 실질적인 힘을 확보하기 위한 것임은 말할 필요도 없거니와 그는 양명학을 본령학문으로 선택함으로써 서구 문명을 주체적으로 수용할 수 있는 역량을 신장시킴과 동시에 서구 문명의 한계를 극복하고자 하였다.

> 그런즉 오늘날의 儒者가 각종 과학 외에 본령학문을 구하고자 할진대 양명학에 종사하는 것이 실로 간단절요한 법문이라. 대개 치양지의 학은 直指本心하여 超凡入聖하는 門路요. 지행합일은 심술의 은미함에 있어 성찰법이 긴절하고 사물 변화에 대응함에 있어 과감력이 활달하니, 이것은 양명학파의 氣節과 사업의 특별히 드러난 공효가 실로 많은 까닭이라.[84]

그는 당시의 시대 상황과 관련하여 양명학의 특성을 다음과 같이 파악하고 있다. 첫째, 양명학은 학문 방법에 있어서 간단하고 직각적으로 분별하여 알 수 있는 簡易直切한 학문 체계를 가지고 있다는 점이다. 백암이 주자학에 대해 깊은 공감을 가지고 있음에도 불구하고 시대 상황에 적절하지 못하다고 인식한 것은 각각의 사물을 통해 이치를 연구해 가는 주자학의 학문 방법이 점차 복잡해지는 당시 사회 현상과 관련하여 현실성이 없다고 판단한 때문이었다.[85] 이에 비해 양명

84 박은식, 『朴殷植全書』下, 「儒敎求新論」, 47쪽.

학은 각각의 사물에 대한 연구보다는 구체적 현실에 작용하는 인간 주체의 자각에 철저하여, 이를 곧장 인간과 사회 속에 실현해 간다고 하는 점에서 당시의 시대 상황에 적절한 학문이라고 백암은 인식하였다. 잘 알고 있는 바와 같이 양명학의 심즉리는 우주의 존재 원리[所以然之故]와 인간의 윤리적 당위 법칙[所當然之則]을 실천주체인 '심'으로 일원화하여 인간과 세계의 존재 원리를 인간 주체 속에서 찾고자 하는 논리 체계다. 따라서 양명학에 있어서 인간은 언제나 인간 주체의 순수성과 성실성에 입각하여 대상에 대한 적절한 판단을 내려 이를 즉각적으로 실천에 옮기게 된다. 백암이 양명학을 시대 적응의 학문으로 인정한 것은 이와 같은 간이직절한 학문 방법에 깊이 공감하였기 때문이었다.

> 장래 후진학계를 관찰하건대 簡單直切한 법문이 없고는 공맹의 학문에 종사할 자 드물 것이니 대개 朱王學이 공맹의 도가 되기는 한가지라. 무엇을 버리고 무엇을 택하리오. 우리 공맹의 도로 하여금 그 전함을 잃지 않고자 하면 부득불 簡單直切한 법문으로 후진을 지시함이 가하도다.[86]

둘째, 양명학이 상황의 변화에 적절하게 대응하는 隨時應變의 장점

85 박은식, 『朴殷植全書』下, 「儒敎求新論」, 47쪽. "朱子曰象物之表裏精粗 無不到而吾心之全體大用이 無不明矣라 하였으니 今日吾人爲學이 衆物의 表裏精粗가 無不到하는 境遇를 待하여 吾心의 體用이 無不明한다 할진대 人生一世에 光陰이 幾何오 終身用力할지라도 卒業할 期限이 無할 것이오 學問의 卒業할 期限이 無한 則 어찌 事業을 做得할 餘日이 有하리오 此는 學者의 可能할 바 아니라 …… 況天下事業이 日出不窮하는 時代를 當하여 許多歲月을 費了하는 工夫에는 下手키 實難하도다."

86 박은식, 『朴殷植全書』下, 「儒敎求新論」, 48쪽.

을 지니고 있다는 점이다. 수시응변의 장점은 두 가지로 이해되는데, 그 하나는 사물의 변화에 능동적으로 대처할 수 있는 능력이 뛰어나다는 점이요, 다른 하나는 사물의 유혹에 끌려가지 않는 주체성을 확보할 수 있다는 점이다. 양명학에 있어서 주체와 대상은 인간의 의식을 통해 연계되어 있다.[87] 양명에 의하면 인간의 의식은 심의 본체인 양지의 발동이며 동시에 대상인 사물의 소착처다.[88] 그러므로 인간의 의식이 있는 곳에는 언제나 대상으로서의 사물이 있다. 이러한 관계를 양명은 規矩와 方圓長短에 비유하여 인간 주체의 순수성과 성실성[규거]만 있으면 어떠한 상황에도 적절하게 대처[방원장단]할 수 있다고 설명하고 있다.[89] 동시에 구체적 현실과 연계하여 전개되는 양명학은 언제나 삶의 현장에서 사물의 유혹에 끌려가지 않는 인간의 주체성을 확보하기 위해 노력하고 있다. 이것을 양명은 事上磨鍊의 공부로 언표하고 있는데, 사상마련은 구체적인 삶 속에서 매 상황마다 인간 주체의 순수성과 성실성을 확인해 가는 공부다. 이러한 공부를 통해 양명학은 구체적 삶과 유리되지 않는 인간 주체의 순수성과 성실성을 확보하고 있다. 이러한 양명학의 장점을 백암은 '공허하지도 않고 사

---

87 양명의 主客一體思想은 心·身·知·意·物을 유기적인 관계로 파악하고 있는 점에서도 잘 드러나 있다. 도덕 주체로서의 '心'은 '知'의 발동처인 '意'를 통해 발현되며, '意'는 다시 耳目口鼻의 '身'을 매개로 하여 구체적 '物'과 일체가 되어 있다.(『傳習錄』下 陳九川錄. "耳目口鼻四肢身也. 非心安能視聽言動. 心欲視聽言動, 無耳目口鼻四肢, 亦不能. 故無身則無心. 但指其充塞處言之謂之身. 指其主宰處言之謂之心. 指心之發動處謂之意. 指意之靈明處謂之知. 指意之涉着處謂之物.")

88 『傳習錄』上 陸澄錄. "身之主爲心. 心之靈明是知. 知之發動是意. 意之所着爲物."

89 『傳習錄』中, 「答顧東橋書」. "夫良知之於節目時變, 猶規矩尺度之於方圓長短也. 節目時變之不可預定, 猶方圓長短之不可勝窮也. 故規矩誠立, 則不可欺以方圓, 而天下之方圓不可勝用矣. 尺度誠陳, 則不可欺以長短, 而天下之長短, 不可勝用矣. 良知誠致, 則不可欺以節目時變, 而天下之節目時變, 不可勝應矣."

물에 유혹되지도 않으면서 만사의 주재가 될 수 있는 것'으로 평가하고 있다.[90]

> 대개 세유의 문견 지식은 범람하여 이루 다 설명할 수가 없지만 선생의 본체 공부는 事上磨鍊으로 精明을 이루어 철저하게 깨달음에 이른 것이라. 고로 감별의 지식이 천하의 시비에 현혹되지 않고 자신의 힘이 천하의 이해에 벗어나지 않아 이를 실천함에 자연스러워 아무런 문제도 없다. 그런즉 사상마련은 곧 知이면서 行이오, 움직이면서 고요하며, 본체가 곧 공부요, 공부가 곧 본체라. 공허함에 떨어지지도 않고 사물에 얽매이지도 않으면서 만사의 주재가 되는 것이니 오호라 묘하고도 신비하도다.[91]

(3) 서구 문명의 수용과 극복

① 서구 문명의 주체적 수용과 양명학

서세동점의 위기 속에서 백암이 파악한 선결 문제는 약육강식과 優勝劣敗의 생존경쟁에 살아남는 것이었고, 그가 제시한 해결 방안은 '교육을 통한 지식의 개발'과 '산업[殖産]을 통한 국력의 신장'이었다.[92]

---

90 이러한 현실 지향적인 백암 양명학의 특성은 그의 양지(良知)에 대한 독특한 설명에서도 잘 나타나 있다.(박은식, 『朴殷植全書』中, 「王陽明實記」, 48쪽. "良知之本體가 卽天理이니 天理理想에 更有何物加乎아 學者는 惟當一心在天理上하야 靜則存此而養之하고 動則循此而行之면 方能以人合天이니 而語其發窮處則吾心之良知 是可라 良知者는 自然明覺之知오 純一無僞之知오 流行不息之知오 泛應不滯之知오 聖愚無間之知오 天人合一之知니 神乎妙乎孰得以尙之리오")

91 박은식, 『朴殷植全書』中, 「王陽明實記」, 138쪽.

92 박은식, 『朴殷植全書』下, 「大韓精神」, 67쪽. "現時代는 世界人類가 生存競爭으로 優勝劣敗之秋라 國民의 知識과 勢力을 比較하야 榮辱과 存亡을 判하나니 皮開明國의 民族은 敎育으로 知識을 開發하고 殖産으로 勢力을 增進하야."

특히 산업을 통한 국력 신장과 관련하여 백암은 우리나라에 산업이 발달하지 못한 원인으로 虛文과 허학을 숭상하고 실질적인 학문을 하지 못한 점, 무위도식하는 계층과 관리들의 부패, 공업과 상업을 천시하는 풍조, 농업의 기술혁신을 이룩하지 못한 점 등을 조목 조목 분석하고, 자본의 창출을 통한 기업의 설립, 농업 기술의 축적, 과학기술의 습득과 공업의 발전 등을 통해 세력을 확장해 나갈 것을 주장하였다.[93] 또한 '세력은 지식으로 인하여 나오고 지식은 학문으로 인하여 나오므로 교육이 발달한 민족은 생존하고 교육이 쇠퇴한 민족은 멸망'[94]하게 된다는 교육 중시론에 입각하여, 교육을 통해 농업·상공업·의학 기술뿐만 아니라 사회과학의 지식에 이르기까지 서구의 발달한 기술을 습득할 것을 역설하였다.[95]

그러나 백암이 산업의 발달을 통한 국력의 신장이나 이를 위한 기술 교육보다 더욱 중시한 것은 민족 주체성의 확립이었다. 그가 민족의 주체성을 강조한 배경에는 서구 열강들이 내세운 제국주의적 침략이론에 대한 경계 의식이 깔려 있지만 백암은 주체성 없는 서구 문명의 수용을 종속으로 파악하고 있었다.[96] 따라서 백암에 있어서 민족 주체성의 확립은 곧 국가의 존망을 결정하는 관건이었다. 그는 국가의 실상을, 민족정신을 상징하는 國魂과 국력을 의미하는 國魄으로 파악하였는데,[97] 그 중 국가 종교로서의 國敎는 국혼의 핵심으로, 민

---

93 愼鏞廈, 『朴殷植의 社會思想硏究』, 서울대출판부, 1986, 101~136쪽 참조.

94 박은식, 『朴殷植全書』中, 「夢拜金太祖」, 247쪽.

95 愼鏞廈, 『朴殷植의 社會思想硏究』, 101~136쪽.

96 박은식, 『朴殷植全書』中, 「謙谷文稿」 與孫聞山貞鉉書, 380쪽. "蓋國之爲國, 以其有自主之心也, 以其有自强之氣也. 故能自主自强, 而不依附於他, 則國雖小而不屈於人. …… 不能自主自强, 而欲依附於他, 則國雖大而從屬於人."

족 주체성의 상징이었다. 백암은 국교를 통하여 국민들을 도덕적으로 교화함과 동시에 국권 회복을 위한 발판으로 삼고자 하였다. 이를 위해 백암이 내세운 국교가 다름 아닌 유교다. 유교는 일반적으로 종교라기보다는 생활 철학으로 인식되어왔지만 백암이 유교를 종교화한 배경에는 일제에 의한 종교계의 친일화에 대응하는 의미도 포함되어 있었지만[98] 그보다 더욱 중요한 것은 민족의 뿌리 의식으로 자리 잡아온 유교를 통하여 민족의 주체성을 확립하여 서구 문명의 충격에 대항하는 것이었다.

백암에 의하면 유교는 인간됨의 문제에 있어서 서구 문명이 따라올 수 없는 도덕적 특장을 지니고 있으며,[99] 동시에 민족의 정신적 지주로 인식되어 왔다.[100] 그러나 한편으로 유교는 대중적이기보다는 제왕지학으로, 봉사하는 유교이기보다는 권위주의적 유교로, 簡易直切하기보다는 支離汗漫한 사상이라는 한계를 지니고 있었다.[101] 특히 당시

---

97 그는 國敎, 國學, 國語, 國文, 國史 등을 國魂으로 파악하고 있는데, 특히 민족의 주체성을 함양하기 위한 종교로서의 유교와 민족혼을 일깨우기 위한 歷史를 중시하였다.(박은식, 『朴殷植全書』上, 「韓國痛史」, 376쪽)

98 愼鏞廈, 『朴殷植의 社會思想硏究』, 162~163쪽.

99 박은식, 『朴殷植全書』中, 「學規新論」, 30쪽. "惟我韓宗師夫子, 三綱五倫實爲國紀, 六經四書遠紹道統, 修明禮義, 扶植風化其來久矣. 嗚呼. 世級寢降, 士氣日渝, 其流也. 華而不實, 遂致失敎之民, 胥溺于異說蔓延之勢, 浩無津涯, 至於宗敎, 僅存名目, 國之元氣, 亦由是而萎焉, 可勝嘆哉. 嗚呼. 國無宗敎, 何以爲國, 諸科學校, 固應擴張而維持宗敎, 尤不可緩."

100 박은식, 『朴殷植全書』中, 「學規新論」, 29쪽. "韓之宗敎, 夫子之道也. 夫極天下之大中, 盡天下之正理, 孰有尙於夫子之敎者哉. 其爲敎也, 下學而上達, 擧近而該遠, 本諸身心, 察乎天地入於至小而無內極於至大, 而無外, 盡己之性, 盡人之性, 盡物之, 性時君世主, 用其糟, 粕 可臻治平, 苟能擧其全而措之. 天地同和, 日月均耀, 庶徵時, 若庶草繁蕪, 鬼神咸寧, 鳥獸咸若, 擧天之下, 寧有一物之不獲者哉."

101 박은식, 『朴殷植全書』下, 「儒敎求新論」, 44~48쪽.

학문의 주류를 이루었던 주자학은 급변하는 시대상황에 적절하지 못하다는 것이 백암의 판단이었고, 양명학을 통하여 서구 문명에 대한 주체적 수용을 시도하였다.

백암이 양명학을 因時制宜的 학문으로 선택한 배경에는 서구 문명을 주체적으로 수용할 수 있는 학문적 장점이 있다고 판단하였거니와 그가 판단한 양명학의 장점은 다음의 몇 가지로 이해할 수 있다. 첫째, 서구 문명의 우월성에 종속되지 않는 민족의 주체성을 확보할 수 있다는 점이다. 전술한 바와 같이 양명학은 구체적 현실에 작용하는 인간 주체의 자각에 철저한 학문이다. 양명은 일찍이 인간의 주체적 판단을 중시하여 心外無事・心外無物[102]의 논리를 제시하였는데, 이것은 객관 대상의 존재 자체를 부정한다는 뜻이 아니라 대상에 대한 주체적 판단을 중시한다는 의미이다.[103] 이처럼 주체적 판단을 중시하는 양명학의 장점을 백암은 '사람이 아득히 한 몸으로써 복잡하고 변환하는 사물의 가운데 처하여 능히 끌려가지 않고 사역이 되지 않아 모든 것을 명령하고 제재하자면 양지의 본능으로써 주재를 삼는 것이 근본상 요령이라'[104]고 하였다. 그는 서구의 물질문명에 현혹되거나 종속되지 않는 민족의 주체성을 백암은 양명학을 통하여 확립하려고 하였던 것이다.

둘째, 권위주의적 매너리즘을 탈피하고 삶의 질을 개선할 수 있는 실천적 힘을 백암은 양명학 속에서 발견하고 있다. 잘 아는 바와 같이

102 『傳習錄』上 徐愛錄. "心卽理也. 天下又有心外之事, 心外之理乎."

103 『傳習錄』下 黃省曾錄. "先生遊南鎭, 一友指岩中花樹問, 曰天下無心外之物, 如此花樹, 在深山中自開自落, 於我心, 亦何相關. 先生曰你未看此花時, 此花與汝心同歸於寂. 你來看此花時, 則此花顏色一時明白起來. 便知此花不在你的心外."

104 박은식, 『朴殷植全書』下, 「學의 眞理는 疑로 좇아 求하라」, 199쪽.

양명학은 앎과 삶의 하나 됨을 꾀하는 지행합일의 특성을 지니고 있다. 양명학에 있어서 지행합일은 '앎'과 '실천'이 근원적으로 일원의 상태에 있음을 의미한다.[105] 양명에 있어서 앎은 단순한 지식이 아니라 행위가 내포된 앎이다.[106] 이미 행위가 내포된 양명의 앎의 의미 속에는 주체와 대상이 분리되어 존재하지 않는다.[107] 이러한 앎과 실천의 관계는 동전의 양면과 같은 것으로, 양명은 이 관계를 "앎은 실천의 시작이요, 실천은 앎의 완성이다"[108]라고 말하고 있거니와 양명학은 실천적 성격을 강하게 내포하고 있다. 백암은 당시의 상황에서 무엇보다 교육과 함께 산업의 발전이 중요한 과제임을 절감하고 있었다. 그러나 당시 구습에 젖은 지식인들은 한갓 현실성 없는 공리공담에 빠져 현실을 외면하고 있었다.[109] 이러한 상황 속에서 백암이 필요로 한 것은 한편으로 전통을 계승하면서도 현실의 문제를 해결할 실천정신을 가진 사상이었고, 양명학은 이러한 문제를 해결할 유일무이한 법문으로 인식되었다.

"금일 우리 조선 사회에 일반 인사가 모두 애국을 말하며 모두 교육

---

105 『傳習錄』中 答顧東橋書. "知之眞切篤實處卽是行, 行之明覺精察處卽是知, 知行工夫本不可離."

106 『傳習錄』上 徐愛錄. "就如稱某人知孝, 某人知弟, 必是其人, 已曾行孝行弟, 方可稱他知孝知弟. 不成只是曉得說些孝弟的話, 便可稱爲知孝弟."

107 주체와 대상을 일원화하려는 양명의 입장은 그의 체용일원론 속에도 잘 나타나 있다. 그는 體에서도 體와 用이 함께 있고 用에서도 體와 用이 함께 있다는 의미의 체용일원론을 주장하고 있다.(『傳習錄』上 薛侃錄. "卽體而言用在體, 卽用而言體在用. 是謂體用一源. 若說靜可以見其體, 動言可以見其用. 却不妨.")

108 『傳習錄』上 徐愛錄. "知是行的主意. 行是知的工夫. 知是行之始. 行是知之成."

109 박은식, 『朴殷植全書』下, 「舊習改良論」, 9쪽. "況其泥舊의 弊習을 篤守하고 求新의 時宜를 不究하며 禮義를 空談하고 經濟를 不講하는지라."

을 말하며 모두 殖産을 말하나 애국의 의무를 실행치 아니한 자면 애국을 진실로 아는 자라 말하지 못할 것이며, 교육과 식산의 사업을 실행치 아니한 자면 교육과 식산을 진실로 아는 자라 말하지 못할 것이니, 유가의 한갓 窮理만을 말하고 실행하지 못하는 자를 어찌 진실로 학문의 이치를 아는 자라 말하리오. 하물며 금일은 모든 사업이 모두 실행의 시대라 한갓 책을 읽기만 하여 '알기를 먼저 하고 행하기를 뒤에 한다'고 말하니, 어찌 잘못이 아니겠는가? 이것은 지행합일의 논리가 학자의 둘도 없는 法門이 되는 줄로 인식하옵니다"[110]

셋째, 양명학이 근대 사회의 전개에 따르는 민권의 신장을 도모할 수 있다는 점을 백암은 중시하였다. 양명은 일찍이 범인이라도 천리에 순응할 수 있다면 모든 사람들이 성인이 될 수 있다는[111] 四民平等論에 입각하여 당시 피지배 계층이었던 서민을 도학의 실천 주체로 인식함으로써 민중의 지평에 선 도학의 대중화를 시도하였다.[112] 백암은 이러한 양명학의 평등 의식에 주목하여[113] 당시의 신사조인 민권운동과 평등의식을 양명학 속에서 찾고 있다. 백암은 당시의 사회 현상과 관련하여 '民智가 장차 개발되고 민권이 따라서 신장할 시대라. 이 문제에 대하여 개선하지 않고는 발달은 기약할 수 없다.'[114]고 단정하고 민권의 신장이 근대화의 필수적인 요소임을 강조하여 '일체 세인

---

110 박은식, 『朴殷植全書』下, 「孔夫子誕辰紀念會講演」, 61쪽.

111 『傳習錄』上 薛侃錄. "所以爲聖者, 在純乎天理, 而不在才力也. 故雖凡人, 而肯爲學, 使此心純乎天理, 則亦可爲聖人."

112 戶川芳郎 外 著, 조성을 譯, 『儒敎史』, 314~318쪽 참조.

113 이를 백암은 '聖愚無間之知'로 언표하고 있다.(박은식, 같은 책 中, 「王陽明實記」, 48쪽)

114 박은식, 『朴殷植全書』下, 「儒敎求新論」, 45쪽.

이 모두 본연의 양지가 있음'[115]을 바탕으로 하는 양명학을 민권운동과 연계시켜 이해하고 있다.[116]

② 서구문명의 극복과 양명학

백암은 양명학을 본령학문으로 수용하여 서구 문명을 주체적으로 수용하는 한편 적자생존의 사회진화론에 바탕을 둔 제국주의 이론이 한일 합방이라는 현실로 드러나자 양명학의 拔本塞源論에 입각한 세계평화주의를 제창함으로써 이를 극복하려 하였다.

1905년 을사보호조약이 체결된 이후 여러 방면에서 구국운동이 본격적으로 전개되는 가운데, 1908년 친일 세력이 중심이 된 '大東學會'가 결성되어 국권회복운동을 방해하고 유림의 친일화를 꾀하는 사건이 일어났다. 백암은 이를 유교계의 중대 위기로 인식하여 1909년 대동사상에 바탕을 둔 大同教를 창설하여 '대동학회'의 허구성과 친일 매국성을 폭로하고 대동사상에 의거하여 애국계몽운동을 전개하였다. 이러한 과정에서 백암은 양명의 발본색원론을 사상적 요체로 하고 강유위의 대동사상 및 양계초의 사회진화론적 자강사상을 현실 인식의 기준으로 하여 제국주의에 바탕을 둔 서구 문명의 한계를 극복할 수 있는 기틀을 마련하였다.

양명에 있어서 발본색원론은 만인이 공유하는 만물일체의 인을 근거로 스스로의 사욕을 극복하고 폐단을 제거하여 심체의 同然함을 회복하려는 것이 그 요지이다.[117] 만물일체의 인은 성인의 마음일 뿐만

115 박은식, 『朴殷植全書』下, 「告我學生諸君」, 50쪽.

116 愼鏞廈, 『朴殷植의 社會思想硏究』, 192쪽.

117 『傳習錄』中, 「答顧東橋書」. "是以推其天下萬物一體之仁, 以敎天下, 使之皆有以克

아니라 만인이 공유한 본체지심이며, 나아가 草木瓦石과도 동체가 될 수 있는 不忍人之心이다.[118] 양명은 인간이 가지고 있는 개인적인 욕구와 감정을 잘 조절하고 인간 공유의 인을 실천함으로써 인간과 만물이 하나 되는 만물일체의 세계를 건설하려 하였는데,[119] 백암은 양명의 발본색원론을 서구 물질문명의 한계를 극복하는 논리로 원용하였다. 백암은 서구 문명의 한계를 두 가지 측면에서 지적하였다. 그 하나는 서구 과학이 지닌 문제점이며, 다른 하나는 적자생존의 사회진화론에 바탕을 둔 제국주의 침략 이론의 문제점이다. 먼저 서구 과학의 한계와 관련하여 과학은 인류에게 필요한 기술과 지식을 제공하지만 한편으로 그 사용자의 의도에 따라 언제든지 인류에게 해를 줄 수 있는 가능성을 내포하고 있다는 것이 백암의 판단이었다. 이러한 측면에서 백암은 양명의 발본색원론을 통하여 서구 과학의 한계를 도덕적으로 극복하는 논리를 제시하였다.

> 이 발본색원론이 근세 과학자들의 시각으로 보면 時務와 인류 생활에 통하는 것이라 말하지 않겠지만 과학자들의 성격이 항상 개인의 사사로운 생각을 간직하고 민중들의 이해를 돌아보지 않는 자가 많으니, 이 폐단을 어찌 하겠는가? 이런 점에서 선생의 논의는 또한 교육에 도움이 되고 과학자들의 병통에 대한 치료가 될 것이다.[120]

其私, 去其弊, 以復其心體之同然."

118 『陽明集』卷26, 「大學問」. "大人者, 以天地萬物爲一體者也. 其視天下猶一家, 中國猶一人焉, …… 是其仁之與草木而爲一體也. 草木猶有生意者也, 見瓦石之毁壞, 而必有顧惜之心焉. 是其仁之與瓦石而爲一體也, 是其一體之仁也."

119 『陽明集』卷26, 「大學問」. "大人者, 以天地萬物爲一體者也. 其視天下猶一家, 中國猶一人焉, …… 是其仁之與草木而爲一體也. 草木猶有生意者也, 見瓦石之毁壞, 而必有顧惜之心焉. 是其仁之與瓦石而爲一體也, 是其一體之仁也."

이 점은 양명의 발본색원론에 입각한 도덕지상주의를 근대적 과학 문명에 적용하여 물질에 대한 인간의 우월성 내지 사물의 합리성에 대한 도덕적 가치의 근원성을 강조한 것이라 할 수 있다.

또한 백암은 대동사상[121]에 근거하여 세계평화주의를 제시함으로써 약육강식의 제국주의를 극복하는 기틀을 마련하였다. 그는 양명학의 발본색원론을 강유위의 대동사상[122]에 접목하여[123] 자신의 대동사상을 완성하였다. 그의 대동사상은 인간의 도덕성에 바탕을 둔 평화의 논리로, 그 이면에는 힘에 대한 도덕의 가치론적 우월성이 전제되어 있으며,[124] 또한 이를 통하여 그는 서구의 개인주의나 국가지상주

---

120 박은식, 『朴殷植全書』中, 「王陽明實記」, 157쪽. "又此拔本塞源論이 自近世科學家視之면 未有不謂闊於時務及人類生活者나 然科學家之性質이 恒存個人之私念하고 不顧公衆之利害者 多有之하니 此其爲弊 安所抵極乎아 然則先生此論이 亦可爲敎育之助而醫科學家之病也로다."

121 대동사상은 원래 『禮記』「禮運」편에 나오는 말로서 천하를 公共의 것으로 하고, 만인이 평등하여 다툼이 없는 유교의 理想鄕을 말한다.

122 강유위는 『예기』의 대동사상과 『春秋 公羊傳』 三世說을 모델로 하여 인류 진화의 궁극적 이상향으로 대동사상을 주장하고 있다. 그는 『춘추공양전』의 '據亂' '升平' '太平'의 三世說을 『예기』의 '小康' '大同'사회에 적용하여 '升平'을 '소강'의 사회로, '太平'을 '대동'의 사회로 인식하여 태평의 대동사회를 구현하려 하였는데,(蔣維喬 著, 고재욱 譯, 『中國近代哲學史』, 서광사, 1977, 129쪽) 그 요점은 이기주의의 파생요인인 가족제도의 부정을 통하여 계급 및 차별제도를 부정함으로써 차별이 타파된 평등사회를 건설하고자 하는 것이었다.(梁啓超 著, 이기동・최일범 공역, 『清代學術概論』, 91쪽)

123 강유위의 『대동서』가 완성된 것은 1902년頃이었으나 강유위는 이 책을 남에게 보여주지도 않았을 뿐만 아니라 전파하지도 않았으며 그 후 1913년 上海의 「不忍雜誌」에 처음 일부분이 발표되었고 完刊된 것은 그의 사후인 1935년의 일이었다.(梁啓超, 위의 책, 92~93쪽.; 咸洪根, 「康有爲의 思想에 대하여」, 『역사학보』7권, 435쪽) 따라서 백암의 대동사상은 강유위보다는 양명의 발본색원론에 더 많은 영향을 받은 것으로 보인다.

124 박은식, 『朴殷植全書』中, 「王陽明實記」, 156~157쪽. "人類之生存競爭이 惟視其智識機能之優劣焉하니 則拔本塞源論之主義 豈非迂遠不切者乎아 然而聖賢者는 以息天下之爭하고 救天下之亂으로 爲心하니 豈可以知識技能으로 與之角鬪於競爭之場하여

의를 포용[125]할 수 있는 이상적 대동 사회를 구현함으로써 세계 평화의 길을 실현하려 하였다.

> 세계 평화의 최대 기초는 종교 범위에 있는 것이니, 불교의 普度와 예수교[耶敎]의 박애가 평화주의가 아닌 것이 없거니와 우리 동양의 유교로 말할지라도 세계평화가 一大主義라. 『논어』의 忠恕, 『중용』의 中和位育, 「禮運」의 대동이 모두 평화의 본원이며, 평화의 極功이오, 『춘추』 일부의 大旨가 천하 열국으로 하여금 전쟁을 그쳐 난세를 없애고 신의를 강론하고 화목을 닦아 대동평화를 이루고자 함에 있으니, 이러한 주의가 목하 경쟁시대에는 적합치 아니한 듯하나 장래 사회 영향이 평화에 기울어지는 날에는 우리 유교의 대 발달을 확연하게 기대할지로다. 우리 동방의 유교여! 유교의 형식을 흐리지 말고 유교의 정신을 발휘하야 세계동포로 하여금 대동평화의 행복을 균일하게 향유케 할지어다.[126]

요컨대, 백암은 서구 문명의 장점과 단점을 객관적으로 파악하고, 서구 문명의 장점을 주체적으로 수용하는 한편 양명의 발본색원론에 입각한 대동사상을 제창하여 약육강식의 제국주의 논리를 세계 평화의 논리로 전환시킴으로써 새로운 인류 공존의 길을 모색하였다고 할 수 있겠다.

以益生民之禍哉아."

125 『畿湖學會月報』 卷10, 「大同學說의 問答」, 1909.5, 4~6쪽. "蓋大同學은 救世主義에 大乘法이라 我韓人士도 大同의 義를 觀念함이 有하여는 國家主義와 個人權利主義에 啓發하는 思想과 進取하는 正道가 有할 줄로 思量하노라."

126 『皇城新聞』(第3224號 1909年 11月 16日) 論說, 「儒敎發達이 爲平和最大基礎」.

2) 난곡 이건방

李建芳(1861~1939)의 호는 蘭谷이며, 자는 春世다. 그는 하곡의 양명학을 계승한 하곡학파의 계보에 속해 있다. 그의 고조는 정제두의 제자인 李匡明의 아들 椒園 李忠翊(1744~1816)이며, 증조는 岱淵 李勉伯(1767~1830)이다. 조부는 沙磯 李喜遠(1790~1866)이며 부친은 李象曼인데, 從叔 李象夔의 후손이 없어 그의 양자가 되었다. 또한『黨議通略』의 저자 寧齋 李建昌은 그의 從兄이고, 爲堂 鄭寅普는 그의 문인이다. 그는 어려서부터 부친에게 경학을 전수받았으나 혼자서 주자학을 공부하기도 하였다. 그러나 후에 程顥(1032~1085)의『定性書』와 王陽明의『古本大學』을 공부하면서 양명학을 자신의 학문으로 받아들였다.[127] 그는 강화도에서 태어나 을유년(1885)에 진사시에 합격하였으며, 함께 나라의 정치를 도모하자는 종형 이건창의 권유도 뿌리친 채 고향 강화도에 머물면서 노모를 봉양하였다. 그러나 갑오년(1894) 이후 일제의 침략이 노골적으로 드러나자 서양을 알기위해 그들의 헌법・재정・형법・외교 등을 연구하였으며, 이후 가솔을 이끌고 서울로 이거하여 사라져 가는 민족정신을 일깨우고 자강을 위한 개혁을 주장하는 등 국난의 위기를 타개하기 위해 혼신의 노력을 다하였다.[128]

그가 살았던 조선 후기의 시대적 상황은 대내적으로 임병 양난 이후 축적되어 온 사회적 동요가 1811년의 홍경래의 난을 기점으로 1862

---

127 鄭寅普,「蘭谷先生墓表」,『薝園 鄭寅普全集』6, 연대출판부, 1983. "始顓習考亭, 復取程伯子王文成書 紬繹久之. 若有悟, 自是篤信而不疑.", 鄭寅普,「蘭谷先生墓表」,『薝園 鄭寅普全集』6. "河南定性, 餘姚大學, 志澄厥原, 奧自丱角."

128 鄭寅普,「蘭谷先生墓表」,『薝園 鄭寅普全集』6. "甲午後, 時事日棘, 寧齋狷介守潔身之義, 而先生恒主救時, 以爲不可徒邁邁 …… 其胸懷耿耿, 幾無一時不在存亡."

년의 진주민란, 1882년의 동학농민혁명 등 민중운동으로 전개되고 있었고, 대외적으로 일제를 비롯한 서구 제국주의의 침략이라는 국가적 위기를 맞이하고 있었다. 그러나 이러한 위기 상황에서도 당시의 정치 현실은 민심을 도외시한 戚族의 세도정치에 골몰하고 있었으며, 1876년 강화도 사건을 계기로 문호 개방이라는 외세의 압력을 받게 되자 조선은 쇄국과 개화의 기로에서 방황하게 되었다.

이때를 기점으로 조선의 사상계는 크게 종래의 전통적 유교에 입각하여 서구의 이질적인 문명을 배척함으로써 국가와 민족을 보존하려는 衛正斥邪의 입장과 이와 반대로 개국을 통해 서구의 선진화된 과학기술을 수용함으로써 근대화를 이룩하려는 開化의 입장으로 나누어져 있었다.

이 시기 양명학자들 또한 국가적 위기 상황과 관련하여 현실 타개책을 제시하고 있는데, 그들은 외세의 침략에 맞서 스스로의 힘을 길러야 한다는 민족적 자존사상을 주장하기도 하고, 민족의 주체성을 살리면서 서양의 선진 문물을 수용해야 한다는 주체적 개화사상을 주장하기도 하였다.[129] 그들이 같은 양명학을 공부하였음에도 불구하고 이처럼 입장의 차이를 보인 것은 현실에 대한 인간주체의 판단을 중시하는 양명학의 학문적 성격에서 비롯된 것으로 이해되지만 이건방 또한 자강을 위해서는 서구의 선진 문물을 수용해야 한다는 입장을 취하고 있다.

---

129 졸고, 「한말 양명학의 전개와 연구현황」, 『陽明學』13호, 한국양명학회, 2005 참조.

(1) 난곡의 양명학

난곡의 양명학은 가학에서 유래된 것이었다. 그런데 재미있는 사실은 난곡이 양명학이 가학이었음에도 불구하고 의도적으로 다시 주자학을 공부하였다는 사실이다. 정인보가 지은 난곡의 墓表文에 의하면 그가 "처음에 의도적으로 주자학을 공부하였고, 이후 程顥의 定性書와 왕양명의 古本大學을 다시 공부하여 오랫동안 연구한 끝에 스스로 깨달은 바가 있어 이때로부터 양명학을 독실하게 믿어 다시는 의심하지 않았다."[130]고 한다. 그가 당시 주자학을 일부러 공부한 이유에 대해서는 구체적으로 알 수 없지만 적어도 이 사실을 통해 알 수 있는 것은 난곡이 양명학을 그의 학문 종지로 받아들인 것이 양명학이 단순히 가학이었기 때문만이 아니라 스스로 주자학과 비교하여 양명학의 학문적 장점을 충분히 살펴본 후에 양명학을 자신의 학문 종지로 선택하고 있다는 점이다. 따라서 난곡의 양명학은 단순한 가학의 계승이 아니라 스스로의 깨달음을 통해 얻어진 체득의 학문이라고 말할 수 있다.

난곡 양명학의 핵심은 크게 세 가지로 나누어 이해할 수 있는데, 첫째는 인간의 本心을 도덕의 주체로 삼고 있다는 점이다.

> 인의지심은 인간이 고유하게 타고나는 바이다.[131]

> 인간 마음의 같은 것은 일상적인 언어와 일상적인 행동인 것이다.

---

130 鄭寅普, 「蘭谷先生墓表」, 『薝園 鄭寅普全集』6. "始顓習考亭, 復取程伯子王文成書紬繹久之. 若有悟, 自是篤信而不疑."

131 蘭谷存稿』卷6 文錄 論, 「原論中」. "仁義之心, 彼所固有."

> 그 본체로 말하면 性命의 바름이요, 仁義禮智의 德이 갖추어져 있는 것이며, 그 쓰임새로 말하면 윤리의 강상이 되고 군신부자의 도리가 행해지는 것이다.[132]

그가 인간의 본심을 도덕의 주체로 삼은 것은 윤리적 당위법칙의 근거를 형이상적 존재에 두는 주자학적 논리체계에 반대하고 인간의 본심을 도덕주체의 근원으로 삼아 만물일체의 대동 사회를 이룩하려는 양명학의 학문체계를 수용하고 있음을 의미한다. 잘 아는 바와 같이 양명은 일찍이 주자학이 지닌바 사사물물상에서 객관 定理를 궁구해가는 격물치지의 학문 방법에 대해 깊은 회의를 표시하였는데, 그가 주자의 격물설을 반대한 것은 주자의 격물설이 心과 理를 이원화하기 때문이었다.

> 주자의 소위 格物이란 사물에 나아가 그 이치를 궁구하는 것이다. 이것은 사사물물에 대해 소위 定理를 구하는 것이다. 따라서 吾心으로 사사물물 가운데의 理를 구하는 것이므로 결국 心과 理를 나누어 둘이 된다.[133]

여기서 심과 리를 둘로 나눈다는 것은 실천 주체인 인간 본심 이외에 또 다른 외재적 理를 긍정함으로써 실천주체인 본심이 소외되고

132 蘭谷存稿』 卷6 文錄 論, 「原論中」. “人心之所同然, 則庸言庸行之謂也. 以言乎其體, 則爲性命之正 .以仁義禮信之德, 備焉. 以言乎其用, 則爲倫理之常, 而君臣父子之道, 行焉.”

133 『傳習錄』中 答顧東橋書. “朱子所謂格物云者, 在卽物而窮其理也. 卽物窮理, 是就事事物物上 求其所謂定理者也. 是以, 吾心而求理於事事物物之中, 析心與理而爲二矣.”

이로 말미암아 삶의 기준이 인간 주체의 본심보다는 외재적 리에 의거하게 될 개연성이 있다는 점을 비판한 것이다. 물론 주자학에 있어서 이러한 외재적 리의 긍정은 나약해지기 쉬운 인간의 한계를 의리사상으로 승화시켜 국난의 위기가 있을 때마다 이를 극복해가는 애국 사상으로 발현되었지만 때로는 외재적 리와 주체적 심을 분리시킴으로써 인간의 양심을 저버리고 의리사상에 가탁하는 위선적인 행동을 방치하는 결과를 낳기도 하였다. 난곡이 살았던 당시에도 이러한 주자학의 의리사상에 가탁한 허위의식이 횡행하고 있었다.

> 진실로 그 말이 조금이라도 자기와 다른 것이 있다면 반드시 주자를 인용하여 그 말을 빗대어 주자의 죄인으로 배척하니 비록 마음으로는 그렇지 않은 것을 알지만 주자에 대해서는 어찌할 수가 없었다. 그래서 두려워하여 감히 대항하지 못하면 못할수록 더 스스로 옳은 것으로 여겨 기뻐하여 당시의 선비들을 재갈을 물려 제압해 복종하게 만들었다. 무릇 자기에게 동조하는 자는 천거하고 자기와 다른 자는 배제함에 주자의 말을 인용하여 裁斷하지 않는 것이 없었다. 조정에서도 또한 주자만을 존숭하여 주자를 칭송하는 자는 천거하여 발탁하고 주자를 배척하는 자는 내쫓는 실정이었다.[134]

난곡이 인간 본심을 도덕의 주체로 삼았던 이유는 바로 이러한 주자학이 가질 수 있는 학문적 말폐를 불식시키고 사회의 질서를 회복하

---

134 『蘭谷存稿』 卷6 文錄 論, 「續原論」. "苟其言有絲髮異者, 必引朱子以緣飾其言, 而討之以背朱子之罪人. 雖心知其不然, 而無如朱子何也. 益畏懼慴, 伏不敢抗, 則益自喜以爲是眞, 可以箝制一世之士, 而服其心也. 凡薦引同己, 排擠異己, 莫不引朱子之言, 以爲斷. 朝廷又爲其朱子也, 悉遷擢其稱譽者, 而貶黜其詬斥者."

고자 한 때문이었다.

둘째는 양명학의 心身物一體의 논리 체계를 따라 인간 주체와 대상 세계를 일원적 관점에서 파악하고 있다는 점이다. 양명학은 인간 의식을 통해 주체와 대상을 일원화하는 특성을 가지고 있다. 양명학에 있어서 인간의 의식은 心의 본체인 良知의 發動이며 동시에 대상인 사물의 所着處[135]이므로 인간의 의식이 있는 곳에는 언제나 대상으로서의 사물이 있으며, 주체와 대상은 인간의 의식을 통해 언제나 연계되어 있다. 그러므로 양명학에 있어서 인간 의식의 주체인 心과 '知'의 발동처인 '意'와 '意'의 매개체인 耳目口鼻의 '身'과 意의 소착처인 '物'은 언제나 일원적인 관계를 유지하고 있다.[136] 양명은 이러한 주체와 대상을 일원화하는 논리체계를 통해 만물일체의 세계를 구현하려 하였다.

난곡 또한 양명과 마찬가지로 인간 주체와 대상 세계를 일원적 관점에서 파악하고 있다. 그는 인간의 본심을 도덕의 주체로 삼아, 인간 주체의 본성인 性과 심의 발로인 情과 정이 감응하는 대상으로서의 사물을 유기적 관계로 파악하여 다음과 같이 말하고 있다.

> 이 때문에 性이 선하지 않음 없으며 情 또한 선량하지 아니함이 없어서 대상에 감응하면 또한 그 본말과 선후가 각기 그 마땅함을 얻어 질서를 잃지 아니하니 이를 일러 사물의 법칙이요, 백성들의 떳떳함이라고 하는 것이다.[137]

---

135 『傳習錄』上 陸澄錄. "身之主爲心, 心之靈明是知. 知之發動是意. 意之所着爲物."

136 『傳習錄』下 陳九川錄. "耳目口鼻四肢身也. 非心安能視聽言動, 心欲視聽言動, 無耳目口鼻四肢 亦不能. 故無身則無心. 但指其充塞處言之謂之身, 指其主宰處言之謂之心, 指心之發動處謂之意. 指意之靈明處謂之知, 指意之涉着處謂之物."

137 『蘭谷存稿』卷6 文錄 論, 「原論中」. "是以性無不善, 以情無不良, 惻隱羞惡, 隨感而

그에 의하면 인간의 본성이 선하면, 선한 본성이 발현되는 정 또한 선하게 되고, 정이 발현된 대상도 따라서 선하게 되어 모든 대상이 인간 주체의 도덕성에 입각하여 각기 그 마땅함을 얻게 된다는 것이다. 그의 이러한 관점은 양명의 심신물일체의 논리 체계를 따른 것으로, 그는 이러한 인간 주체의 도덕성에 바탕을 둔 양명의 심신물일체의 논리 체계를 따라 만물일체의 세계인 천지 화육의 경계를 추구하고자 하였다.

> 性이란 것은 하늘이 인간에게 부여한 것이요, 사람이 하늘로부터 받은 것이다. 처음부터 理가 갖추어지지 않음이 없고 덕이 선하지 않음이 없으니 이를 잘 보존하여 길러서 대본이 서고 달도가 행해지면 비록 천지의 화육에 동참하는 것도 모두 내 성분의 고유한 바에서 이루어진 것이요, 다른 것을 기다려 더해진 것이 아니다.[138]

셋째는 양명학의 知行合一의 실천정신을 구체적 삶 속에서 구현하고 있다는 점이다. 양명에 있어서 지와 행은 둘이 아니라 하나다. 그에 있어서 지는 행의 시작이요, 행은 지의 완성으로,[139] 지와 행은 결코 떨어져 존재하지 않는다. 양명이 이처럼 지와 행을 둘로 분리하지 않고 일원적으로 이해한 것은 당시 지와 행을 이원화하여 앎에 치우쳐 실천을 경시하는 문제점을 해결하고자 한 것으로,[140] 이후 양명학은

應, 又其本末先後, 各得其當 而不失其序, 是之謂物之則, 而民之彝也."

138 『蘭谷存稿』卷4 文錄 記, 「復性齋記」. "性也者, 天以是賦於人. 人以是受乎天, 其始也, 理無不具, 而德無不善, 具存而養之. 大本立而達道行, 則雖參天地贊化育, 皆吾性分之所固有, 非有待於外而增益之也."

139 『傳習錄』上. "知, 是行的主意. 行, 是知的工夫. 知, 是行之始. 行, 是知之成."

140 『傳習錄』上. "今人却就將知行分作兩件去做, 以爲必先知了, 然後能行. 我如今且去

앎과 삶의 하나 됨을 실천하는 '행동 철학'으로서의 면모를 갖추게 된다. 양명의 다음과 같은 말은 그가 얼마나 앎과 삶의 하나 됨에 주력하였는지를 잘 보여주고 있다.

> 나는 하늘의 보살핌에 의해 뜻하지 않게 '良知의 學'을 깨닫게 되었고, 이로써만 천하를 다스릴 수 있다고까지 확신했다. 그 때문에 백성이 고통과 죄악에 빠짐을 생각할 때마다 마음이 심히 아팠다. 그래서 나 자신의 어리석음도 잊어버리고 양지의 학으로 백성을 구제하고자 했다. …… 아아, 사람들이 나를 미친 사람이니, 혹은 얼빠진 사람이니 하는 것도 당연하다. 세상 사람들의 마음은 모두 나의 마음일 뿐이다. 세상 사람들이 미쳐 있는데, 어떻게 나는 미치지 않을 수 있겠는가? 또 세상에 넋을 잃은 사람이 있는데, 어떻게 나는 넋을 잃지 않을 수 있겠는가?[141]

난곡 또한 이러한 양명학이 지닌바 행동 철학으로서의 면모를 그의 일생을 통해 실천하고 있다. 그의 앎과 삶이 하나 되는 실천정신은 그의 문집 전편을 통해 확인할 수 있지만 특히 일제의 침략이 노골적으로 드러난 갑오년(1894) 이후 그의 구국을 위한 노력은 앎과 삶의 하나 됨을 추구하는데 조금도 부족함이 없었다.

講習討論做知的工夫, 待知得眞了, 方去做行的工夫, 故遂終身不行, 亦遂終身不知, 此不是小病痛, 其來已非一日矣. 某今說箇知行合一, 正是對病的藥, 又不是某鑿空杜撰, 知行本體, 原是如此."

141 『傳習錄』中「答聶文蔚」第一書. "僕誠賴天之靈, 偶有見於良知之學, 以爲必有此而後, 天下可得而治. 是以每念斯民之陷溺, 則爲之戚然痛心, 忘其身之不肖, 而思以此救之, 亦不自知其量者. …… 嗚呼, 今之人雖謂僕爲病狂喪心之人, 亦無不可矣. 天下之人心, 皆吾之心也. 天下之人猶有病狂者矣, 安得而非病狂乎. 猶有喪心者矣, 吾安得而非喪心乎."

(2) 실천정신

난곡의 실천정신은 인간 주체와 객관 대상을 이원화하지 않고 인간 주체의 도덕성을 바탕으로 만물일체의 세계를 구현하려는 양명학의 학문적 특성에서 배태되는데, 그의 실천정신은 전적으로 국난의 위기를 극복하는데 초점이 맞추어져 있다.

① 허위의식의 타파

난곡이 당시 국난의 위기를 극복하기 위해 제시한 여러 방안들 중에 그가 가장 중요하게 생각한 것은 지도층 인사들의 허위의식을 타파하는 것이었다. 왜냐하면 국가의 위기를 극복할 수 있는 주체 세력은 다름 아닌 지도층 인사들이었기 때문이다. 그럼에도 불구하고 당시 지도층 인사들은 국가적 위기를 극복하기 위해 노력하기보다는 대부분 허위의식에 사로잡혀 현실의 문제점을 망각하고 있었다. 다음과 같은 난곡의 말은 당시 지도층 인사들이 얼마나 독선과 허위의식에 젖어 있었는지를 잘 말해주고 있다.

> 세상의 선비들은 大本과 達道에 이미 얻은 것도 없이 한갓 私心과 偏見을 가지고 모양으로 따르고 안색으로 취하는 형식적인 것에만 의지하고 지나친 호승심에 빙자한 채 다른 사람의 안목을 두려워하며 좋은 소문이나 명예만을 구한다. 그래서 백성들의 떳떳함이나 사물의 법칙, 일상적인 언어나 일상적인 행동의 도덕성을 기뻐하지 아니하고 현실과 동떨어진 이야기나 기이한 행동만을 힘쓰며 이를 道와 德이라 생각한다.[142]

---

142 『蘭谷存稿』 卷6 文錄 論, 「原論中」. “世之儒者, 於大本達道, 旣無所得, 徒欲以私心偏

난곡은 이러한 지도층 인사들의 허위의식이 국가의 위기를 초래한 근본 원인으로 파악하고 허위의식의 타파를 국난극복의 기본 과제로 인식하였다. 난곡이 허위의식을 타파하는 근거는 양명학의 실심에 바탕을 둔 眞假論이었다.

하곡학의 선구인 하곡 정제두는 일찍이 "우리의 학문은 안에서 구하고 밖에서 구하지 않는다. 안에서 구한다 함은 안으로만 살펴 외물을 단절함이 아니라 오직 스스로 자신의 만족을 구할 뿐 다시 밖의 득실을 일삼지 않는 것이다. 오직 자기 마음의 시비를 곡진하게 하고 다시 남의 시비에 따르지 않으며, 虛假를 버리고 實事를 구하는 것이 자신의 마음을 따를 뿐이니, 어찌 남에게 관여하겠는가?"[143]라고 하여 겉으로 드러나는 형식적 허위의식을 버리고 오직 인간 본연의 내실을 강조하였거니와 허위의식을 버리고 진솔한 삶의 태도를 간직하는 것은 하곡을 계승한 모든 학자들의 삶의 지표가 되었다. 하곡학을 계승한 난곡 또한 언제나 스스로 實心에 바탕을 둔 실학을 지향하였고, 의리에 가탁한 허위의식을 비판하였다. 그는 먼저 진실된 모습과 허위의식을 眞과 假의 논리로 판단하고 있다. 그에 있어서 '眞'이란 모든 사물이 지닌바 스스로의 이치를 따르는 것이요, '假'란 스스로의 이치를 거스르는 것이다.

대개 사물 모습은 만 가지로 달라 그 빼어나기도 하고 투박하기도

見, 藉其貌襲色取之僞, 而騁其夸大好勝之念, 以聳人心目, 而釣取聲譽. 故遂不屑於民彝物則之同然, 庸言庸行之常德, 而務爲竣高之說, 崖異之行, 以爲是道也義也."

143 『霞谷集』, 「存言」下. "吾學, 求諸內而不求諸外. 所謂求諸內者, 非反觀內省而絕外物也. 惟求其自慊於內, 不復事於外之得失, 惟盡其心之是非, 不復徇於人之是非, 致其實於事物之本, 不復求於事物之本, 不復求於事爲之迹也. 在於吾之內而已. 豈與於人哉."

> 하며, 크기도 하고 작기도 하며, 맑기도 하고 탁하기도 하여 일정하지 않다. 그러나 각각 스스로 얻은 이치를 소유하여 이를 본질로 삼아 스스로 다른 사물과 구분된다. 그러므로 그 사이에 추호의 거짓도 용납할 수 없는 것이니, 진실로 거짓을 더한다면 이는 곧 허위이고 진실 되지 못해 하루라도 견딜 수 없을 것이다.[144]

여기서 '스스로의 이치'란 모든 사물에 부여된 고유의 본질이다. 이러한 본질은 인간에게는 본성으로, 사물에는 이치로 작용한다. 하늘로부터 받은 인간의 본성은 모든 존재의 생명을 존중하는 도덕적 선이며 동시에 다른 사물과 더불어 공존해가는 합리적 질서의식이다. 난곡은 이러한 도덕적 선과 합리적 질서의식을 따라 성실하게 살아가는 것을 '眞'이라 언표하였다.

> 대개 천하의 사물은 眞에서 완성되고 假에서 어그러지니, 眞이란 誠을 말하는 것이다.[145]

따라서 인간이 하늘이 부여한 도덕적 선과 합리적 질서의식을 따라 행동하면 인간과 사물이 함께 공존하는 천지의 화육에 동참할 수 있게 된다. 천지의 화육은 곧 우주의 대화합을 상징하는 것으로, 난곡은 이러한 우주의 대화합이 하늘이 부여한 내 본성의 고유한 바를 실천해 갈 때 가능한 것으로 보았다.

---

144 『蘭谷存稿』 卷3 文錄 序, 「梅泉集序」. "蓋物之品類萬殊, 其粹駁巨細淸濁之不齊, 而亦各有獨得之理, 以爲之本質, 而自別於他. 故其間不容纖毫假借, 苟可以假借, 則卽僞而不眞, 不可一日而存也."

145 『蘭谷存稿』 卷3 文錄 序, 「梅泉集序」. "夫天下之物, 成於眞, 敗於僞, 眞者誠之謂也."

> 性이란 것은 하늘이 인간에게 부여한 것이요, 사람이 하늘로부터 받은 것이다. 처음부터 理가 갖추어지지 않음이 없고 덕이 선하지 않음이 없으니 이를 잘 보존하여 길러서 大本이 서고 達道가 행해지면 비록 천지의 化育에 동참하는 것도 모두 내 성분의 고유한 바에서 이루어진 것이요, 다른 것을 기다려 더해진 것이 아니다.[146]

이에 비해 '假'는 도덕적 선과 질서의식을 따르지 않고 허위로 꾸며 참된 이치를 잃어버리는 것이다.[147] 인간이 도덕적 선과 질서의식을 잃어버리는 것은 인간의 육체적 욕망에서 비롯되는 욕심 때문이다. 이러한 욕심은 인간을 타락시켜 자신의 욕심을 도덕적 선과 질서의식으로 위장시켜 세상을 어지럽힌다. 이러한 허위의식은 개인을 타락시키고 사회 질서를 어지럽히며 나아가 국가적 위기까지 초래하게 된다.

난곡이 지적하는바 당시 허위의식의 문제점은 크게 두 가지로 나타나는데, 그 하나는 문장에 나타나는 허위의식이다. 문장은 다른 사람에게 자신의 뜻을 전달하는 중요한 수단이다. 따라서 문장의 힘은 때로는 혼란에 빠진 세상을 구원하는 역할을 하기도 하지만 때로는 혹세무민의 수단으로 이용되어 세상을 현혹하기도 한다. 그래서 공자도 일찍이 인간의 도덕성이 학문의 바탕이 되어야 함을 강조[148]하였지만 난곡 또한 문장의 형식이나 기교보다는 내재적 도덕성이 그 바탕이

---

146 『蘭谷存稿』卷4 文錄 記, 「復性齋記」. "性也者, 天以是賦於人, 人以是受乎天. 其始也, 理無不具, 而德無不善, 具存而養之, 大本立而達道行, 則雖參天地贊化育, 皆吾性分之所固有, 非有待於外而增益之也."

147 『蘭谷存稿』卷6 文錄 論, 「原論上」. "粉飾虛僞, 梏喪實理."

148 『論語』學而 6章. "子曰 弟子入則孝, 出則弟, 謹而信, 汎愛衆, 而親仁, 行有餘力, 則以學文."

되어야 함을 역설하였다. 내재적 도덕성이 결여되면 그 문장은 거짓이 되고 마침내 혹세무민의 결과를 초래할 수 있기 때문이다.

> 도덕에 힘쓰는 자는 문장력을 겸할 수 있지만 문장만을 하는 선비는 반드시 모두 도덕성을 갖추고 있지 않다. …… 거짓으로 도덕성을 위장한다면 장차 어디 간들 거짓이 아니리오. 그러니 또한 어떻게 올바른 문장을 쓸 수가 있겠는가?[149]

> 문장이란 진실로 사물이 갖춘 것을 드러내고 전하는 것이다. …… 진실로 그 사물이 거짓이고 진실되지 못하다면 비록 문장력이 있다고 할지라도 또한 어떻게 올바로 전할 수 있겠는가? 그래서 군자의 도는 반드시 먼저 바탕을 만드는데 힘을 쏟고 그 후에 문장력을 키우는 것이다.[150]

그리고 다른 하나는 현실에서 나타나는 사회 지도층 인사들의 허위의식이다. 그들은 국가가 시시각각 망국의 길로 접어들고 있음에도 불구하고 한갓 사심과 편견으로 개인적인 영달과 안일만을 추구하고 본질보다는 겉치레만을 힘쓰며 호승심에 빙자한 명예나 현실성이 없는 기이한 행동만을 일삼고 있었다. 따라서 나라를 책임져야 할 선비들이 도덕성을 상실한 채 허위의식에 빠져 있는 모습에 대한 난곡의 질타는 너무나 당연한 것이었다. 난곡이 이처럼 그들의 허위의식을

---

149 『蘭谷存稿』 卷2 文錄 書, 「答曺深齋兢燮書」. "務道德者, 文章兼之, 而文章之士, 或未必皆有道德也. …… 假而爲德, 將無往而非假也, 又奚有於文章哉."

150 『蘭谷存稿』 卷3 文錄 序, 「梅泉集序」. "文章者, 固物之所待而著且傳焉者也. …… 苟其物僞而不眞, 則雖文, 亦奚以傳焉. 是以君子之道, 必先致力於質, 而後其文也."

질타한 것은 그들의 허위의식이 개선되지 않고서는 국가의 안위를 보장받을 수 없었기 때문이었다.

> 지금 국가의 위기는 民智가 계발되지 않고 庶務가 일어나지 않은데 따른 것이니, 민지가 개발되지 않고 서무가 일어나지 않은 채 우리의 당이 옛 것만을 고집하는데 익숙하여 경장을 생각지 않는 것은 진실로 그 책임을 면할 길이 없다. 이것은 단순히 그 사람됨의 현명함이나 변별력의 차이에 따라 생기는 문제가 아니다. 대개 청렴과 의를 숭상하는 선비들이 옛 것만을 고집하여 변하지 않은 채 실로 패륜의 무리들이나 꾸짖으며 사람들의 이목을 놀라게 하고 의구심이나 불러일으키는 것은 實理를 궁구하지 않기 때문이다.[151]

> 천하에 지극히 두렵고 지극히 구분하기 어려운 것으로 사람의 마음을 梏喪시켜 잃어버리게 하고 세상의 도를 해치는 것은 대개 도의를 가탁하는 말과 같은 것이 없다.[152]

② 올바른 도덕의식의 확립

난곡에 있어서 허위의식의 타파는 곧 올바른 도덕의식의 확립과 연계되어 있다. 난곡이 그처럼 허위의식을 타파하고자 한 것은 올바른 도덕의식을 확립하여 나라의 위기를 극복하는 것이었다. 그의 도덕의

151 『蘭谷存稿』卷6 文錄 論, 「原論上」. “吾今以國家之禍, 由於民智之不開, 庶務之不創, 而民智之不開, 庶務之不創. 吾黨之狃於膠守而不思更張者, 誠無以辭其責也. 非以其人之賢愚而辨駁爲也. 蓋淸義之士, 所以膠守而不變, 實懲於悖倫越防之徒, 駭耳目, 而滋疑懼, 遂拜其實理, 而不之究也.”

152 『蘭谷存稿』卷6 文錄 論, 「原論中」. “天下之至可畏, 至難辨, 以梏喪人心, 而賊害世道者, 蓋未有若假道義之說者也.”

식은 道義에 대한 올바른 인식으로부터 전개되고 있다.

도의는 전통유교에 있어서 중요한 개념이다. 일찍이 공자는 '아침에 도를 들으면 저녁에 죽어도 좋다.'[153]라고 말하였지만 '道'란 인간이 인간답게 살아가는 참된 길이다. 이 길은 언제나 인간에게서 멀지 않으며, 인간을 멀리하면 도라 할 수 없다.[154] 그런데 이러한 참된 길은 선험적으로 주어진 본성을 성실하게 따라 살아갈 때 가능해진다.[155] 논어에서는 이러한 모습을 忠恕로 표현하고 있다.[156] 여기서 忠이란 '스스로의 최선을 다하는 것'이요, 恕란 남의 입장을 내 입장과 바꾸어 '자기 자신을 미루어 남에게 나아가는 것'이다.[157] 그리하여 온 세상의 모든 존재가 서로 화합하여 하나가 되는 것이 우리 모두가 가야 할 참된 도의 모습이다.

> 中이란 천하의 큰 근본이요, 和란 천하의 공통된 도이다.[158]

이에 비해 '義'란 인간 삶의 본질[159]인 동시에 구체적 삶에서의 時中의 모습[160]이며, 인간이 가야 할 바른 길이다.[161] 이러한 의는 인간의 마음속에 내재한 본질적 사랑이 외부적인 현실에 적응하여 나타나는

---

153 『論語』 里仁 8章. "子日 朝聞道, 夕死, 可矣."
154 『中庸』 13章. "子日 道不遠人, 人之爲道而遠人, 不可以爲道."
155 『中庸』 1章. "天命之謂性 率性之謂道 脩道之謂敎."
156 『論語』 里仁 15章. "子日 參乎. 吾道 一以貫之. 曾子日唯. 子出, 門人, 問日 何謂也. 曾子日 夫子之道, 忠恕而已矣."
157 『論語』 里仁 15章 朱子註. "盡己之謂忠, 推己之謂恕."
158 『中庸』 1章. "中也者, 天下之大本也. 和也者, 天下之達道也."
159 『論語』 衛靈公 17章. "子日 君子, 義以爲質, 禮以行之, 孫以出之, 信以成, 之 君子哉."
160 『中庸』 20章. "義者, 宜也."
161 『孟子』 離婁 上 10章. "仁, 人之安宅也. 義, 人之正路也."

모습이다. 따라서 의는 언제나 인간의 본질적인 사랑과 현실이 지닌 時空性과 조화를 이룰 때만이 올바른 모습을 유지할 수 있다. 그러므로 인간의 본질적인 사랑은 같다고 할지라도 사람마다의 차이점과 시·공간의 차이에 따라 '의'는 다르게 나타날 수 있다. 이처럼 전통유교에 있어서 도의는 현실적 상황에 따라 적용되어지는 참다운 삶의 길로 정의될 수 있다.

난곡 또한 이러한 전통적인 도의의 관점에서 자신의 道義論을 전개하고 있다. 그가 생각하는 참된 '道'는 현실을 벗어난 高遠한 것이 아니라 일상생활 속에서 살아가는 사람들의 삶 속에 있으며, 사람들의 정서에 부합하는 것이다.

> 대개 성인의 도는 사람들과 다른 것을 구하여 높은 도로 생각하는 것이 아니라 반드시 사람들의 정서에 합치하는 것을 구하는 것이다.[162]

또한 난곡이 생각한 '義'란 언제나 고정적인 불변의 것이 아니라 시공적인 상황에 따라 변화하면서 그 상황에 가장 적절한 모습으로 나타나는 것이다.

> 또한 의는 일정하여 변화하지 않는 것이 아니다. 가볍고 무거움, 느리고 급함이 각각 마땅한 바를 따르는 것이니, 여기에 의로운 것이 저기에도 반드시 의로운 것이 아니며, 전날의 의로운 것이 오늘에 있어서도 반드시 의로운 것은 아니다.[163]

162 『蘭谷存稿』 卷6 文錄 論, 「原論中」. "夫聖人之道, 不求異於人以爲高, 而必求以合乎人之情也."

163 『蘭谷存稿』 卷6 文錄 論, 「原論中」. "且義, 非一定不移之物, 而輕重緩急, 各隨所宜,

따라서 난곡에 있어서 참된 도의란 시공적 변화에 관계없이 언제나 삶의 뿌리가 되어야 할 이치의 바름과 언제나 변해가는 현실적 상황에 대처하는 상황적 의가 조화를 이루어 나타나는 인간의 도덕성을 의미한다. 현실과 관련하여 불변의 상도와 상황적 의가 조화되어 나타나는 모습을 난곡은 다음과 같이 말한다.

> 적개심을 품고 편안히 죽을 수 있는 것은 반드시 떳떳하여 언제나 변함없는 본성에서 나온 것이니, 이것은 곧 이치의 바른 것이요. 힘을 헤아리고 세력을 비교해 보는 것은 또한 사물의 법칙의 본연에서 나온 것이니, 이것은 곧 일의 마땅함이다. 이치에서 얻고 의에 적합한 것이 이에 의가 되고 도가 되는 바이다.[164]

그렇다면 당시 현실적 상황에 가장 합당한 참된 도의의 모습은 구체적으로 어떠한 것일까? 난곡이 생각한 당시 상황에 적절한 참된 도의는 단순히 사회질서를 지켜가는 윤리적 도덕의식이 아니라 국가적 위기를 극복하기 위한 구국의 노력이었다. 인의지심으로서의 도덕성은 현실에 감응하여 작용한다. 다른 사람의 아픔을 내 아픔으로 여기는 것이 도의요, 불의를 보고 용기를 내는 것도 도의다. 마찬가지로 국가의 위기에 직면하여 이를 극복하기 위해 낡은 구습을 타파하고 나라의 부끄러움을 설욕하며 민생의 안정을 도모하는 것 또한 도의이며 인의지심이라고 난곡은 인식하였던 것이다.

此所以爲義者, 在彼, 未必爲義也. 前日之所以爲義者, 在今日, 亦未必爲義也."

164 『蘭谷存稿』 文錄 論, 「原論上」. "敵愾而死綏, 必有於秉彝之恒性, 是卽理之正也. 量力而度勢, 亦出於物則之本然, 是卽事之宜也. 得於理, 而適於義者, 乃所以爲義而爲道也."

> 오호라 국권이 이미 무너지고 인류가 장차 멸망해가려 하는구나. 이때에 진실로 도의의 학설에 밝은 자가 또한 반드시 약해서는 편안할 수가 없고 낡은 구습은 굳게 지켜서는 안 되며, 나라의 부끄러움은 설욕하지 않으면 안 되고 민생은 보호하지 않으면 안 된다는 것을 알아야 한다. 반드시 전날의 부패를 혁신하여 다른 사람의 강함을 배워가기를 꺼리지 않고 반드시 전날의 무딘 것을 변화시켜 다른 사람의 기교를 배우기를 꺼리지 않아야 한다. 정신과 마음의 의지가 다만 民智를 계발하고 庶務를 일으키는 데 두고 일의 성패와 利鈍을 반드시 계교하지 말고 그 몸의 毁譽나 기롱을 반드시 근심하지 않아야 한다. 오직 큰 아픔을 부끄럽게 여기고 길을 걸을 때도 잊지 않고 먹고 쉴 때도 편안히 여겨서는 안 된다.[165]

> 천리와 백성들이 지켜야 할 도리, 일상적인 말과 행동의 道에 대해 이를 귀하게 여기는 것은 나라가 망해 갈 때에 슬퍼할 줄 알고 인류가 멸망해 갈 때 애통할 줄 알 수 있기 때문이다.[166]

이처럼 난곡은 도의론에 입각하여 올바른 도덕의식을 확립하고자 하였는데, 그의 올바른 도덕의식이란 스스로의 도덕성에 입각하여 국권이 무너져가는 현실을 외면하지 않고 솔선수범하여 국가의 안위를 자신의 사명으로 삼아 이의 극복을 위해 최선의 노력을 다하는 것이었다.

---

165 『蘭谷存稿』 卷6 文錄 論, 「原論中」. "嗚呼. 國權已墜, 人類將滅, 又斯時也, 苟能明於道義之說, 亦必知弱之不可以紐安, 舊之不可以膠守, 國恥之不可以不雪, 民生之不可以不保. 必不憚革前日之腐敗, 而學爲人之彊, 必不惜變前日之樸累, 而學爲人之巧, 精神心意, 只在於開民智, 而興庶務, 其事之成敗利鈍, 不必計, 其身之毁譽譏訕, 不必恤. 惟深恥大痛, 跬步而不可忘, 食息而不能安."

166 『蘭谷存稿』 卷6 文錄 論, 「原論中」. "所貴於天理民彝庸言庸行之道者, 以其國亡而知其爲可悲 人滅而知其爲可痛也."

③ 민족정신의 함양

올바른 도덕의식의 확립과 함께 난곡의 저서 속에 나타난 또 하나의 구국방안은 민족정신의 함양이었다. 난곡은 중국 연호의 사용과 순국의 정당성, 단발령의 대처 문제 등을 통해 민족정신의 함양을 촉구하고 있다.

우리나라는 조선조 이후 구한말 고종이 독자적인 연호를 사용하기 전까지 전적으로 중국의 연호를 사용하였다. 이 연호의 문제는 명·청의 교체기에 있어서 청나라가 자신들의 연호를 쓸 것을 강요하였고, 당시의 지성인들은 명이 망한 후에도 청의 연호를 쓰지 않고 명의 연호를 쓰는 것이 춘추의리 정신에 입각한 대의명분으로 생각하기도 하였다.

그런데 난곡 당시에도 중국 명나라의 마지막 황제 毅宗 때의 崇禎 연호를 사용해야 한다는 주장이 제기되어 민족적 자주의식을 훼손하는 일이 있었다. 이에 난곡은 당시 중국의 숭정 연호를 쓰는 것이 공자의 춘추필법에 의거한 것이라는 梁信默의 주장에 대해 이를 민족적 자주의식의 입장에서 이를 비판하고 있다. 난곡은 구한말 당시 우리가 숭정 연호를 쓰는 것은 공자의 춘추필법과 전혀 다르다고 주장한다. 그에 따르면 공자가 쓴 '春王正月'의 춘추필법은 당시 周라는 나라의 실체가 있었음에 불구하고 제후들이 이를 무시하기 때문에 일부러 春秋筆法의 尊周意識을 통해 국가의 기강을 회복하려고 한 것이었지만 숭정의 연호는 이미 그 실체가 사라진 명나라 毅宗의 연호이므로 이미 사라진 나라의 연호를 쓰는 것은 그 의미가 전혀 없을 뿐만 아니라 오히려 허위의식에 가탁하는 의리일 뿐이라는 것이다. 그러므로 이미 사라진 나라의 연호를 쓰는 것은 의리를 가탁하는 행위로, 세상의 교훈이 되는 것이 아니라 오히려 실상을 살펴보지 못하는 행동이라고 난곡은 주장한다.

> 보내준 글에서는 '碑面의 숭정 기원후 모년이라고 쓰는 것이 마땅하다'고 하였습니다. 그러나 숭정이라는 연호는 명나라 의종의 연호로 명나라가 망한지 이미 오래인데 오히려 그 연호를 쓰는 것은 성실하지 못함이 이보다 더 큰 것이 없습니다. …… 하물며 나라가 없는데 나라가 있는 것처럼 하겠습니까? 이것은 그 실상을 구하지 않고 의리에 가탁한 것이니, 이는 이치를 거스르는 것이며 상도를 배반하는 것입니다. 그러므로 이것은 가르침이 되는 것이 아니라 도리어 구습에 너무 오랜 동안 익숙해져 실상을 살펴보지 못한 것입니다.[167]

난곡은 이처럼 국망의 위기 속에서도 사대주의적 발상에서 벗어나지 못하고 있는 일부 선비들의 안일한 사고를 질타함으로써 민족정신을 일깨우려 하였다.

또한 망국의 위기를 맞이하여 순절한 趙秉世(1827~1905), 閔泳煥(1861~1905) 두 사람에 대해 사직의 책임이 있는 자로서 자결하는 것은 적절치 못하다고 이견을 제시한 洪承憲(1854~?)의 주장에 대해 난곡은 그들의 순국을 지지하여, 그들의 자결은 곧 나라를 위한 민족정신의 발로였음을 설파하였다. 홍승헌의 입장에 따르면 순절하는 것도 적절한 때가 있는 것이니, 사직을 맡은 책임이나 지위가 있으면 순절

167 『蘭谷存稿』卷2 文錄 書, 「答梁信默書」. "來敎謂, 碑面當書崇禎紀元後某年. 夫崇禎者, 明毅宗之年號也. 明亡已久, 猶書其號, 不誠孰甚焉. …… 況無國而可以爲有國乎. 不求其實, 而假以爲義, 則悖理畔經, 不可爲訓, 而顧沿襲已久, 狃而不之察也."

하는 것이 적절하지 않고, 사직을 맡은 책임이나 지위가 없다면 순절하는 것이 가능한 것인데, 두 사람은 사직을 책임지고 있는 입장이므로 순절하는 것이 적절치 않다는 것이었다. 이에 대해 난곡은 두 사람이 당시 비록 대신의 지위는 있었으나 권력이 없었으므로 사직을 책임질 수 있는 입장이 아니었음을 전제하고, 두 사람의 순절은 충분한 가치가 있다고 반박하였다.

> 몸이 책임을 맡아야 할 무거움도 없고 힘이 무너지고 위험한 것을 지탱할 수 있는 희망도 없다면 오직 한번 죽음으로써 내 마음을 밝히고 나의 의로움을 다할 수 있는 것이니, 두 분의 죽음은 정히 의로움을 얻었으니 다시 의논의 여지가 없다.[168]

난곡이 생각하는 순절에 대한 의미는 사직의 책임이 있느냐 없느냐고 하는 현실의 입장이 중요한 것이 아니라 오히려 순절의 모습이 내 마음속의 의리에 얼마나 충실하였는가 하는 것에 달려 있다. 그러므로 순절은 사직의 책임 여부와 관계없이 스스로의 의리에 충실하여 상황에 따라 순절을 하지 않고 사직을 안정시키기 위해 노력할 수도 있고, 때로는 순절하여 충절을 지킬 수도 있다는 것이 난곡의 판단이다.

> 군자가 강론하고 변별하여야 할 것은 나라의 안정을 도모할 것인가 아니면 순절할 것인가 하는 것이 아니요, 내 마음의 의리를 강론하고 내 마음의 의리를 변별하는 것을 말하는 것이다. 만약 평소에 내 마음

---

168 『蘭谷存稿』 卷2 文錄 書, 「答洪汶園少宰承憲書」. "身無肩責受任之重, 力無扶顚持危之望, 則惟有一死, 可以明吾之心, 而盡吾之義. 此二公之死, 正得其義, 而不見其有可議者也."

> 을 보존하고 잘 길러서 일에 임하여 정밀하게 살펴 의리가 드러나고 사욕이 개입되지 않는다면 나라의 안정을 취할 입장이 되면 안정을 취하고 순절을 취할 입장이 되면 순절을 취하여 처한 바를 따라 스스로 중용이 되지 않음이 없는 것이다.[169]

이처럼 나라를 책임져야 할 인사들의 순국에 대해 난곡은 의리에 근거한 당사자의 주체적 판단에 따라 그 의미가 있다고 생각하여, 그들의 순국이 국가와 민족을 위한 충절에서 나온 민족정신의 발로였음을 난곡은 분명히 하고 있다.

이러한 충절의 시비는 또한 당시 斷髮令에 대처하는 사람들의 태도에 대해서도 일어나고 있었다. 일제의 강압에 의해 단발령이 내려지자 많은 사람들이 이에 반발하여 단발령을 거부하는 것을 정절을 지키는 것으로 생각하였다. 그러나 한편으로 서구의 문물을 수용하여 국가의 부강을 꾀하려는 개화적인 의식을 가진 사람들은 스스로 단발을 하여 새로운 문물을 받아들이고자 하였다. 이러한 와중에 단발을 거부하는 것만이 정절을 지키는 것인지에 대한 의견이 분분하였다. 난곡의 단발에 대한 입장은 단발의 여부를 가지고 그 정절의 의미를 판단하지 않고 현실의 상황에 따라 단발의 의미가 달라진다고 하는 수시응변의 논리를 제시하였다. 그는 먼저 단발의 의미는 단발을 하느냐 하지 않느냐하는 행위 여부에 있는 것이 아니라 오히려 단발 여부의 가치를 어디에 두느냐에 따라 그 의미가 달라진다고 생각하였다.

---

169 『蘭谷存稿』 卷2 文錄 書, 「答洪汶園少宰承憲書」. "君子之所講辨, 非靖與殉之謂也. 講吾心之義, 辨吾心之義之謂也. 若使存養有素, 而臨事精察, 義理昭著, 而私欲不累, 則當靖而靖, 當殉而殉, 隨所處, 而自無不中."

> 우리의 의리는 천리와 백성들의 떳떳한 법칙에 그러하지 않을 수 없는 것에 있으며 剃髮을 하느냐 하지 않느냐에 있는 것이 아니다.[170]

그에 있어서 단발 여부는 자신의 판단에 따라 단발을 할 수도 하지 않을 수도 있지만 보다 중요한 것은 자신의 입장만을 고집하지 않고 상황이 전개되는 방향을 따라 단발 여부를 결정해야 한다는 것이다.

> 그대가 진실로 망국을 깊이 부끄러워하고 크게 아파하여 이를 그칠 수가 없다면 剃髮을 하는 것도 가능하다. 망국이 나의 책임으로 여기지 않아 스스로 내 한 몸을 깨끗이 하고자 한다면 체발을 하지 않아도 또한 괜찮다. 오직 자기의 사사로운 입장을 생각하지 않고 도에 따라 이를 추구하거나 거부하는 계책을 세워야 할 것이다.[171]

그렇다면 난곡이 판단한 구체적 상황에 따라 달라질 수 있는 단발 여부의 모습은 어떠한가? 난곡이 중시한 내 마음의 판단은 곧 현실에 대한 수시응변의 상황적 판단이다. 그러므로 올바른 판단을 내리기 위해서는 현실을 객관적으로 파악하는 것이 중요하다. 그는 현실의 입장을 국권이 존재하였던 시기와 국권을 상실하였던 시기에 따라 단발에 대한 입장을 달리한다. 즉 국권이 존재하는 경우는 우리의 예악과 풍속을 우리 스스로 자유로이 결정하는 것이니, 우리의 중요한 풍습을 지켜 단발하지 않는 것이 옳은 것이다.[172] 그러나 국권이 상실되

---

170 『蘭谷存稿』 卷6 文錄 論, 「原論中」. "吾之義, 在於天理民彝之不得不然, 而不在於剃不剃也."

171 『蘭谷存稿』 卷6 文錄 論, 「原論下」. "子誠知深耻大痛, 不可以已, 則剃之固可也. 謂以非吾之責 而潔身之是謀, 則不剃之, 亦可也. 惟毋以己私參之, 爲較道趨避之計也."

고 난 뒤는 단발의 풍습보다 더 중요한 것도 모두 잃어버리게 되므로 국권의 회복을 위하여 필요하다면 단발도 할 수 있다는 것이 난곡의 판단이다.[173] 따라서 단발을 거부하는 것은 국권이 존재할 때의 일이요, 국권을 잃고 난 후에도 국권의 회복을 위해 노력하지 않고 단발의 거부만을 고집하는 것은 대의를 알지 못하는 소아적인 행동이라는 점을 들어 난곡은 수시응변에 입각한 민족정신의 함양을 촉구하였다.

> 자기의 몸을 잊는 것은 오히려 가능하지만 국가와 생령의 화를 잊어버리고 내 한 몸만 깨끗이 하고자 도모한다면 본심의 양심을 죽이는 것이요, 경중의 원칙을 잃어버리는데 가깝지 않겠는가?[174]

> 혹자는 '오늘날의 사정은 희망이 완전히 좌절되어 비록 하고자 하여도 미치지 못하니 내 한 몸 깨끗이 하여 스스로의 안정을 도모해야 하지 않겠는가'라고 말한다. 오호라 이 생각은 또한 天理와 백성들이 추구해야 할 도리의 떳떳함이 마땅히 가져야 할 바가 아니다. …… 이른바 깨끗이 한다고 하는 것은 스스로 체발을 하지 않겠다는 것을 말하는 것이다. 그러나 모발이 비록 중요하지만 나라가 망하고 인류가 멸망하는 것에 비한다면 오히려 가벼운 것이 아니겠는가?[175]

---

172 『蘭谷存稿』 卷6 文錄 論, 「原論中」. "夫國權不去, 而我能自立, 則我之禮樂風俗, 我皆可以自由 其重之不及髮者, 尙有以保之. 況髮之重, 而可以剃之乎哉."

173 『蘭谷存稿』 卷6 文錄 論, 「原論中」. "國權旣失之後, 羈之縶之, 彼已食我之肉, 而寢我之皮矣. 重於髮者, 剗削已盡, 又暇爲髮之慮, 而潔之謀也."

174 『蘭谷存稿』 卷6 文錄 論, 「原論中」. "忘其軀, 猶可也. 忘國家生靈之禍, 而有潔身之是謀, 則不幾近於戕本心之良, 而失輕重之則也."

175 『蘭谷存稿』 卷6 文錄 論, 「原論中」. "或謂今日之事勢, 決望絕, 雖欲有爲, 而不可及, 無寧潔身以自靖. 嗚呼. 是說也, 又非天理民彝之常, 所宜有也. …… 吾知其所謂潔者, 不過指其身之不剃髮, 不披緇而言也. 髮雖重矣, 而比國亡人滅, 不其有閒乎."

이처럼 난곡은 조선조 이후 뿌리 깊이 자리 잡은 사대주의적 의식의 문제점을 지적하고 다시 순국이나 단발령의 구체적 사례를 들어 당시 지성인들의 자주의식과 민족정신을 고취하였는데, 그가 당시의 지성인들에게 요청한 것은 외식적이고 형식적인 애국심이 아니라 실심과 실리에 입각한 자기 확신과 함께 국가의 위기 극복에 구체적으로 동참하는 진정한 애국심이었다.

④ 자강을 위한 서양문물의 수용

난곡이 민족정신의 함양과 함께 제시한 또 하나의 구국의 방안은 자강을 위해 서양의 선진 문물을 받아들이는 것이었다.

당시 조선의 현실은 서세동점의 위기 속에서 개화와 수구의 갈등 속에서 번민하고 있었는데, 서세동점의 위기는 사회진화론[176]에 바탕을 둔 서구의 제국주의적 침략에 기인하는 것이었다. 당시 중국에서는 이미 사회진화론이 嚴復(1853~1921)에 의해 天然論으로 소개되었고, 양계초(1873~1930) 등 많은 학자들은 자연도태와 생존경쟁을 인간의 능력으로 제어할 수 있다는 헉슬리의 진화사관에 동의하고, 사회진화론을 수용하여 反帝國・反封建・反植民의 민족주체의식을 고취시키는 변법자강론을 주창하였다. 1900년대에 들어서면서 우리나라에도 사회진화론이 본격적으로 수용되어 많은 사람들이 중국 변법사상가들의 영향을 받고 있었다. 난곡의 문집 속에는 변법자강론에 대

176 사회진화론은 1895년 다윈(1809~1882)의 『종의 기원』에 의해 제시된 생물진화론을 인간사회에 적용시켜 자본주의적 적자생존의 논리로 전개한 스펜서에 의해 주창되었다. 이후 사회진화론은 헉슬리・헥켈 등에 의해 자연도태설을 중심으로 한 진화론으로 발전되었다.(정용재, 『촬스 다윈』, 믿음사, 1988, 210~223쪽)

한 구체적인 언급은 없지만 서구 제국주의가 지닌 약육강식의 논리에 대해서는 그 또한 잘 알고 있었다.

> 서구인들이 말하는바 강함과 약함에 있어 힘이 곧 정의가 된다는 것은 이 또한 公例의 원칙이며 어쩔 수 없는 것이니, 다만 강자를 꾸짖어 흉포하다고 하고 약자를 동정해야 한다고 한 후에 비로소 정론이라고 말할 수 있는 것이 아니다.[177]

서구 제국주의는 生存競爭·自然淘汰의 사회진화론에 바탕을 둔 것으로, 단순한 도덕성으로 쉽게 이를 거부하거나 비판할 수 있는 논리가 아님을 난곡 또한 실감하고 있었다. 그는 당시의 세유들처럼 그들의 논리를 비판하기보다는 오히려 그들이 가지고 있는 입장을 자연도태와 생존경쟁의 입장에서 이해하려고 하였다.

> 무리들이 많아지면 무리와 무리들이 서로 다투게 된다. 이것은 또한 이치의 필연적인 것이요, 그 기세가 반드시 그렇게 되는 것이다. 이미 서로 다투는데 이르면 강한 자는 반드시 승리하고 약한 자는 반드시 패배하며, 기교가 있는 자는 반드시 얻고 졸렬한 자는 반드시 잃는다. 이것이 자연의 公例요, 생존경쟁의 원칙이니, 어쩔 수 없는 것이다.[178]

그러나 우리의 현실은 국가적 위기 앞에서도 국가와 민족을 책임져

---

177 『蘭谷存稿』 卷6 文錄 論, 「原論上」. "歐人所謂强與弱, 遇權力, 卽道理者, 是亦出於公例原則 不得不然之故, 而不獨詬彊者爲暴戾, 而謂弱者爲可恕然後, 始得謂之正論也."

178 『蘭谷存稿』 卷6 文錄 論, 「原論上」. "群者衆矣, 則群與群相爭, 此又理之必然, 而勢之必至者也. 旣至於相爭, 則彊者必勝, 而弱者必敗, 巧者必得, 而拙者必失, 此天演之公例, 物競之原則, 不得不然之故也."

야 할 지식인들이 이를 극복하기 위해 노력하기보다는 지나간 구시대의 습속에만 안주하거나 개인적인 영달과 명예만을 추구하고 있었다. 그는 나라가 이처럼 망국의 길로 치닫게 된 것도 현실을 외면한 채 한갓 현실에 안주하여 옛 것만을 고집하는 지식인들의 책임이라고 말한다.

> 저 열강의 진화론은 날로 성하여져서 정치와 법률의 발전, 해군과 육군의 확장, 전신과 철도의 교통, 삼림과 농공상업의 발달이 모두 하루에 천리를 가는 추세에 있건만 우리들은 또한 먹는데 편안해 하고 잠자는 것만을 즐겨 게으르고 편안해 하는 풍조가 오히려 전과 똑같다.[179]

난곡은 무엇보다 민족을 이끌어 갈 능력을 지닌 지성인들이 현실의 문제점을 파악하여 솔선수범하여 민중을 이끌어 가는 것이 중요하다고 판단하였다. 이를 위하여 먼저 해야 할 일은 현실에 도움이 되지 못하는 지나간 시대의 잘못들을 과감하게 개선하는 것이다. 특히 난곡이 강조한 것은 지식인들의 구습에 젖은 나태한 무사안일주의적인 사고의 탈피였다. 그리고 다음으로는 현실에 대한 객관적인 판단을 하는 것이다. 당시의 상황은 망국의 위기이므로 개인적인 욕심이나 명예보다는 국가와 민족을 위한 공심과 공리로써 현실을 판단하는 것이 무엇보다 중요하다. 그리고 마지막으로 서구의 물질문명이 가진 장점을 받아들이는 것이다. 당시의 시대적 추세는 약육강식과 생존경

179 『蘭谷存稿』 卷6 文錄 論, 「原論上」. "彼列彊之進化日盛, 政治法律之修明, 海陸軍隊之擴張, 電信鐵道之交通, 森林農工商業之發達, 皆有一日千里之勢, 而吾且晏食酣寢, 怠惰恬嬉之風, 猶夫前也."

쟁의 논리가 지배하는 시대였고, 이러한 현실에서 살아남는 길은 스스로의 힘을 키워 열강의 세력에 대항하는 것이다. 당시의 시대 상황으로 볼 때 자강의 노력이야말로 약육강식의 현실에서 살아남을 수 있는 절실한 과제임을 난곡은 누누이 강조하고 있다.

> 오직 도를 지키고 의를 추구하는 선비들만이 백성들이 우러러 보는 자들이요, 사방에서 믿고 따르는 자들이다. 그들로 하여금 통상의 초기에 지나간 시대의 의식을 굳게 지키려는 사사로운 생각을 버리고 公心과 公理로 현실을 판단하게 하여 진실로 그 도가 족히 나라를 이롭게 하고 백성들을 편하게 하는 것이라면 우리의 게으름과 안일함을 개혁하기를 꺼리지 않고 저들의 흥기할 만한 일들을 본받으며, 우리의 부패하고 나약함을 변화시키기를 애석하게 여기지 않고 저들의 쇄신을 본받아 이로써 백성들을 인도해 갔더라면 백성들이 믿고 따르는 자들이 많아 이들을 장려하고 분발시켜 날마다 자강의 길로 나아가게 되었을 것이니 국가의 화가 혹 여기에 미치지는 않았을 것이다.[180]

3. 계몽사상과 양명학

1) 위당 정인보

구한말에 태어나 국권상실의 아픔을 온 몸으로 느껴가며 마음의 주

180 『蘭谷存稿』 卷6 文錄 論, 「原論上」. “惟守道秉義之士, 人民之所觀瞻, 而四方之所信服也. 使於通商之初, 祛其膠守舊見之私, 而斷之以公心公, 理 苟其, 道 有足以利國而便民, 則不憚革吾之怠惰恬嬉, 而效彼之興作, 不惜變吾之腐敗呰窳, 而效彼之刷新, 以爲人民倡, 則人民之信從者衆, 而獎勵奮發, 日趨於自彊之途, 而國家之禍, 或不至於是矣.”

체적 각성을 통해 민족혼을 일깨우고자 하였던 爲堂 鄭寅普(1893~?)가 살았던 시대는 국권의 유린은 물론이요, 민족문화 말살정책에 의해 민족의 정기마저 사라져가던 일제 강점기였다. 그는 강화양명학의 학통을 계승한 蘭谷 李建芳을 스승으로 모시고 시들어가는 민족혼을 일깨우기 위해 노력한 민족주의자였다. 그는 丹齋 申采浩(1880~1936), 白巖 朴殷植 등과 함께 식민사관에 물든 어용학자들에 의해 왜곡되어가는 조선 역사를 바로잡기 위해 '오천년간 조선의 얼'을 연재하는 등 민족주의 사학자로 활동하였고, 다양한 국학연구를 통해 국학자로서의 면모를 보이기도 하였다.

이러한 활동을 통하여 위당이 이루고자 한 것은 무엇보다 일제의 민족문화 말살정책에 항거하는 민족정신의 부활이었다. 민족정신의 부활이야말로 우리나라의 주체성과 독립성을 확보하는 근간이 되기 때문이다. 그는 이러한 민족정신의 부활을 위한 학문적 근간으로 양명학을 제시하였는데, 그에 있어서 양명학은 당시의 현실을 직시할 수 있는 가교의 역할을 하는 것이었다.

그가 동아일보에 기도하는 심정[181]으로 '양명학연론'을 연재하게 된 것도 사실은 단순히 양명학을 소개하려는 의도가 아니라 양명학이 지닌 장점을 통해 민중들의 마음속에 존재하는 민족혼을 일깨워 민족정신을 함양하고자 한 것이었다. 따라서 그에 있어서 중요한 것은 양명학의 학문적 내용이 아니라 양명학을 마음의 잣대로 하여 지나간 시대

181 鄭寅普, 『陽明學演論』, 삼성문화문고11, 1972, 10쪽. "어느 글이든지 쓰는 사람으로서 볼 사람에게 向하여 마음 들여 보아주기를 바라는 것은 共通된 바이다. 그러나 그 사람도 種類에 따라 더 甚할 때도 있고 좀 덜 할 때도 있는 것인데, 내가 지금 이 글을 씀에 當하여는 바란다는 것만으로는 내 情懷를 말하기에 오히려 不足하다. 곧 懇乞코자 하며 곧 祈祝하려 한다."

의 잘못을 반성하고 계몽 의식을 통한 새로운 역사를 창출해 내는 것이었다.

(1) 주자학과 현실인식

조선은 건국과 함께 주자학을 체제교학으로 받아 들여 治者의 도덕성을 바탕으로 하는 道學政治를 제도적으로 정착시킴으로써[182] 안정된 기반 위에서 발전할 수 있었다. 그러나 임병 양난 이후 국권의 쇠퇴와 함께 주자학은 그 기반이 흔들리기 시작하였고, 일제의 침략에 의해 주권이 침탈당하는 역사적 위기를 맞이하면서 체제교학으로서의 주자학 또한 그 책임의 일단을 면할 수 없게 되었다. 위당은 이러한 역사적 현실에 입각하여 주자학의 장·단점을 분석하고 있다.

주지하는 바와 같이 유학의 목표는 修己와 安人이며, 수기와 안인을 이루기 위한 방편으로 제시되는 것이 格物致知다. 그러나 격물치지에 대한 해석에서 주자학과 양명학은 그 흐름을 달리하고 있는데, 주자학의 격물치지는 실천적이기보다는 인식론적인 특장[183]을 지니고 있다.

위당은 사사물물의 이치를 연구하여 이를 하나의 이치로 회통해가는 주자학의 학문적 특징을 잘 이해하고 있을 뿐만 아니라

---

182 朴忠錫, 『朝鮮朝의 政治思想』, 평화출판사, 1987, 32쪽.

183 『大學』 格物補傳. "間嘗竊取程子之意以補之, 日所謂致知在格物者, 言欲致吾之知, 在卽物而窮其理也. 蓋人心之靈 莫不有知, 而天下之物, 莫不有理, 惟於理有未窮, 故其知有不盡也. 是以大學始敎, 必使學者, 卽凡天下之物, 莫不因其已知之理, 而益窮之, 以求至乎其極, 至於用力之久, 而一旦豁然貫通焉, 則衆物之表裏精粗無不到, 而吾心之全體大用無不明矣. 此謂格物此謂知之至也."

> 天下 諸般事物에 다 각각 그 原理가 있나니 여기 대하여 窮究함을 쌓으면 各物各理의 모이는 곳에 한 개의 會通되는 原理가 透悟될지라, 各理에 대한 窮究를 格物이라 하고 한 개의 會通되는 原理를 透悟함을 致知라 하였다.[184]

오히려 주자의 격물치지가 박학의 학문을 이루는 수단이며, 우주의 생성을 연구하는 차원에서 주자의 격물치지가 탁견이라 칭찬한다.

> 宇宙의 大體로 말하면 各分이 곧 一合이니 一草一石이 가지고 있는 原理 곧 大宇宙의 原理라. 흩어져 各分한 것임에 갈래로 좇아 硏究하여 大本으로 통할 수 있다. 晦菴의 卓見은 이를 獨照함이다.[185]

그러나 위당에 있어서 주자학의 격물치지는 객관 대상을 탐구하는 박학의 학문이 될지언정 견딜 수 없을 만큼 자신의 생각을 성실히 하여 자신의 마음을 바로잡아 수기와 치인을 이루어가는 점에서는 한계가 있다고 지적한다.

> 各個事物을 窮究 또한 綜察하였다 하자. 分別로 좇아 獨到한 觀察이 있게는 될지언정 各理의 總合을 어디까지로 限度를 삼을 것도 模糊하려니와 이는 考究이라 博學의 類요, 옳지 아니하고는 못 견딜 그 意를 만드는 心境 속 生活이 아니다.[186]

---

184 鄭寅普, 『陽明學演論』, 17쪽.

185 鄭寅普, 『陽明學演論』, 18~19쪽.

186 鄭寅普, 『陽明學演論』, 18쪽.

주자학이 박학의 학문으로서의 장점이 탁월함에도 불구하고 위당이 이의 한계를 지적한 것은 그가 고민하고 있는 현실의 문제를 주자학적인 학문방법으로는 해결할 수 없다고 하는 그의 현실인식에서 기인한 것이었다.

당시 위당이 안고 있는 현실 인식은 일제 치하에서 사라져가는 민족정신을 일깨워 나라의 독립을 쟁취하는 것이었다. 그런데 이러한 민족정신의 고취는 투철한 의지에서 가능한 것이고 이런 투철한 의지를 확보할 수 있는 것은 주자학이 아니라 오직 양명학만이 가능하다는 것이 위당의 주장이다. 위당이 파악하고 있는 양명학은 自私念이 없는 公平無私한 마음[實心][187]으로 세상의 시시비비를 가려[188] 그 옳은 것을 실천'[189]하는 誠意의 학문이다. 그는 이 성의의 학문으로 당시 시대적 상황과 관련하여 망국의 한을 안은 우리나라를 다시 부흥시킬 수 있는 구국의 기틀을 마련하고자 하였다.

(2) 정인보의 양명학

① 感通과 間隔

일반적으로 양명학의 핵심은 心卽理·知行合一·致良知의 논리로 이해된다. 위당 또한 이 점을 충분히 숙지하고 있다. 위당에 있어서 심즉리란 옳지 않고는 못 견딜 번밑 마음이요,[190] 지행합일이란 타고

187 鄭寅普, 『陽明學演論』, 12쪽. "元來 人生의 修養이라는 것은 實心의 힘을 빌어서 偏狹한 自私念을 누른 것이거늘"

188 鄭寅普, 『陽明學演論』, 14쪽. "實心의 是非分別로써 制止 또는 截制함이 없이"

189 鄭寅普, 『陽明學演論』, 14쪽. "옳다던 것도 꼭 해야 할 것으로 가릴 수 없이 分別된다."

190 鄭寅普, 『陽明學演論』, 26쪽. "어떤 것이 번밑 마음인가? 다른 사람은 속일 수 있어도 자신을 속일 수 없나니 속이려는 것을 邪念이라 하고 속일 수 없는 것을 本心이라

난 번밑대로 아무런 挾詐가 없이 올바르게 살아가는 것[191]이며, 치양지란 옳지 아니하고는 못 견딜 천생의 앎을 한도까지 다하는 것'[192]이다. 그러나 위당은 이러한 양명학의 특징을 당시의 시대적 상황과 관련하여 감통과 간격이라고 하는 독특한 방법으로 양명학을 설명하고 있다. 이러한 감통과 간격의 논리는 양명의 良知感應說에서 유래한 것으로, 양명 후학뿐만 아니라 조선조의 白湖 尹鑴에게서도 그 학문적 특성이 발견되고 있다.[193]

감통'이란 말은 원래 周易의 '易의 법칙은 사려하는 일이 없고 작위하는 일이 없이 고요하여 움직이지 않지만[寂然不動] 감응하여 마침내

한다. 그런즉 엄격하게 마음을 말할진대 번밑 마음이 이 마음이요 그 외 것은 곧 마음의 賊이다."

191 鄭寅普, 『陽明學演論』, 26쪽. "우리의 마음이 타고난 그 번밑대로 조그만 挾詐가 없이 살아가려는 노력이다."

192 鄭寅普, 『陽明學演論』, 15~16쪽. "致良知라 함은 致는 이룬다는 뜻이니, 무엇이든지 이루었다하면 그 限度를 다한 것이요, 良知라 함은 천생으로 가진 앎이라는 뜻이니 사람으로서는 잘난 사람이든지 못난 사람이든지 심지어 극히 고약한 무리일지라도 천생으로 가진 이 앎은 누구나 다 같은 것이다. 이 앎은 다 같지마는 저버리기도 하며 가리기도 하며 심하면 아주 분탕하여 없어지도록 하기도 하므로 이 앎이 앎답게 이루어지지 못하는 것이라. 그러므로 이를 이루어 놓자는 것이니라."

193 이러한 양지감응설은 良知現成派의 王畿(1498~1583)와 良知歸寂派의 羅洪先(1504~1564) 등에 의해 계승되고 있다. 왕기는 양명의 양지감응설에 입각하여 格物의 '格'을 '天然의 格式' 혹은 '天則'으로 파악하여 격물을 '바르게 느끼고[正感] 바르게 응하여[正應] 天則의 自然에 순응하는 것'으로 파악하였고 또한 나홍선은 격물의 '격'을 '느껴서 바르게 하는 것[感而正]'으로 보아 격물을 '느끼는 가운데 모름지기 맡겨서 곡진하게 도를 다하는 것'으로 이해하였다. 이후 조선의 백호 윤휴의 감통설 또한 왕용계나 나념암의 격물설과 그 의미가 상통하고 있다는 점에서 양명계열에서 수용된 것으로 추정되는데, '느끼는 가운데 모름지기 맡겨서 곡진하게 도를 다하는 것'으로 이해하는 념암의 말은 '정성과 공경함을 다하여 내 마음의 양지를 베풀어 明德과 新民의 일에 느껴 통하는 것'으로 이해하는 백호의 감통설과 그 내용이 거의 일치하고 있음을 볼 수 있다.

천하만사의 緣故에 통한다[感而遂通]'[194]는 말의 '感而遂通'에서 유래한 것으로, 주자학과 양명학에서는 감통이란 용어를 다른 관점에서 해석하고 있다.

주자학에서는 '감이수통'을 존재원리인 理의 관점에서 체용일원의 상태로 이해하고 있다. 즉 주자는 '감이수통'이 본체의 리가 사물에 응한 후의 상태[已應之理]이지만 사물에 응하기 전의 리나 사물에 응한 후의 리가 체와 용을 관통하여 존재한다고 하는 理의 체용일원적 관점으로 '감이수통'을 풀이하고 있다.[195] 이에 대해 양명은 리의 관점이 아닌 양지의 관점에서 良知感應說을 제시하였다. 양명은 양지가 고요하여 움직임이 없는 寂然不動의 본체[196]이면서 동시에 대상에 대하여 스스로 통하는 感而遂通의 묘용이 있음을 설명[197]하고 있는데, 이것은 양지가 그 자체로 완전 구족하여 대상에 대한 공부가 필요치 않음을 강조한 것이다. 양명은 이러한 양지의 '自發的 感通性'에 입각하여 주체와 대상의 관계를 '良知의 感應[198]'으로 설명[199]하고 있다. 이 점을

194 『周易』, 「繫辭」 上傳 10章. "易无思也, 无爲也, 寂然不動, 感而遂通天下之故."

195 朱熹, 『近思錄』 道體3. "沖漠無朕, 萬象森然已具. 未應不是先, 已應不是後, 沖漠未形, 而萬理畢具, 卽所謂 無極而太極也. 未應者, 寂然不動之時也. 已應者, 感而遂通之時也. 已應之理, 悉具於未應之時. 故未應非先, 已應非後. 蓋卽體而用在其中, 不可以先後分也."

196 『傳習錄』中, 「答陸原靜書」. "良知卽是未發之中, 卽是廓然大公, 寂然不動之本體."

197 『傳習錄』中, 「啓周道通書」. "天理原自寂然不動, 原自感而遂通. …… 故明道云, 君子之學, 莫若廓然而大公, 物來而順應."

198 여기서 '感通'이라 하지 않고 '感應'이라고 한 것은 정명도의 '廓然而大公 物來而順應'의 應의 의미를 인용한 것으로, 양명은 이 두 가지를 같은 의미로 이해하고 있다.(『傳習錄』中, 「啓周道通書」. "天理原自寂然不動, 原自感而遂通. …… 故明道云, 君子之學, 莫若廓然而大公, 物來而順應.")

199 『傳習錄』中, 「羅整菴少宰書」. "以其發動之明覺而言, 則謂之知, 以其明覺之感應而言, 則謂之物."

주자의 감통설과 비교하여 보면 주자는 '감이수통'을 존재원리인 리가 본체와 현상을 관통하여 있는 모습으로 표현하고 있는 반면 양명은 인간 주체의 양지가 대상과 간격이 없이 하나가 되어 완전한 감응을 이룬 상태로 파악하고 있다. 위당은 이러한 양명학의 양지감응설을 당시 우리나라가 처한 시대상황과 관련하여 '感通과 間隔'이라는 용어로 승화시켜 虛와 假의 자취로 얼룩져 온 역사적 현실을 바로잡고자 하였다.

위당에 있어서 감통이란 인간에게 부여된 선천적인 사랑 즉 인에 입각하여 '내 마음으로 대상을 감응해 서로 통하여 하나가 되는 과정이요, 간격이란 대상과 내가 하나가 되지 못하고 서로 떨어져 있는 것'[200]이다. 인간 존재는 간격으로 말미암아 편견과 아집이 생겨나고 감통으로 세상과의 조화를 이룰 수 있다. 그러나 감통은 단순히 의지만으로 이루어지는 것이 아니라 세 가지의 조건을 갖추어야만 한다. 그 첫째는 감통의 본질로서의 천지만물과 하나 되는 마음이 존재해야 하는 것이요, 둘째는 '옳지 않고는 견디지 못할 실천 의지'가 있어야 하며, 셋째는 '선악시비를 분별하고 일의 경중후박을 알아 적재적소에 올바름을 실천하는 능력'이 필요하다.

위당은 첫 번째 감통의 본질로서 천지만물과 하나 되는 마음을 양명의 말을 빌려 설명한다. 양명에 의하면 사람은 누구나 천지만물과 하나가 되는 인의 마음이 있다. 이러한 인의 마음은 후천적인 의지의 소산이 아니라 선천적으로 타고난 것으로, 사람은 이 인을 통하여 언

---

200 鄭寅普, 『陽明學演論』, 21쪽. "明德을 밝히는 것과 民衆을 親하는 것은 한 일이라. 萬一 民衆과 間隔이 있어 그의 利害와 安危가 내 몸의 痛痒같이 感通되지 못하면 明德의 本體가 무엇이 밝았다 하리요."

제나 천지만물과 소통하여 하나가 될 수 있다는 것이 양명의 논리이다. 위당은 이러한 양명의 말을 통해 감통의 본질로서의 천지만물과 하나 되는 마음이 존재함을 증명하였다.

> 무릇 성인의 마음은 천지만물로써 일체를 삼아 천하 사람들을 보기를 內外遠近이 없이 평등하게 보며, 세상에 태어나 血氣있는 것이면 모두 형제나 자식으로 여기어 그들을 안전하게 가르치고 길러서 만물일체의 생각을 이루려고 하는 것입니다.[201]

그리고 두 번째 옳지 않고는 견디지 못할 실천 의지와 관련하여, 위당은 양명의 양지설을 그 학문적 논리로 내세운다. 양명에 의하면 선험적 양지는 그 자체로 천지만물과 하나가 되는 마음을 가지고 있고 동시에 이를 발현하는 의지를 함께 가지고 있다.

> 良知는 다만 천리를 자연스럽게 밝게 깨달아 발현하는 곳이다.[202]

이러한 양지가 가진 실천의지를 위당은 실천적 측면에서 "옳지 않고는 견디지 못하는 마음"이라 표현하였고, 이러한 실천의지는 선천적 양지에서 나온다고 이해하였다.

> 옳지 아니하고는 못 견딜 만한 意의 성이 있어야 마음이 바름을 이루리라. 옳지 아니하고는 못 견디는 것은 知를 致함에 있고 知를 致함은

201 『傳習錄』中, 「答顧東橋書」. "夫聖人之心, 以天地萬物爲一體. 其視天下之人, 無外內遠近. 凡有血氣, 皆其昆弟赤子之親, 莫不欲安全而教養之, 以遂其萬物一體之念."

202 『傳習錄』中, 「答攝文蔚」. "良知, 只是一箇天理自然明覺發見處."

> 物을 格함에 있다 하였나니 옳지 아니하고는 못 견딜 意가 이 知에서 바로 생겨야 할지며,[203]

그리고 세 번째 선악시비를 분별하고 일의 경중후박을 알아 적재적소에 올바름을 실천하는 능력과 관련하여, 위당은 마음속에 있는 양지는 사물과 감응하여 스스로 천리를 깨달아 발현하는 능력이 있으므로 우리가 양지 본체에 입각하여 사물을 대하게 되면 선악시비의 분별과 경중후박의 절도가 저절로 이루어져 '天然의 節度'인 至善의 경계에 들어갈 수 있는 것으로 파악하였다.

> 그 아틋함이 天地萬物을 一體로 하되 그 發함에 있어 先後와 輕重과 厚薄과 疎親이 또한 天然한 節度가 있나니 大學의 이른바 至善에 그친다 함이 이것이다.[204]

그러나 현실적으로는 천연의 절도인 양지가 사욕에 가려져 나와 대상과의 사이에 간격이 생겨난다. 이러한 간격은 결과적으로 물욕에 따라 움직이고 이해에 따라 서로 다투고 분노함으로써 세상 만물을 해치고, 심하면 골육상잔의 비극까지 초래하게 된다.[205] 그러므로 세상과 내가 하나로 감통하여 민족의 화합을 이루어내고 나아가 세계

---

203 鄭寅普, 『陽明學演論』, 18쪽.

204 鄭寅普, 『陽明學演論』, 35쪽.

205 『王陽明全集』 卷26, 「大學問」. "小人之心 旣已分隔隘陋矣 而其一體之仁 猶能不昧若此者 是其未動於欲 而未蔽於私之時也 …… 是故苟無私欲之蔽 則雖小人之心 而其一體之仁猶大人也 一有私欲之蔽 則雖大人之心 而其分隔隘陋猶小人矣. 故夫爲大人之學者 亦有去其私欲之蔽 而自明其明德 復其天地萬物一體之本然 而已耳 非能於本然之外而有所增益之也."

평화까지도 구현하기 위해서는 대상과의 간격을 제거하고 감통을 이루어야 한다.

위당은 이러한 세상과 나와의 간격을 허물고 감통의 세계를 이루어 낼 수 있는 방법으로 발본색원의 논리를 제시하였다.

② 拔本塞源論

발본색원이란 원래 『春秋』에서 유래한 말[206]로, 양명이 顧東橋와 문답한 글[207] 속에 실려 있다. 양명에 있어서 발본색원론은 만인이 공유하는 만물일체의 인을 근거로 스스로의 사욕을 극복하고 폐단을 제거하여 심체의 同然함을 회복하려는 것이 그 요지다.[208] 위당은 이러한 양명의 이론을 바탕으로 대상과의 간격을 제거하기 위한 방법으로 발본색원론을 제시하였다.

위당에 있어서 발본색원이란 세상과의 감통을 방해하는 간격으로서의 '뽑아내야 할 뿌리와 막아야 할 샘'[209]이다. 그렇다면 뽑아내야 할 뿌리와 막아야 할 샘은 무엇인가? 작게는 개인의 사사로운 욕심이요, 크게는 천고의 긴 세월 속에 이루어진 사회적 악습과 병폐다. 그러나 오랜 세월동안 이루어져 온 사회적 악습과 병폐도 결국은 개인의 사사로운 욕심에서 비롯된 것이니, 뽑아야 할 뿌리로서 막아야 할 샘

206 『春秋』 左氏傳 召公 9年. "我在伯父, 猶衣服之有冠冕, 木水之有本原, 民人之有謀主也. 伯父若裂冠毁冕, 拔本塞原, 專棄謀主, 雖戎狄, 其何有余一人."

207 『傳習錄』中, 「答顧東橋書」.

208 『傳習錄』中, 「答顧東橋書」. "是以推其天下萬物一體之仁, 以敎天下, 使之皆有以克其私, 去其弊, 以復其心體之同然."

209 鄭寅普, 『陽明學演論』, 109쪽. "이 一篇論文이 이른바 拔本塞源論이니 범연하게 읽어보면 뽑을 뿌리와 막을 샘이 分明치 아니할 것이다."

으로서의 근원적인 욕심을 제거할 수 있다면 결국 사회적 악습과 병폐도 사라지게 될 것이다.

> 千古의 積染이라도 못 씻을 바 아니다. 感通의 本體로 좇아 스스로 特立함이 있을진대 間隔이 붕괴되자 己私- 倒落할지니 一剎那의 邪念의 毒害 千古에 뻗칠 수 있는 同時, 千古의 毒害 一彈指頃에 滅盡할 수도 있다.[210]

그러면 어떻게 천고의 세월 속에 누적된 사회적 악습과 병폐의 근원이 되는 욕심을 제거할 수 있는가? 이것은 致良知의 공부를 통해서 가능하다. '良知'는 인간 본심 속에 존재하는 본연의 고유한 앎이요, '致'는 고유한 앎을 완성하는 것이니,[211] 사사로운 욕심은 고유한 앎을 완성해가는 과정 속에서 제거할 수 있다. 그러나 이 앎을 완성해가는 과정은 혼자만의 수양을 통해 이루어지는 것이 아니라 세상과의 관계 속에서 이루어진다. 이 점을 위당은 다음과 같이 말하고 있다.

> 이 앎을 완전히 이루려 할진대 이 앎이 批判한대로 뜻 가는 곳마다 그 不正함을 곧 바르게 하여 다시 말하면 즉 이 앎의 容收되지 아니할 뜻을 이 앎에 의하여 校定하여 한 번 두 번 자꾸 쌓일수록 良知 더욱 밝아지게 되고 밝아질수록 점점 더 銳敏하여 나중은 良知의 完成을 보게 되는 것이니[212]

---

210 鄭寅普, 陽明學演論』, 110쪽.

211 鄭寅普, 『陽明學演論』, 19쪽. "知는 이른바 良知이니 本然으로 固有한 앎을 이름이요, 致는 이 固有한 앎을 完成하는 것이라 하였다."

212 鄭寅普, 『陽明學演論』, 20쪽.

이 말은 치양지의 공부가 구체적인 삶 속에서 이루어진다는 것으로, 양명의 事上磨鍊의 공부에 다름이 아니다. 양명은 일찍이 '存天理去人欲'의 공부로 靜坐와 사상마련을 말하고 있는데, 이것은 有事時와 無事時를 막론하고 間斷 없이 천리인 양지를 보존하려는 存養과 省察의 공부다.[213] 위당은 양명의 사상마련 공부를 통해 치양지를 완성함으로써 사회적 악습과 병폐를 뿌리 뽑고 세상과 나와의 간격을 허물고 감통의 세계를 이룩하고자 하였다.

> 感通에서 살고 間隔에서 죽고, 感通에서 本體요, 間隔에서 己死임을 한번 洞悟하고 났다면 곧 拔本源塞의 割然함을 볼 것이다.[214]

이처럼 위당의 발본색원론은 궁극적으로 대상과의 간격을 없애고 만물일체의 세계를 이룩하고자 하는 데 그 목적이 있다고 할 수 있겠다.

③ 萬物一體의 실현과 세계평화

만물일체의 실현은 양명학의 귀결처이자 유학의 목표이기도 하다. 일찍이 공자는 요순의 대동 사회를 이상사회로 인식하였고, 『易』과 『中庸』에서는 인간과 천지만물과의 조화를 이룩하는 자를 이상적 인간상으로 표현하였으며,[215] 宋代의 程明道 또한 仁을 萬物同體의 속성으로 파악하여 만물과의 일체를 주장하였다.[216] 양명은 이러한 유학의

---

213 『傳習錄』上 陸澄錄. "先生曰: 是徒知靜養, 而不用克己工夫也. 如此臨事, 便要傾倒. 人須在事上磨, 方立得住. 方能靜亦定, 動亦定."

214 鄭寅普, 『陽明學演論』, 110쪽.

215 『周易』乾卦 文言傳. "夫大人者, 與天地合其德, 與日月合其明, 與四時合其序, 與鬼神合其吉凶.", 『中庸』1章. "致中和, 天地位焉, 萬物育焉."

전통을 계승하여 만물일체의 구현을 그의 학문적 목표로 삼았다.

위당에 앞서 일제의 침략에 대항하여 민족의 주체성을 확립하려고 하였던 백암 박은식도 양명의 만물일체론을 통해 약육강식의 제국주의를 극복하는 기틀을 마련하고자 하였지만[217] 위당 또한 만물일체론에 근거하여 민족주의적 한계를 극복하고 인류가 함께하는 세계평화를 주장하였다. 당시 우리나라를 지배하고 있던 일본의 제국주의는 서구에서 유래한 다윈의 진화론에 그 뿌리를 두고 있었다. 생존경쟁과 자연도태의 논리에 입각한 다윈의 진화론은 스펜서의 사회진화론으로 발전하였고, 급기야 침략전쟁을 합리화하는 서구제국주의의 논리로 전개되었다.

이러한 약육강식의 논리는 맹자에서도 발견되고 있다. 맹자는 일찍이 '以大事小'와 '以小事大'의 논리를 제시하고 있는데, '이소사대'는 힘의 논리요, '이대사소'는 사랑의 논리다. 그는 약자가 강자를 섬김으로써 생존을 보장받을 수 있다는 '이소사대'의 논리를 통해 강자가 약자를 지배하는 것 또한 자연의 한 현상임을 인정하였다. 그러나 맹자는 사대주의로 발전할 수 있는 '이소사대'의 논리만을 긍정한 것이 아니라 다시 '이대사소'의 논리를 제시함으로써 '이소사대'의 논리를 극복하였다.[218] '이대사소'란 힘을 가진 자가 약한 자를 보호하고 포용하는 논리로, 맹자는 이 두 가지의 논리가 현실 속에 함께 공존하고

---

216 『二程全書』 遺書 二, 「識仁篇」.

217 『畿湖學會月報』 卷10, 「大同學說의 問答」, 1909.5, 4~6쪽. "蓋大同學은 救世主義에 大乘法이라 我韓人士도 大同의 義를 觀念함이 有하여는 國家主義와 個人權利主義에 啓發하는 思想과 進取하는 正道가 有할 줄로 思量하노라."

218 『孟子』 梁惠王 下 3章. "以大事小者, 樂天者也. 以小事大者, 畏天者也. 樂天者, 保天下, 畏天者, 保其國."

있음을 인정하였다. 이러한 맹자의 '이소사대'의 논리는 이후 양명의 만물일체사상의 근거가 되었다.

양명은 인간을 만물일체의 세계를 체현할 수 있는 가능성을 지닌 존재로 인식하였다. 양명에 있어서 만물에 대한 애착과 사랑은 인위적이고 후천적인 노력으로 이루어지는 것이 아니라 인간이 지닌 양지의 자발적인 발현이다.[219] 인간은 모두 본성으로서의 양지를 소유하고 있고, 이러한 양지는 만물에 대한 애착과 사랑으로 발현된다.

> 大人은 천지만물로써 일체를 삼는 자이다. 그 천하를 보기를 一家로 보며 중국을 보기를 一人과 같이 본다. …… 대인이 능히 천지만물로써 일체를 삼는 것은 일부러 의도하는 것이 아니고 그 마음의 仁이 본래 그러하여 천지만물과 하나가 된다. 만약 형체로써 너와 나를 구분하는 사람은 소인이다. 그러므로 대인이 되는 학문은 또한 오직 그 사욕의 은폐를 제거하여 스스로 明德을 밝히며 그 천지만물일체의 본연을 회복하는 것일 뿐이다.[220]

위당 또한 만물일체의 논리를 '本心과의 感通되는 그 한 곳으로 좇아 本心에는 彼此의 間隔이 없음을 實照하고 하는 말'[221]로 인식하고, 天地萬物 一體의 仁을 통해 개인의 욕심을 극복하고 그 폐단을 제거함

219 『王陽明全集』 卷26, 「大學問」. "大人之能以天地萬物爲一體也, 非意之也, 其心之本若是, 其與天地萬物而爲一也."

220 『王陽明全集』 卷26, 「大學問」. "大人者, 以天地萬物爲一體者也. 其視天下猶一家, 中國猶一人焉. 若夫間形骸而分爾我者小人矣. 大人之能以天地萬物爲一體也, 非意之也, 其心之本若是, 其與天地萬物而爲一也. …… 故夫爲大人之學者, 亦惟去其私欲之蔽, 以自明其明德, 復其天地萬物一體之本然而已耳."

221 鄭寅普, 『陽明學演論』, 93쪽.

으로써 온 인류가 心體의 同然함을 회복할 수 있다고 생각하였다.

> 그의 天地萬物 一體의 仁을 미루어서 온 세상을 가르치되 그 私를 克服하고 그 蔽를 撤去하여 그 心體의 同然함을 回復하게 하니라[222]

결국 위당이 제시하는 만물일체의 세계는 우리 모두가 먼저 개인적인 사욕의 극복을 통하여 본심의 사랑을 확보하고 나아가 이웃의 아픔을 내 아픔으로, 민족의 고통을 나의 고통으로 인식해 갈 때 완성되어 가는 것이며,

> 本心이란 感通에서 살고 間隔에서 죽는다. 만일 生民의 疾痛이 곧 내 疾痛으로, 生民의 困苦 곧 내 困苦로 그 感通됨이 내 몸에 있음 같을진대 스스로 奔走 扶濟함을 마지못할 것이니. 그 몸이 거꿀어졌을지라도 本心은 살았다.[223]

결과적으로 온 세계의 모든 사람들이 이러한 만물일체의 인을 실현함으로써 인류 공영의 세계평화는 실현될 수 있다고 위당은 생각하였다.

> 天地萬物을 一體라 함이 臆造 虛構한 말이 아니다. 이는 本心과의 感通되는 그 한 곳으로 좇아 本心에는 彼此의 間隔이 없음을 實照하고 하는 말이다. 하물며 人類로부터 族類에 한 걸음 더욱 切己함이랴. 그러므로 生民의 疾痛이 곧 내 疾痛으로 生民의 困苦 - 곧 내 困苦로 그 感通됨에 있어 彼此에 間隔이 없는 것이 이 곧 本心의 體이니[224]

---

222 鄭寅普, 『陽明學演論』, 103쪽.

223 鄭寅普, 『陽明學演論』, 100쪽.

(3) 양명학적 구국 방안

① 實心을 통한 虛假의 배제

위당은 수백 년 조선의 역사가 오직 허와 가의 자취로 얼룩져 왔다는 사실[225]을 망국의 주요 원인으로 분석하고 있다. 그런데 이러한 조선 역사에 대한 허와 가의 논리는 강화학의 선구인 하곡 정제두의 실심론에 근거를 두고 있다. 하곡은 일찍이 "우리의 학문은 안에서 구하고 밖에서 구하지 않는다. 안에서 구한다 함은 안으로만 살펴 外物을 단절함이 아니라 오직 스스로 자신의 만족을 구할 뿐 다시 밖의 득실을 일삼지 않는 것이다. 오직 자기 마음의 是非를 곡진하게 하고 다시 남의 시비에 따르지 않으며, 虛假를 버리고 實事를 구하는 것이 오직 자신의 마음을 따를 뿐이니, 어찌 남에게 관여하겠는가?"[226]고 하여 겉으로 드러나는 형식적 허위의식을 버리고 오직 인간 본연의 실심을 강조하였다. 이후 하곡의 실심론에 바탕을 둔 허가론은 양명학을 공부한 학자들에 의해 계승되어 허위의식을 버리고 진솔한 삶의 태도를 간직하는 개인적 삶의 지표가 되었을 뿐만 아니라 현실을 비판하는 잣대가 되어 왔다.

위당의 스승 李建芳 또한 허와 가의 논리를 眞假論으로 제시하고 있다.[227] 그는 도덕적 선과 합리적 질서의식을 따라 성실하게 살아가

---

224 鄭寅普, 『陽明學演論』, 93쪽.

225 鄭寅普, 『陽明學演論』, 10쪽. "첫째로 '數百年間 朝鮮의 歷史가 오직 虛와 假의 자취라니 그럴 수가 있나' 하리라."

226 鄭齊斗, 『국역하곡집』, 「存言」 下. "吾學 求諸內而不求諸外 所謂求諸內者 非反觀內省而絕外物也 惟求其自慊於內 不復事於外之得失 惟盡其心之是非 不復徇於人之是非 致其實於事物之本 不復求於事物之本 不復求於事爲之迹也 在於吾之內而已 豈與於人哉."

는 것을 '眞'이라 하였고[228] 도덕적 선과 질서의식을 따르지 않고 허위로 꾸며 참된 이치를 잃어버리는 것을 '假'라고 언표하였다.[229] 그는 인간이 도덕적 선과 질서의식을 잃어버리는 것이 육체적 욕망에서 비롯되는 욕심 때문이며, 이러한 욕심은 인간을 타락시켜 자신의 욕심을 도덕적 선과 질서의식으로 위장하여 세상을 어지럽힌다고 보았다. 그러나 이러한 허위의식을 버리고 하늘이 부여한 도덕적 선에 입각하여 합리적 질서의식을 따라 행동할 수 있다면 개인의 도덕성은 물론이요, 나아가 인간과 사물이 함께 공존하는 천지의 화육에 동참할 수 있게 된다는 것이 난곡의 허와 가의 논리이다.[230]

> 性이란 것은 하늘이 인간에게 부여한 것이요, 사람이 하늘로부터 받은 것이다. 처음부터 理가 갖추어지지 않음이 없고 덕이 선하지 않음이 없으니 이를 잘 보존하여 길러서 대본이 서고 달도가 행해지면 비록 천지의 화육에 동참하는 것도 모두 내 성분의 고유한 바에서 이루어진 것이요, 다른 것을 기다려 더해진 것이 아니다.[231]

---

227 李建芳, 『蘭谷存稿』 卷3 文錄 序, 「梅泉集序」. "蓋物之品類萬殊, 其粹駁巨細淸濁之不齊, 而亦各有獨得之理, 以爲之本質, 而自別於他. 故其間不容纖毫假借, 苟可以假借, 則卽僞而不眞, 不可一日而存也."

228 李建芳, 『蘭谷存稿』 卷3 文錄 序, 「梅泉集序」. "夫天下之物 成於眞 敗於僞 眞者誠之謂也."

229 李建芳, 『蘭谷存稿』卷6 文錄 論, 「原論上」. "粉飾虛僞 梏喪實理."

230 졸고, 「蘭谷 李建芳의 민족정신」, 『강화학파의 양명학』, 강화 양명학 연구 총서3, 한국학술정보, 2008 참조.

231 李建芳, 『蘭谷存稿』 卷4 文錄 記, 「復性齋記」. "性也者 天以是賦於人 人以是受乎天 其始也 理無不具 而德無不善 具存而養之 大本立而達道行 則雖參天地贊化育 皆吾性分之所固有 非有待於外而增益之也."

위당 또한 이러한 양명학파의 전통적인 허가론[232]에 입각하여 당시의 현실을 비판하였다. 그는 1)조선의 역사 전체를 허와 가의 역사로 인식하고,[233] 2)망국의 아픔을 겪게 된 결정적인 원인 또한 허와 가의 옛 자취를 답습한데서 기인한다[234]고 역설하였다. 위당에 의하면 조선 역사는 당쟁의 역사요, 살육의 역사요, 세도 정치의 역사였으며, 그 분당과 파쟁의 배경에는 언제나 도덕성과 정의감을 위장한 허와 가의 논리가 깔려 있었다는 것이다. 또한 이러한 허와 가의 논리가 사회에 만연된 배경에는 주자학자들의 잘못도 적지 않은 것으로 위당은 이해하였다. 원래 주자학은 도덕성 함양을 통한 사회 정의의 확립이라는 장점을 지닌 학문임에도 불구하고 주자학을 공부한 당시의 정치가들은 자신과 가족의 편의를 도모하려는 私營派이거나 아니면 慕華思想에 뿌리를 둔 尊華派가 주류를 이루었다.[235] 결과적으로 心性을 강론하되 實心은 사라지고 다만 虛學과 假行만이 시대를 풍미하였다는 것이다.[236] 또한 일제의 침탈을 당하기 직전의 정치 상황도 이와 조금도 다를 바가 없어서 국익보다는 派爭에 더욱 골몰하고 학문함에 있어서

---

232 鄭寅普, 『陽明學演論』, 37쪽. "一眞無假 네 글자가 陽明學의 本이라."

233 鄭寅普, 『陽明學演論』, 10쪽. "첫째로 '數百年間 朝鮮의 歷史가 오직 虛와 假의 자취라니 그럴 수가 있나' 하리라."

234 鄭寅普, 『陽明學演論』, 12쪽. "둘째로 '최근 수십 년 내로도 의연히 도로 옛 자취를 따른다니 이것이야 더욱 그럴 리가 있나' 하리라."

235 鄭寅普, 『陽明學演論』, 11쪽. "朝鮮 數百年間 學問으로는 오직 儒學이요, 儒學으로는 오직 程朱를 信奉하였으되, 信奉의 弊 대개 두 갈래로 나뉘었으니, 一은 그 學說을 받아 自家便宜를 圖하려는 私營派이요, 一은 그 學說을 배워 中華嫡傳을 이 땅에 드리우자는 尊華派이다."

236 鄭寅普, 『陽明學演論』, 11~12쪽. "그런즉 世降 俗衰함을 따라 그 學은 虛學뿐이요, 그 行은 假行뿐이니 實心으로 보아 그 學이 虛인지라. 私計로 보아 實이요, 眞學으로 보아 그 行이 假인지라. 僞俗으로 보아 實이다."

도 실심으로 그 합당함의 여부는 살피지 않고 한갓 서양학자들의 말과 학설만을 표준으로 삼아 名利만을 추구함으로써 결국 망국의 한을 초래하였다는 것이다.

> 내 감히 當世를 輕視함이 아니로되 造劫哀淚가 두 눈을 희미하게 한 채로 내 視力의 미치는 것을 바라보건대 合한다, 團結한다 하더라마는 派爭은 더 激化하는 것 같더라. 새남터, 당고개의 사람 죽이던 곳에 비록 劊手는 없어진 지 오래다마는, 心鋒, 意刃으로 서로 서로 겨누는 것은 전보다 몇층 더 심한 것 같더라.[237]

그러므로 망국의 아픔을 딛고 사라져가는 민족정신을 함양하여 국권을 회복하기 위해서는 무엇보다 지금까지의 허와 가의 구태를 벗어나 실심에 입각하여 자신의 참된 삶의 모습을 회복하고 이를 해결할 수 있는 마음의 자세를 확립하는 것이 국권회복의 최우선 과제라고 위당은 생각하였던 것이다.

② 얼史觀을 통한 민족정신의 함양

위당은 사라져가는 민족정신을 회복하기 위해 2년여에 걸쳐 동아일보에 '오천년간 조선의 얼'[238]을 연재하였다. 그는 이 글을 통해 '얼'을 우리 역사의 중심개념으로 등장시켜 민족정신을 일깨우려 하였는데, 그가 역사 속에서 찾고자 한 얼은 위당 자신의 얼이며, 우리의

237 鄭寅普, 『陽明學演論』, 13쪽.

238 1935년 1월 1일부터 1936년 8월 28일까지 동아일보에 연재된 것으로, 해방 후에 『操船史研究』상·하로 간행되었으며, 현재 연세대학교에서 간행된 『薝園鄭寅普全集』(연세대출판부, 1983)에 실려 있다.

민족의 정신이요, 앞으로 회복해야 할 구국의 횃불이었다.

위당은 이 얼을 양명학의 관점에서 이해하였다. 그에 의하면 얼이란 사람의 고도리[239]로, 이 얼은 후천적인 수양에 의해 형성되는 것이 아니라 우리의 본성 속에 선험적으로 존재한다.[240] 그는 이 얼을 인간으로서의 존재가치로 파악하고 있을 뿐만 아니라 동시에 선악판단을 통해 절도를 유지해 나가는 자율성을 지닌 존재로 이해하였다.

> 節이란 무엇인가? 일정한 分界를 지켜 濫越하지 아니함을 이름이요. 操란 무엇인가? 素期한 規度를 잡아서 渝失하지 아니함을 이름이니 越치 아니함은 節이라하고 失치 아니함은 操라 하려니와 能히 越치 아니하고 能히 失치 아니하는 그 '能히'의 本이 있을 것이 아닌가? 이것이 곧 '저로서'요, 곧 '얼'이니[241]

여기서 얼을 자율성을 지닌 존재로 파악하는 것은 性과 心의 이원화에 반대한 양명의 良知에 다름이 아니다. 그러므로 이 얼은 양지와 마찬가지로 후천적 수양이 필요가 없는 절대적 선의 존재다. 오히려 인간의 사리사욕이 끊어진 그 자리가 얼이요,[242] 인간의 생사를 초월하여 존재하는 불멸의 정신[243]이 바로 이 얼이다. 위당은 이 얼을 인식

239 『薝園鄭寅普全集』 卷3, 「朝鮮史研究」上, 延大出版部, 1983, 3쪽. "사람의 고도리는 '얼'이다."

240 『薝園鄭寅普全集』 卷3, 「朝鮮史研究」上, 12쪽. "'얼'을 찾으려는가? 바깥 것으로 언제나 牽制하지 못하는 거기서 低回하여 보라."

241 『薝園鄭寅普全集』 卷3, 「朝鮮史研究」上, 9쪽.

242 『薝園鄭寅普全集』 卷3, 「朝鮮史研究」上, 9쪽. "'저로서'라면 벌써 '저로서'가 아닌 부분을 克하고 窒하고 滅함인 줄 알 것이니 저로서 '제' 이외의 何等의 牽制를 받지 아니한 뒤에라야 비로소 '얼'의 堅貞함을 徵할 것이라."

243 『薝園鄭寅普全集』 卷3, 「朝鮮史研究」上, 10쪽. "'얼'은 軀殼과 함께 生死하는 것이

의 근저[244]로 삼아 민족주의를 넘어 만물일체의 세계를 이룩하고자 하였다.

> 저는 저로서'의 그 '얼'은 가깝게 一民族으로부터 크게 全人類 내지 天地 萬物에 이르러 一體인 것이니[245]

이러한 관점에서 정리된 위당의 '오천년간 조선의 얼'은 다음과 같은 점에서 몇 가지 특징을 지니고 있다.

첫째, 우리의 역사를 단순한 사실 나열의 차원을 넘어 '얼'의 관점에서 재조명하였다. 위당은 역사적 사실들을 단락별로 나누어 설명체로 정리한 것이 아니라 역사 속에 생명력을 부여하여 민족의 얼이 살아 숨 쉬는 모습을 부각시켰다. 이러한 사실은 위당이 단군조선부터 삼국시대의 말까지 역사적 사실을 정리한 목차에서부터 잘 드러나 있다. 목차를 통해 본 '조선의 얼'은 '始祖檀君'으로부터 시작하여 단군조선의 '처음 겪은 興亡'을 거쳐 '精神의 正嫡인 夫餘天子'가 탄생한다. 그리고 '風雲은 三國으로' 흘러 '高句麗의 勃興'과 '成長하는 新羅'와 '百濟進取의 初'가 역사적 흐름을 잇는다. 이후 고구려는 '高句麗 對漢戰의 繼續과 南北聯合'을 통해 '高句麗의 再進'과 '遼海 收復'이 이루어졌으나 '嗚呼, 外進이 內爭으로' 발전하여 국권을 잃는다. 한편 '己婁 이후

아닌지라 그 誓圖 한번 丹衷에 激發된 뒤에는 薪이 盡하여도 火 傳하듯이 所期의 이름이 있기까지 耿耿長存한 것이니."

244 『薝園鄭寅普全集』 卷3, 「朝鮮史硏究」上, 13~14쪽. "'저로서'의 '얼'대로이면 天地萬物이 一體이로되 이 '얼'이 한번 掩閉되어 藐然 七, 八尺만으로 萬象의 交感함을 받을 것 같으면 어떤 것이고 내 累 되지 아니할 것이 없음을 알 것이다."

245 『薝園鄭寅普全集』 卷3, 「朝鮮史硏究」上, 12쪽.

羅濟의 國勢'가 발흥하여 백제는 '백제의 해상발전'을 통해 국세를 넓혀 간다. 그리고 신라는 '賢主의 繼作'을 통해 '政規의 整肅은 갈수록' 심화되어 국정은 안정되어 갔으며, 왜적의 침입에 대비한 '海防考略'을 통해 '新羅修攘의 積'이 쌓아가는 것으로 끝을 맺고 있다. 이처럼 위당에 있어서 우리의 역사는 민족정신의 얼이 살아 숨을 쉬는 역사였다.

둘째, 영고성쇠의 역사 속에 관통한 얼을 되새김으로써 일제의 침략에 항거하는 민족정신을 일깨우고자 하였다. 위당은 단군조선을 기점으로 하여 고구려·백제·신라의 삼국을 중심으로 그 역사적 사실을 기술하고 있는데, 그의 논지 전개는 外侵과 이의 극복에 초점이 맞추어져 있다. 그러나 그가 파악하고자 한 것은 침략과 극복이라는 단순한 역사적 사실이 아니라 이러한 역사적 흐름 속에 내재한 민족의 얼이었고, 우리 민족의 얼은 침략과 극복의 과정 속에서 더욱 自强自長할 수 있었다[246]는 것이다. 그리고 이렇게 오천 년 동안 면면이 흘러온 민족의 얼을 국권 회복의 디딤돌로 삼자는 것이 이 글을 기술한 위당의 本志였다.[247]

셋째, 각 시대별 典故를 부록으로 뒷머리에 싣고 있다. 그는 역사적 사실을 기술하는 방법에 있어 각각의 역사적 사실을 논증할 수 있는

246 『薝園鄭寅普全集』 卷3, 「朝鮮史硏究」上, 19~20쪽. "우리의 五千年間 瘠主 되는 그 '얼'은 과연 何에 在하였던가? 대개 體質의 强弱이란 天生이요, 人成이니 熱烈한 內的 奮發이 있으면 그 奮發의 所期함을 達한 만큼 體質의 隨長함이 있는 것이라 …… 그 體質에 對한 鍛鍊의 工과 蓄育의 程에 無微不到함이 自隨하는 것이니 그 氣骨을 堅凝케하고 그 敏捷을 熱嫺케 함이 體質의 自强 自長하여질 原理와 交助야 마침내 內奮을 外達하기에 障害됨이 없게 되는 것이다."

247 『薝園鄭寅普全集』 卷3, 「朝鮮史硏究」上, 26쪽. "우리로서 朝鮮의 '얼'의 明迷로 좇아 朝鮮의 一切를 按索하고 朝鮮의 一切를 按索함으로 좇아 朝鮮의 '얼'의 明迷를 證照하여 風磨 雨洗한 久幹으로 하여금 다시금 뚜렷하게 할 急務 얼마나 절박함을 알 것이다."

전고의 삽입에 대해 많은 고민을 하고 있다. 그것은 1)역사적 전고를 모아 부록으로 뒤에 실으면 이전의 사실을 그때그때마다 구체적으로 확인해 가는데 어려움이 있고, 2)역사적 사실이 전개되는 곳마다 전고를 제시하면 지나치게 번잡하여 맥락을 이어가는데 문제가 있을 것이라고 생각하였다. 그러나 그가 무엇보다 서로의 장·단점이 있음에도 불구하고 부록으로 전고를 달게 된 것은 앞에 기술한 역사적 사실뿐만 아니라 전고에 있어서도 연속되어지는 생명력을 살리기 위한 것이었다고 위당은 고백하고 있다.[248]

③ 國學의 활성화를 통한 실학 정신의 계승

위당이 민족정신의 함양을 위해 또 다른 관심을 기울인 것은 국학분야다. 그는 松江 鄭澈(1536~1593), 성호 이익, 다산 정약용, 단재 신채호, 등 역사적 인물들의 업적 평가를 통해 국학의 활성화를 시도하고 있는데, 그 중 그가 가장 관심을 보인 것은 다산의 실학이다.

위당이 실학에 관심을 기울인 것은 한편으로 그가 계승한 강화양명학의 실학 정신과 일맥상통한다고 볼 수 있다. 그는 일찍이 한국 양명학의 태두 정제두가 가진 '求是的 趨向'을 실학 정신으로 보고 있지만[249] 이후 강화학파는 그들의 학맥으로 전승되는 '音韻學'과 '歷史學' 등의 연구를 통해 조선조 후기 실학과 관련을 맺고 있다.[250] 이러한

---

248 『薝園鄭寅普全集』卷4, 「朝鮮史硏究」下, 181쪽. "한 民族의 共通과 長遠한 年代의 連貫 또 推移한 徑路를 보이기 위하여 그 題를 한결같이 典故라 稱하기로 하고 一題가 頻出할 때는 先後의 第次가 없을 수 없으므로 甲이라 乙이라 하여 順次間列하기로 한 것이다."

249 『薝園鄭寅普全集』卷2 國學人物論, 70쪽. "鄭霞谷 齊斗의 良知學이 비록 隱晦中 孤唱함이나 實로써 虛를 代하자는 學風이 이 뒤로 繼承함이 많고."

실학정신은 강화학파의 학통을 계승한 스승 이건방을 거쳐 그에게 전승되었다.[251] 그러나 다른 한편으로 그의 실학적 관심은 당시의 시대상황과 관련하여 민족성을 회복하기 위한 방편이기도 하였다.

그가 실학에 관심을 가진 것은 무엇보다 국권의 상실에도 불구하고 국권회복의 의지조차 상실한 채 민족의 정기마저 사라져가는 암담한 현실 때문이었다. 그는 역사적으로 민생의 고통은 외면한 채 당쟁과 사욕에 골몰하는 정치적 상황[252]과 정신적으로 주체성을 상실하고 慕華思想에 정체되어 있는 학계의 문제점[253]을 비판하는 한편 국가의 발전과 민생의 안정을 최우선 과제로 인식하였던 실학자들의 實事求是의 학풍 속에서 현실의 문제점을 해결해 나갈 수 있는 실마리를 찾고자 하였다.

> 朝鮮數百年來 虛假小實한 學問의 弊가 점점 그 極에 達함에서 全體的으로 或 有識 或 無識을 가릴 것 없이 '이러고는 망하겠다' 하는 으스름한 內覺의 晨光이 비치게 된 同時[254]

---

250 音韻學은 李匡師를 비롯하여 李令翊, 李忠翊, 鄭東愈 등의 계보를 통해 正音研究에 업적을 남기고 있으며, 역사학은 李肯翊의 『燃藜室記述』, 李勉伯의 『憨書』와 『海東惇史』, 李時遠의 『 國朝文獻』, 李建昌의 『黨議通略』 등으로 계승되고 있다.(졸고, 「韓國陽明學과 實學 및 天主敎와의 思想的 關聯性에 關한 研究」, 成大博士學位論文, 1992 참조.)

251 鄭寅普 지음, 홍원식·이상호 옮김, 『위당 정인보 양명학 연론』, 한국국학진흥원, 2005, 20쪽.

252 『薝園鄭寅普全集』 卷2, 國學人物論, 68쪽. "오래 내려온 黨風과 朋習을 무들어 이제껏 서로 꾸짖고 서로 나무라고 或 一二人의 往故를 評議함을 보면 서로서로 一偏을 指目하는 줄 안다."

253 『薝園鄭寅普全集』 卷2, 「國學人物論」, 68쪽. "自尊이 慕華로 永變하고 國古가 外風에 長靡한지라."

254 『薝園鄭寅普全集』 卷2, 「國學人物論」, 62쪽.

위당은 이러한 선구적인 의식을 가진 학자로 磻溪 柳馨遠(1622~1673), 성호 이익, 다산 정약용을 실학의 三祖[255]로 꼽고 있는데, 그 중 성호의 실학적 업적을 크게 평가하였고 그 업적을 다산이 집대성한 것으로 보았다.[256]

위당이 본 다산 실학의 요점은 '虛와 假를 배제하고 實을 통해 국가와 민족의 실익을 구하는 것'[257]이었다. 그는 다산 실학을 한마디로 '新我舊邦'[258]이라고 요약하고, 『邦禮草本』[一名『經世遺表』], 『牧民心書』, 『欽欽新書』를 다산 실학의 정수로 파악하였다. 그 중 위당이 중시한 것은 『邦禮草本』이었는데, 그가 이 책을 높이 평가한 것은 학문과 현실 정치를 이원화시키지 않고 지행합일의 관점에서 학문적 성과를 현실의 제도로 구현하려는 다산의 실학 정신이 잘 드러나 있는 것[259]으로 판단하였기 때문이었다.

또한 위당은 실사구시적인 입장에서 민생과 국가의 발전을 도모하려는 다산의 실학 정신이 사회개혁에서뿐만 아니라 經學의 해석에도 함께 드러나 있는 것으로 보았다. 위당이 파악한 다산 경학의 특징은

---

255 『薝園鄭寅普全集』 卷2, 「國學人物論」, 63쪽. "朝鮮近古의 學術史를 綜系하며 보면 磻溪가 一祖요, 星湖가 二祖요, 茶山이 三祖인데 그 중에서도 精博明切함은 마땅히 茶山에게 더 미룰 것이니."

256 『薝園鄭寅普全集』 卷2, 「國學人物論」, 63~64쪽. "星湖와 茶山은 前後相成의 관계가 있다. 茶山의 集成이 星湖의 賜라 할 수가 있고, 星湖의 廣大가 茶山을 기다려 그 彩輝를 四播하였다 할 수도 있다."

257 『薝園鄭寅普全集』 卷2, 「國學人物論」, 67쪽. "모두 '物은 그 實을 究하고 事는 그 實을 考한다는 것이 中心이 되어가지고 一言一句가 民國의 實益을 圖하는 以外에 번짐이 없는 一面."

258 『薝園鄭寅普全集』 卷2, 「國學人物論」, 76쪽. "總括하여 말하면 先生의 學은 實學이요, 實學의 歸要는 '新我舊邦'이 그 骨子이라."

259 『薝園鄭寅普全集』 卷2, 「國學人物論」, 76쪽 참조.

'민중적 경학'[260]으로, 그 요점은 '경학의 통속화'[261]에 있었다. 위당은 다산의 경학이 1)경학의 실질적인 체현을 백성의 일상적 생활 속에서 이루어 내고 2)그 궁극적 목표를 국가와 민생의 실익에 둔 것이었다. 다산은 이러한 경학적 특징을 통해 지금까지의 경학의 흐름을 바꾸어 놓았다[262]고 위당은 판단하였다. 그는 이를 증명하기 위해 몇 가지 경학의 예를 들고 있는데, 이를 살펴보면 다음과 같다. 먼저 『中庸』의 '天命之謂性'의 '性'을 주자는 '性卽理也'[263]라고 하여 성을 추상적인 天理로 인식하고 있음에 비해 다산은 『中庸自箴』에서 성을 '선을 좋아하는 인간의 기호'[264]로 이해하여 주자학의 추상적 해석을 버리고 일반 사람들도 누구나 이해할 수 있도록 쉬운 용어로 바꾸어 놓았다. 또 『孟子』의 '萬物皆備於我'를 주자는 '이치의 본연을 말한 것으로, 크고 작은 이치가 내 본성 속에 갖추어져 있는 것'[265]으로 보아 추상적인 해석을 하고 있는 반면 다산은 '내 속에 있는 推己及人의 恕를 가지고서 온 천하의 복잡다단한 情狀을 용이하게 처리할 수 있다'[266]고 해

---

260 『薝園鄭寅普全集』 卷2, 「國學人物論」, 81쪽. "先生의 一段精神은 民國에 有補와 無補를 取捨하는 데 있으므로 우선 百姓日用의 實에 照驗하여 이로써 得失을 決하였나니 先生의 經學은 民衆的 經學이라 어떠한 特殊門戶의 高據하던 學問이 아니요, 經學이면서 政法이라 이로써 民國의 實益을 資할 만큼 實究 實解하려는 工夫이다."

261 『薝園鄭寅普全集』 卷2, 「國學人物論」, 67쪽. "經學을 通俗化하여 그 鉅多한 經學에 關한 諸書가 모두 山林에서 빼앗아다가 民衆에게 公하게 하여 이른바 一見易會的임도 물론이어니와 全朝鮮의 腐爛이 儒者의 趨虛함에서 由함을 看破한지라."

262 『薝園鄭寅普全集』 卷2, 「國學人物論」, 81쪽. "先生의 經學은 첫째 驗察을 百姓日用에서 하고, 둘째 究極을 民國 實益에로 總集케 하여 往昔의 沿承하던 學問을 一變하였다."

263 『中庸』 1章 朱子註.

264 丁若鏞, 『中庸自箴』 天命之謂性 章. "性者, 心之所嗜好也 …… 樂善而惡惡, 好德而恥汚, 斯之謂性也. 斯之謂性善也."

265 『孟子』 盡心 上 4章 朱子註. "此言理之本然也 …… 大小當然之理, 無一不具於性分之內."

석하여 민중의 입장에서 경학을 해석함으로써 '경학의 대중화'를 이룩하였다는 것이 위당의 견해다.

이처럼 위당의 국학 연구에 나타난 학문적 특징은 모든 학문을 정치와 민생의 안정을 도모하고 국가와 민족의 실익을 추구하는 방향으로 이해하는데 있다고 판단된다.

요컨대, 위당의 양명학은 인간의 주체 속에 내재한 양지를 통해 모든 존재의 간격을 없애고 감통의 만물일체 세계를 이룩하려는 것이다. 그는 얼의 관점에서 역사를 조명하여 시들어가는 민족의 얼을 되찾으려고 하였고, 실학정신을 계승하여 국가와 민족의 번영을 꾀하려 하였다. 그리고 무엇보다 위당의 저술 전편에 흐르고 있는 그의 애국애족정신은 오늘날 이웃의 아픔조차 외면한 채 개인적인 욕심의 추구에만 관심을 가지는 현대인들에게 이웃과의 간격을 버리고 감통과 화해를 촉구하는 警鐘의 역할을 하기에 부족함이 없을 것이다.

---

266 다산의 『孟子要義』 萬物皆備於我 章에 나와 있는 "此章乃一貫忠恕之說. 我好色, 便知民亦好色, 我好貨, 便知民亦好貨, 我好安逸, 知民之亦好安逸."의 구절을 위당은 이렇게 해석하였다.(『薝園鄭寅普全集』 卷2, 國學人物論, 83쪽.)

▮ 송석준(宋錫準)

1952 경북 경산 출생.
1976 성균관대 유학과 졸.
1992 성균관대 대학원 동양철학과 졸(철학박사).
2009 한국양명학회 회장 역임.
현재 공주대 사범대학 한문교육학과 교수.

저술활동 : 『강화학파의 양명학』(공저) 외 논문 다수 발표.

조선시대의 양명학

2015년 2월 13일 초판 1쇄 펴냄

지은이 송석준
펴낸이 김흥국
펴낸곳 도서출판 보고사

책임편집 권송이
표지디자인 윤인희

등록 1990년 12월 13일 제6-0429호
주소 서울특별시 성북구 보문동7가 11번지 2층
전화 922-5120~1(편집), 922-2246(영업)
팩스 922-6990
메일 kanapub3@naver.com
http://www.bogosabooks.co.kr

ISBN 979-11-5516-356-6 93150

정가 21,000원